조선 국왕의 리더십과 소통 ④

국왕 리더십의
유형과 실제

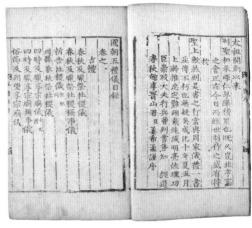

김문식 · 원창애 · 이민주 · 이왕무 · 정해은

도서출판
역사산책

목 차

서언 국왕 리더십의 이상과 실제 • 7

1부 국운 융성의 리더십 • 17

Ⅰ. 왕업 개창   19
  1. 태조와 조선 건국   19
  2. 태종과 육조체제   31

Ⅱ. 국운 융성과 문화 창달   44
  1. 성종과 『경국대전』·『국조오례의』   44
  2. 영조와 『속대전』·『속오례의』   58

Ⅲ. 제국의 탄생   71
  1. 고종과 대한제국   72
  2. 황제와 환구단   84

2부 민생 안정의 리더십 • 97

Ⅰ. 농업 경영의 합리화   99
  1. 세종과 『농사직설』   99
  2. 정조의 농서대전(農書大全) 기획   107

Ⅱ. 수취 제도의 혁신   116
  1. 세종의 공납제   116
  2. 숙종의 대동법   124

Ⅲ. 군역 제도의 혁신   132

    1. 영조의 균역법   132

    2. 정조의 노비제 혁파 논의   141

3부 인재 양성의 리더십 • 149

Ⅰ. 인재 양성의 기반 마련   153

    1. 태종과 과거   153

    2. 세종과 관학   162

Ⅱ. 인재 양성의 중흥   174

    1. 성종과 문신 정시   174

    2. 중종과 사가독서   181

Ⅲ. 새로운 인재 양성의 길   192

    1. 영조와 유생 과시   192

    2. 정조와 초계문신   201

4부 군사 운용의 리더십 • 211

Ⅰ. 부국강병을 향한 새 군제 도입   213

    1. 문종과 오위제   213

    2. 선조와 훈련도감   223

Ⅱ. 국력의 발휘   235

    1. 광해군과 심하 전투   235

    2. 효종과 나선정벌   248

Ⅲ. 국정의 안정   260

    1. 명종과 도적   260

    2. 인조와 이괄의 난   271

3. 영조와 이인좌의 난　　　　　　　　　280

5부　복식으로 본 문화 창출의 리더십 • 289

　Ⅰ. 새 시대를 여는 관복　　　　　　　　294
　　1. 태종과 면복　　　　　　　　　　　294
　　2. 세종과 의례복　　　　　　　　　　300
　　3. 성종과 관복　　　　　　　　　　　313

　Ⅱ. 풍속을 바꾼 복식　　　　　　　　　324
　　1. 중종과 비단　　　　　　　　　　　324
　　2. 인조와 체발　　　　　　　　　　　333
　　3. 영조와 족두리　　　　　　　　　　339

　Ⅲ. 백성의 풍요와 나라의 안위를 생각하다　351
　　1. 성종과 양잠　　　　　　　　　　　351
　　2. 정조와 군복　　　　　　　　　　　361
　　3. 고종과 두루마기　　　　　　　　　370

참고문헌 • 380
색인 • 389

국왕 리더십의 이상과 실제

국왕 리더십의 이상과 실제

　본서는 '조선 국왕의 리더십과 소통'이라는 연구 시리즈의 마지막 책에 해당한다. 본 연구는 조선 왕조가 500년 이상 장구한 시간 동안 지속될 수 있었던 원인으로 국왕의 리더십이 어떻게 작용하였고, 국왕이 사회 각 계층과 맺었던 소통 방식은 어떠하였는지 밝히는 것을 목표로 한다.

　본 연구 시리즈는 4부작으로 구성되었다. 먼저 『조선시대 국왕 리더십 觀』에서는 국왕의 리더십에 대한 인식을 중국이나 일본의 리더십과 비교하여 정리하였고, 『국왕과 양반의 소통 구조』와 『국왕과 민의 소통 방식』에서는 국왕이 핵심 지배층인 양반과 주요 피지배층인 민과 맺었던 소통 방식을 정리하였다. 마지막으로 본서인 『국왕 리더십의 유형과 실제』에서는 국왕의 리더십을 다섯 가지로 유형화하고, 국왕의 리더십이 국정운영의 현장에서 실제로 나타나는 모습을 정리하였다.

　조선 왕조는 그 시기를 개창기, 안정기, 혼돈기, 중흥기, 쇠퇴기로 구분할 수 있으며, 각 시기별 상황에 따라 국왕의 리더십도 다양한 형태로 나타났다. 본서는 국정운영에 나타나는 국왕의 리더십을 국운 융성, 민생 안정, 인재 양성, 군사 운용, 문화 창출 등 다섯 가지 유형으로 구분하고, 각 유형별로 뚜렷한 공적을 남긴 국왕의 리더십을 정리하였다. 본서에서는 조선시대 27명의 국왕 가운데 15명의 국정운영에 나타나는 리더십을 다루었다. 본서에서 다룬 국왕은 태조, 태종, 세종, 문종, 성종, 중종,

명종, 선조, 광해군, 인조, 효종, 숙종, 영조, 정조, 고종이다.

첫 번째 유형인 '국운 융성의 리더십'에서는 세 시기에 나타나는 국운 융성의 양상을 정리하였다. Ⅰ장은 개창기의 리더십으로, 태조는 혁명군과 건국 세력을 구성하여 조선을 개창하였고, 즉위 교서를 통해 고려 왕족을 대우하고 고려의 제도를 계승하며 조세와 형법을 공정하게 시행하겠다는 의지를 밝혔다. 태종은 태조 대에 형성된 건국 세력을 재편하면서 군 통수권을 확보하였고, 육조의 업무를 국왕에게 직접 보고하는 육조직계제六曹直啓制를 시행하여 왕권과 중앙집권을 강화하였으며, 모든 지방에 수령을 파견함으로써 국가의 창업을 완성시켰다. Ⅱ장은 안정기와 중흥기의 리더십으로, 성종은 건국 초부터 선대 국왕들이 정비해 왔던 예악형정禮樂刑政을 정형화하고 국가의 통치 구도를 정리한 『경국대전』과 『국조오례의』를 편찬하였고, 경연을 활성화하여 국정 운영 능력을 함양하였으며, 강무講武에도 힘을 써서 문무를 겸비한 국왕이 되었다. 또한 영조는 즉위 초에 발생한 무신란을 극복한 이후 탕평 군주로서의 권위를 강화하고, 왕정王政이 주도하는 예치사회를 이루기 위해 『속대전』과 『속오례의』를 편찬하였다. 이는 숙종 대에 편찬된 『수교집록』과 『전록통고』를 계승하는 사업인 동시에 성종 대의 편찬 사업을 보완하는 업적이었다. Ⅲ장은 쇠퇴기의 리더십으로, 고종이 대한제국을 건설하면서 서세동점西勢東漸으로 나타난 국난을 극복하기 위해 노력하는 모습을 다루었다. 고종은 세계사적 소용돌이 속에서 자주독립의 길을 모색하고자 대한제국을 건설하였다. 고종은 법고창신法古創新의 황실문화를 창조하면서, 황제 즉위식을 거행하고 독자적 연호를 사용하는 것은 전통적 방식을 따랐고, 세계 각국과 외교관계를 맺을 때에는 만국 공통의 국가적 상징물 체계를 갖추었다. 고종이 창조한 새로운 황실문화는 환구단의 건설, 훈장 제도의 정비, 태극기의 제정 등으로 나타났다.

두 번째 유형인 '민생 안정의 리더십'에서는 국왕이 백성의 대부분을 차지하는 농민을 대상으로 민생을 안정시켰던 네 국왕의 리더십을 다루었다. Ⅰ장에서는 농업 경영을 합리화하려고 농서農書를 편찬하는 과정을 살펴보았다. 세종은 태조와 태종의 농정農政을 계승하면서 신중하게 선발한 지방관들이 현지에 가서 농사를 권장하도록 당부하였고, 하삼도下三道 지역에서 효과가 입증된 농법을 집성한 『농사직설』을 편찬하여 농민들이 쉽게 이해하고 농업 생산성을 높일 수 있게 하였다. 정조는 세종을 뒤이어 국가 차원에서 새로운 농서를 편찬하는 사업을 추진하였고, 국왕의 명령에 따라 전국의 응지인應旨人들이 올린 농서를 규장각에서 수합하여 농서대전農書大全을 편찬하게 하였다. 세종 대의 『농사직설』이 각지의 관찰사가 현지 농민들의 경험을 수합한 것이라면, 정조 대의 농서대전은 각지의 응지인들이 직접 올린 농서가 바탕이 되어 조선후기에 발달한 농업 기술을 집대성한 것이었다. Ⅱ장에서는 수취 제도를 혁신하기 위한 국왕의 노력을 정리하였다. 세종은 즉위 초부터 답험손실법의 폐단을 알고 새로운 조세제도인 공법貢法을 구상하였으며, 중앙과 지방의 관리는 물론이고 소민들의 의견까지 광범위하게 청취하여 수정한 끝에 새로운 공법제를 마련하였다. 숙종은 각 지방의 공물을 어떻게 부과할 것인지에 대한 규정이 불확실한 문제를 해결하기 위해, 공물의 부과 기준을 토지에 두고 현지 사정에 따라 쌀, 목면, 동전을 거두는 대동법을 확정하여 전국적으로 시행하였다. Ⅲ장에서는 군역 제도를 혁신하는 제도적 방안을 정리하였다. 영조는 양인이 부담하는 양역良役을 현물로 거두면 경제력이 기초가 되어야 하고, 인정人丁을 단위로 하면 양반이 제외되는 문제점을 해결하기 위해, 대동법처럼 토지를 기초로 하여 쌀, 목면, 동전을 거두는 균역법을 확정하여 전국적으로 실시하였다. 또한 정조는 노비의 신공身貢을 감축시킨 영조의 조치를 계승하였고, 공노비인 내시노비內寺奴婢를 혁파하고 그들의 신공을 양역의 하나로 간주하는 논의를 활성화시켰다. 1801년에 순조가 내시노비를 혁파한 것은 정조가 오랫동안 계획해 온 일을 실현한 것이었다.

세 번째 유형인 '인재 양성의 리더십'에서는 국왕이 유생과 문반 관리를 대상으로 인재를 양성하는 리더십을 발휘한 경우를 세 시기로 구분하여 정리하였다. Ⅰ장은 개창기의 리더십으로, 태종이 과거제를 정비하여

3년마다 치르는 식년시 외에도 왕실의 경사가 있을 때 증광시를 시행하여 인재선발권을 주도하였고, 현직 관료들을 대상으로 하는 중시重試를 시행하여 관료 사회의 분위기를 쇄신하였다. 태종이 시행한 시험은 이후 조선 과거제의 근간이 되었다. 세종은 태종이 마치지 못한 사학四學의 건립을 마무리하고, 성균관과 사학, 향교의 교육 환경과 교과 과정을 정비하며, 유학 교재를 편찬하여 각 학교에 배포함으로써 인재 양성의 기반을 마련하였다. Ⅱ장은 안정기의 리더십을 검토하였다. 성종은 관학을 육성하고 유학적 소양을 갖춘 관리를 양성하기 위해, 성균관 유생과 문신을 대상으로 하는 전강殿講과 과시課試를 정기적으로 실시하고, 나이가 어리고 총명한 관원에게 사가독서賜暇讀書를 시행하여 학문적으로 성장할 수 있는 기회를 제공하였다. 또한 중종은 연산군 때 쇠퇴해진 관학을 다시 일으키고, 인재를 등용할 때 천거제를 적극적으로 활용하였으며, 사가독서의 문호를 홍문관 관리에서 문학에 밝은 신진 관리로 넓혀 다양한 인재들을 양성하였다. Ⅲ장은 중흥기의 리더십으로, 영조는 성균관 유생들이 정쟁에 개입하지 않고 학문에만 힘쓰게 할 방안을 마련하였다. 영조는 숙종 때부터 관습적으로 시행했던 유생들의 과시를 법제화하고, 과거제의 폐단을 바로잡기 위해 경서를 익히는 강서講書 시험의 비중을 높였으며, 제술製述 시험에서 지방 유생들이 합격될 수 있는 기회를 제공하였다. 또한 정조는 군사君師로서 성균관 유생과 규장각 초계문신에게 부과하는 과시의 문제를 직접 출제하고 그 성적까지 직접 채점하였다. 정조의 이러한 인재양성책은 경학과 제술을 겸비한 관리를 양성하는 결과를 가져왔다.

네 번째 유형인 '군사 운용의 리더십'에서는 군사 운용과 내치에서 탁월한 리더십을 보인 일곱 국왕의 사례를 분석하였다. Ⅰ장은 부국강병을 위해 새로운 군제를 도입한 경우로, 문종은 명이 패권국으로 성장하고 몽골이 점차 성장하는 시기에 전쟁을 방어하기 위해 북방에 행성行城과 산성을 구축하였고, 명과 몽골이 충돌했던 '토목보의 변'에 대비하기 위해 중앙군을 오위五衛로 편제하고 최고 군령기관인 오위도총부五衛都摠府를 건설하였다. 선조는 임진왜란과 명·청 교체기라는 국제정세의 변화에 대처하기 위해 훈련도감을 창설하였다. 훈련도감은 조총을 능숙하게 다루는 포수와 창검을 다루며 근접전을 전문으로 하는 정예병을 양성하는 기관으로, 조선후기 오군영五軍營 체제로 가는 기틀을 마련하였다. Ⅱ장은 해외로 군대를 파견하여 조선의 국력을 떨친 경우로, 광해군은 화기도감을 건설하여 화포 제작에 주력하였고, 명과 후금이 충돌했던 사르후 전투에 군대를 파견하여 조선인의 인명 피해를 최소화하면서 명과의 의리도 지키는 리더십을 발휘하였다. 효종은 내부적으로 북벌을 추진하면서도 청과 러시아가 충돌했던 나선 정벌에 두 차례나 함경도의 조총수를 파병하여 청과 외교적 문제가 발생하지 않도록 조치하였다. Ⅲ장에서는 내치를 다진 경우로, 명종은 도적 집단인 임꺽정의 활동이 시작되자 무장武將을 파견하여 강하게 대처함으로써 민생을 지켰고, 전국의 무비武備를 갖추고 무예를 익히게 하였다. 인조는 이괄의 난이 발생하자 공주로 피난하면서 인목대비를 끝까지 모셔 국왕의 정통성을 지켰고, 난이 진압된 후에는 남한산성을 수축하고 어영청과 총융청을 창설하여 도성 외곽을 방어하게 하였다. 영조는 이인좌의 난이 발생하자 도성을 사수하겠다고 선언하였고, 신료들의 의견을 수합하여 본인의 잘못된 판단을 바로잡았으며, 반군 동조자를 색출하여 그 세력의 확산을 막고, 측근 신료들을 신뢰하여 짧은 시간에 반란을 진압할 수 있었다.

　다섯째 유형인 '복식으로 본 문화 창출의 리더십'은 국왕이 복식을 통해 새로운 문화를 창출하는 사례를 정리하였다. Ⅰ장에서는 새로운 시대를 열기 위해 관복을 정비한 경우를 다루었다. 태종은 국왕이 의식을 거행할 때 면복冕服을 입는 횟수를 늘이고 명 황제가 내린 면복을 입음으로써 국왕의 입지를 공고히 하였다. 태종은 조선 국왕으로서는 처음으로 황제로부터 면복을 받았고, 이를 적극적으로 활용하여 국왕의 지위를 안정시켰다. 세종은 국가의례를 정비하면서 복식 제도를 정비하였다. 세종은 고제古制를 검토하면서 흉례 절차를 정비하고, 모후인 원경왕후의 상을 기년복으로 치르면서 참최복과 자최복의 차이를 분명하게 하였다. 또한 성종은 『경국대전』을 편찬하면서 관복 제도를 정비하여 국가 질서를 바로잡았다. II장은 사치 풍속을 바꾸기 위해 복식을 정비한 경우를 소개하였다. 조선시대에는 고급직물의 사용을 제한하고 전국에서 생산되는 직조를 관리하는 시스템을 구축하였다. 중종은 사치풍조를 바꾸기 위해 당물唐物인 사라능단의 무역을 금지하고 조선의 토산품을 사용하라고 명령하였다. 인조는 왕실 가례에서 여인의 머리장식으로 사용하는 적관翟冠이 사치풍조로 흐르자, 수입품인 적관 대신에 조선 여인의 머리카락으로 만든 체발髢髮을 사용하게 하였다. 그러나 체발이 화려해지고 장식까지 더해져 무거워지면서 신부의 목이 부러지는 경우까지 발생하자, 영조는 체발 대신에 족두리를 사용하게 하였다. 여인들이 체발 대신 족두리를 쓰면서 사치는 크게 줄어들었지만 여인들의 머리치장에 대한 욕구는 쪽진 머리와 조바위를 탄생시켰다. III장은 백성의 풍요와 국가의 안위를 위해 복식을 정비한 경우를 소개하였다. 농경과 잠업은 조선시대 최대의 산업이며, 국왕은 직접 농사를 짓는 시범을 보이고, 왕비는 직접 뽕잎을 따서 누에를 먹이는 시범을 보였다. 성종은 최초로 왕비의 친잠례親蠶禮를 거행함으로써 백성들에게 양잠을 권장하는 모범을 보였고, 영조는 친잠례를 계승함으로써 누에치기의 중요성을 강조하였다. 정조는 궁궐 밖으로 행차할 때 국왕의 예복 대신에 군복을 즐겨 입었다. 국왕이 소매가 좁은 군복을 입으면 옷감이 적게 들어가 포백 값이 싸지고 생부인 사도세자도 평소에 군복을 좋아하였기 때문이었다. 고종은 옷의 용도에 충실하고 간편함을 위하여 사복私服 제도를 고치고, 공복公服으로 사용하던 홍단령紅團領을 흑단령黑團領으로 통일하고 소매를 좁게 하였으며, 편복은 소매가 좁은 주의周衣(두루마기)를 활용하였다. 고종은 복제 개혁을 둘러싸고 발생한 개혁파와 보수파의 갈등을 해소하면서 강한 리더십을 발휘하였다.

조선 국왕의 리더십이 국정 운영의 현장에서 나타나는 양상을 검토하면서, 국왕의 리더십이 성공적인 결실을 맺었을 경우에는 다음과 같은 공통점이 있었다.

첫째, 새로운 개혁안을 마련할 때 조정의 고위 관리는 물론이고 지방에 있는 관리와 백성들의 여론을 청취하고 이들의 견해를 적극적으로 반영하려는 노력이 필요했다. 새로운 개혁안이란 정치나 사회 환경의 변화에 따라 기왕에 시행하던 제도에 문제점이 있을 때 마련하는 것이나. 그런데 현실 제도의 문제점이 나타나는 곳은 일반 백성과 이들을 직접 상대하는 지방관이므로 이들의 견해를 듣고 이해하는 소통 과정이 필요했다. 국왕은 궁궐을 벗어나기가 어려운 존재이지만, 성공한 국왕들은 각급 관리나 백성들과 직접 소통하면서 현장의 목소리를 들으려고 노력하였다. 특히 세종은 공법을 제정하는 과정에서 관리와 백성들과 적극적으로 소통하는 모습을 보였다.

둘째, 개혁안을 마련해도 새 제도를 시행하면서 나타날 수 있는 부작용을 최소화하는 과정이 필요했다. 현장에서 나타나는 문제점을 해결하려고 새 제도를 마련했지만 이를 시행하면서 또 다른 부작용이 발생할 가능성을 배제하기는 어려웠다. 성공적인 국왕의 리더십을 보면 새 제도의 부작용을 최소화하기 위해 논의 과정을 길게 잡았고, 새 제도를 제한된 지역에서 시범적으로 시행해 본 후 별다른 문제점이 없으면 대상 지역을 조금씩 넓혀나가는 방법을 사용하였다. 숙종의 대동법이나 영조의 균역법은 이런 점에서 뚜렷한 특징을 보였다.

셋째, 기왕에 있었던 제도의 문제점과 새 제도의 부작용을 파악하려면 선왕 대의 경험을 꼼꼼히 검토할 필요가 있었다. 조선 국왕이 마련한 훌륭한 제도는 특정한 국왕이 자신의 치세기에 바로 만들어 낸 경우는 드물었다. 인재 양성의 경우, 태종과 세종은 교육 시설과 교육 제도의 기반을 마련하고, 성종과 중종은 교육 제도의 운영 방안을 구체화하여 인재 양성이 본격화되게 하였으며, 영조와 정조는 국왕이 직접 인재를 양성하는데 참여하여 일정한 성과를 거두었다. 민정 안정의 경우에도 대동법은 인조가 시작하여 숙종이 완성하였고, 균역법은 효종이 시작하여 영조가 마무리하였다. 그러나 대동법과 균역법이 마련된 이후에도 제도를 수정하는 작업은 계속되었다. 제대로 된 개혁안이란 특정 국왕의 당대가 아니라 단계적으로 이뤄지는 것이었다.

넷째, 국가 재정에 관한 제도의 개혁에는 이해관계의 조정 및 타협이 필요했다. 전정, 군정, 환곡과 같이 국가 재정과 직결되는 제도를 바꾸면 사족과 평민, 문반과 무반, 상민과 천인 사이에 이해관계가 달라지는 경우가 많았다. 어느 쪽에 경제적 혜택을 주면 국가 재정은 줄어들게 되므로 이를 보충할 재원을 다른 쪽에서 마련해야 했기 때문이다. 국가재정에 관한 제도를 마련할 때 논의가 길어졌던 이유도 새 제도의 시행에 따른 손실분을 채워줄 급대給代 재원이 있어야했기 때문이다. 따라서 국가 제도를 개혁하려면 무엇보다도 강력한 의지를 가진 국왕의 리더십이 필요했고, 다음으로는 국가사회를 구성하는 다양한 계층들의 이해관계를 조정하는 적절한 양보와 타협이 필요했다.

성공적인 국왕의 리더십이란 이상의 몇 가지 특징을 고루 갖추었을 때 비로소 제대로 구현되어 빛을 발할 수 있었다.

2019년 11월
집필책임 **김문식**

1부

국운 융성의 리더십

I

왕업 개창

1. 태조와 조선 건국

1) 변방 무장에서 개국 시조

태조 이성계는 동북지방 출신으로 선대부터 그곳에서 세거世居하였다. 이성계의 선계先系인 목조穆祖 이안사李安社는 1255년 다루가치[達魯花赤]로 경흥부 인근 알동[斡東]에 거주하였다. 목조의 아들인 익조는 함주咸州를 본거지로 하면서 귀화하는 여진인을 귀주歸州, 초고대草古臺, 왕거산王巨山, 운천雲天, 송두松豆, 도련포都連浦, 아치랑이阿赤郎耳 등에 이주하여 살게 하였다. 도조도 안변安邊 인근에 주재하면서 여진인을 관리하며 목축에 종사하였다고 실록에는 밝히고 있다.[1] 조선 왕조의 공식 기록인 실록을 보면, 이성계의 선계는 여진족과 매우 밀접한 관계를 가졌고 혈연적으로 통혼通婚한 것으로 짐작할 수 있다. 이성계의 가족이 무예에 출중한 것도 유목민족과의 교류에 따른 결과라고 볼 수 있다.

이런 배경에서 이성계가 공민왕 때 출사한 이후 동북면에서 변경을 개척하는 것이 용이하였다. 예컨대 1370년(공민왕 19) 정월 이성계는 기병 5,000명과 보병 10,000명을 거느리고 동북면으로부터 황초령黃草嶺

---

[1] 『太祖實錄』 권1, 총서.

을 넘어 압록강을 건넜다. 이때 이성계의 무공에 의해 지역민들이 진압된 면도 있었지만 귀순한 사람도 상당수였다.[2] 이성계는 선대부터 한반도 북방 지역을 주도하는 지도력을 갖추고 있었고, 이성계가 고려 조정에 출사하면서 변경에 대한 공식적인 본격적 활약이 가능했다.

이성계 일족이 여진 사회와 관계를 맺었던 것도 고려 조정에 이성계가 진출할 때 큰 역할을 한다. 여진족이 한반도의 왕조와 관계를 맺기 시작한 것은 고려 공민왕이 원나라가 고려의 동북면에 설치하였던 쌍성총관부雙城摠管府를 무력으로 회복한 이후이다. 고려의 동북면은 쌍성총관부가 설치된 이후 고려의 유민과 여진족이 혼재하던 지역이었다. 그러므로 공민왕이 쌍성총관부를 공격할 때 원으로부터 이 지역의 세습 작위를 지니고 있던 이성계와 이자춘李子春 부자는 적극적으로 활동할 수 있었다. 이들은 동북의 여진 중에서 경쟁 상대였던 삼선三善과 삼개三介를 물리치고 승리하였고,[3] 1383년(우왕 9)에 고려를 침략한 호용도胡拔都를 제거하여 이 지역의 맹주로 자리 잡았다.[4] 고려의 변경을 안정시키고 외적의 침략을 예측할 수 있는 정보망을 갖춘 것이다.

이후 이성계는 여진족의 귀순을 적극적으로 종용하여 고려말 동북 변경의 안정을 가져왔고 보위에 오른 이후 비교적 안정적으로 동북의 여진족을 관리할 수 있었다.[5] 특히 이성계의 오른팔이라고 할 수 있는 개국공신 이두란李豆蘭이 원래 여진의 추장 고론두란古論豆蘭 티무르[帖木兒]였다가 이성계에게 감화되어 귀순한 인물이라는 것이 대표적인 일화일 것이다.[6] 그러므로 여진과 이성계 일족의 관계는 조선 왕조의 건국과 밀접한 관련을 가지고 있는 셈이며, 그 배경이 동북면이었다.[7]

---

2) 『太祖實錄』 권1, 총서.
3) 『高麗史』 권40, 世家 40, 恭愍王 13년 2월 乙未; 권43, 世家 43, 恭愍王 20년 2월 甲戌.
4) 『高麗史』 권116, 列傳 29, 李豆蘭.
5) 정다함, 「조선초기 野人과 대마도에 대한 藩籬·藩屛 인식의 형성과 경차관의 파견」, 『동방학지』 141, 2008, 238~239쪽.
6) 『太宗實錄』 권3, 太宗 2년 4월 9일(辛酉).
7) 『研經齋全集 外集』 권39, 「傳記類建州征討錄」.

동북면의 변경 지역인 함경도는 조선 왕조 개창자인 이성계의 선조가 활동을 하며 기틀을 잡은 곳으로 '조기지지肇基之地', '풍패지향豊沛之鄕'이라고 불리던 곳이다. 이곳은 개국 초부터 늘 중요성이 강조되었고, 대한제국기에 이르기까지 왕실의 상징으로 회자되던 곳이다. 따라서 이성계 가문과 함경도의 지역민, 특히 여진족과의 관계는 긴장보다는 우호적인 경우가 많았다. 이성계 가문의 누대에 걸친 노력과 이성계의 개인적인 위용으로 회유 내지는 포섭된 여진족이 대부분이었다. 또한 이성계의 즉위 이후 여진족의 대소 추장들은 관직을 수여받고, 두만강 이남에 거주하던 자들은 모두 편호編戶로 편입되었다.[8]

태조는 개국 초기인 1393년(태조 2) 여진 출신인 이지란李之蘭을 동북면도안무사東北面都按撫使로 임명하여 지역 여진의 초무招撫와 변경 개척을 맡겼다. 이지란은 훗날 갑산과 경흥인 갑주甲州와 공주孔州에 축성築城을 하여 두만강 유역의 국경 방어거점을 정한뒤 지역 여진족을 귀순시키고 조선인과의 결혼 및 풍속을 습득하게 해서 군역과 조세 부담을 지니게 하는 효과를 가져왔다. 태조는 이지란의 활동이 성공적이었다고 보고, 1397년(태조 6)에는 정도전을 동북면도선무순찰리사東北面都宣撫巡察理使로 삼아 지역의 행정기구를 설치하였다. 정도전은 안변 이북과 북청北靑 이남을 영흥도永興道로 하고 단천端川 이북과 경흥 이남을 길주도吉州道로 하였으며 주부 군현을 설치하여 지역 행정체계를 재편하였다.[9]

이상의 실록 내용은 이성계를 추앙하기 위해 영웅적으로 미화한 부분도 있겠지만, 전반적으로 여진족이 조선에 복속한 것은 이성계 개인의 지도력과 선대 집안이 대대로 여진과 관계를 맺어왔던 결과일 것이다. 이는 태종이 선대처럼 지역 여진에 대해 회유와 포용 정책을 쓰기보다는 군사적 활동을 위주로 하는 강압적인 정책을 써서 여진족의 반란과 공격으로 조선의 관군과 백성들이 피해를 입었던 것과 비교가 된다.

원래 북방의 유목민족인 여진족은 정주定住해서 농경을 하던 조선 왕조

---

8) 『太祖實錄』 권8, 太祖 4년 12월 14일(癸卯).
9) 『太祖實錄』 권13, 太祖 7년 2월 3일(庚辰).

사회보다 호전적이었다. 여진족은 조선이 건국한 이후 1627년(인조 5) 정묘호란이 발생하기 이전까지 모두 130회 이상에 걸쳐 조선의 북방 국경을 침략하였다. 그에 반해 조선은 여진에 대해 15회에 걸쳐 정벌전을 전개하였다. 세조 대에 이르러서도 여진은 연중 시기를 가리지 않고 조선을 침략하였다. 실제로 조선의 북방은 압록강과 두만강이라는 천혜의 요새가 있다고는 하지만 겨울과 봄철의 갈수기에는 쉽게 넘어 올 수 있는 지류들이 많았다.[10]

더욱이 여진족은 부족 단위로 움직이는 우수한 기동력을 가지고 있었다. 이들은 일반적으로 농경보다는 유목과 수렵에 종사하였으므로 평소에도 조직적으로 움직이는 전술 체제를 몸에 익힌 준 군사집단이었다. 이런 무장 능력을 갖춘 여진족에 대해 조선 정부도 군사력을 동원하는 강경책 이외에 회유와 동화의 유화책을 시행할 수밖에 없었다. 대표적인 유화책이 1405년(태종 5)부터 파견하였던 경차관敬差官이다. 경차관은 국왕의 명령을 받고 파견된 외교관으로 여진족의 대표에게 선물을 보내거나 효유하는 임무를 수행하였다.

경차관은 여진족과 대마도에 파견되었으며 조선 초기 대외 갈등을 유화시키는 역할을 하였다. 이들은 분쟁이 발생한 지역의 조사에서 해당 부족을 찾아가 질책하는 일까지 하였다. 경차관은 '경봉왕지敬奉王旨'가 주요 임무였으므로 국왕을 대신하여 명령을 전달하는 메신저였다. 그에 따라 경차관을 영접하는 여진 측의 의례도 조선 측에서 종용한 의례에 따라 이루어졌으며, 경차관의 파견이 곧 그 지역 여론을 환기시키고 양측의 긴장관계를 해소시키는 결과를 가져올 수 있었다. 실제로 조선은 여진족이 경차관을 맞이하는 의례 절차를 관철시켜 경차관이 국왕을 상징하여 북쪽에 서고 추장이 그 남쪽에서 부복하거나 머리를 조아리는 신하의 예를 행한 후 문서를 받도록 하였다. 여진의 입장에서 군신의 관계는 용납하기 어려웠으나 군사력과 경제라는 두 가지 조건을 만족시키기 위

---

10) 이상협, 『조선전기 北方徙民 연구』, 경인문화사, 2001, 22쪽.

해 조선을 중심으로 하는 위계질서를 받아들일 수밖에 없었다.[11]

이와 함께 조선은 여진에 대한 회유책을 다양하게 구사했으며, 여진족의 구성에 따라 약간의 차이를 주었다. 왜냐하면 여진족은 크게 토착여진과 올적합兀狄哈, 올량합兀良哈의 3개 종족으로 나뉘어 있었기 때문이다. 토착여진은 고려시대부터 두만강 아래로 남하해서 정착한 조선의 행정민이 된 자들이다. 그들은 조선의 문화를 수용하였으며 고려시대부터 간접적인 지배를 받았고 명나라가 철령위鐵嶺衛를 설치할 때 조선인으로 복속되었다. 이들은 군역과 조세의 의무를 부담했고 조선인과 혼인을 하여 두만강 인근의 동북면이 조선 영토가 되는데 큰 역할을 하였다. 그리고 토착여진은 6진 개척 이후에 지역의 농경지를 개간하였고 조선의 보호를 받으면서 거주하였다.[12] 따라서 토착여진은 변방을 약탈하던 대상이 아니었다. 반면 올적합과 올량합은 북방의 정세 변화에 따라 조선에 우호적이거나 적대적으로 대응하였으므로 이들에 대한 대처가 유동적이었다.

올적합은 흑룡강과 송화강 일대에 거주하던 종족으로 유목과 어로를 위주로 생활하였다. 조선과 직접적인 관계를 맺은 종족은 송화강에 거주하던 자들이다. 이들은 조선에 사신을 보내는 등 우호적일 때도 있었지만, 인명과 재산을 약탈하는 침략적인 행태를 보이기도 했다. 올량합은 압록강과 두만강 유역에 정착하여 농경을 위주로 생활하던 종족이다. 이들 중 대표적인 집단이 명의 비호 아래 이만주李滿住를 주축으로 파저강婆猪江 일대에 거주하던 건주본위建州本衛와 두만강의 회령 일대에 동맹가童猛哥 티무르[帖木兒]가 세운 알타리斡朶里가 있었다. 이만주는 올량합의 추장이었던 아합출(阿哈出, 李思誠)의 손자이다. 아합출은 1403년 명나라에 입조했으며, 건주위군민지휘사사建州衛軍民指揮使司의 지휘사가 되었다. 이만주도 건주위 지휘사였다. 그리고 알타리는 명나라의 관심도에서 조금 차이가 있다. 명나라에서는 동맹가 티무르가 황후의 친족이기 때문에 명에 귀속되어야 한다고 할 정도로 동맹가 티무르가 조선에 귀부하지

---

11) 정다함, 앞의 논문, 224~233쪽.
12) 이상협, 앞의 책, 19~21쪽.

않도록 노력하던 여진이었다.[13] 실제로 1406년 동맹가첩목이 명에 입조入朝했을 때 황제가 동맹가 티무르에게 건주위建州衛 도지휘사都指揮使를 제수하고, 인신印信과 삽화금대鈒花金帶를 하사하였다.[14] 동맹가 티무르가 조선의 북방에 거주하게 된 것도 명나라의 선택이었다. 명나라에서는 그들이 공험진公嶮鎭 이남 경성鏡城 인근에 살도록 하였다.[15]

　조선에서는 동맹가 티무르의 알타리족을 복속한 이후 만호부萬戶府를 두어 동북면 일대의 여진을 관할하였다. 그런데 명나라가 원을 몽골로 몰아낸 후 만주로 영향력을 확대하면서 이만주를 앞세워 여진족의 복속을 강요하였다. 명나라가 본격적으로 요동에 거주하던 여진족을 회유하기 시작한 것은 성조成祖때부터이다.[16] 성조의 여진 회유는 대외정책의 일환으로 이루어졌다. 첫째 흑룡강 부근의 여진을 회유하여 몽골을 견제하고자 하는 것이고, 둘째는 두만강 부근의 여진을 이용하여 조선을 견제하고자하는 정책이었다. 명은 위소衛所를 설치하여 여진에 대한 영향력을 높이고자 했으며, 두만강 인근에 건주위建州衛와 올자위兀者衛를 설치하여 인근의 여진 부족들을 통솔하도록 했다. 위소가 설치된 지역의 여진 추장들은 위소관직에 임명되었는데, 실직이 아니라 관직만을 수여하는 행위에 불과하였다.[17] 그렇지만 여진은 명나라에 입조하면서 조공무역을 적극적으로 활용하여 경제적 이익을 취하고자 했다. 예컨대 광령廣寧과 개원開原의 마시馬市는 말 이외에 미견포米絹布도 취급하여 여진의 유통경제 활성화에 이바지하기도 했다.[18]

　이 시기는 조선에서 왕자의 난이 발생하던 시기와 겹쳐 명나라가 여진족 확보에 주력할 수 있었다. 이때 알타리족은 태종의 회유에도 불구하고

---

13) 『太宗實錄』 권10, 太宗 5년 9월 (己酉).
14) 『太宗實錄』 권11, 太宗 6년 3월 (丙申).
15) 『太宗實錄』 권9, 太宗 5년 5월 16일(庚戌).
16) 명과 몽골, 여진족의 관계는 박원호, 「永樂年間 명과 조선간의 여진문제」(『아세아연구』 85, 1991) 참조.
17) 한성주, 「조선초기 朝·明 二重受職女眞人의 兩屬問題」, 『조선시대사학보』 40, 2007, 8~9쪽.
18) 노기식, 앞의 논문, 23~24쪽.

명에 입조하여 건주좌위建州左衛의 장에 임명되었고, 조선은 그 보복으로 여진에 대한 희사품을 중지시키고 경원성 인근에 설치한 시장을 철폐하였다. 물론 세종 대에 여진족은 대부분 조선에 귀속되는데, 이들은 명조에도 입조하는 양면책을 사용하였다.[19] 그들의 경제가 조선과 무역을 하지 않으면 안되는 유목사회였으며, 명과의 교역보다 조선과 하는 것이 지리적으로 큰 이점이기 때문이라고 판단된다. 나아가 명나라도 점차 조선의 동북 지역에 거주하는 여진족을 조선에 복속된 존재로 인정하게 된다.[20]

2) 혁명군과 건국 세력의 구성

태조가 왕조를 개창할 때의 동지들, 이른바 '혁명군'은 어떻게 구성되었고, 어느 정도의 범위까지를 말하는지 알아보고자 한다. 고려 왕조에 대한 쿠데타 세력 혹은 역성易姓을 하려는 혁명군, 조선 왕조 건국 세력이라고 하는 등의 집단에 대한 명단을 작성하고자 한다면, 공신과 이성계 휘하의 사병私兵 등을 주로 말할 수 있을 것이다. 특히 고려 왕조를 폐하고 이성계에게 보위를 선양할 때 고려 국새를 가지고 움직이던 집단은 개국 세력이라고 보아도 무방할 것이다. 수창궁壽昌宮에서 이성계의 집으로 가는 도중에 대외적으로 자신들의 정치성을 드러내는 행위에 참여한 인물들을 하나의 세력으로 보아도 무방하다고 생각하기 때문이다.

『태조실록』에 기재된 이름은 배극렴裵克廉을 선두로 조준, 정도전, 김사형金士衡, 이제李濟, 이화李和, 정희계鄭熙啓, 이지란李之蘭, 남은南誾, 장사길張思吉, 정총鄭摠, 김인찬金仁贊, 조인옥趙仁沃, 남재南在, 조박趙璞, 오몽을吳蒙乙, 정탁鄭擢, 윤호尹虎, 이민도李敏道, 조견趙狷, 박포朴苞, 조영규趙英珪, 조반趙胖, 조온趙溫, 조기趙琦, 홍길민洪吉旼, 유경劉敬, 정용수鄭龍壽, 장담張湛, 안경공安景恭, 김균金稇, 유원정柳爰廷, 이직李稷, 이근李勲, 오사충吳思忠, 이서李舒, 조영무趙英

19) 정다함, 앞의 논문, 239~240쪽.
20) 『世祖實錄』 권21, 世祖 6년 8월 13일(丙辰).

茂, 이백유李伯由, 이부李敷, 김로金輅, 손흥종孫興宗, 심효생沈孝生, 고여高呂, 장지화張至和, 함부림咸傳霖, 한상경韓尙敬, 황거정黃居正, 임언충任彦忠, 장사정張思靖, 민여익閔汝翼 등 50명이다. 물론 이들 이외에도 한량閑良 기로耆老가 뒤를 이었다고 하여 다수의 인원들이 합세하였음을 알 수 있다.[21]

이성계의 추종세력은 전쟁 시기에 본격적으로 집결되었다고 볼 수 있다. 우선 이복형인 이원계李元桂가 있다. 이원계는 전공으로 수복경성공신收復京城功臣 2등에 올랐으며, 내부령內府令에 제수되었다. 또 다른 인물로는 이자춘과 더불어 동북면 수복에 큰 공을 세웠던 조돈趙暾의 아들 조인벽趙仁璧이 있다.[22] 이성계는 동북면을 대표하는 유일한 지휘관이 아니었고, 비슷한 유형의 인물들이 많았다. 그럼에도 이성계가 가장 큰 전공을 세웠다는 것은 그가 수부경성공신 1등 공신에 올랐다는 사실로 인정된다. 전시에 쟁쟁한 인물들을 제치고 우뚝 솟았다는 것은 그의 입지를 다지는 계기가 되었다. 특히 이성계가 중앙에서 주목 받는 인물로 성장하게 된 계기는 왜구의 침략이었다. 왜적으로 인한 피해가 개경에까지 미치자 국가 전체가 비상 국면에 처했었다. 그것은 결국 이성계에게 중앙으로 진출하여 활동 영역을 크게 넓히게 만드는 계기가 되었다. 주로 변방에서 지냈던 이성계로서는 절호의 기회였을 것이다. 개경 주변의 방위 책임자로 임명돼 주둔하면서 중앙 정계의 돌아가는 모습을 직접 주시할 수 있었으며, 주요 인사들을 만나 교류할 수도 있었기 때문이다.[23]

이성계는 군공軍功을 통해 성장한 인물로 동북면을 근거로 하는 무장이었다. 그는 주민의 대다수가 여진 또는 이주민들로 구성된 동북면의 특수성을 통해 그 세력을 확장시켜왔으며 홍건적, 부원세력, 여진족, 왜구 등 일련의 반란세력과 외침을 방어하는데 공을 세움으로써 군사적으로 확고한 기반을 다져온 인물이었다. 이성계 세력은 동북면의 군사력 뿐

---

21) 『太祖實錄』 권1, 太祖 1년 7월 17일(丙申).
22) 『太祖實錄』 권4, 太祖 2년 7월 22일(乙丑).
23) 윤훈표, 「고려말 이성계의 군사 활동과 조선 건국주도 세력의 결집 양상」, 『韓國史學史學報』 33, 2016, 111~113쪽.

만 아니라 회군의 명분을 제공한 유학자들과 결합함으로써 강력한 힘을 가질 수 있었다. 남은, 윤소종, 조준, 조인옥, 정도전 등은 위화도 회군 당시 회군의 명분을 제공해 주었을 뿐만 아니라 우왕 축출 이후 제반 개혁을 선도하고 추진해나간 중요 인물이었다. 이들은 개혁의지가 투철한 사대부들을 결집하여 국정 전반에 걸친 개혁을 단행하여 성공시킴으로써 조선 왕조의 개국을 성공시키게 되었다.[24]

이성계의 집권과 즉위에 가장 중요한 요인이 되었던 것은 역시 이성계의 군사력이었다. 이를 기반으로 수도권 및 하삼도 등에서 치렀던 전투에서 큰 전공을 세웠고 그로 인해 명성이 전국 단위로까지 확대되었다. 그 결과 당대의 이름난 명장들과 대등한 지위에서 겨루는 중추적인 지휘관이 되었다. 이성계가 대표적인 왜장인 아기발도를 죽인 운봉 전투를 마치고 개선했을 때 이색, 김구용, 권근 등이 시를 지어 승리를 축하했다. 당시 이색과 권근이 이성계를 칭송하며 지은 시가 다음과 같다.

> 적의 용장 죽이기를 썩은 나무 꺾듯이 하니,
> 삼한의 좋은 기상이 공에게 맡겨졌네.
> 충성은 백일白日처럼 빛나매 하늘에 안개가 걷히고,
> 위엄은 청구靑됴에 떨치매 바다에 바람이 없도다.
> 출목연出牧筵의 잔치에서는 무열武烈을 노래하고,
> 능연각凌煙閣의 집에서는 영웅을 그리도다.
> 병든 몸 교외 영접 참가하지 못하고,
> 신시新詩를 지어 읊어 큰 공을 기리네.
>
> 3천 신하 마음과 덕이 모두 다 같은데,
> 군율軍律은 지금에 와서 모두 공에게 있도다.
> 나라 위한 충성은 밝기가 태양과 같고,
> 적을 꺾은 용맹은 늠름히 바람이 나도다.

---

24) 김형수, 「조선 왕조의 건국과 태조 즉위 교서의 성격」, 『석당논총』 66, 2016, 320~321쪽.

동궁彤弓은 빛나서 은영恩榮이 무겁고,
백우전白羽箭은 높다랗게 기세가 웅장하다.
한번 개선凱旋하매 종사宗社가 안정되니,
마상馬上에서 기공奇功 있을 것을 이미 알겠네.[25]

이색과 권근의 시를 통해 이성계가 문신들과 꾸준히 소통하려는 모습을 짐작할 수 있다. 그것은 이후의 정치적 행동 반경에 상당한 영향을 주었다. 최고 수뇌부의 일원으로 총지휘관의 지위에 올랐던 이성계는 짧은 시간 동안 단계적으로 자신의 위상을 높이고 다양한 계층의 후원 세력들을 결집하는데 성공했다. 나아가 휘하의 무장층에 대해 나름의 층위를 설정해서 그에 적합한 역할을 수행하도록 조직화했다. 동시에 여러 부류의 문신들과 교류하며 결속을 맺었다. 그 중에 급진과 온건 사대부 등을 망라하여 포섭하고자 했다. 그들은 집권한 뒤 체제 개혁 과정에서 분화가 생겨 일부는 탈락하고 제거되었지만 조선 건국에 이르기까지 그 중심 세력은 유지되었으며 왕조 교체의 주도층이 되었다.[26]

3) 즉위 교서의 왕조 국가 설계안

태조 이성계는 1392년 7월 17일 개경의 수창궁에서 왕위에 올랐다. 배극렴 등이 공양왕의 폐위를 왕대비에게 주장한 뒤 왕대비가 이성계에게 교지를 내려 왕위를 내리는 형식이었다. 이성계에게는 감록국사監錄國事의 지위가 내려졌다.[27] 고려 왕조의 문물 전장제도는 그대로 유지하면서 '왕씨'라는 왕족 집단의 교체를 알리는 신호탄이기도 하였다. 태조는 수창궁에서 즉위한 후 중앙과 지방의 대소 신료들에게 예전대로 정무政務를 보게 하여 지배층의 교체만을 보이고 그 외의 정치 변화는 없음을 알렸다.[28] 사실 고려 왕조를 폐하고 조선을 개국할 정치적 명분이 미약하다는

---

25) 『태조실록』 권1, 총서.
26) 윤훈표, 「고려말 이성계의 군사 활동과 조선 건국주도 세력의 결집 양상」, 『韓國史學史學報』 33, 2016, 126~134쪽.
27) 『太祖實錄』 권1, 太祖 1년 7월 17일(丙申).

반증이기도 하다. 당시 태조의 즉위 교서에 그 내용이 잘 나타난다. 즉위 교서의 주요 내용은 다음과 같다. 즉위 교서는 21개 사안으로 구성되었다.[29]

① 천명天命의 소재가 변했다.
② 왕씨王氏는 후사後嗣가 없고 신우辛禑가 왕위를 도적질했다.
③ 사직社稷은 덕자德者에게 가며 왕위는 비워 둘 수 없다.
④ 백성의 마음이 하늘의 뜻이다.
⑤ 신왕조의 국명은 고려高麗, 의장과 법제는 고려 고사故事에 의거한다.
⑥ 제후의 종묘 사직을 건설한다.
⑦ 왕씨 후손을 우대한다.
⑧ 문무文武 과거의 시행, 중앙에 국학國學과 지방에 향교鄕校를 둔다.
⑨ 관혼상제를 바로잡는다.
⑩ 수령을 발탁한다.
⑪ 충신·효자·의부義夫·절부節婦를 권장한다.
⑫ 환과고독鰥寡孤獨을 구휼救恤한다.
⑬ 부역과 전곡錢穀을 재정비한다.
⑭ 역驛과 관館을 재정비한다.
⑮ 기선군騎船軍을 보호한다.
⑯ 호포戸布를 감면한다.
⑰ 국둔전國屯田을 폐지한다.
⑱ 형률刑律을 재정비한다.
⑲ 전법田法은 고려의 제도를 사용한다.
⑳ 경상도 공물貢物을 감면한다.
㉑ 사면인 명단이다.

---

28) 『太祖實錄』 권1, 太祖 1년 7월 17일(丙申).
29) 『太祖實錄』 권1, 太祖 1년 7월 28일(丁未).

위의 교서 21개 조항은 크게 나누어 4개 부분으로 나누어진다.

1) ①에서 ④까지는 천명 곧 민심의 향방이 고려 왕조를 버리고 이성계에게 향했다는 주장이다.

2) ⑤에서 ⑧, ⑩은 중앙의 지배체제와 관료조직의 운영방침으로 대부분 고려의 것을 그대로 유지한다는 내용이다.

3) ⑪과 ⑫는 풍속의 교화와 인심의 위무이다.

4) ⑬에서 ⑳은 조세 부과의 형평과 전제의 정비, 형법 시행의 공정이다.

정도전이 작성한 이성계 즉위 교서의 주요 골간은 위의 4개 부분으로 첫째는 조선 왕조의 개국이 운명이라는 것, 둘째는 고려의 문물전장은 그대로 유지된다는 것, 셋째는 왕조 교체기 인심을 위무한다는 것, 넷째는 조세와 형법을 공정하게 시행한다는 것이다. 이성계의 즉위를 천명의 향방에 따른 것이고 고려의 제도를 그대로 준행한다는 두 가지 큰 줄기가 이 즉위 교서의 주요 내용이다. 고려 왕족에 대한 대우나 고려 제도를 그대로 이어간다는 것은 이성계의 덕망을 보여주는 것임과 동시에 이성계가 후사가 끊긴 왕씨의 왕업을 이어간다는 의미로 해석되는 부분이다. 역시 이성계를 위주로 한 강한 국왕의 이미지, 혹은 리더로서의 자격을 강조한 교서라고 할 수 있다.

이 즉위 교서는 비록 정도전이 작성하였지만 이성계 세력의 정치적 방향성을 보여준다는 점에서 이성계와 그의 협조 집단인 유신들의 공통된 의견이었다고 할 수 있다. 실제로 즉위 교서 또는 복위 교서의 형태로 제시된 정책 방향은 충선왕 이후 고려 국왕들에 있어서 매우 일반적인 현상이었다. 태조 이성계가 즉위 교서로 자신의 정치 방향을 제시한 것은 그러한 전통에 따른 것이었다. 특히 태조 즉위 교서는 조선 왕조 개창자들의 의지가 반영된 것이었다. 예컨대 과거제도의 재편은 관료사회가 문무양반을 중심으로 유지되어야 하고, 이를 위해서는 올바른 인재를 선발하여야 한다는 조선 왕조 개창 유신들의 의지가 반영된 것이었다. 좌묘우사左廟右社 및 종묘의 유교적 정비는 신왕조의 정책적 방향이 유교적인 방향

에서 제안된 것임을 분명히 하였다. 그러므로 태조 이성계의 신왕조 개창
은 천명을 받들어 이루어진 것을 강조하면서 우왕과 창왕이 왕씨가 아니
라는 것을 강조하는 동시에 공양왕의 폐위 또한 민심에 의한 것임을 천명
한 것이었다.[30]

2. 태종과 육조체제

1) 건국 세력의 재편과 통수권 강화

태종은 1398년 정도전 일파에 의하여 요동 정벌 계획이 적극 추진되면
서 자신의 세력 기반인 사병私兵마저 혁파당할 단계에 이르자, 제1차 왕자
의 난을 일으켜서 정도전과 세자 방석芳碩 등을 제거한 뒤 정치적 실권을
장악하였다. 그러나 정변 직후에는 여러 사정을 감안하여 세자로의 추대
를 사양하였으며, 단지 정안공靖安公으로 개봉改封되면서 의흥삼군부우군
절제사와 판상서사사判尙瑞司事를 겸하였다. 또한 정사공신定社功臣을 논정하
면서 1등이 되었고, 이어 개국공신 1등에도 추록되었다. 1399년(정종
1)에 새로 설치된 조례상정도감판사條例詳定都監判事가 되었다. 태종은 정종
재위 2년에 접어드는 1400년에 회안군懷安君 이방간李芳幹과 지중추부사
박포朴苞 등이 주동이 된 제2차 왕자의 난을 진압한 뒤 세자로 책봉되면서
내외의 군사를 통괄하게 되었다.[31] 태종은 세자부인 인수부仁壽府를 설치
하여 자신의 정치적 기반을 대외적으로 보였다.[32] 정종의 세자로 책봉되
자 병권 장악을 위하여 사병을 혁파했다. 정종이 즉위한 후 재차 개경으로
환도를 할 정도로 국정이 불안한 시기였음에도 태종이 국정을 장악하려
던 형국이었다.[33]

실제로 정종 재위 초기에 종친과 훈신들이 각 지방의 군권을 장악하고

---

30) 김형수, 앞의 논문, 322~327쪽.
31) 『定宗實錄』 권3, 定宗 2년 2월 1일(丙申).
32) 『定宗實錄』 권3, 定宗 2년 2월 4일(己亥).
33) 『定宗實錄』 권1, 定宗 1년 2월 26일(丁卯).

있었다. 태종은 강원도와 동북면東北面, 익안공益安公 이방의는 경기도와 충청도, 이방간은 풍해도豐海道와 서북면西北面, 상당후上黨侯 이저李佇는 경상도와 전라도를 관할했다.[34] 국가의 군사 통솔권이 국왕에게 집중되어 있던 것이 아니라 종친들에게 분산되어 있었다. 물론 그 배경에는 태종의 주장이 있었기 때문이다. 그런데 태종이 왕자의 난을 통해 중앙 권력을 장악하여 재편하려고 하면서 제일 먼저 착수한 것이 사병 혁파였던 것도 '사병'이 지니는 정치적 폭발성 때문이라는 것을 알 수 있다.

사병 혁파는 1400년 4월에 사헌부 겸 대사헌大司憲 권근權近의 상소가 올라오자 정종과 세자[태종]가 의논해서 바로 시행하여 절제사들이 거느린 군마를 그날로 해산시킴으로써 이루어졌다. 권근이 올린 상소는 명확하고 분명하게 사병의 문제를 지적하였다. 그는 국가의 큰 권세는 병권兵權이므로 마땅히 통속統屬시켜야 한다고 주장하였다. 만약 국왕이 병권을 통일적으로 장악하지 않고 분산시켜 둔다면 도끼 자루[太阿]를 거꾸로 쥐고 남에게 자루를 주는 것처럼 반란의 마음을 가지게 하는 화란禍亂의 조짐이 될 것임을 말하였다. 특히 신하가 사병을 양성하는 것은 강포强暴하고 참람僭濫해서 결국에는 국왕을 위협하는 상황이 벌어진다고 하였다. 그와 같은 역사적 사례로 노나라의 삼가三家와 진晉나라의 육경六卿 및 한나라 말년에 군웅群雄이 함께 일어난 것, 당나라 말년에 번진藩鎭이 발호跋扈한 것이 모두 사병을 길러서 난을 꾸민 결과라고 제시하였다. 송나라 태조가 이런 사실을 감안해서 병권을 장악한 것이라고 했다. 물론 조선 왕조의 개국 초에 병권을 통괄하기 위한 의흥삼군부義興三軍府를 설치하면서 혁명 초기 불우의 변란을 방비하기 위해 훈신勳臣·종친宗親에게 사병을 맡게 한 것은 불가피한 일이라고 하였다. 그런데 중앙의 사병만이 아니라 외방 각도의 군마軍馬를 여러 절제사節制使에게 나누어 소속시켜 시위侍衛, 별패別牌, 반당伴儻이라면서 번상番上하는 폐단까지 있었으므로 각도의 절제사를 혁파하고 중앙과 외방의 군마를 모두 삼군부에 소속시키도록 주장하였

34) 『定宗實錄』 권2, 定宗 1년 11월 1일(丁卯).

다. 당시 궁궐의 숙위와 사문私門의 숙직을 사병이 담당하기도 한 것은 물론 조회 참석자의 반당이 사적으로 무기를 휴대하는 실정이었다. 태종은 병권의 장악이라는 군사적 이유에서 사병을 혁파한 것이기도 하지만, 국왕의 위의를 드러내기 위해서도 중앙 군제의 개편이 필요하였으며, 그런 차원에서 사병 혁파는 태종의 통수권 강화와 건국 세력의 재편에 신호탄이 되었다.[35]

당시의 국제 정세도 태종에게 유리한 형국이었다. 1399년 조공 책봉 관계를 유지하던 명나라가 연왕燕王이었던 영락제에 의해 황제인 건문제가 퇴위되던 사건인 정난의 변[靖難之變]이 발생하였기 때문이다. 태종이 왕자의 난을 통해 권력을 다지는 과정에 명나라의 견책이 작용할 수 없던 정치적 환경이 발생하고 있었다.[36]

그런데 태종의 사병 혁파 조치에 종친과 건국 세력들이 바로 순응하지는 않았다. 태종이 권근의 상소를 시작으로 절제사가 거느리던 군마를 해산시키고 귀가시키자 경상도와 전라도의 군사를 동원할 수 있었던 이저와 이거이 부자는 병권을 박탈당한다고 격분하며 원망하는 것이 많았다.[37] 이저와 이거이 부자는 조영무趙英茂 등과 모의하여 반란을 기도한 혐의를 받았다. 훈친勳親의 지위에 있으면서 국가의 기강을 보조하는 것이 아니라 병권을 가지게 되어 사적으로 권력을 자행하는 조짐을 보였기 때문이다. 태종은 건국의 동지들인 훈친들을 대간의 공박 때문에 처벌하려고 하지 않았다. 이른바 '혁명'에 의해 집권한 권력 집단이 언제든지 토사구팽이라는 재편기로 접어드는 것이 일반적 현상이다. 태종의 입장에서 훈친은 정치적 동지이면서 언제든지 정권을 견제할 수 있는 세력으로 변할 수 있는 권력 집단이었다. 더욱이 그들에게 병권이 있다는 것은 위험천만한 일이었다. 대간은 물론 대사헌인 권근 조차 이저 등의 병권 회수는 물론 역모 조짐에 대한 처벌을 요구했다.[38] 왕조 국가에서 국왕이

---

35) 『定宗實錄』 권4, 定宗 2년 4월 6일(辛丑).
36) 『定宗實錄』 권4, 定宗 2년 5월 17일(辛巳).
37) 『定宗實錄』 권4, 定宗 2년 4월 6일(辛丑).

병권을 장악하는 것이 당연한 일이었으나 왕자의 난을 거쳐 '힘'으로 권력을 장악한 태종에게 그의 동지들을 재차 힘으로 재편시킨다는 것이 정치적 부담이었다.

그럼에도 중앙 관료들이 정도전, 이방간 등이 병권을 좌우하여 변란을 일으키려 했던 사실과 병권을 국왕이 좌우하지 못하고 분산시켜 놓는 것은 언제든지 사태를 야기할 수 있다는 주장을 묵과할 수는 없었다. 또한 송나라 태조가 천하를 평정하고 궁내에서 장상將相에게 잔치하였는데, 장상將相들이 말하기를, "천하가 평정되었으니 즐기심이 마땅합니다"라고 하니, 태조가 '나는 즐겁지 않다면서, 처음에 경들이 병권을 쥐었기 때문에 능히 나를 추대하여 천자를 삼았으니, 내가 두려워하는 것은 경의 휘하 장사將士들이 경을 추대하여 천자를 삼기를, 또한 경이 짐朕을 추대한 것 같이 할 것이다'하니 공신·장상들이 그날로 인수印綬를 올리고 병권을 내놓았다는 고사를 주장하며 태종의 통수권 강화를 주장하였다.[39]

이에 따라 국왕의 통수권 강화를 위한 제일 조치로 고려 시대 이래로 지속되었던 장군방將軍房이 혁파되었다. 장군방은 방주房主·장무掌務의 관원이 있고, 회좌회좌례會坐回坐禮가 있어서, 새로 장군에 제수된 자가 있으면, 그 방주와 장무가 반드시 그 족속族屬을 상고하였는데, 국초에도 그 제도를 인습하였었다.[40] 태종은 자신이 지닌 군세를 과시하는 것도 병행하였다. 태종은 세자의 지위로 갑사甲士 수백 명을 거느리고 호곶壺串에서 매를 놓는 사냥을 하며 중앙 군사력을 장악하고 있음을 보여 주었다.[41] 갑사는 당시 중앙군의 핵심으로 그들의 동원이 바로 병권의 장악과 연결되는 일이었다.

태종의 병권 장악은 종친 및 훈척 등의 정치 간여를 통제하는 효과를 가져왔다. 또한 내외의 군사를 삼군부로 집중시켰으며, 도평의사사를 의

---

38) 『定宗實錄』 권4, 定宗 2년 5월 8일(壬申).
39) 『定宗實錄』 권4, 定宗 2년 6월 20일(癸丑).
40) 『定宗實錄』 권5, 定宗 2년 7월 2일(乙丑).
41) 『定宗實錄』 권6, 定宗 2년 10월 1일(壬辰).

정부로 고쳐서 정무를 담당하게 하고 중추원을 삼군부로 고치면서 군정을 담당하도록 하였다.[42] 태종은 이런 정국의 안정화 과정을 거쳐 정종 재위 2년인 1400년 11월에 정종의 선위禪位를 받아 등극하였다. 정종이 내린 교서에는 태종이 보위에 올라야 하는 당위성이 분명하게 게시되었다. 다음의 정종 교서 주요 내용을 보면 태종이 건국 세력을 재편하고 통수권을 장악하는 것이 당연한 시대의 흐름이었다고 알 수 있다.

> (전략) 신무 태상왕神武太上王이 처음 일어날 때에 미쳐, 왕세자가 기선幾先에 밝아서 천명을 명확히 알고, 먼저 대의大義를 주창主唱하여 큰 기업基業을 세웠으니, 우리 조선의 개국에 세자의 공이 많았다. 당초에 세자를 세우는 의논에서 물망이 모두 돌아갔는데, 뜻하지 않게도 권간權姦이 공을 탐하여 어린 얼자孼子를 세워 종사를 기울어뜨리려 하였다. 하늘이 그 충심衷心을 달래어 계책을 세워 감정戡定해서 종사를 편안히 하였으니, 우리 조선을 재조再造한 것도 또한 세자의 공에 힘입은 것이다. 나라는 이때에 이미 세자의 차지가 되었으나, 겸허謙虛를 고집하여 태상왕께 아뢰어서 착하지 못한 내가 적장자嫡長子라 하여 즉위하도록 명하게 하였다.(중략) 왕세자는 강명剛明한 덕을 품수稟受하고 용맹과 지략의 자질이 빼어났다. 인의仁義는 타고 날 때부터 가졌고, 효제孝悌는 지성에서 비롯되었다. 학문은 의리에 정精하고, 영명한 꾀는 변통에 합하였다. 진실로 예철睿哲하기가 무리에 뛰어나는데, 겸공謙恭하기를 더욱 부지런히 하였다. 일찍이 제세濟世 안민安民의 도량으로 발란撥亂 반정反正의 공을 이루었다. 구가謳歌가 돌아가는 바요, 종사宗社가 의뢰하는 바이니, 어질고 덕 있는 사람이 마땅히 대통大統을 이어야 하겠다. 이제 세자에게 명하여 왕위를 전하여 즉위하게 한다.(후략)

당시 태조는 "하라고도 할 수 없고, 하지 말라고도 할 수 없다. 이제 이미 선위하였으니 다시 무슨 말을 하겠는가"라면서 정종이 선위를 하는 것이 태종이 자의적으로 정치적 형세를 좌우하는 것에 따라 이루어지는 국정의 재편이라는 것임을 말해주고 있다.[43]

---

42) 남지대, 「조선 태종의 즉위과정과 내세운 명분」, 『역사와 담론』 69, 2014, 58쪽.
43) 『定宗實錄』 권6, 定宗 2년 11월 11일(辛未).

태종은 보위에 오르면서 왕권의 강화와 중앙 집권 체제의 확립을 위하여 공신 및 외척을 대다수 제거하였다. 왕조 국가의 강력한 국왕 리더십의 발현이기도 하였다. 우선 1401년 2월 공신들과 삽혈동맹歃血同盟을 하며 내부 단속을 다졌다. 태종은 송악산 인근의 마암馬巖에 행행하여 공신들과 제복을 입고 건국 세력과의 유대를 강화하며 충성을 맹서하였다. 그 맹서 내용을 정리하면 다음과 같다.

임금이 마암馬巖의 단壇 아래에 가서 좌명공신佐命功臣과 더불어 삽혈동맹 하였는데, 제복祭服을 입었다. 그 서약한 글은 이렇다.
"유維 건문建文 3년 세차歲次 신사 2월 삭朔 경인 12일 신축에 조선 국왕 이는 삼가 훈신勳臣 의안대군義安大君 이화李和·상당군上黨君 이저李佇·완산군完山君 천우天祐·문하 좌정승門下左政丞 이거이李居易·우정승右政丞 하륜河崙·판 삼군부사判三軍府事 이무李茂 등을 거느리고 황천상제皇天上帝·종묘·사직·산천 백신百神의 영靈에 감히 밝게 고합니다. 엎드려 생각건대, 주나라 제도에는 맹재盟載의 법이 있고, 한나라가 일어나매 대려帶礪의 맹세가 있었으니, 신명神明 앞에 충신忠信을 굳게 하자는 것입니다. 우리 태상왕께서 신무神武하신 덕으로 운수에 응하여 나라를 열어서 무강無疆한 업業을 창건하였는데, 불행하게도 권간權奸이 영총榮寵을 탐하여 어린아이를 끼고서 우리 형제를 해하려 하여, 변變이 불측不測한 지경에 있었습니다. 상천上天이 마음을 달래고 종친과 훈신의 협력에 힘입어서 능히 난을 평정하고, 적자嫡子이고 장자임으로 인하여 우리 상왕上王을 껴서 명을 받아 대통을 잇게 하니, 천륜天倫이 펴지고 종사宗社가 안정되었습니다. 뜻밖에 또 교활한 자가 간흉한 계획을 품고 반역을 꾸미어, 우리 골육骨肉을 도모하고자 군사를 일으켜 대궐로 향해서, 화禍가 호흡지간에 있었는데, 또 종친과 훈신이 충성과 힘을 다함으로 인하여 이내 곧 쳐서 평정하였습니다. 상왕께서 국본國本이 정하여지지 아니하여 인심이 흔들리기 쉬운 것을 염려하시어, 어질지 못한 내가 동모제 同母弟이고, 또 개국정사開國定社 때에 조그마한 공이 있다 하시어, 명하여 저부儲副를 삼아서 감무監撫의 권한을 위임하셨으므로, 숙야夙夜로 경계하고 두려워하여도 오히려 감당하지 못할까 두려워하였더니, 갑자기 상왕께서 신기神器를 전하여 주시매, 사양하고 명령을 지키지 못하다가 이에 왕위에 올랐습니다. 생각건대, 어질지 못한 내가 오늘에 이른 것은 실로 종친과 훈신의 충의忠義한 신하들이 힘을 합하여 난을 평정하고, 익대 좌명翊戴佐命한 힘에 힘입은 바이니, 그 큰 공을 아름답게 여기어 영원토록 잊기 어렵습니다. 이에 유사有司에 명하여 상전賞典을 거행하고 길한 날을 가려서 신명께 제사하고 맹호盟好를 맺습니다. 이미 맹세한 뒤에는 길이 한마음으로 지성至誠으로 서로 도와 환난患難을 구제하고, 과실過失을 바로잡아, 시종始終 일의 一義로써 함께 왕업을 보존하여 자손만대에 오늘을 잊지 말지니, 진실로 혹시라도 이익을 꾀하여 해害를 피하고, 사私를 껴서 공公을 배반하고, 맹호盟好를 범하고 기망변사欺罔變詐하고, 몰래 헐뜯고 해치기를 꾀한다면 신명께서 반드시 죽이어 앙화殃禍가 자손만대에 미칠 것이며, 범한 것이 사직에 관계되는 자는 마땅히 법으로 논할 것이니, 내가 감히 어기는 것이 아니라, 그들의 자취自取인 것입니다. 각각 맹세한 말을 공경하여 영원히 이 정성을 지켜야한다."44)

태종이 공신들과 한 삽혈동맹의 맹서문은 사실상 본인이 보위에 오른 것을 건국 세력들에게 그 정당성을 주장하며 인정하도록 한 것이다. 공신들과 삽혈한 것도 동기 의식을 부여하여 태종의 국정 운영에 참여할 것을 제시하는 고도의 정치 행위로 보아야 할 것이다. 태종은 이 맹서를 거행한 이후 본격적인 권력의 재편 및 강화, 통수권의 확보에 나선다.

1404년에는 3년 전에 있었던 이거이 난언 사건을 재차 거론하여 이거이 및 이저를 귀향 조처하였고, 1407년에는 불충을 이유로 처남으로서 권세를 부리던 민무구閔無咎, 민무질閔無疾 형제를 자결하게 했다.45) 다시 1409년에는 민무구와 관련된 인물로 연계시켜 이무李茂, 윤목尹穆, 유기柳沂 등을 각각 목 베었다. 그 뒤 1415년에는 불충을 들어 나머지 처남인 민무휼閔無恤, 민무회閔無悔 형제를 서인으로 폐하였다가 이듬해 사사하였고, 같은 해 혁명동지였던 이숙번李叔蕃도 축출하였다. 이와 함께 1414년에 잔여 공신도 부원군으로 봉하여 정치 일선에서 은퇴시켜 말년에는

44) 『太宗實錄』 권1, 太宗 1년 2월 12일(辛丑).
45) 『太宗實錄』 권19, 太宗 10년 3월 17일(癸未).

왕권에 견제가 될 만한 신권은 존재하지 않았으며, 이를 토대로 태종이 국정에서 강력한 리더십을 주도할 수 있는 육조직계제六曹直啓制를 단행하였다.

2) 관료제의 정비와 국정의 일원화

1401년에 문하부門下府를 혁파하면서 의정부議政府 관제를 정립하였다. 정부 조직을 고려의 유제가 아닌 조선 왕조의 이미지로 변환시키는 작업이었다. 새로운 관제를 창립한다기 보다는 기존 제도의 명칭을 개편했다고 보는 것이 정확할 것이다. 예컨대 문하부 좌우 정승左右政丞을 고쳐 의정부 좌우 정승, 문하 시랑찬성사門下侍郞贊成事를 의정부 찬성사贊成事, 참찬문하부사參贊門下府事를 참찬의정부사參贊議政府事, 정당 문학政堂文學을 의정부 문학文學이라고 하였다.[46]

특히 태종은 과거제를 시행하여 관원을 충원하고자 하여 인재 중심의 통치 기구를 구축하고자 하였다. 태종이 최초로 무과를 시행한 것에서도 잘 나타난다. 문과에서 3년 만에 시행하는 과거제인 식년시를 무과에도 동일하게 적용하였다. 『무경칠서武經七書』와 마보馬步·무예에 정통하고 익숙한 자는 1등, 3가三家의 병서兵書와 마보·무예에 통한 자는 2등, 마보·무예에만 지통只通한 자는 3등으로 삼되, 1등은 3명, 2등은 5명, 3등은 20명으로 하여 문과와 같이 모두 28명을 정원으로 삼아 선발하도록 했다. 무과를 거친 1등은 바로 종7품, 2등은 종8품, 3등은 종9품에 임명하게 하였다.[47]

태종대 관료제의 정비에서 중점이 되는 부분은 1405년(태종 5) 정월의 육조 직계 제도 구축이었다. 왕조 초기에 국정에 참여하지 못하던 육조를 정사에 본격적으로 참여시키는 조치였다. 육조직계제로의 전환은 의정부 기능의 축소였으며, 육조의 장관을 정3품 전서典書에서 정2품의 판서로

---

46) 『太宗實錄』 권2, 太宗 1년 7월 13일(庚子).
47) 『太宗實錄』 권3, 太宗 2년 1월 6일(己丑).

높였고, 동서반東西班의 전선銓選을 이조와 병조로 이관했으며, 전곡錢穀과 군기를 각각 관장하던 사평부와 승추부를 폐지하고 그 사무를 호조와 병조로 이관시키는 대대적인 관료 체제 정비였기 때문이다. 또한 의정부의 서무庶務를 나누어서 육조로 귀속시켰으며, 육조에 각각 판서 1명을 두고, 직질職秩을 정2품으로 하였으며, 좌우 참의參議 각각 1명을 두었다.[48] 1405년에 구축되던 육조의 직무 분담과 소속을 보면 다음과 같이 정리된다.

이조: 문선文選·훈봉勳封·고과考課의 정사政事를 맡아 덕행德行·재용才用·노효勞效 등으로써 그 우열優劣을 비교하여 관원의 유임留任과 방출放黜을 정한다. 이조에는 승녕부承寧府·공안부恭安府·종부시宗簿寺·인녕부仁寧府·상서사尙瑞司·사선서司膳署·내시부內侍府·공신도감功臣都監·내시원內侍院·다방茶房·사옹방司饔房 등이 속한다.

병조: 무선武選·부위府衛·조견調遣·직방職方·병갑兵甲·출정出征·고첩告捷·강무講武 등의 일을 맡는다. 병조에는 중군中軍·좌군左軍·우군右軍·십사十司·훈련관訓鍊觀·사복시司僕寺·군기감軍器監·의용 순금사義勇巡禁司·충순 호위사忠順扈衛司·별시위別侍衛·응양위鷹揚衛·인가방引駕房·각전各殿의 행수行首·견룡牽龍 등이 속한다.

호조: 호구戶口·전토田土·전곡錢穀·식화食貨 등의 정사政事와 공부 차등貢賦差等의 일을 맡는다. 호조에는 전농시典農寺·내자시內資寺·내섬시內贍寺·군자감軍資監·풍저창豊儲倉·광흥창廣興倉·공정고供正庫·제용고濟用庫·경시서京市署·의영고義盈庫·장흥고長興庫·양현고養賢庫·각도 창고倉庫·동부東部·남부南部·서부西部·북부北部·중부中部 등이 속한다.

형조: 율령律令·형법刑法·도예徒隷·안핵案覈·언금讞禁·심복審覆·서설敍雪 등의 일을 맡는다. 형조에는 분도관分都官·전옥서典獄署·율학律學·각도 형옥刑獄 등이 속한다.

예조: 예악禮樂·제사祭祀·연향燕享·공거貢擧·복축卜祝 등의 일을 맡는다. 예조에는 예문관藝文館·춘추관春秋館·경연經筵·서연書筵·성균관成均館·통례문通禮門·봉상시奉常寺·예빈시禮賓寺·전의감典醫監·사역원司譯院·서

48) 『太宗實錄』 권9, 太宗 5년 1월 15일(壬子).

운관書雲觀 · 교서관校書館 · 문서응봉사文書應奉司 · 종묘서宗廟署 · 사온서司醞署 · 제생원濟生院 · 혜민국惠民局 · 아악서雅樂署 · 전악서典樂署 · 사련소司臠所 · 선관서膳官署 · 도류방道流房 · 복흥고福興庫 · 동서대비원東西大悲院 · 빙고氷庫 · 종약색種藥色 · 대청관大淸觀 · 소격전昭格殿 · 도화원圖畵院 · 가각고架閣庫 · 전구서典廐署 · 사직단社稷壇 · 관습도감慣習都監 · 승록사僧錄司 · 각도 학교 · 의학醫學 등이 속한다.

공조: 산택山澤 · 공장工匠 · 토목土木 · 영선營繕 · 둔전屯田 · 염장鹽場 · 도야陶冶 등의 일을 맡는다. 공조에는 선공감繕工監 · 사재감司宰監 · 공조서供造署 · 도염서都染署 · 침장고沈藏庫 · 별안색別鞍色 · 상의원尙衣院 · 상림원上林園 · 동서요東西窯 · 각도 염장鹽場 · 둔전屯田 등이 속한다.[49]

이와 같이 좌우 정승이 장악하였던 문무관의 인사권을 이조와 병조로 이관하였다. 또한 육조의 각 조마다 3개의 속사屬司를 각각 설치하고 아울러 당시까지 존속한 독립 관아 중에서 의정부, 사헌부, 사간원, 승정원, 한성부 등을 제외한 관아를 그 기능에 따라서 육조에 분속시켜 각각 관장하거나 지휘하게 하는 속사제도와 속아문제도屬衙門制度를 정비하였다. 태종이 의정부의 기능을 약화시키고 육조에 업무 관장의 비중을 높여 주었음에도 실제적으로 의정부의 서무庶務가 육조로 돌려진 것은 1408년이었다. 의정부의 정승은 국왕을 보필하고 협조하는 직책으로서 왕의 정책을 견제하거나 관료들을 통솔하는 지위로 보지 않았다. 조선 왕조에서 관료제 정비의 모델로 삼은 사례는 송나라였으므로 정승의 국정 권한을 높이지 않았다. 육조가 업무에 대한 보고와 협조를 자체적으로 할 수 있는 체제였다.[50]

결국 1414년에는 육조직계제를 단행하여 육조에서 국정의 서무를 분장하도록 하면서 왕-의정부-육조의 국정체제를 왕-육조의 체제로 전환시켜 왕권과 중앙 집권을 크게 강화하였다. 행정적인 구조로 본다면 육조에서 직사職事를 국왕에게 직접 보고를 올리게 하고 왕지王旨를 받들어 시행하

---

49) 『太宗實錄』 권9, 太宗 5년 3월 1일(丙申).
50) 『太宗實錄』 권15, 太宗 8년 1월 3일(壬子).

게 한 것이다. 육조가 위상이 높아지고 국왕과의 연결이 강화되면서 의정부의 기능은 물론 규모도 축소되었다. 영의정부사領議政府事는 태종의 관료제 개편을 지지하던 하륜에게 맡겼다. 의정부는 권력이 없는 기구로 축소되고 육조가 행정부의 전면에 나서게 되었으나 육조 전체 행정을 총괄하는 단계가 없어져서 업무가 지체되는 결과를 가져오기도 하였다.[51]

그럼에도 태종의 강력한 정국 주도 리더십이 발휘되지 않았다면 왕조의 반석이 되는 관료제의 정비 이후 국정을 하나로 지휘할 수 있는 토대를 구축하지 못했을 것이다. 이 점은 육조직계제 시행 이후 국왕이 병조를 통해 비상령을 내려 궁궐에 문무백관과 군사들을 집합시키는 취각령吹角令이 마련되는 것에서도 확인된다. 태종이 비상 시국을 알리라는 명령을 내리면 경복궁에서 취각하여 당직하는 총제摠制·상호군上護軍·대호군大護軍·호군護軍·내금위內禁衛·내시위內侍衛·별시위別侍衛·갑사甲士·별패別牌·시위패侍衛牌·응양위鷹揚衛·도성위都城衛·각령 방패各領防牌 등이 병기와 갑주甲冑를 갖추어 각 문을 지키고, 시위군대가 각자의 장소에 집합하면 의정부·육조·종친·훈구勳舊·시직時職·산직散職 2품 이상이 반당伴黨을 거느리고 병기를 갖추어 각각 궁궐 외부에서 대기하도록 하는 명령이었다.[52] 국왕의 관료 통제가 각 부서별로 일원화되고 고위 관료조차 왕권을 견제하기는커녕 휘하에서 관료의 일원으로만 움직이게 하는 제도였다. 이를 통해 태종은 안정된 중앙의 정치 형국을 창출할 수 있었으며 지방 통제의 단계로 나아갔다.

3) 수령의 파견과 지방통치

태종이 주도한 중앙 통치 구조 재편이 안정화되면서 지방의 행정 조직을 개편 강화하는 단계로 이어졌다. 태종대 지방 제도의 정비는 행정구역의 조정과 수령의 파견이 대표적이다. 행정 구역의 정비는 태종의

---

51) 『太宗實錄』 권27, 太宗 14년 4월 17일(庚申).
52) 『太宗實錄』 권30, 太宗 15년 8월 5일(己巳).

재위 기간 동안 지속되었다고 할 수 있다. 1413년에 완산을 전주, 계림을 경주, 서북면을 평안도, 동북면을 영길도永吉道로 하였다. 또한 각도의 단부單府 고을을 도호부都護府로 고치고, 군郡·현縣의 이름 가운데 주州자를 띤 것은 모두 산山 및 천川자로 고쳤으니, 영주寧州를 영산寧山으로 고치고, 금주衿州를 금천衿川으로 고친 것이 그 사례였다.53) 1416년에는 함흥부를 설치하면서 영길도를 함길도로 개명하였다.54)

태종대 지방 통치의 특징은 국왕이 선발한 관원을 직접 전국적으로 파견한 점이며, 그 첨병에 서 있던 관원이 수령이다. 사실 태종 집권 초기에도 왕조 정부의 지방 통치는 전 왕조의 영향에서 벗어나지 못한 상태였다. 태종의 집권을 전후한 중앙의 변란은 지방 통치 구조 개편에까지 신경 쓸 여력을 주지 못했다. 태종의 집권은 본격적인 왕조 체제의 정비와 통치 구조의 토대 구축이라는 것을 대외적으로 알리는 신호탄이었다고도 볼 수 있다.

태종 재위 초기의 지방은 고려시대의 지방관인 안렴사按廉使가 정사를 통할하고 상벌의 권세를 잡고 있었다. 태조대 잠시 폐지되어 도관찰출척사都觀察黜陟使로 변경되었으나 태종 초기에 재차 도관찰출척사를 안렴사로 개명하였다.55) 그런데 안렴사가 도내의 수령과 장수들에게 비해 지위가 낮은 경우가 있어서 국왕의 명령이 제대로 전달되지 않는 경우가 있었다. 이를 개편하기 위해 파견한 관원이 관찰사였다. 관찰사는 태조 초기부터 파견하였지만 그 권한이 안렴사와 절제사 등에 분산되어 일원화된 행정적 통치를 하는 것에는 한계가 있었다.56) 태종의 지방 통치 구조 재편의 첫 단계는 안렴사를 폐지하고 관찰사 제도를 강화하는 것이었다. 태종은 『경제육전經濟六典』에 의거해 관찰사를 교대해 보내도록 하였다.57) 기존에 지방관의 파견이 임시적이거나 시세를 대응하기 위해 진행한 것이었다면

---

53) 『太宗實錄』 권26, 太宗 13년 10월 15일(辛酉).
54) 『太宗實錄』 권32, 太宗 16년 9월 9일(丁酉).
55) 『太宗實錄』 권1, 太宗 1년 1월 24일(甲申).
56) 『太祖實錄』 권2, 太祖 1년 9월 24일(壬寅).
57) 『太宗實錄』 권2, 太宗 1년 11월 7일(辛卯).

태종의 관찰사 파견은 지방관 제도를 법제화시키는 조치였다.

태종은 각도 관찰사의 파견에 이어서 관찰사의 권한 중에 하나였던 임시로 수령을 임명하던 법을 없앴다.[58] 태종의 지방 통치 구조 개편은 관제의 개편과 동시에 진행되었다. 이때에 수령의 파견이 이루어졌다. 1403년 6월에 의정부의 찬성사贊成事 이하와 삼군 총제三軍摠制와 경중京中의 각사各司 및 외방外方의 수령을 개하改下시켰다.[59] 수령을 중앙에서 전국적으로 파견하는 목적에는 당대 집권 세력의 정치적 영향력 확산과 동시에 관료 집단 내부의 사적인 조직 강화라는 이중적인 모습이 나타난다. 실제로 의정부를 주재하던 재상들은 자신들이 천거한 인물을 수령으로 적극 추천하였다.[60]

태종이 왕권 강화라는 차원에서 수령을 직접 지방에 파견하였다는 역사적 사실과 함께 그 사실 내부에는 중앙 집권 세력의 분화라고도 해석할 여지가 많다. 태종과 그의 집권 세력이 중앙의 관직을 재편하고 독점한 이후에 다음 단계로 지방의 요직에까지 진출하고자 했으며, 그 첫 단계가 관찰사 임명이고, 확대된 것이 수령 파견이라고 보는 시각이다. 수령의 임기가 정해져 있었지만 관찰사가 문제점을 보고하고 견책이 이루어지면 언제든지 교체될 수 있었다.[61] 중앙 통치 세력의 소통이라는 새로운 차원의 정치질서의 재편 결과라고 해석된다. 조선 후기까지 수령의 교체가 잦았던 것도 인사 적체를 해소하려던 방안이라는 것을 감안한다면, 태종대 수령의 전국적인 파견도 정치적 고려가 우선이었다고 보아야 할 것이다. 실제로 당시에 과거에 합격한 인재를 수령으로 파견하는 사례보다 중앙의 관료들이 천거한 자들이 수령으로 파견되던 사례에서도 확인되는 일이다.[62]

---

58) 『太宗實錄』 권5, 太宗 3년 6월 3일(己酉).
59) 『太宗實錄』 권5, 太宗 3년 6월 29일(乙亥).
60) 임용한, 「조선초기의 수령제 개혁과 그 운영-태종~세종 연간을 중심으로」, 『인문학연구』 2, 경희대 인문학연구소, 1998, 282~286쪽.
61) 『太宗實錄』 권9, 太宗 5년 2월 9일(乙亥).
62) 『太宗實錄』 권3, 太宗 2년 6월 8일(庚申).

II

국운 융성과 문화 창달

1. 성종과 『경국대전』·『국조오례의』

1) 예악형정(禮樂刑政)의 정형화

성종은 숙부 예종의 갑작스런 서거로 보위에 올랐다. 세조와 정희왕후
사이에는 2남 1녀가 있었는데, 맏아들 도원대군桃源大君이 성종의 부친이
었다. 도원대군은 1455년(세조 1) 세자로 책봉되었다가 1457년에 19세
의 나이로 요절했다. 세조의 둘째 아들인 해양대군海陽大君이 세자의 지위
를 승계하니, 그가 예종이다. 예종은 재위 1년 2개월만인 1469년(예종
1) 20세의 나이로 요절하였다. 성종이 보위에 오른 시기는 부친과 삼촌이
요절하여 국정은 물론 왕실의 권위가 공백기인 시점이었다. 성종은 보위
에 오른 뒤 선도적으로 선대 국왕들이 몰두하던 왕법과 국가 의례의 집대
성을 기도하여 『경국대전』과 『국조오례의』를 완성, 반포하였다. 이를
통해 조선 왕조가 정치, 사회, 문화적으로 안정적인 국정을 운영하여 장
기적인 집권체제를 유지하도록 하는 토대를 제공하였다.

조선 왕조의 통치구도는 법과 예로 대표되는 『경국대전』과 『국조오례
의』에 잘 나타난다. '대전'과 '오례의'로 통칭되던 두 텍스트는 국왕부터
사士와 서인庶人에 이르기까지 왕조의 신민들의 행동거지를 규정하였다.

성종 대의 정치와 사회가 기본적으로 운영되던 토대이기도 하다. 성종은 즉위 초부터 국정에 관련된 인사, 행정, 재정, 국방, 상벌에서부터 왕실의 인척에 이르는 왕조국가에서 발생하는 대부분의 사안을 대전과 오례의에 따라 거행하였기 때문이다. 『경국대전』과 『국조오례의』가 언급되고 적용되는 것을 통해 조선 왕조의 국정이 정상적으로 진행되는 것을 확인할 수 있다.

조선 왕조의 법전은 1397년(태조 6)에 제정된 『경제육전經濟六典』에서 시작되었다. 왕조 초기에 정도전이 『조선경국전朝鮮經國典』을 만들기도 했으나 정도전 개인의 견해에서 편집한 것으로 왕조를 대표한다고 보기에는 한계가 있다. 태종이 『속육전續六典』을 만들고, 세종이 법전의 보완 작업을 지속했으나 모두 법전의 기초적인 작업을 진행하는 수준이었다. 이런 국왕들의 노력이 세조대에 결실을 맺는다. 세조는 즉위하자마자 국법을 정비할 목적으로 육전상정소六典詳定所를 설치한다. 1460년(세조 6) 먼저 호전戶典이 완성되었고, 1466년(세조 12)에는 편찬이 완성되었으나, 보완을 계속하느라 전체적인 시행은 미루어졌다. 예종도 대전의 편찬을 지속했으나 급작스런 죽음으로 시행되지 못했다.

성종은 즉위 초부터 대전을 교정하게 하여,[63] 1471년 1월부터 준용하도록 했으며, 1474년에는 대전에 기록되지 않았던 72개 조항을 속록續錄이라 하여 개찬하였다.[64] 1484년에는 대전의 감교勘校를 하면서 수정하지 못하도록 하였다.[65] 예컨대 1484년(성종 15) 6월에 성종이 대전의 교정과 관련하여 승정원에 내린 전교를 보면 선대 국왕들이 시행한 법을 계술하는 것이 대전이므로 신료들이 함부로 수정하지 못하도록 하였다. 성종의 전교 내용을 요약하면 다음과 같다.

승정원에 전교하기를, "전일 내가 감교청勘校廳에서 경국대전의 교정을 마친

63) 『成宗實錄』 권8, 成宗 1년 10월 27일(辛未).
64) 『成宗實錄』 권38, 成宗 5년 1월 2일(戊子).
65) 『成宗實錄』 권165, 成宗 15년 4월 8일(甲子).

뒤에 의정부·육조와 재상宰相들이 당부當否를 참고하게 하였으나, 이제 다시 생각하건대, 그 첨가하여 기록한 것은 다 속전續典에서 따온 것이므로 곧 선왕先王께서 이미 시행하신 법인데, 재상들이 각각 소견을 고집하여 논의가 어지럽게 된다면, 경국대전이 어느 때에 정하여지겠는가? 참고하지 않게 하는 것이 어떠한가? 겸교청에 묻도록 하라"라고 하였다.[66]

성종은 대전의 완벽함을 위해 중외 반포 이후에도 지속적인 감교를 진행하였다. 그런데 그 기준은 선대 국왕들이 추진한 사례들을 유지하는 것이었다. 성종은 대전의 조항 수정을 법으로 금지하게 할 정도였다.[67] 이런 성종의 의지는 조선 말기까지 간행된 법전들과 비교하면 확인된다. 1492년의 『대전집록大典輯錄』, 1555년(명종 10)의 『경국대전주해』, 1698년(숙종 24)의 『수교집록受教輯錄』, 1706년(숙종 32)의 『전록통고典錄通考』, 1746년(영조 22)의 『속대전』, 1785년(정조 9)의 『대전통편』, 1865년(고종 2)에 『대전회통大典會通』이 계속 편찬되었으나 대전 체제와 내용은 그대로 유지되었다. 이는 성종이 완성한 대전 체제로 조선 왕조가 운영되었음을 반증한다.

대전의 규정은 관원들을 중심으로 시행되었으나, 일반인에게도 광범위하게 영향을 미쳤다. 예컨대 일반인의 거주와도 밀접하게 적용되었다. 1490년(성종 21)에 대전 규정의 '호적은 5가家를 1통統으로 하여 통주統主를 두고, 5통을 1리里로 하여 이정里正을 두며, 1면面마다 권농관權農官을 둔다'는 것을 지방에도 확대시켜 외방 고을의 풍속을 검속하도록 하였다. 당시 호적이 법과 같지 않아 산만하고 어지러워서 계통이 없는 탓에 풍속과 관계되는 일을 검거檢擧할 경로가 없어서 불효하거나 불목不睦하는 자를 징치할 방안이 없었다. 이에 따라 대전에 의한 통주·이정·권농관이 제지하고 수령에게 고하여 그 죄를 다스리자는 방안이 논의되었다.[68]

대전의 사례는 백성들의 실제 생활에도 적용되어 사회 통념으로 자리

---

66) 『成宗實錄』 권167, 成宗 15년 6월 29일(甲申).
67) 『成宗實錄』 권165, 成宗 15년 4월 8일(甲子).
68) 『成宗實錄』 권245, 成宗 21년 윤9월 5일(甲申).

를 잡았다. 1479년 충청도 청주의 진사進士 곽승의郭承義가 벼슬길에 나가지 않고 어버이의 봉양을 일삼고 있었는데, 어버이를 봉양할 때마다 스스로 노래하고 춤추어서 기쁘게 하였고 삼년상을 마치고 나서 흰 옷을 입고 다시 3년 동안 여묘廬墓할 정도로 효성이 지극한 사람이라며 관찰사가 올린 보고에 따라 대전의 조항에 의거해서 서용하여 표창하였다.[69] 1485년(성종 16) 경상도 성주에서 5명의 아들을 모두 무과에 합격시킨 집에 대전에 따라 매년 쌀을 내리도록 하였다.[70] 대전의 규정들이 사회 풍속과 문화에 이르기까지 적용되는 모습이다.

한편 『국조오례의』는 길례吉禮, 가례嘉禮, 빈례賓禮, 군례軍禮, 흉례凶禮 등 오례에 관한 의식 절차와 그 진행 방식을 설명한 일종의 규범서 혹은 매뉴얼이다. 예컨대 길례는 산천과 태묘太廟, 사직社稷에 올리는 제사에 관한 의식과 선농제先農祭, 선잠제先蠶祭, 기우제祈雨祭, 석전제釋奠祭 등 국가에서 특별한 일이 있을 때에 지내는 제사 의식 등에 관한 내용을 담고 있으며, 그것을 주재하는 사람들의 행동거지를 규정하였다. 오례의는 세종이 허조許稠 등에게 오례에 관한 것을 저작하도록 한 것에서 시작되었다. 세조 대에는 강희맹姜希孟 등이 중국 고대 오례 등을 정리하고 도식圖式을 붙여 편찬하게 했으나 편찬은 못했다. 1474년(성종 5)에 신숙주와 정척 등이 완성하였다. 오례의서五禮儀序에는 "『두씨통전』과 중국의 여러 예제와 우리나라 전래의 속례俗禮를 가감하여, 정리한 것이다. 그러나 시행되기 전에 세종이 승하하고, 그 뒤에 세조가 이를 편찬하였던 바, 그 조문이 너무 번거롭고, 앞뒤에 어긋난 것이 있으니, 법을 삼을 수가 없다. 다시 수정 찬술하게 했으나, 탈고하기 전에 세조가 승하하고, 예종을 거쳐 성종이 뒤를 이어 완성하였다"라고 되어 있다.[71]

이처럼 성종대의 『경국대전』과 『국조오례의』는 성종이 관장하고 편찬한 성과가 아니라 국초부터 여러 국왕들이 왕조 국가의 토대를 구축하는

<hr>

69) 『成宗實錄』 권102, 成宗 10년 3월 19일(乙亥).
70) 『成宗實錄』 권181, 成宗 15년 7월 11일(己未).
71) 『국조오례의』 서문.

차원에서 기획하고 진행한 것을 집대성시킨 것이다. 물론 성종이 국정을 좌우하고 리더십을 발휘하지 않았으면 달성되지 못할 일이었다. 성종 이후의 국왕이 대전과 오례의 같은 국가적 사업을 진두지휘하고 완성한 경우는 보이지 않기 때문이다. 영조와 정조 대의 편찬 사업은 대전과 오례의를 근간으로 재정비한 것이지 전면적으로 개편한 것이 아니므로 성종 대와 같이 예악형정을 재편하기 위한 법전과 의례서의 간행은 없었다.

오례의 간행과 준행은 왕실의 문화를 정립시키는 계기였다는 것이 주목된다. 왕실에서는 대대로 전해지는 전례와 풍습에 따라 신민들과는 사뭇 다른 예를 적용하는 것이 국초부터 내려온 상례였다. 그런데 성종대 오례의 제정 이후에는 관료들의 지적에 따라 왕례도 오례의에 따라 준행되는 결과를 가져왔다. 특히 상장례의 경우 오례의 규정에 따른 준행이 강조되었는데, 왕실에서는 그 지적을 벗어나려고 노력했다. 1483년 (성종 14)의 정희왕후의 발인發靷에 동원되는 인원에 대한 논의에서 잘 알 수 있다. 그 내용을 요약하면 다음과 같다.

사헌부 장령司憲府掌令 이혼李渾 · 사간원 정언司諫院正言 김직손金直孫이 와서 아뢰기를, "오례의五禮儀의 주註 가운데 '발인할 때의 모든 거동은 섭좌통례攝左通禮가 도와서 인도한다'고 하였고, 예조에서는 외관外官은 안에 출입할 수 없고 내시內侍로 대신해야 한다고 하며, 또 의주儀註를 고쳐야 한다고 청하였습니다. 신의 의견으로는 의주는 반드시 고제古制를 참구參究해서 만들었을 것이고, 조종조祖宗朝에서 행한 지 이미 오래 되었으므로, 한때의 편견으로 경솔하게 옛 제도를 바꿀 수 없을 것이니, 청컨대 의주에 의해서 행하소서"라고 하니, 전교하기를, 살아서나 죽어서나 다르게 없다. 외관은 영좌靈座 앞에 평상시와 같이 출입할 수가 없다. 삼전三殿에 진연進宴하는 것은 예조 판서가 집례執禮할 것인가? 나는 예조에서 아뢴 것이 옳다고 생각한다'라고 하였다. 이혼 등이 다시 아뢰기를, "의주를 상정詳定할 때 어찌 사의事宜를 헤아리지 않았겠습니까? 재궁梓宮을 받드는 데에도 외관外官이 모두 참여합니다. 더구나 통례의 책임이 매우 중하고, 중관中官은 다만 명을 전할 뿐이니, 이러한 대례大禮를 대신할 수가 없습니다. 만일 외관이 출입할 수 없다면, 좌통례가 밖에 있으면서 계청啓請하여 중관中官으로 하여금 들어가 영좌의 앞에서 아뢰게 하도록 하소서. 그러면 구제舊制를 잃지 않을 것이고 외관도 난처하지 않을 것입니다'라고 하니, 임금이 명하여 다시 예조에 묻게 하였다. 예조에서 아뢰기를, "대간에서 아뢴 것도 옳습니다만, 다만 이와 같이 한다면 예가 번거로울 듯합니다"라고 하니, 전교하기를, "이것을 대간臺諫에게 말하라"라고 하였다.

위의 정희왕후 발인에 대한 논의에서 대간들은 오례의에 기재된 대로 발인을 준행할 것을 주장하였고 실제로 상례를 시행하는 예조에서는 오례의 내용을 부정할 수는 없으나 현실에서 그 의주를 적용시키는 것이 어렵다는 것을 보고하고 있다. 그럼에도 상례 준행에 대한 대간의 지적이 오례의에 근거한 것을 부인하거나 개정할 것을 요구하지 못하고 있다. 성종도 그 문제점은 인정하면서도 부인하지는 못하고 있다. 성종이 오례의를 반포한 것이 왕실의례의 '국가 법제화'로 해석할 수도 있겠으나, 무엇보다 성종대 이후 오례의에 따른 왕실 의례의 준행이 지속되고 구축되었다는 것은 오례의가 지닌 또 다른 기능이었다고 할 수 있다.

한편 오례의는 세종 대에 기초가 완성되었다. 조선의 제도가 중국에 의거하였으나, 습관과 풍속이 같지 않았기 때문에 오례의를 그대로 적용하는 것에는 한계가 있었다. 이에 성종이 오례의 의주를 개정하도록 한 것이다.[72] 무엇보다 조선 왕조 전래의 풍속과 문화와 상충된다는 것이 결함이었다. 이에 따라 성종 대에는 지방의 풍속도 오례의에 따라 움직이도록 하였다. 그 대표적인 것이 향음주례鄕飮酒禮와 향사례鄕射禮이다. 그 시행은 유향소를 통해 진행하고자 했는데, 당시의 논의를 정리하면 다음과 같다.

"국가에서 향음주례와 향사례를 행하는데, 향음주례는 매년 10월에, 향사례는 3월 3일과 9월 9일에 행합니다. 이 법도가 오례의에 실려 있으니, 풍속을

---

72) 『成宗實錄』 권161, 成宗 14년 12월 12일(辛未).

돈독하게 하기 위한 것입니다. 향음주례에는 나이가 많고 덕행德行이 있는 사람이라야 하며 향사례에는 효제충신孝悌忠臣하며, 예禮를 좋아하고 난잡하지 아니한 자라야 비로소 이에 참여할 수 있으므로, 참여한 자는 혹 물의物議가 있을까 두려워서 감히 나태한 행위를 하지 못하고, 참여하지 못한 자는 모두 힘써 행하려고 하니, 진실로 이는 미법美法이었습니다. 그러나 재덕才德을 겸비하고 충신 효제하는 자를 어찌 쉽게 얻겠습니까? 한 가지 재능과 한 가지 행실이 있는 자라도 참여하게 하고, 유향소留鄉所로 하여금 비위非違의 일들을 규찰하고 검거하게 한다면 이보다 다행한 일이 없겠습니다. 만약 관찰사가 마음을 다하여 규찰糾察한다면 수령이 누구인들 힘쓰지 아니하겠습니까?"하니, 임금이 이르기를 "옳다"고 하였다.[73]

오례의를 중앙만이 아닌 지방의 풍속과 문화를 교화시키려는 목적에 준행하였음을 보여주는 사례이다. 오례의에 정한 향음주례 등에 참여할 사람들이 자격을 갖추기 위해 오례의에 열거된 덕목들을 갖추고 그에 따라 행동하도록 만드는 것이다. 지방의 문화를 오례의에 따른 형태로 새롭게 전환시키고 정착시키는 모습이라고 할 수 있다.

2) 왕실 의례의 법제화·풍속화

성종의 치세는 비교적 높은 수준의 정치적 안정을 이루었다. 정변政變과 대형 옥사가 거의 없었다는 점에서는 선대 국왕은 물론 연산군 대에 비해 비교할 수 없을 정도로 안정된 시대였다고 할 수 있다. 성종의 치세가 안정 기조를 유지할 수 있었던 근본적 토대를 고민해 볼 때, 앞장에서 언급한 법과 예를 빼놓고는 말하기 어렵다. 무엇보다 왕조국가 지배층의 근간인 왕실이 법과 예의 테두리에 갇히기 시작한 것이 큰 요인이라고 본다.

성종이 강력한 리더십으로 국정을 운영한 것은 국왕들에게서 일반적으로 나타나는 현상으로 평가할 수 있다. '강력한 왕권'은 어느 왕조시대에

---

[73] 『成宗實錄』 권245, 成宗 21년 윤9월 5일(甲申).

나 필요하고 추진되던 아젠다이기 때문이다. 반면에 그 방법에 있어서는 국왕별로 큰 차이를 보인다. 무력을 앞세우거나 엄격한 법의 적용만으로는 합의를 도출하기 어렵기 때문이다. 동서고금을 막론하고 권력에 대한 자발적인 복종 내지는 합의야 말로 제왕권을 영속시키는 최선의 방법이며, 그 방법 중에 제일로 거론되는 것이 의례이다. 실제로 국왕의 권위는 추상적이기 때문에 의례와 상징을 통해서 나타내는 것이 시각적으로 피지배층을 이해시킬 수 있다. 더욱이 의례는 그 유래와 절차의 복잡함과 엄숙함으로 인해 의례를 준행하는 사람에서부터 신비한 가치와 권위를 지니게 한다. 제왕의 권위를 받아들이도록 강요할 필요가 없이 의례에 참여하고 동의하는 사람들이 자발적으로 그 의례의 정점에 있는 제왕을 추종하게 하는 효과가 있는 것이다. 강제적인 힘에 의해 복종을 유도하는 것과는 차원이 다른 고도의 정치술이라고도 할 수 있다.

이런 배경에서 성종 대에 완성한 것이 왕실-국가 의례라는 점은 시사하는 바가 크다. 그 대표적인 사례로 사례射禮를 통해 살펴보고자 한다. 공자가 인과 덕을 수양의 근본이라 하면서 그 방안인 활쏘기는 덕을 쌓는 기본 소양으로 유교국가의 지식인에게 인식되었다. 문무 양측에서 모두 겸비해야할 덕목으로 정착되었다. 이런 동기 때문인지 조선 건국 초에 활쏘기는 국가적으로 장려되었다. 태조가 즉위 교서에서 문무 양과의 편폐偏廢를 지적하며 상무尙武를 강조한 이후 활쏘기는 후대 국왕들에 의해 지속되었다.

성종 대에 이르면 활쏘기가 국가의례라는 부분에서 유교의 덕목을 양성하는 방법으로 이용되었다. 성균관에서 거행하던 대사례大射禮의 등장이었다. 성종대 이전에 대사례의 언급이 없었던 것은 아니었다. 유희와 폭정을 자행했다는 연산군도 1502년(연산군 8) 성균관에 행행하여 대사례를 거행한 전례가 있었다. 성종대 대사례가 중요한 것은 최초로 공식적으로 언급되었으며, 성균관에서 거행되었다는 점이다. 성종대의 활쏘기는 기존 국왕들과 큰 차이가 있었다. 유교의 문치적文治的 가치관에 따라 진행한 점이다.[74]

성종 대 사례에 대한 조정의 인식은 1470년(성종 1) 2월 왕실 종친이며 외척이었던 상당군 한명회가 관사觀射를 요청한 논의에서 잘 드러난다. 당시 원상院相이었던 신숙주와 구치관具致寬이 경연에 힘쓸 때이며, 3년 상중에 활 쏘는 것을 구경할 수 없으니 병조와 도총부에서 활 쏘는 것을 시험하게 하자고 했다. 이에 반해 홍윤성 등이 관사는 무방하다고 했으나 결국 신숙주 등의 의견을 채택하였다.[75] 이후 명나라 사신에게 훈련원에서 무사들의 활쏘기를 보여준 이후 재위 9년에 이르기까지 관사가 진행되지 않았다.[76] 그렇다고 성종이 활쏘기를 경시하지는 않았다. 다만 활 쏘는 행위를 군사적 혹은 무예가 아닌 덕을 갖추는 일환으로 보는 것에 차이가 있었다. 이점은 이후 신료들과의 논의에서 잘 나타난다.

1478년(성종 9)에 성종이 재상들의 활 쏘는 것에 대한 논의를 재기하자, 도승지 임사홍任士洪은 "활을 쏘는 것은 덕을 보는 것이고 과녁을 숭상하는 것이 아닙니다. 오르고 내리는 데에 읍양揖讓하여 예가 그 안에 있으니, 비록 묘당의 늙은 신하일지라도 활 쏘는 재주가 조금이라도 있는 자는 입참하게 하며, 비록 활을 쏘지 못할지라도 모두 다 입시하여 활 쏘는 것을 구경하고 혹은 도를 논하게 한다면 불가할 것이 없습니다."라고 하였다. 이에 성종은 재상들이 오락을 즐기는 것은 잘못이지만 활 쏘는 것은 해로울 것이 없다는 결론을 내렸다.[77] 당시 논의를 정리하면 다음과 같다.

> 승정원에 전교하기를, "내가 재상들의 활 쏘는 것을 보고자 하니, 의논하여 아뢰게 하라"라고 하니, 도승지 임사홍이 아뢰기를, "활을 쏘는 것은 덕德을 보는 것이고 과녁[貫革]을 숭상하는 것이 아닙니다. 오르고 내리는 데에 읍양하여 예禮가 그 안에 있으니, 비록 묘당廟堂의 늙은 신하일지라도 활 쏘는 재주가 조금이라도 있는 자는 입참入參하게 하며, 비록 활을 쏘지 못할

---

74) 이왕무, 「조선전기 軍禮의 정비와 射禮의 의례화」, 『동양고전연구』 54, 2016.
75) 『成宗實錄』 권3, 成宗 1년 2월 30일(己卯).
76) 『成宗實錄』 권6, 成宗 1년 6월 15일(壬戌).
77) 『成宗實錄』 권91, 成宗 9년 4월 17일(戊申).

지라도 모두 다 입시入侍하여 혹은 활 쏘는 것을 구경하고 혹은 도道를 논하
게 한다면 불가한 바가 없습니다."라고 하니, 전교하기를, "가하다. 재상들
이 오락을 즐기는 것은 잘못이지만 활 쏘는 것은 무엇이 해롭겠는가?"라고
하였다.[78]

　또한 이듬해인 1479년 9월, 경연에서 간관들이 연달아 종친들과 활
쏘는 것에 대한 문제점을 지적하는 논의가 있었다. 먼저 지평 복승정卜承貞
이 "활쏘기가 비록 아름다운 일이라고 하더라도 매일 하는 것은 옳지
못합니다. 또 종친은 본디 배우기를 힘쓰지 않는데, 성상께서 만약 활
쏘는 것으로써 거느리시면 누가 즐겨 학문을 하겠습니까? 그 자질이 아름
다운 자는 괜찮지만 나머지는 모두 광망한 무리가 될 것입니다. 또 내정內
庭에 사관이 들어가지 못하게 하는 것은 오히려 괜찮거니와, 후원에 이르
러서는 근시近侍의 신하도 들어가지 못하게 하는 것은 매우 옳지 못합니
다."라고 하였으며, 헌납 김미金楣는 종친이 학교에 갈 때에 활과 화살을
함께 가지고 가는 것은 옳지 못하다고 지적했다. 이에 성종은 "낮에 출근
하여 글을 읽고 저녁에 파하면 활쏘는 것이 왜 해롭겠는가?"라며 사간원
에서 직접 따라가 금지시키라는 식으로 비난했다. 이때 영사領事 정창손鄭
昌孫이 "세종 조에도 여러 번 관사하였는데, 진실로 놀이하는 것은 아닙니
다. 다만 연달아 날마다 하는 것은 옳지 못할까 합니다. 문무는 진실로
폐할 수 없으나, 사람이 항상 활쏘기를 좋아하고, 종친 중에는 글을 읽는
자가 드무니 세종조와 다릅니다."라고 하였다. 성종은 "종친의 공부는
종학宗學에서 책임을 맡고 있으며, 지금의 활 쏘는 자는 모두 글을 읽는
자가 아니다."라고 하여 종친들의 활쏘기를 옹호하면서 신료들의 지적을
우회적으로 비난했다.[79]

　성종 대 군신 간에 활쏘기에 대한 논란은 결국 문치적 경향이 조정에
팽배해지면서 발생한 문제라 할 수 있다. 물론 성종 대 2회의 여진족

---

[78] 『成宗實錄』 권91, 成宗 9년 4월 17일(戊申).
[79] 『成宗實錄』 권108, 成宗 10년 9월 6일(己未).

정벌이 있을 정도로 무치武治가 중시 되었다고 볼 수도 있겠으나, 『경국대전』과 『국조오례의』라는 국가 전장典章이 완비되던 성종 대에 문치적 경향이 더 강화될 수밖에 없는 시대적 배경이 큰 비중으로 작용했다고 생각된다. 성균관의 대사례가 등장한 것을 감안한다면 당연한 이야기라고 할 수 있다.

그럼에도 성종 대 사례射禮에 대한 논의는 대사례를 의례의 하나로 정립시켰으며, 왕실은 물론 일반에 이르기까지 활쏘기를 군자의 덕목으로 인식하게 하는 계기가 되었다. 예컨대 조선 후기 무과를 응시하던 노상추가 자신은 물론 후손들에게 활쏘기를 권장하였던 사례에서도 알 수 있듯이 활쏘기는 양반 문화의 하나로 정착하게 되는 것이다.[80] 물론 당시 활쏘기가 관료로 나가는 과거에 합격하기 위한 방편으로 배운 것도 사실이지만, 오례의에 따른 활쏘기 문화가 정착되었다는 것은 국가 의례가 사회의 저변으로 확대되었음을 시사하는 사례일 것이다.

3) 문무 겸비의 모범적 제왕

성종은 국왕으로서 통치 과정에서 요구되는 다양한 국정 운영 능력을 함양해야 하는 과제를 안고 있었다. 성종은 갑작스럽게 왕위 계승자로 선택되어 즉위했기 때문에 왕세자 시절을 거치며 통치에 필요한 기본기를 익히는 시간을 보내지 못했다. 제왕의 기본기를 함양하지 못한 정도가 아니라, '집권'이나 '통치'라는 개념 자체를 생각해 보지도 못한 실정이었기 때문이다. 그래서 성종은 보위와 동시에 국왕이 지녀야 할 통치 능력과 제왕의 권위를 확보하기 위한 노력을 경주해야 했다.

성종이 정치적 패트런[patron]을 확보하고 친위세력을 확보하기 위해 활용했던 것이 경연經筵이었다. 성종 이전 경연을 가장 많이 한 군주는 세종이었다. 조선시대의 경연 운영 방식은 대체로 세종과 성종 때 확립되었다. 세종 때는 승지 1명, 집현전의 경연 낭청 2명, 사관 1명이 입시入侍

---

80) 국사편찬위원회, 『한국사료총서-노상추일기』 49, 2005.

하였다. 13세에 즉위한 성종은 조강·주강·석강 등 하루에 세 번 경연을 열었는데, 성년이 된 뒤에도 이러한 방식을 유지하였다. 그에 따라 조강·주강·석강은 이후 경연 강의의 기본이 되었다. 성종의 경우 세종보다도 더 적극적으로 경연에 참여했다고 할 수 있다. 성종은 1일 3강의 원칙을 충실하게 따랐음은 물론 야대夜對까지 개최하여 미진한 공부를 보충하고 있었다. 그의 과도한 경연 참여에 '공부가 힘들지 않냐'며 우려의 시선을 보내는 대비를 괜찮다며 안심시키고 있었는가 하면, 경연 시간이 길어져 힘들어 하는 연로한 원상들을 위해 경연에서 조금 일찍 나갈 수 있도록 배려해 주기도 했다. 이 같은 성종의 경연에 대한 열정은 그의 경연 참여 횟수로 증명되고 있다. 실제로 그의 재위 25년 동안 이루어진 경연은 총 8,748회에 달했는데, 이는 조선의 역대 국왕 가운데 가장 많은 경연 참여 기록이다.[81]

성종의 경연은 신숙주가 그 전범을 만들었다. 1469년 성종이 즉위하자 마자 신숙주가 경연 사목事目을 만들어 수렴청정을 하던 정희왕후의 윤허를 얻어 시행하였다. 그 내용은 다음과 같다.

① 논어論語를 진강進講할 것
② 조강朝講에는 음音·석釋을 각각 3번씩 하고 난 후에 임금이 음·석을 각기 1번씩 읽고, 주강晝講에는 임금이 아침에 배운 음·석을 각기 1번씩 읽도록 할 것
③ 조강에는 당직當直 원상院相 2명, 경연 당상經筵堂上 1명, 낭청郎廳 2명, 승지 承旨 1명, 대간臺諫 각 1명, 사관史官 1명으로 하며, 주강에는 승지 1명, 경연 낭청, 사관 1명이 궁중에 입시入侍하여 상시로 음 20번, 석 10번을 읽을 것

조선에서 최초의 수렴청정을 했던 정희왕후는 "졸곡卒哭 전에는 예절을 갖추기가 어려울 듯한데, 시강侍講하는 사람이 너무 많지 않은가?"라는 우려를 표명하여 조강에는 대간과 경연 낭청 1명을 줄였다.[82] 그럼에도

81) 송웅섭, 「조선 성종의 文廟 儀禮 준행과 국왕으로서의 권위 창출」, 『역사와 담론』 85, 2018, 131~132쪽.

주목되는 점은 국왕의 학문 배양을 위한 경연을 신료 주도로 진행했다는 점이다.

성종은 1470년 1월 7일 보경당寶敬堂에서 처음 경연을 거행하였다. 보경당 경연에는 영사領事 신숙주·윤자운尹子雲, 동지사同知事 정자영鄭自英·도승지都承旨 이극증李克增·대사헌大司憲 이극돈李克墩·대사간大司諫 강자평姜子平·시강관侍講官 유권柳睠·기사관記事官 김종金悰이 입시入侍하였다. 정자영이 논어의 학이편學而篇을 진강進講하면서 음독音讀과 해석解釋을 각기 세 번씩 하였고 성종이 이어서 음독과 해석을 각기 한 번씩 하였다.[83] 신숙주가 올렸던 사목대로 경연이 진행된 것이다.

성종은 경연에 열심이었다. 한명회 등이 제사를 행한 뒤에 또 경연에 나아가면 성체가 피로할 수 있다면서 중지를 요구하자 성종은 "내가 하루라도 배우지 못하는 것을 애석하게 생각한다. 치재致齋하는 날에는 할 수 없지만 행제行祭하는 날에는 정지할 수 없다"[84]라고 할 정도였다. 성종은 여름철 더운 날씨에 경연을 유연하게 진행하자는 신료들의 요구에도 그대로 유지되었다. 신료들은 더운 여름날 일시적으로 주강을 정지하고 석강에서는 편복을 착용하자고 했다. 성종은 학문에 시간을 아낄 수 없으며 조신을 편복으로 접견할 수 없다는 이유로 기존 방식 그대로 경연을 진행시켰다.[85]

성종은 경연을 통해 유교 경전에 대한 소양을 쌓아가는 한편, 경연 석상을 시사視事의 무대로 활용하며 국정 현안에 대한 감각을 키워갔다. 특히 경연에서의 국정 논의는 경연에 참여한 홍문관원이나 대간이 허심탄회하게 자신들의 의견을 피력할 수 있었다는 점에서 성종에게는 다양한 의견을 접하며 시야를 확대시키는 기회가 되고 있었다. 학문과 국정 운영에 대한 감각을 동시에 키워나갈 수 있는 유용한 기회가 되고 있었던

---

82) 『成宗實錄』 권1, 成宗 즉위년 12월 9일(戊午).
83) 『成宗實錄』 권2, 成宗 1년 1월 7일(丙戌).
84) 『成宗實錄』 권3, 成宗 1년 2월 6일(乙卯).
85) 『成宗實錄』 권6, 成宗 1년 6월 5일(壬子).

것이다. 이처럼 성종은 어린 나이에 아무런 준비 없이 갑작스럽게 즉위하여 많은 한계를 가질 수밖에 없었지만, 한편으로는 대비와 훈구대신들의 적극적인 보호 속에, 다른 한편으로는 성종 자신의 성실한 노력 속에 군주로서 갖추어야 할 덕목들을 하나씩 갖추어 갔다. 그 결과 1475년(성종 6)에 이르러 대비 정희왕후는 한명회의 만류에도 불구하고 성종이 독자적인 국정 운영이 가능하다는 판단 하에 철렴을 단행했고, 원상제 역시 철렴 후 1년 만에 자연스럽게 폐지되기에 이른다. 어린 나이에 택현擇賢의 명분 속에 즉위한 성종의 군주로서의 능력이 확인되는 순간이라 할 수 있으며, 그에게 주어진 과제 하나를 완수한 것이라고 할 수 있다.[86]

그렇다고 성종이 문치에만 치중하는 문약한 국왕이 아니었다. 경연을 진행하면서도 무신들의 활쏘기를 권장하려고 하였다. 신료들은 국왕이 활쏘기를 보는 것이 불가하다고 하였는데, 성종은 "전일에 원상院相이 활 쏘는 것을 구경하는 것을 불가하다 하였는데, 지금 다시 생각하니, 문신은 경연으로 인하여 자주 인견引見하지만 무신은 접견을 하지 못하니, 금후로는 매월마다 활 쏘는 것을 구경함을 인하여 접견하고자 하는데, 어떠한가?"라고 하였다.[87] 성종이 보위에 오른 지 1년도 되지 않은 상황임에도 국정을 좌우하기 위한 방안으로 문관만이 참여하는 경연만이 아닌 무신들의 활쏘기에도 참여하여 상무를 보이겠다는 의지의 발산이라고 볼 수 있다.

성종은 조선 왕조의 상비군인 정병正兵을 궁궐의 후원에 집결시킨 뒤 활쏘기를 거행하기도 하였다. 1474년 가을에 성종은 후원에서 관사觀射를 하였다. 당시 정병 230명으로 하여금 과녁을 쏘게 하였다. 성종은 정병이 항상 활쏘기를 익히지 않아 잘 쏘는 자가 적다면서 "활쏘기를 배우는 것은 글을 배우는 자와 같지 않아, 두어 달만 전심專心할 것 같으면 활 당기는 힘은 비록 같지 않더라도 마침내는 모두 잘 쏠 것이다"라면서 활쏘기를 권장하였다.[88]

---

86) 송웅섭, 앞의 논문, 133쪽.
87) 『成宗實錄』 권4, 成宗 1년 3월 12일(辛卯).

이와 함께 성종이 무에 힘을 쓰던 모습은 강무講武에서 확인된다. 성종은 즉위 후 2년부터 강무를 시행하였으며, 사냥만이 아니라 군사들을 동원하여 훈련을 지휘하는 모습을 보였다. 1477년 2월에 경기도 개성에서 강무를 거행하였는데, 북쪽 양계와 강원도를 제외한 하삼도下三道의 군사를 징집하였다.[89] 1489년 가을 강무에서는 군병 25,000명을 15일간 동원하였다. 강무에서는 활쏘기만이 아니라 승마도 겸해야 했으므로 무예를 단련하고 전법을 연습하는 자리이기도 하였다. 문무를 겸비한 국왕이라는 점이 확인되는 순간이기도 하였다.

2. 영조와 『속대전』·『속오례의』

1) 무신란 극복과 탕평의 추진

영조는 1694년(숙종 20) 9월에 창덕궁 보경당寶慶堂에서 태어났다. 생모는 숙빈최씨淑嬪崔氏이나 왕통을 계승하면서 숙종의 계비繼妃인 인원왕후仁元王后의 후사가 되었다. 1721년(경종 1)에 28세의 나이로 왕세제王世弟에 책봉되었고, 31세인 1724년 국왕에 즉위했다. 영조는 즉위 초부터 왕위계승의 정통성에 대한 압박 때문인지 선정을 베푸는 제왕의 덕을 보여주려고 노력하였다. 무엇보다 당시까지 관행이던 죄인의 자복을 받던 방법 중에 가장 악명이 높던 압슬형을 없애는 일이었다. 영조는 한나라 문제文帝와 세종이 등에 매를 때리는 법을 없앴으며, 역적에게 압슬壓膝을 시행하는 것은 국왕의 덕에 비추어 옳지 않은 것이라며 영원히 시행하지 말라고 하였다.[90] 영조의 다짐은 치세 동안 이어졌다. 재위 30여년이 지난 이후에도 압슬형은 물론 낙형烙刑의 시행조차 금지하도록 법전에 규정토록 하였다. 당시 영조가 압슬형을 금지한 이유는 다음의 교지에서 잘 나타난다.

---

88) 『成宗實錄』 권46, 成宗 5년 8월 22일(甲辰).
89) 『成宗實錄』 권75, 成宗 8년 1월 2일(辛丑).
90) 『英祖實錄』 권3, 英祖 1년 1월 18일(丁巳).

한제漢帝가 말하기를, '자른 목은 다시 이을 수 없다'고 하였으며, 옛날 사람이 또 말하기를, '형구刑具를 채우고 고문하는 아래서 무엇을 구하여 얻지 못하겠는가?'고 하였으니, 이것은 바로 왕위를 계승한 뒤에 압슬과 낙형을 없애도록 『속대전』에 기재하게 한 것이다. 그런데 이번의 난역이 도리어 무신년보다 심한데도 단서가 나타나지 않고 국가의 일은 한이 없기 때문에 비록 어쩔 수 없기는 하였지만 평상의 격식을 벗어났는데, 가만히 생각하여 보니 이것 또한 뒷날의 폐단을 열게 하는 것이다. 뒤에 만약 권신權臣이 당조當朝에서 단련鍛鍊하여 성안成案하려고 하면서, 더러는 왕부王府에서 더러는 포도청에서, 더러는 형신하고 더러는 곤장을 친다면 어느 사람이 벗어날 수 있겠는가? 한갓 아랫사람뿐만이 아니고 인군人君이 된 자가 한결같이 기개를 부려 자복받기를 쾌하게 여겨 만약 이 예를 활용한다면, 압슬과 낙형을 다시 사용하는 것과 무엇이 다르겠는가? 이 뒤로는 포도청에서 체포한 사람 외에 이미 국청鞫廳에서 추문推問하는 자는 포도청에 회부하지 말도록 하는 일을 영영 정제定制로 삼아 해부該府 등록의 수편首編에다 크게 쓰도록 하고, 이 뒤로 위에 있는 자가 만약 혹시라도 이 예를 어기고 하교를 하거나 아래에 있는 자가 혹시라도 정제를 알지 못하고 주청이 있을 경우 해부의 제당諸堂이 이것으로 간해야 하며, 해부의 당상관이 만약 그것을 간하지 않는다면 대신臺臣이 죄를 청한다는 뜻을 일체로 수편에다 기재하게 하고 또 양사兩司로 하여금 승전承傳을 받들어 재록載錄하고 거행하도록 하라.[91]

영조가 역적이라 할지라도 죄인을 다루는 구시대적 고문 방법을 사용하지 않는 것은 물론 법전에 기재하여 영구적으로 시행하려는 의도가 반영된 기사이다. 영조가 즉위 초 제왕의 덕정德政을 대외에 보여주면서 왕위 정통성을 나타내려고 한 것이다.

그러나 즉위 초 국왕의 지위를 뒤흔드는 사건이 발생하자 영조는 고문을 없애려던 의도가 사라졌다. 그 대표적인 사건이 무신란이었다. 무신란은 1728년(영조 4) 3월 소론과 남인의 일부 세력이 연합해 영조를 축출하고 소현세자의 증손인 밀풍군密豐君 이탄李坦을 추대하기 위해 일으킨 사건

---

[91] 『英祖實錄』 권83, 英祖 31년 3월 29일(壬寅).

이다. 경종의 죽음에 영조가 관련되었다는 의혹을 명분으로 경상도·전라도를 비롯해 기호畿湖 지방까지 반란군이 결성되어 활동하였다. 무신란은 노론과 소론 간의 당쟁과 정치적 이해관계에 영향을 미치고 이후 정국 방향에 미묘한 변화를 가져왔다.

무신란 가담자들의 목표가 영조를 제거하고 국왕을 바꾸려고 했다는 것은 충격이었다. 무신란 가담자들이 상복을 입고 상여를 앞세우고 군중에 경종의 위패를 두어 조석으로 곡을 한 것도 영조의 즉위를 부정하는 행위임과 동시에 경종 독살설을 공론화하는 행위였다. 즉 무신란은 영조의 왕위 계승이 부당하다면서 영조의 정통성을 부정하는 사건이었다. 무신란은 충청도, 경상도, 전라도, 평안도 등 전국적으로 발생한 반란이면서 가담자가 많아서 영조 재위기간 늘 잔당 처리가 거론되는 문제로 이어졌다.[92]

무신란은 정치적으로는 여러 당파에 영향을 미쳤는데, 먼저 집권 세력으로서 난을 진압하던 소론에게 큰 영향을 미쳤다. 물론 유리한 입장에 있던 노론의 집권으로 바로 이어지지는 않았다. 난을 주도한 것은 소론과 남인의 일부 세력이어서 노론은 비록 관여하지는 않았지만 난을 유발한 책임은 면할 수가 없었기 때문이었다. 그들이 난을 일으키게 된 동기가 바로 노소론 사이에 당쟁의 여파로 소론이 정계에서 추방되어 폐족廢族이 된 것에 대한 불만에 있었기 때문이다. 또한 죄인에 대한 문초를 통해, 일당만의 정권 구성에 수반되는 왕권의 위기를 직접 확인하게 된 영조가 전철을 되풀이하려 하지 않았기 때문이다. 이런 상황으로 인해 유리한 입장이 된 것은 붕당의 혁파를 앞세우고 노·소간의 조정과 병용책을 추진하던 탕평파이다. 탕평파는 왕의 절대적인 지원 하에 무신란 이후 정국을 주도하게 되었다.

그런데 영조는 무신란이 자신의 정통성을 부정하면서 일어났기 때문에 무신란을 발생시킨 명분이 거짓이라는 점을 밝게 드러내서 자신의 정통

---

92) 조윤선, 「영조 6년(庚戌年) 謀叛 사건의 내용과 그 성격」, 『조선시대사학보』 42, 2007, 194~196쪽.

성에 아무런 하자가 없음을 대내외에 천명하고자 했다. 국왕의 리더십이 크게 손상된 사건을 회복시키지 않고는 정국을 장악하기 어려웠기 때문이다.

영조가 왕위 정통성을 재차 강조하려한 정치적 행위는 다양하였으나, 그 중에서 자신의 역량을 발휘한 것이 저술이었다. 그 중의 대표적인 것이 『어제대훈御製大訓』이다. 영조는 『어제대훈』을 통해서 자신의 왕위 계승 정통성이 삼종혈맥三從血脈이라는 생물학적 조건과 자성의 하교, 경종의 명에 의한 것임을 가장 강조하면서 다른 어떤 조건이나 행위도 자신의 즉위에 영향을 줄 수 없었음을 밝혀서 드러냈다. 영조는 『어제대훈』을 계기로 국시가 정해진 것으로 생각했기 때문에 더 이상의 논란을 차단하기 위하여 대훈을 간범干犯한 자에 대해서는 악역惡逆이나 탄상부도誕上不道의 죄와 같이 국청을 설치해서 진위를 밝히도록 『속대전』에 규정하였다.[93]

한편 영조의 탕평 추진과 탕평파 세력의 약진에 힘입어 무신란 이후 탕평 세력에 협력하는 세력이 나타났다. 영조는 탕평파에서 재상을 임명하는 이외에도 전선銓選을 장악하게 했으며 군영대장에도 임명하여 군사권까지 장악하도록 하였다.[94] 주지하다시피 영조가 재임하는 동안 주도적으로 추진한 것이 탕평 정치이다. 탕평 정치는 숙종 대 박세채가 황극탕평론皇極蕩平論을 제기하자 숙종이 이를 수용하여 정치에 적용하고자 한 것에서 시작되었다고 할 수 있다. 숙종 대는 탕평을 추진할 정치세력이 성장하지 못하고 수차례 환국을 거치면서 유명무실화되었다. 영조 대에 이르러 탕평파라는 정치세력이 형성되고 탕평 정치가 구현되게 되었다.

영조는 즉위 초 내린 비망기에서 탕평의 명분과 의리를 모두 국왕인 자신에게서 시작한다고 주장하였다. 영조는 1725년(영조 1) 비망기로 탕평을 주장하며 자신이 그 중심에서 지도하고 있음을 표현하였다. 그

---

93) 허태용, 「英祖代 蕩平政局下 國家義理書 편찬과 戊申亂 해석」, 『사학연구』 116, 2014.
94) 이근호, 「영조대 탕평파의 형성과 閥閱化」, 『조선시대사학보』 21, 117~121쪽.

내용은 다음과 같다.

비망기에 대략 말하기를, "내가 덕이 없이 자리를 더럽힘으로 해서 황천皇天의 경고가 없는 달이 없다. 지난 겨울 천둥의 이변과 요즈음의 무지개가 해를 꿰뚫은 것은 허물이 실로 나에게 있으니, 어찌 두려움을 이기겠는가? 낭묘廊廟가 거의 비고 백 가지 일이 모조리 폐해져 임금은 위에서 수고롭고 백성들은 아래에서 곤핍한데도 아직껏 한 가지 일도 보람을 보지 못하는 것이 어찌 신료臣僚들이 받들지 못해서 그런 것이겠는가? 이 역시 내가 자수自修함이 없는 까닭이다. 서적徐積이 말하기를, '부모가 군자君子 되기를 바라고 향인鄕人이 그것을 영화롭게 여기는데 제군諸君은 어찌 군자가 되려 하지 않는가?'라고 하였는데, 바로 오늘날을 두고 한 말이다. 나라를 위해 몸과 마음을 다 바칠 의리와 목인睦婣 할 도리를 생각하지 않고 오직 당습黨習에 혹 어긋날까 염려를 하니, 이것이 어찌 충효이겠는가? 내가 마음 아파하는 것은 300년 동안 열성列聖께서 서로 지켜온 종사宗社를 떨쳐 일으키지 못한다면 후일 무슨 면목으로 하늘에 계신 조종祖宗의 영혼에게 돌아가 배알하겠는가? 탕평하는 것은 공公이요, 당에 물드는 것은 사私인데, 여러 신하들은 공을 하고자 하는가, 사를 하고자 하는가? 내가 비록 덕이 없으나 폐부肺腑에서 나온 말이니, 만약 구언求言함을 칭탁해 경알傾軋하는 무리는 마땅히 먼 변방에 귀양 보내는 법을 쓸 것이다. 근밀近密에 있는 신하는 나를 대신해 교서를 초초草해 정부政府에서 중외에 널리 반포하라"[95]

영조는 신료들에게 공사의 구분과 함께 공의公議를 강조하였고 당습에 물들지 않은 군자가 되기를 요구하였다. 영조는 자신이 종사를 이끄는 리더로서 앞장설 것임을 강조하였다. 또한 영조는 탕평을 강조하면서 그 타당성을 가족 관계로 설명하였는데, 부자간에 시기하고 다투며 화합하지 않는 상황을 붕당으로 불평을 일으키는 것과 동일시하였다.

영조가 탕평의 시행을 바라고 주도한 것은 수령을 지방에 파견하는 경우에서도 보인다. 영조는 1729년 상주에 목사를 파견하면서 상주 한

---

[95] 『英祖實錄』 권3, 英祖 1년 1월 21일(庚申).

고을에는 탕평책에 의한 정사를 펼 수 있을 것이니, 그 공효를 보고 싶다고 하였다.[96] 영조의 탕평책이 중앙의 정부나 정국 운영에 관련된 관료들에만 한정된 것이 아니라 국왕에서부터 수령에 이르기까지 모든 신민이 해당됨을 알려주는 것이다. 그 선두에 영조가 나서고 있는 것이다.

2) 왕정이 주도하는 예치 사회

영조는 군사君師로서 탕평 군주의 권위를 상징하였다. 군사는 군주이자 스승이라는 뜻으로 군주가 수신修身을 통해서 성인군주가 되어야 한다는 성리학의 제왕학을 함축적으로 표현한 것이다. 영조는 전통적인 유가의 개념들을 자유로이 활용하여 전혀 다른 차원의 새로운 정치사상으로 승화시키고자 한 것이다. 군사가 국왕이라는 제왕의 위치만이 아닌 피통치자들의 사회체제 및 일상생활에 이르기까지 모든 부분의 모범이 되어 그들을 인도한다는 사고를 지니고 있었다.

우선 영조가 자신의 수양과 관련하여 저술한 책을 통해 그의 생각을 엿볼 수 있다. 그 대표적인 것이 『어제자성편御製自省篇』이다. 『어제자성편』은 1746년(영조 22) 3월에 영조가 유교 경전과 역사서에서 개인의 수양과 국가의 정치에 유익한 항목을 간추려 편집한 책이다. 『어제자성편』의 체제는 서문序文, 내편內篇, 외편外篇, 발문跋文의 4개 부분으로 구성되어 있다. 서문과 발문은 영조가 직접 작성했다. 내편은 개인의 수양에 관한 것으로 주로 유교 경전을 인용했고, 외편은 국가의 정치에 관한 일로 주로 역사서를 인용한 것이다. 내편과 외편의 앞에는 영조가 지은 시詩가 한 수씩 있으며, 내편의 이름은 '심心', 외편은 '기幾'를 주제로 했다.

영조가 탕평군주, 군사, 리더로서 보여준 진면목은 『어제자성편』의 마음에서 잘 나타난다. 영조는 마음의 설명에서, 마음은 내 몸의 주인이자 온갖 교화의 근본이다[一身之主 萬化之本], 천리를 따르면 공이요, 인욕을 따르면 사이다[順理則公 縱欲則私], 덕 있는 가르침과 정치의 계

---

96) 『英祖實錄』 권22, 英祖 5년 6월 4일(丁丑).

책은 오직 사람에게 달려 있으니, 내 백성의 고락은 바로 나의 몸에 달려 있네[德敎政謨惟在人 吾民苦樂卽余身]라고 하였다.[97] 책의 이름과 같이 국왕이 스스로 반성하고 조심하면서 실천할 내용들을 정리한 것이 주요 내용이다.

사실 영조의 『어제자성편』은 그가 서연과 경연에서 학습한 경전과 역사서, 선왕들의 행적, 자신의 정치와 경험을 재료로 하여 후계자에게 가르침이 될 내용을 조목별로 기록한 제왕학 교재라고 볼 수 있다. 영조가 『어제자성편』을 사도세자에게 제왕학을 가르치려고 작성한 것에서도 확인된다. 1746년 『어제자성편』이 편찬되었을 때 사도세자는 1749년(영조 25)의 대리청정을 앞두고 있었다. 영조는 장차 국왕이 될 사도세자에게 국가의 공식 기록에 나타나지 않는 국왕의 일상생활이나 개인적 느낌을 가르치기 위해 이 책을 편찬했던 것이다. 영조는 사도세자에게 다음과 같이 자성편의 의미를 전달했다. 영조는 "군주의 움직임에 대해서는 비록 사씨史氏가 기록하지만, 심술心術의 은미한 것이나 평상시 혼자 있는 곳에 대해서는 나 스스로 말하지 않으면 다른 사람이 어찌 알겠는가? 만약 지금 가르치지 않으면 다시 어느 때를 기다리겠는가? 조금 정신을 수습하여 이 책을 만들어 '자성편自省編'이라 명명하니 아 그 뜻이 어찌 얕겠는가? 나 스스로 반성하는 것을 너에게 권면하니 부디 이를 본받아 스스로를 살펴라. 정심正心하려면 자성自省을 먼저 하며, 이 자성은 자수自修의 요체이다. 지금 이 편을 저술하여 우리 원량을 훈계하는 것이 어찌 나의 억단에 의한 가르침이겠는가? 경전에 근거한 것이다. 아, 너 원량은 한 글자 한 글자를 따르도록 하라."고 하였다.[98]

한편, 영조의 정치 운영에서 당습黨習 척결은 재위 전반에 걸쳐 지속되는 과제이자 정책이었다. 영조는 정치의 궁극적인 목표인 안민安民의 실현에 조정의 기강이 전제된다는 논리를 제시함으로써, 신료들에게 당습을 극복하고 안민을 위한 정치에 나설 것을 주문함으로써 균역법 등 제반

---

97) 한국학중앙연구원 장서각, 『어제자성편(御製自省篇)』 K3-91.
98) 김문식, 「영조의 제왕학과 『御製自省編』」, 『장서각』 27, 2012, 242~253쪽.

경장정치로의 전화를 모색하였다. 특히 재위 중반부터는 탕평을 직접 내세우기보다는 자신의 정치 행위를 선왕의 사적事蹟과 적극 연결하면서 이를 '계지술시繼志述事' 이념으로 입법화함으로써 정책의 주도권을 확보해 나갔다. 영조는 말년에 자신의 일대 사업으로서 탕평과 균역均役, 준천濬川을 제시하였다. 탕평은 영조에게 있어서 조정의 기강, 나아가 왕조의 중흥을 위한 하나의 정책 내지 사업으로 규정되었던 것이다.[99]

그런데 영조의 탕평 정치는 신민들에게 좀 더 소통의 장이 열리는 토대가 되었다. 조선시대 왕정王政의 전통적인 의사소통 방식은 관료 사족士族, 서민庶民 등 대상에 따라 구분된다. 영조대 주목되는 소통 방식은 순문詢問이다. 순문은 국왕이 질의하는 모든 형태를 포괄하는 뜻이었다. 국왕이 특별한 주제에 대하여 폭넓은 의견을 청취하고자할 때, 중앙과 지방의 관료를 대상으로 의견을 올리도록 하였고, 지방의 민막民瘼을 살피는 경우에도 순문을 활용하였다. 영조 연간 전체 순문의 비중은 관료군과 백성이 거의 비등한 수준으로 나타난다. 영조는 자신의 움직이는 동선상에서 손쉽게 만날 수 있는 백성들부터 접촉하기 시작했다. 예컨대 능행길에서 인근의 부로父老들을 불러서 순문하는 경우가 많았다. 경기도의 백성들이 주대상이 되었고 주로 농사의 풍흉을 물었다. 경기도 일대의 수령 및 백성들과 친숙해지자, 그들을 도성이나 궐내로 불러들여서 농형農形이나 민막을 묻기 시작했다. 이후 그 범위는 점차 확대되어 인근 고을 수령들도 수시로 불러들였으며, 백성만을 따로 불러서 풍년을 묻는 일도 다반사였다. 때때로 궐내에 경기도 일원의 수령을 소환하면서 백성들까지 거느리고 오도록 명하여 민막에 대한 순문을 행하기도 하였다. 도성 내의 백성들도 순문의 대상이었다. 도성의 5부 방민坊民을 대상으로도 순문을 수시로 행하였고, 서울에 올라와있는 향민들에 대한 순문도 직접 단행했다. 특히 균역과 같은 정책 결정에서는 이들을 직접 소견하여 의견을 들었던 것이 경장안 채택에 주요한 계기가 되었다. 특히 영조 후반기에는 공인貢人과

---

99) 윤정, 「英祖의 '中興' 인식과 '祛黨'의 모색」, 『역사와 실학』 48, 2012.

시인市人을 정기적으로 불러들였다. 따라서 영조는 서울과 지방의 백성, 농민과 공인 시인, 그리고 사족에 이르기까지 왕조 국가의 백성을 대상으로 그 실정을 직접 듣고자 한 것이다.[100]

영조의 순문 행보가 잦아지기 시작한 것은 정치적 안정을 이루기 시작한 1741년(영조 7) 『어제대훈』을 반포한 때부터다. 영조는 국정의 주요 목표였던 정치적 안정과 전장제도典章制度의 정비가 이뤄지자, 1754년(영조 30) 이후부터는 거의 백성과 직접 접촉에만 온 신경을 기울이고 있는 듯하다. 영조는 1739년(영조 15)에 경희궁 숭정문崇政門에서 조참朝參을 행하는 자리에 도성 오부五部의 노인들을 불러서 민폐를 물었다. 신료들 전체가 참여하는 조참에 관료가 아닌 일반 백성을 불러놓고 민은民隱에 대해 물은 것이다. 숭정문은 경희궁의 정전正殿인 숭정전의 출입문으로 대궐의 중문中門에 해당하며, 사실상 전정殿庭에서 치뤄진 조회의 연장이었다. 이때부터 국왕이 궐문에서 백성을 소환하여 살피는 '임문순문臨門詢問'이 등장하였다.[101]

1749년(영조 25) 대리청정이 시작되자, 영조는 창경궁 정문인 홍화문 누대樓臺에 나아가 왕세자와 함께 사민四民에게 쌀을 나누어주는 것으로 공식 대면이 성사되었다. 당시 영조와 사도세자가 도성의 사민들을 만난 장면을 정리하면 다음과 같다.

> 국왕이 홍화문弘化門의 누樓에 나아가 왕세자를 거느리고 사민에게 진휼을 시행하였다. 파리한 늙은이를 보면 부지扶持하여 오가게 하고 전대가 없는 것을 보면 빈 섬을 나누어 주게 하였으며, 떠돌이로 걸식하는 자를 보고 말하기를, "비록 사민 밖의 사람이라 하더라도 동일한 나의 백성이다."하고, 창관倉官으로 하여금 쌀을 주게 하였다. 이어 하교하기를, "나의 부덕否德으로 열조列祖의 부탁을 받고 임어臨御한 지 2기紀가 되었는데, 한 가지 정사도 백성에게 혜택을 주지 못하여 부탁을 저버리고 백성을 등졌으니, 먹는 것이

---

100) 김백철, 「영조의 詢問과 爲民政治-'愛民'에서 '君民相依'로」, 『국학연구』 21, 188~197쪽.
101) 김백철, 위의 논문, 200~201쪽.

어찌 달며 잠을 잔들 어찌 편하겠느냐? 이에 석년昔年의 명에 따르고 문왕文王의 시인施仁을 몸소 본받아 행하고자 문루門樓에 나아가 진휼을 시행하고 원량元良으로 하여금 시좌侍坐케 하였다. 아! 창창蒼蒼한 하늘이 나에게 부탁한 것도 백성이요 척강陟降하시는 조종祖宗께서 나에게 의탁한 것도 또한 백성이다. 지금 초기抄記한 바를 보니 그 수효가 아주 많고, 문루에 나아가서 보니 마음에 더욱 긍측矜惻하다. 옛적에 이윤伊尹은 한 사람도 안정을 얻지 못하면 자신이 수렁 속에 빠져 있는 것같이 여겼다. 다섯 걸음 밖에 안되는 가까운 거리에 억울함을 호소할 길이 없는 백성이 이와 같이 많은데도 백성의 부모가 되어 오늘날 처음 보게 되니, 어찌 백성의 부모된 도리라고 하겠느냐? 저 창창한 하늘이 나에게 명하여 임금이 되게 한 것은 임금을 위한 것이 아니고 곧 백성을 위한 것이다. 천명의 거취와 민심의 향배는 오로지 이 백성을 구제하고 구제하지 못하는 데에 연유될 것인데, 백성을 사랑하지 아니하고 백성을 구제하지 아니하면 민심은 원망할 것이요 천명도 떠날 것이니, 비록 임금이 자리에 있다고 하더라도 곧 독부獨夫일 뿐이다. 생각이 여기에 미치매 어찌 늠연凜然하지 않겠는가? 특별히 원량으로 하여금 시좌케 한 뜻은 항상 생각을 여기에 두어 나의 부덕함을 본뜨지 말고 문왕이 사민에게 은혜를 먼저 한 것을 좇아서 중외의 곤궁한 백성으로 하여금 모두 성세盛世의 가운데로 모이게 하려는 것이니, 대소 신료들도 또한 한때의 의문儀文으로 나의 원량을 인도하지 말고 한결같은 마음으로 공경하고 협찬하여 나의 백성을 구제하면, 척강하시는 선왕의 혼령도 반드시 기뻐하실 것이며 나 또한 자식이 있고 신하가 있다고 조종께 배주拜奏할 것이니, 모름지기 공경히 본받기 바란다. 왕자王者의 시정施政이란 가까운 곳에서부터 먼 곳에까지 미치게 하는 법이니, 양도兩都와 팔도八道의 수신守臣은 각각 사민을 초기하여 진휼을 시행한 뒤에 계문啓聞할 것이며 수령들에게 신칙하여 보민保民을 제일 먼저 할 일로 삼도록 하라."[102]

영조는 도성민이 아닌 유리걸식하는 자에게까지 백성이라고 하며 쌀을 나누어 주도록 하였다. 백성의 생활을 걱정하며 부모가 된 입장에서 신민들을 보살펴야 된다는 것을 스스로 다짐하면서 왕세자에게 가르치고 있

---

102) 『英祖實錄』 권70, 英祖 25년 8월 15일(辛卯).

다. 물론 이런 모습은 다른 신민들에게 그대로 노출되어 국왕이 리더로서 자신들의 삶을 지켜주고 있다는 것을 인지하도록 하는 효과를 보이고 있다. 이후에도 영조는 백성을 위한 것이 통치의 첫째라면서 리더가 지녀야 하는 덕목으로 설명하였다. 특히 군주가 굶주리는 백성을 보면 자신의 밥을 덜어서 먹이라는 말을 할 정도로 신민과의 소통을 강조하였다. 그 내용을 정리하면 다음과 같다.

> 국왕이 대신과 비국 당상을 인견하고 윤음綸音을 써서 조급하다는 것으로 뭇 신하들을 계칙하도록 명하였다. 이때 왕세손이 시좌侍坐하고 있었는데, 임금이 하문하기를,(중략) 임금이 말하기를, "네가 만일 굶주리는 사람을 보았다면 옥식玉食을 먹기가 편안하겠는가, 편안치 못하겠는가?"하니, 대답하기를, "비록 나의 밥을 덜어서 주더라도 준 뒤에야 먹겠습니다."(중략) "나의 백성은 모두 조종祖宗 때의 적자赤子인 것이다. 뒷날 밥을 덜어주겠다는 마음을 잊지 말고 확충시켜 나가도록 하라."[103]

영조는 제왕으로서의 위엄과 권위보다는 리더로서 갖추어야할 기본적 자세인 타인에 대한 배려와 소통을 주장한 것이다.

3) 법 체제의 정비

영조 연간에는 숙종대의 『수교집록受教輯錄』과 『전록통고典錄通考』를 각기 모범으로 삼아, 『신보수교집록』, 『증보전록통고』 등이 편찬되었다. 영조년간 법제 정비 사업은 『속대전』으로 이어지는 일련의 편찬 단계를 거친 것이다. 사실 영조년간 법제 정비 사업은 조선초의 『경국대전』 체제의 회복을 주요한 목표로 제시하면서 추진되었다. 그러나 『경국대전』은 현실과의 괴리가 상당히 컸으므로, 선왕대의 법제 정비 사업을 주요 모델로 하여 실무적인 보완작업이 다각도로 모색되었다. 숙종대에는 약 1세기 이상 누적된 국왕의 수교受教들을 집대성하기 위해서 『수교집록』을

---

103) 『英祖實錄』 권102, 英祖 39년 6월 19일(乙巳).

편찬하였고, 조선의 국법 체계와 『수교집록』을 통합하기 위해서 『전록통고』가 제작되었다. 영조 초반 이념적으로는 『경국대전』을 중시했지만 실무적으로는 현행법과 통합된 『전록통고』에 주목하여 『전록통고』의 증보사업을 기획하였다. 그러나 『전록통고』를 증보하기 위해서는 숙종대와 마찬가지로 우선 누적된 수교를 정리하는 작업이 선행되어야 했으며 이것이 바로 『수교집록』을 증보하는 『신보수교집록』의 형태로 나타나게 되었다. 18세기 탕평 군주의 시무時務는 조선후기 급격한 사회변화에 발맞추어 능동적인 정부의 대응체계를 마련하는 것을 주요 목표로 삼았다. 이에 실정과 부합하지 않는 법제들을 조정하여 현실과 법치를 일치시키고자 하는 노력이 전개되었으며, 이것이 양란후 신설된 아문衙門의 법제서 내 명기明記, 관료체계의 기강 확립 등으로 이루어졌다. 또한 각 분야마다 국가조직과 관료체계가 국왕을 중심으로 일목요연하게 국가통치체계를 구성할 수 있도록 도모하였다.[104]

영조는 『어제대훈』과 『속대전』, 『속오례의』를 완성한 뒤 자신의 일을 모두 마쳤다고 하였다.[105] 의례의 변화에 따라 『속오례의』를 완성하여 산만한 왕실의 의례를 재정비하였다.[106] 그런데 영조대 각종 법령이 재정비되고 정비된 것은 국가체제의 변화에 대응한 일이라고 볼 수 있다. 왕조 국가에서 관료 사회의 기강 해이를 극복하고 국왕의 국가통치에 필요한 지원체제를 확립하기 위한 방안에서 볼 때, 경제정책은 부세와 연결된 국정의 핵심 사안이다. 영조대 그 중심은 대동균역大同均役이었다. 대동법은 선조 말기부터 논의되기 시작되어 광해군대에서 숙종대에 이르는 100여 년 동안 점진적으로 확대 실시되었다. 『속대전』에는 "경기도, 강원도, 충청도, 전라도, 경상도에 대동법을 실시한다고 명문화하였다.

국가 통치체제의 재확립은 중앙정치무대에 지나지 않았으며 사회경제

---

104) 김백철, 「朝鮮後期 英祖初盤 法制整備의 성격과 그 지향 - 新補受教輯錄 體裁를 중심으로 -」, 『정신문화연구』 115, 2009, 249쪽.
105) 『英祖實錄』 권60, 英祖 20년 12월 2일(乙巳).
106) 『英祖實錄』 권53, 英祖 17년 6월 5일(戊戌).

적 변동양상에 대한 적극적인 대응도 필요하였다. 국가를 유지시킬 세제稅制의 정상화, 경제의 교란행위에 대한 규제 등이 마련되었다. 아울러 불만세력 내지 반정부 활동에 대한 적극적 대처도 이루어졌으며, 새롭게 성장하는 세력과 사회변동에 적응하지 못하여 낙오하는 소민小民들을 아울러 체제 내에 편입하기 위한 다양한 정책적 포섭이 진행되었다. 이 과정에 백성의 생계기반을 보존하는 지원체계가 한층 강화되었다. 경제적 토대없이 국가운영은 사실상 불가능하였다. 통치 대상이자 세원稅源이었던 백성의 생활기반 보장은 국가의 기반을 건실하게 하기 위해서는 꼭 필요한 사안이었다. 영조는 이러한 절박한 사회변화에서 오는 필수불가결했던 정부의 정책들을, 흥미롭게도 요순의 이상 정치를 현실에서 구현하기 위해 『경국대전』을 수정한다거나 관형주의를 내세워 백성을 보호한다는 적절한 정치적 명분을 제시하여 적극 활용하였다. 이것이 탕평군주가 18세기 중앙정치를 주도하면서 자신의 권력기반을 형성하는 이론적 근거가 되었을 것으로 추정된다.[107]

---

107) 김백철, 「朝鮮後期 英祖初盤 法制整備의 성격과 그 지향 - 新補受敎輯錄 體裁를 중심으로 -」, 『정신문화연구』 115, 2009, 249~250쪽.

제국의 탄생

　19세기말 서세동점의 급변하던 국제정세에 한국은 독자적인 외교노선을 찾기 위해 노력하였다. 당시의 국제정세는 한국만의 독자적인 행보로는 가늠할 수 없는 시기였다. 동북아시아의 종주국이라고 자처하던 청나라조차 동, 서, 남에서 침략하는 영국, 러시아, 프랑스, 독일, 일본을 상대하지 못해 자국의 영토를 할양해야 하는 입장이었다. 이런 와중에 한국은 청국을 상국으로 하는 종번宗藩 체제를 벗어나 자주독립의 길을 가고자 했으며 그 방법으로 다각적인 외교를 전개했다. 물론 당시 세계는 1498년 바스쿠 다 가마가 2년의 항해 끝에 인도 남부 캘리컷에 닻을 내린 이후로 서양인의 차지였다. 한국인의 입장에서는 바야흐로 래자불선來者不善의 시대였다.

　이런 세계사적 소용돌이 속에서 자주독립의 길을 모색하면서 제국의 대열에 합류하고자 제왕의 리더십을 발휘하였던 것이 고종이었다. 고종은 쇄국에서 개방으로 국가 체제를 전환시킨 군주이다. 그에 대한 평가는 다양하면서 극과 극으로 상반되기도 한다. 그렇지만 고종이 서구 열강의 제국체제를 한국사에 도입시켜 근대 독립국가로 변모시키려고 노력했다는 것은 부인하기 어려운 점이다. 이런 고종에 대한 시각을 바탕으로 본고에서는 대한제국의 건국과 황제국의 설립을 통해 나타난 고종의 리더십을 조명하려고 한다. 고종의 황제권 강화를 위한 정책, 제국의 상징화를 위한 기념비적 행사를 중점적으로 다루었다.

1. 고종과 대한제국

1) 황제국 탄생의 전야와 고종의 고심

1897년 대한제국(Empire of Han)의 선포는 국내외 정치 환경의 변화를 고려하고 결정한 고종의 작품이다. 고종이 유럽 열강과 청국 및 일본에 대등한 외교적 관계를 유지하기 위해 황제로 등극한 것이다. 한반도 역대 왕조의 역사에서도 군주가 주변국 제왕과 동등한 지위를 가지기 위해 황제에 등극한 것은 고종이 유일한 사례이다. 고종에 대한 평가는 학계는 물론 일반인들도 양분되어 호불호가 극명하게 드러난다. 한국을 일제의 식민지가 되게 한 망국의 군주이면서 나약하고 무능한 인물로 평가절하하는 경우와 그와는 반대로 강력한 황제권을 구축하여 광무개혁을 주도적으로 진행하면서 근대 국가로 변화하기 위한 토대를 구축하려던 군주였다는 상반된 논의들이 대표적인 사례일 것이다.[108] 양측 모두 일면 주관적 시각이면서도 객관적이라고 평가할 만큼 고종에게는 두 가지 요소가 동전의 양면처럼 존재하고 있다. 무엇보다 고종의 평가에서 가장 큰 걸림돌이 일제의 식민지로 전락했다는 결과론적인 전제가 깔려있기 때문이라고 생각한다.

그런데 고종이 유약하고 무능하다고 평가하려면 조선 왕실의 제왕 교육 체계부터 동시대 다른 군주들과의 객관적 비교에 이르기까지 다양한 분석이 선행되어야 할 것이다. 동아시아의 패권자였던 강희제의 후예들도 유럽 열강의 진격을 막지 못하던 시대에 화이華夷 질서를 옹호하던 조선 왕조의 인물들을 오늘날의 기준으로 평가하는 것은 주의할 부분이라고 생각한다. 고종과 동시대의 군주였던 독일의 빌헬름, 러시아의 니콜

---

108) 송병기, 「광무개혁 연구-그 성격을 중심으로」, 『사학지』 10, 1976; 이태진, 『고종시대의 재조명』 태학사, 2000; 왕현종, 『한국 근대국가의 형성과 갑오개혁』 역사비평사, 2003; 서영희, 『대한제국 정치사연구』 서울대학교출판부, 2003.

라이, 일본의 메이지 등과 비교해 보아도 자질이 부족하거나 열등하다는 어떤 근거가 없다. 빌헬름은 1차 세계대전에서 독일을 패망으로 이끌었고, 니콜라이는 러시아 혁명을 촉발시켜 가족이 몰살되었고, 메이지는 실권을 정치가와 군인들에게 넘겨주던 유약한 인물이었다. 고종이 그들보다 무능하다고 폄하하기보다는 시대적 상황을 고려하여 설명하는 것이 보다 과학적이라고 해석해야하는 비교 사례이다.

무엇보다 고종은 군주로서의 리더십을 유감없이 발휘한 인물이다. 1876년 중국 중심의 종번宗藩 체제를 벗어나 세계와 연결되는 가교를 구축하는 일을 하였다. 서구 열강의 침입로를 열었다는 지적도 있을 수 있겠으나, 한국사를 본격적인 근대기로 접어들게 한 역사적 전환기를 이끈 인물이다. 고종이 개항 이후 1881년 영선사와 조사시찰단을 파견하거나 1882년 미국과의 수교, 1883년 영국과 수교를 주도한 것에서도 알 수 있다. 고종은 근대라는 시간을 타자가 아닌 주체적 입장에서 받아들이려고 주도했다는 것을 주목할 필요가 있다.

개항기부터 대한제국이 성립되는 시기까지는 역사 시간의 압축이라고 할 만큼 한국 근대사를 좌우할 굵직한 사건들이 연이어 발생하였다. 고종이 주도적으로 주변의 견제와 반대 세력을 물리치고 개항을 한 후 근대 국가로 체제를 변화하려던 순간, 1882년(고종 19) 임오군란을 시작으로 1884년 갑신정변, 1885년 영국의 거문도 일시 점령 등의 불가측한 대형 사건들이 연이어 터지면서 정국을 혼란에 빠트렸다. 더욱이 임오군란과 갑신정변의 정리 과정에서 청나라와 일본의 군대가 궁궐과 도성에서 정면충돌하여 고종의 신변까지 위협하는 상황까지 발생하였다. 개혁은 커녕 왕실의 명운命運이 기로에 선 순간이었다. 고종은 이 시기를 극복하고 대한제국으로 국가 체제를 이끌고 간 지도자였다.

고종의 재위 전반기는 격변의 시기라고 평하기도 한다. 그런데 사실 고종이 통치하던 조선의 상황은 주변국에 비하면 안정적으로 국정을 운영했다고까지 평한다고 해도 부족하지 않다. 조선의 맹방이라고 할 만한 청국의 사정을 보면 쉽게 알 수 있다. 1834년(순조 34) 영국은 동인도회사의 대청무역 독점권을 폐지한 후 청국에 영사(領事, Superintendents of Trade)를 파견하였고, 1839년 아편전쟁을 통해 제국주의 논리로 청국을 정치, 경제, 사회적으로 압박하기 시작했다. 더욱이 1869년 수에즈 운하의 개통은 영국이 인도와 동남아시아, 청국, 일본으로 이어지는 지역으로 강력한 해군력을 행사할 수 있었다.[109] 반면 한국에는 1850년대 초 청나라가 태평천국의 난으로 혼란을 겪거나, 1850년대 중반 인도가 영국의 식민지가 되거나, 1860년대 인도차이나가 프랑스의 식민지가 되거나, 1853년 페리가 도쿠가와 막부의 개항을 강요하는 무력시위를 하거나 등의 동아시아 국가체제를 좌우하던 격변의 물결이 상대적으로 없었다. 오히려 프랑스와 미국의 강화도 침략에 맞서 자주권을 지켜내던 유일한 동아시아 국가였다.

그럼에도 고종이 통치하던 시기가 혼란스럽고 무능한 국정의 결과라고 부르는 이유가 이상하다. 고종은 최선의 선택으로 국정을 운영하고 주도적인 리더십을 발휘하여 정국을 돌파하였다. 그 한 사례가 중국이 유지하려던 화이체제를 벗어나 서구 열강과 대등한 근대 독립국가로 가기 위한 정책의 하나였던 새로운 국제적 연대였다. 고종이 전통적인 국제관계를 유지한 청국과 일본을 중요하게 여기지 않은 것은 아니지만, 당시 변화하던 세계질서에 따라 새로운 외교를 구사하려고 한 것이다. 고종이 적극적으로 국제연대를 가지려고 한 것은 개항 초기부터였다.

1882년 8월에 임오군란이 정리되면서 고종이 내린 전교를 보면 그가 생각하던 외교와 개방 정책이 잘 나타난다. 당시의 전교가 청국과 일본의 군대가 진주하는 정치 상황을 타개하기 위해 내린 불가피한 부분도 없지 않지만, 전교의 행간에는 고종이 생각하던 당시의 국제관계와 문호개방에 대한 고려가 나타나고 있다는 것에 주목할 필요가 있다. 고종의 전교를

---

109) 19세기 중반 한반도 변경의 변화를 영러간의 그레이트 게임과 연결시켜 설명한 것은 최덕규의 논문(「1880년대 한반도 남북변경위기의 연구-거문도사건과 조청감계를 중심으로」, 『근대 동아시아 변경형성과 러시아 연해주 한인이주』, 동북아역사재단 2013 학술회의 발표문)이 참고된다.

요약하면 다음과 같다.

"우리 동방東方은 바다의 한쪽 구석에 치우쳐 있어서 일찍이 외국과 교섭한 적이 없으므로 견문이 넓지 못한 채 삼가고 스스로 단속하여 지키면서 500년을 내려왔다. 근년 이래로 천하의 대세는 옛날과 판이하게 되었다. 영국·프랑스·미국·러시아 같은 구미歐美 여러 나라에서는 정교하고 이로운 기계를 새로 만들고 나라를 부강하게 만드는 사업에 최선을 다하고 있다. 그들은 배나 수레를 타고 지구를 두루 돌아다니며 만국萬國과 조약을 체결하여, 병력으로 서로 견제하고 공법公法으로 서로 대치하는 것이 마치 춘추 열국의 시대를 방불케 한다. 그러므로 천하에서 홀로 존귀하다는 중화中華도 오히려 평등한 입장에서 조약을 맺고, 척양斥洋에 엄격하던 일본도 결국 수호修好를 맺고 통상을 하고 있으니 어찌 까닭 없이 그렇게 하는 것이겠는가? 참으로 형편상 부득이 하기 때문이다. 우리나라도 병자년[1876] 봄에 일본과 수호조규를 맺고 세 곳의 항구를 열었으며, 이번에 또 미국·영국·독일 등 여러 나라와 새로 화약和約을 맺었다.(중략) 교린交隣에 방도가 있다는 것은 경전經典에 나타나 있는데, 우활하고 깨치지 못한 유자儒者들은 송나라 조정에서 화의和議를 하였다가 나라를 망친 것만 보고 망령되이 끌어다 비유하면서 번번이 척화斥和의 논의에 붙이고 있다. 상대 쪽에서 화의를 가지고 왔는데 우리 쪽에서 싸움으로 대한다면 천하가 장차 우리를 어떤 나라라고 할지를 어찌하여 생각하지 않는단 말인가? 도움 받을 곳 없이 고립되어 있으면서 만국과 틈이 생겨 공격의 화살이 집중되면 패망할 것이라는 것을 스스로 헤아리면서도 조금도 후회하지 않는다면 의리에 있어서도 과연 무엇에 근거한 것이겠는가? 의논하는 자들은 또 서양 나라들과 수호를 맺는 것을 가지고 점점 사교邪敎에 물들 것이라고 말하고 있다. 이는 진실로 사문斯文을 위해서나 세교世敎를 위해서나 깊이 우려되는 문제이다. 그러나 수호를 맺는 것은 수호를 맺는 것이고 사교를 금하는 것은 사교를 금하는 것이다. 조약을 맺고 통상하는 것은 다만 공법에 의거할 뿐이고, 애초에 내지內地에 전교傳敎를 허락하지 않고 있으니, 너희들은 평소 공맹孔孟의 가르침을 익혀왔고 오랫동안 예의의 풍속에 젖어 왔는데 어찌 하루아침에 정도正道를 버리고 사도邪道를 따를 수 있겠는가?(중략) 기계를 제조하는 데 조금이라도 서양 것을 본받는 것을 보기만 하면 대뜸 사교에 물든 것으로 지목하는데, 이것도 전혀 이해하지 못한 탓이다. 그들의 종교는 사교이므로 마땅히 음탕한 음악이나 미색美色처럼 여겨서 멀리해야겠지만, 그들의 기계는 이로워서 진실로 이용후생利用厚生할 수 있으니 농기구·의약·병기·배·수레 같은 것을 제조하는데 무엇을 꺼리며 하지 않겠는가? 그들의 종교는 배척하고, 기계를 본받는 것은 진실로 병행하여도 사리에 어그러지지 않는다. 더구나 강약의 형세가 이미 현저한데 만일 저들의 기계를 본받지 않는다면 무슨 수로 저들의 침략을 막고 저들이 넘보는 것을 막을 수 있겠는가? 참으로 안으로 정교政教를 닦고 밖으로 이웃과 수호를 맺어 우리나라의 예의를 지키면서 부강한 나라들과 대등하게 하여 너희 사민들과 함께 태평 성세를 누릴 수 있다면 어찌 아름답지 않겠는가?(중략) 이번에 다행스럽게도 일 처리가 대강 이루어져서 옛날의 우호관계를 다시 펴게 되었고, 영국과 미국 등 여러 나라들이 또 뒤이어 와서 조약을 맺고 통상하게 되었다. 이는 세계 만국의 통례通例로 우리나라에서 처음 행해지는 것이 아니니, 결코 경악할 일이 아니다. 너희들은 각기 두려움 없이 편안히 지내면서 선비들은 부지런히 공부하고 백성들은 편안히 농사를 지으며, 다시는 '양洋'이니 '왜倭'니 하면서 근거 없는 말을 퍼뜨려 인심을 소란하게 하지 말라. 각 항구와 가까운 곳에서는 비록 외국인이 한가로이 다니는 경우가 있더라도 마땅히 일상적인 일로 보아 넘기고 먼저 시비거는 일이 없도록 하라. 만일 저들이 능멸하거나 학대하는 일이 있다면 응당 조약에 따라 처벌하여 결단코 우리 백성들을 억누르고 외국인을 보호하는 일이 없게 할 것이다.(중략) 이미 서양과 수호를 맺은 이상 서울과 지방에 세워놓은 척양에 관한 비문들은 시대가 달라졌으니 모두 뽑아버리도록 하라. 너희 사민들은 각기 이 뜻을 잘 알라"110)

임오군란으로 외세가 적극 개입된 상황임에도 고종은 시세의 변화와 각국의 판도를 정확하게 파악하고 있다. 무엇보다 중화질서를 유지하는 중국 중심의 세계가 변화되고 있음을 분명히 지적하였다. 구미 각국이 부국강병책에 최선을 다하고 있으며, 선박과 기차를 이용하여 전 세계를 하나로 연결시켜 이용하려는 태세를 아는 것은 물론, 그들이 군사력으로

---

110) 『高宗實錄』 권19, 高宗 19년 8월 5일(戊午).

대치하면서 만국공법에 의한 조약을 명분으로 진출한다는 것을 정확하게 인지하고 있었다. 고종은 천자국인 청국도 서구와 대등한 입장에서 조약을 맺었고 척양斥洋하던 일본도 통상을 하는 상황에서 더 이상의 척화斥和 논의는 국가를 파멸에 이르게 하는 길이라고 준엄하게 지적하였다. 서구인들의 종교와 사상은 주의해야 하지만, 그들의 산업기술을 이용해야 제국주의적 침략에 맞설 수 있으며 그들이 사용하는 조약을 이용하여 그들의 행위를 저지해야 한다고 말하였다.

고종이 서양 사정에 능통할 수 있었던 것은 『만국공법萬國公法』, 『조선책략朝鮮策略』, 『보법전기普法戰紀』, 『박물신편博物新編』, 『격물입문格物入門』, 『격치휘편格致彙編』 등에서 다양한 정보를 접하고 있었기 때문이다. 고종의 측근들이 번역하거나 편찬한 『기화근사箕和近事』, 『지구도경地球圖經』, 『농정신편農政新編』, 『공보초략公報抄略』 등도 고종이 서양에 대한 소견을 구축하고 시무時務를 파악하게 해주던 책들이다.[111] 또한 고종이 서양의 새로운 체제에 대해 큰 거부감이 없었던 것은 제국주의 국가들의 군주들이 지니고 있었던 강력한 통치권을 국내에 적용하여 운용하려던 시도가 있었기에 가능했다고 생각한다.

물론 고종이 개방보다는 부분적인 폐쇄를, 열린 세계로 나아가기 보다는 자국의 틀과 현상을 유지하려는, 진보적이기보다는 보수적인 양태를 띤 논리였다고 주장할 수 있다. 즉 고종의 정치사상이 근대를 지향하기보다는 기술적인 부분만 서양의 것을 차용하는 동도서기론東道西器論에 국한된 일시적 국면전환을 위한 선택이었다고도 주장할 수도 있다. 실제로 고종은 유교적 천명론에 근거하여 왕가王家의 종통宗統을 새롭게 확인하고 추존하기 위해 태조의 4대조인 목조穆祖의 부모 산소를 찾고, 4대조에 해당하는 국왕과 왕후들에 대한 추숭작업을 전개하는 등의 구시대적 왕실의례 준행에 힘쓰는 모습을 보이기도 했다.[112]

그럼에도 불구하고 고종이 선택한 개혁의 길이 서양과 일본의 군주제

---

111) 『高宗實錄』 권19, 高宗 19년 8월 23일(丙子).
112) 장영숙, 「대한제국기 고종의 정치사상 연구」, 『한국근현대사연구』 51, 2009.

라는 것은 대한제국을 선포한 것에서 잘 알 수 있다. 그러면 과연 고종이 왜 전통적인 조선 왕조의 군주상에서 벗어나는 서양의 정치체제에 관심을 보였을까? 고종이 대한제국을 건립하는 발단은 언제부터 구축되었을까? 결국은 고종이 지녔던 세계관의 변화가 언제 나타났는가를 살피면 해결될 문제라고 본다. 고종의 입장에서 한반도를 둘러싼 청국과 일본의 변화가 결정적이었을 것이다.

청국은 제국주의 국가들에게 군사적 패배를 당하면서 1861년(철종 12) 1월 최초의 외교 전문 기관인 총리각국사무아문을 설립하고 북양대신 및 남양대신을 두었다. 북양대신인 이홍장은 외세의 침략을 완화시키면서 자강自彊을 추진하기 위해 외세를 이용하여 외세를 막는다는 중국 전통의 이이제이以夷制夷 방법을 외교적으로 이용하려고 했다. 이홍장은 영국과 러시아가 대외 식민지 개척과 시장 확보에 각축을 벌이고 있던 점에 착안하였고, 결국 한국을 종번 체제에 두면서 영국과 미국, 러시아, 일본이 한반도를 중심으로 경쟁하게 하는 결과를 만들고자 하였다. 물론 청국의 자력만으로 한반도를 둘러싼 열강의 대립구도가 이루어진 것은 아니다. 1860년 북경조약으로 두만강까지 국경을 확장한 러시아의 등장이 가장 큰 계기라고 할 수 있다. 러시아는 18세기부터 19세기말까지 주변국과 33차례의 대규모 전쟁을 벌려 제국으로 성장한 군사강국이었으며,[113] 영러간의 세계적 규모의 그레이트 게임(Great Game)[114]을 벌이던 대국이었다. 또한 1882년 4월의 프랑스군의 하노이 점령, 7월의 영국군의 이집트 파병과 1883년 속령화, 1884년 청불전쟁 등은 서방제국들이 결코 우방으로만 존재하지 않을 것이라는 것을 증명하는 사건이었다.

---

[113] 알렉세이 니콜라이에비츠 쿠로파트킨, 심국웅 역, 『러일전쟁』, 한국외국어대학교, 2007, 20~51쪽.

[114] 영국과 러시아가 페르시아 지역을 서로 지배하고자 벌인 분쟁을 Great game이라고 명명한 것은 인도 뭄바이에서 태어나 1894년 '정글북'을 출간한 영국 소설가 조지프 러디어드 키플링(Joseph Rudyard Kipling, 1865~1936)이다. 그는 영국 제국주의를 옹호하던 인물이었다.

한편 일본은 1853년 페리의 개항 요구 이후 막부 체제를 메이지 천황제로 개혁시켜 근대 국가로 전환하는 길로 도약한다. 일본 정부는 구미 제국의 국가 체제를 적극적으로 도입하였다. 1871년 이와쿠라[岩倉] 사절단은 구미의 12개 국가를 방문해서 신문물을 학습하였다. 이와쿠라 사절단은 영국과 미국에서는 정치체제와 외교 등을 모범으로 삼았고, 독일에서는 군사 분야를 적극 수용하였다. 메이지 정부는 영국의 사례를 주로 수용하였는데, 1871년 일본 정부가 고용한 외국 고문 중에서 영국인 169명, 미국인 41명, 프랑스인 29명으로 영국인이 압도적으로 많았다. 군대의 경우도 유사하였다. 외교 영역에서 영미를 추종하는 전략과 상응하여 부국강병의 근대 군사체제의 확립 과정에서 영국식 해군과 독일식 육군을 모델로 삼았다. 1872년에 막부가 도입했던 프랑스식 군제를 독일식으로 변경했으며, 1878년에는 독일을 군사개혁의 모델로 삼아 육군참모국을 폐지하고 육군참모본부를 설립하였다. 참모본부는 육군경陸軍卿과 대정대신太政大臣의 관할을 받지 않으며 천황에 직속되었다.[115] 일본이 외교와 군사 부분에서 대외적 팽창이 가능한 토대를 구축했음을 고종에게 보여주는 사례였다.

이와 같은 인접 국가들의 변화는 고종에게 서구 제국주의 국가와 근대 공법 체제하의 관계를 적극적으로 추진하는 개방정책을 취해야 부국강병의 길로 나갈 수 있었음을 시사해 주었다고 본다. 특히 고종은 자신의 개혁 의지를 시행하기 위해 새로운 관료들의 양성과 충원을 시도하였고 그 노력의 결과가 개화파라고 하는 개혁세력의 양성과 적극적인 외국인 전문가의 초빙이었다. 특히 갑신정변-갑오개혁-을미개혁으로 이어지는 정변의 가운데서 자신이 직접 개혁의 리더로 나서면서 그 의지를 점철한 것이 대한제국의 선포였다.

---

115) 鄭毅, 「근대 일본의 서구 숭배와 국수주의-메이지유신부터 청일전쟁까지를 중심으로」, 『일본사상』 27, 2014, 290~291쪽.

2) 황제국의 선포와 국제 연대

1897년 10월 13일 고종은 새로운 국호로 '대한국大韓國'을 선포하고 황제로 즉위하였다. 한국 역사에서 국제적으로 공인받은 최초의 황제국이 탄생한 것이다. 고종은 황제라는 제왕의 지위로 조선 왕조의 신민들을 하나로 통합하려고 황제국을 선포한 것이다.[116] 황제국 선포는 국내적으로만 선포된 것이 아니었다. 고종은 주요 국가에 외교관을 파견하여 황제인 자신을 비롯하여 대한제국의 국제적 공인을 추진하였다.

고종은 제국을 대내외에 선포하기 전에 서구 각국에 주재할 외교관들을 임명하였다. 종2품 성기운成岐運을 주차 영국, 독일, 러시아, 이탈리아, 프랑스, 오스트리아 공사관 1등참서관[駐箚英德俄義法墺公使館一等參書官]에 임용하고 주임관奏任官 1등에 서임하였으며, 6품 고영진高永鎭은 영국, 독일, 러시아, 이탈리아, 프랑스, 오스트리아 공사관 3등참서관[英德俄義法墺公使館三等參書官]에 임용하고 주임관 5등에 서임하였다.[117] 이어서 시종원 시종侍從院侍從 이용교李容敎를 영국, 독일, 러시아, 이탈리아, 프랑스, 오스트리아 공사관의 3등 참서관에 임용하고 주임관 5등에 서임하였다.[118] 또한 성기운을 영국, 독일, 러시아, 이탈리아, 프랑스, 오스트리아에 주재시켰다.[119] 고종은 대한제국의 선포는 물론 황제의 즉위를 직접 전달하는 외교관들을 서구에 파견하여 국제적 연대를 가지려고 노력한 것이다.

이런 고종의 주도적인 황제국 공인을 위한 외교 전략 하에서 황제국 선포식이 진행되었다. 고종의 황제 즉위식은 중국 황제들의 전통 즉위식을 모델로 실시한 것이다. 그러나 그 내용은 대한제국이 유구한 한민족의 최종 목적지였으며 새로운 '제국'으로 새롭게 출발하겠다는 의지를 표명

---

116) 왕현종, 「대한제국기 고종의 황제권 강화와 개혁 논리」, 『역사학보』 208, 2010, 9쪽.
117) 『高宗實錄』 권36, 高宗 34년 9월 23일.
118) 『高宗實錄』 권36, 高宗 34년 10월 6일.
119) 『高宗實錄』 권36, 高宗 34년 10월 8일.

하여, 고종이 강력한 황제권을 앞세워 국정을 리드하겠다는 의지가 담겨 있다. 1897년 10월 13일 고종이 황제에 즉위하며 국내에 선포한 반조문 頒詔文의 내용을 보면 고대 중국의 황제가 보여주던 정치적 퍼포먼스를 잘 나타내고 있다. 반조문을 요약하면 다음과 같다.

"봉천 승운 황제奉天承運皇帝는 다음과 같이 조령詔令을 내린다. 짐은 생각건 대, 단군과 기자 이후로 강토가 분리되어 각각 한 지역을 차지하고는 서로 패권을 다투어 오다가 고려 때에 이르러서 마한, 진한, 변한을 통합하였으 니, 이것이 '삼한'을 통합한 것이다. 우리 태조가 왕위에 오른 초기에 국토 밖으로 영토를 더욱 넓혀 북쪽으로는 말갈의 지경까지 이르러 상아, 가죽, 비단을 얻게 되었고, 남쪽으로는 탐라국을 차지하여 귤, 유자, 해산물을 공납으로 받게 되었다. 사천 리 강토에 하나의 통일된 왕업을 세웠으니, 예악과 법도는 당요唐堯와 우순虞舜을 이어받았고 국토는 공고히 다져져 우 리 자손들에게 만대토록 길이 전할 반석같은 터전을 남겨 주었다. 짐이 덕이 없다 보니 어려운 시기를 만났으나 상제上帝가 돌봐주신 덕택으로 위 기를 모면하고 안정되었으며 독립의 터전을 세우고 자주의 권리를 행사하 게 되었다. 이에 여러 신하들과 백성들, 군사들과 장사꾼들이 한목소리로 대궐에 호소하면서 수십 차례나 상소를 올려 반드시 황제의 칭호를 올리려 고 하였는데, 짐이 누차 사양하다가 끝내 사양할 수 없어서 올해 9월 17일 백악산白嶽山의 남쪽에서 천지에 고유제告由祭를 지내고 황제의 자리에 올랐 다. 국호를 '대한大韓'으로 정하고 이해를 광무 원년으로 삼으며, 종묘와 사 직의 신위판神位版을 태사太社와 태직太稷으로 고쳐 썼다. 왕후 민씨를 황후 로 책봉하고 왕태자를 황태자로 책봉하였다. 이리하여 밝은 명을 높이 받들 어 큰 의식을 비로소 거행하였다. 이에 역대의 고사故事를 상고하여 특별히 대사령大赦令을 행하노라.
하나, 조정에서 높은 벼슬과 후한 녹봉으로 신하들을 대우하는 것은 원래 그들이 나라를 위해 충성을 다하도록 하기 위한 것이다. 나라의 안위安危는 전적으로 관리들이 탐오한가 청렴한가 하는 데 달려 있다. 관리들이 간사하 고 탐욕스러우면 뇌물이 판을 치게 되어 못나고 간악한 자들이 요행으로 등용되고 공로가 없는 자들이 마구 상을 받으며 이서吏胥들이 문건을 농간 하므로 백성들이 해를 입는 등, 정사가 문란해지는 것이 실로 여기에서 시작되는 것이다. 금년 10월 12일 이후부터 서울에 있는 크고 작은 아문과 지방의 관찰사, 부윤, 군수, 진위대 장관들과 이서, 조역但役으로서 단지 뇌물만을 탐내어 법을 어기고 백성들을 착취하는 자들은 법에 비추어 죄를 다스리되 대사령 이전의 것은 제외한다.

하나, 조관朝官으로서 나이 80세 이상과 사서인士庶人으로서 나이가 90세 이상 인 사람들은 각각 한 자급씩 가자加資하라.

하나, 지방에 나가 주둔하고 있는 군사들은 수고가 많은 만큼 그들의 집안에 대해서는 해부該府에서 후하게 돌봐 주라.

하나, 재주를 갖고서도 벼슬하지 않고 숨어 사는 선비로서 현재 쓸 만한 사람과 무예와 지략이 출중하고 담력이 남보다 뛰어난 사람은 대체로 그들 이 있는 곳의 해당 관찰사가 사실대로 추천하고 해부該部에서 다시 조사해 보고 불러다가 적절히 뽑아 쓰라.

하나, 은혜로운 조서에 '묵은 땅은 세금을 면제해 주고 장마와 가뭄의 피해 를 입은 곳은 세금을 면제해주고 백성에게 부과된 일정 세금을 면제해 준다' 는 내용이 있으니, 다시는 시일을 끄는 일이 있어서는 안 된다. 간혹 이미 다 바쳤는데도 지방관이 별개의 항목으로 지출해서 쓰거나 혹은 개인적으 로 착복함으로써 백성들이 세금을 내지 않는다는 누명을 쓰게 된 것은 모두 면제하라.

하나, 각 처의 주인 없는 묵은 땅은 해당 지방관이 살펴보고 내용을 자세히 밝혀서 보고하면 관찰사가 다시 살펴보고 판단한 다음에 허위 날조한 것이 없으면 즉시 문서를 주어 돈과 곡식을 면제하여 주며, 그 땅은 백성들을 불러다가 개간하도록 하라.

하나, 문관, 음관, 무관으로서 조관은 7품 이하에게 각각 한 품계씩 올려 주라.

하나, 사람의 생명은 더없이 중하므로 역대로 모두 죄수를 세 번 심리하고 아뢰는 조목이 있었다. 죄보다 가볍게 잘못 처리한 형관刑官의 죄는 죄보다 무겁게 잘못 판결한 경우보다 가볍다. 대체로 형벌을 다루는 관리들은 제 의견만을 고집하지 말고 뇌물을 받거나 청탁을 따르지 말며 범죄의 실정을 캐내는 데 힘쓰라.

하나, 모반謀叛, 강도, 살인, 간통, 편재騙財, 절도 등 여섯 가지 범죄를 제외하 고는 각각 한 등급을 감하라.

하나, 각 도의 백성들 가운데 외롭고 가난하며 병든 사람들로서 돌보아 줄 사람이 없는 사람들은 해당 지방관이 유의하여 돌보아 주어 살 곳을 잃는 일이 없도록 하라.

하나, 큰 산과 큰 강의 묘우廟宇 가운데서 무너진 곳은 해당 지방관이 비용을 계산해서 해부該部에 보고하고 제때에 수리하며 공경하는 도리를 밝히라.

하나, 각 도의 도로와 교량 가운데 파괴된 것이 있으면 해당 지방관이 잘 조사하여 수리함으로써 나그네들이 다니는 데 편리하게 하라.

하나, 조서 안의 각 조목들에 대하여 해당 지방의 각 관리들은 요점을 갖추어서 마음을 다하여 행함으로써 되도록 은택이 백성들에게 미치도록 힘써서 백성들을 가엾게 생각하는 짐의 지극한 뜻을 저버리지 말라. 만약 낡은 틀을 그대로 답습하면서 한갓 겉치레로 책임이나 때우고 있는 데도 해당 관찰사가 잘 살펴보지도 않고 되는 대로 보고한다면 내부內部에서 일체 규찰하여 엄히 처리하라.

아! 애당초 임금이 된 것은 하늘의 도움을 받은 것이고, 황제의 칭호를 선포한 것은 온 나라 백성들의 마음에 부합한 것이다. 낡은 것을 없애고 새로운 것을 도모하며 교화를 시행하여 풍속을 아름답게 하려고 하니, 세상에 선포하여 모두 듣고 알게 하라."[120]

고종이 황제에 오른 것은 조선 왕조의 독립을 장애하는 국내외적 정치 요소를 일순에 정리하고자 하는 정국 돌파의 방안에서 나온 것으로 생각할 수 있다. 청과 일본을 상대하는 것은 물론 서구 제국주의 '제국'들과 대등하게 상대하기 위해서라도 황제가 통치하는 대한제국의 선포는 당연한 귀결이라고 볼 수 있다. 더욱이 고종은 위의 반조문에서, 대한제국의 역사를 단군과 기자의 시대로부터 유래한 고대사와 연결시키고 있다. 한반도 공동체의 역사를 대한제국이 면면히 이어 받았으며, 그 대표를 고종이 황제로 드러내는 장면을 연출하였다. 대한제국은 갑자기 등장한 것이 아니라 그 유래가 단군에서 시작되었고 조선 왕조의 태조 이성계로부터 다시 고종에게 이어진다는 역사적 정통성을 설명하였다.

---

120) 『高宗實錄』 권36, 高宗 34년 10월 13일.

다만 이 반조문이 국외보다는 국내적, 혹은 동양적이라는 인상을 벗어나지 못하는 내용들이 주목된다. 예컨대 황제 즉위식에 앞서 백악산白嶽山의 남쪽에서 천지天地에 고유제告由祭를 지냈다는 것은 전통적인 중화적 세계관을 고수하던 지역에서나 통용되던 의식이다. 대한제국이 상대하던 서구 열강에게는 전혀 영향을 주지 못하는 전통이었다. 그럼에도 고종의 반조문에는 세금 면제, 황무지 개척, 지방관의 위무책, 묘우廟宇 수리, 도로의 정비 등이 언급되어 조선시대부터 국왕이 즉위하면 으레 거행하던 의례적 언사가 나타나고 있다. 국가기구는 물론 지방관이 해야 할 일이 언급되면서 그 내용이 너무 소략하고 과거로부터 반복되던 '위무책慰撫策'인 것을 통해 대한제국과 조선 왕조의 차이점을 알 수 없게 한다. 자칫 대한제국이 새로운 정치체제를 지향하는 것이 아닌 고종의 일신과 그 가족만을 위한 추앙이라고 폄하될 수 있는 부분이기도 하다.

그러나 고종이 을미사변과 아관파천을 거치면서 배우자가 살해당하고 일신의 지위마저 위태로웠던 정치상황을 '제국' 선포라는 정국 돌파안을 통해 해결하려는 것에서 반조문의 행간을 읽는다면, 황제국을 선포한 것이 구태의연한 과거의 정치 연출 반복이라고 치부할 수 없다. 고종의 강력한 의지가 담지된 행위라고 풀이된다. 반조문의 말미에도 "낡은 것을 없애고 새로운 것을 도모"라고 하여 대한제국이 과거와의 결별과 동시에 근대 국가로 발돋움할 개혁의 시대로 향하겠다는 의지가 표현되어 있다. 따라서 고종의 황제국 선포는 그가 강력한 황제의 리더십을 발휘하여 조선 왕조의 위기를 극복하고자 한 고도의 정치행위라고 보아야 할 것이다.

2. 황제와 환구단

1) 독립국 연호와 역법의 탄생

1895년 9월 9일에 고종은 조선 왕조 역사상 최초로 독립국가의 길로 나아간다는 표상으로 다음과 같은 조령詔令 반포하였다.

조령을 내리기를, "삼통三統의 삭일朔日을 교대로 쓰는 것은 때에 따라 알맞게 정한 것이니 정삭正朔을 고쳐 태양력太陽曆을 쓰되 개국開國 504년 11월 17일을 505년 1월 1일로 삼으라"[121]고 하였다.

조선 왕조가 건국한지 505년 만에 중화 문명이 아로새기던 조공-책봉 질서에서 탈피하여 세계 제국諸國의 일원으로 국제 외교관계를 대응할 수 있는 '자주적' 국가체제로 접어든 것을 의미한다. 동북아시아의 전통적인 화이관華夷觀 세계에서 독자적인 문화체제로 거듭난다는 말이기도 하다. 고종이 청국과 일본의 갈등 및 봉합, 미국-영국-프랑스-독일-러시아의 외교 정책이 이합집산을 이루는 국제질서의 변화상을 파악하면서 내린 강한 리더십의 표현이었다.

당시 '자주독립'적인 황제국은 독자적인 문화체제를 갖추고 있어야 했다. 황제국의 시작은 국격國格의 강화와 새로운 시간 체제의 확립이었다. 동아시아 유교문화권에서 국격은 연호로 대표되고 독자적인 시간체제는 황제국만이 소유하던 상징이었다. 연호와 시간체제는 상충되는 것이 아닌 쌍생아와 같은 전륜성轉輪性을 지닌 존재이다. 황제가 연호를 선포하면 시간의 기준인 정삭正朔을 조절해서 국정의 운영에서 신민들의 삶에 이르기까지 황제국의 시공간을 새롭게 만들었기 때문이다.

오늘날 한국의 시간은 그레고리력에서 시작된 서양의 서기력[Anno Domini]을 사용하고 있다. 서구 기독교 문명이 만든 역사문화의 결과에 이루어진 시간 개념이다. 연호는 독자적인 시간체제를 갖추고 있다는 제왕의 상징이었다. 한국사에서 고구려와 고려가 간혹 독자적인 연호를 사용한 것은 주변국의 약세에 따른 자국의 위세를 보이기 위한 조처라고 해석할 수 있을 정도로 연호는 그 정치적 상징성이 제왕에게 연결되는 고리였다.

고종은 연호의 선포를 사전에 치밀하게 진행하고 있었다. 대한제국이 정식으로 선포되기 2년 전인 1895년 11월에 내각 총리대신內閣總理大臣

---

121) 『高宗實錄』 권33, 高宗 32년 9월 9일(丙午).

김홍집金弘集에게 연호를 논의하도록 하였으며, 내각의 논의를 통해 건양建
陽이라는 연호를 결정했다.[122] 대외적인 외교절차를 거치지 않아서 그렇
지 대한제국의 출범은 1895년 건양 연호의 반포에서부터 보아도 무방할
것이다. 조선 왕조가 중국의 제후국으로 자처하던 기존의 화이질서체제
를 탈피하여 독자적 노선으로 걸어가겠다는 의지를 대내적으로 다진 시
기였다. 특히 정삭을 새롭게 반포한 것이 주목되는 사건이었다. 무엇보다
태음력에서 태양력으로 변경한 것이 당시 정삭의 가장 큰 특징이다. 고종
은 "정삭을 이미 고쳐 태양력을 쓰도록 한 만큼 개국 505년부터 연호를
세우되 일세일원一世一元으로 정하여 만대토록 자손들이 조심하여 지키게
하라"고 하였다.[123]

고종은 조선 왕조가 505년이나 되는 유구한 역사의 왕조이며 향후로
는 태양력을 사용하는 황제국으로 탈바꿈할 것임을 선언한 것이다. 물론
고종이 정삭을 개정하고 화이관에서 탈피하는 것에 대해 지시만 내리지
는 않았다. 개항시기부터 밀물처럼 밀어 닥치는 서구 제국에 대해 경계와
분쟁만이 아닌 시세 파악과 분석을 통해 교류해야 왕조가 중흥한다는
설득을 적극적으로 하였다. 예컨대 고종이 1896년 1월에 신민들에게
내린 다음의 조령에 잘 나타난다.

조령을 내리기를, "짐이 조상들의 위업을 받들고 만국萬國이 교통交通하는
시운時運을 당하여 천시天時를 상고하고 인사人事를 살펴보건대 500년마다
반드시 크게 변천하니 너희 백성들은 나의 계고戒誥를 들으라. 전장 법도典章
法度는 천자로부터 나오는 법이다. 아! 짐이 등극登極한 지 33년에 세계가
맹약盟約을 다지는 판국을 맞아 정치를 경장更張하는 길을 가지 않을 수 없
다. 이에 정삭을 고치고 연호를 정했으며 복색服色을 바꾸고 단발斷髮을 하니
너희 백성들은 내가 새 것을 좋아한다고 말하지 말라. 넓은 소매와 큰 관冠
은 유래한 습관이며 상투를 틀고 망건網巾을 쓰는 것도 일시의 편의로, 처음
시행할 때에는 역시 신규新規였다. 하지만 세인의 취향과 숭상함에 따라

---

122) 『高宗實錄』 권33, 高宗 32년 11월 15일(辛亥).
123) 『高宗實錄』 권33, 高宗 32년 11월 15일(辛亥).

국가의 풍속 제도를 이룬 것이니, 일하기에 불편하며 양생養生에 불리한 것은 고사하고 배와 기차가 왕래하는 오늘에 와서는 쇄국하여 홀로 지내던 구습을 고수해서는 안 될 것이다. 짐도 선왕의 시제時制를 변경하기를 어찌 좋아하겠는가마는 백성들이 부유하지 못하고 군사가 강하지 않으면 선왕들의 종묘사직을 지키기 어렵다. 옛 제도에 얽매여 종묘사직의 위태로움을 돌보지 않는 것은 때에 맞게 조치하는 도리가 아니니, 어찌 그렇게 할 수 있겠는가? 너희 백성들은 또 혹시 '선왕의 시제를 고치지 않고도 종묘사직을 지킬 방도가 반드시 있다.'고 하겠지만 이것은 한 구석의 좁은 소견으로서 천하 대세를 알지 못하는 것이다. 짐이 이번에 정삭을 고치고 연호를 세운 것은 500년마다 크게 변하는 시운時運에 대응하여 짐이 국가를 중흥하는 큰 위업의 터전을 마련하는 것이며, 복색을 바꾸고 머리를 깎는 것은 국인의 이목을 일신시켜 옛 것을 버리고 짐의 유신維新하는 정치에 복종시키려는 것이니, 이것은 짐이 전장 법도로써 시왕時王의 제도를 세우는 것이다. 짐이 머리를 이미 깎았으니 짐의 신민인 너희 백성들도 어찌 받들어 시행하지 않겠는가? 나라는 임금의 명령을 듣고 가정은 가장의 명령을 들으니, 너희들 백성들은 충성을 다하고 분발하여 짐의 뜻을 잘 새겨서 서로 알리고 서로 권하여 너희들의 머리카락과 구습을 한꺼번에 끊으며 모든 일에서 오직 실질만을 추구하여 짐의 부국강병하는 사업을 도울 것이다. 아! 나의 어린 자식들인 너희 백성들이여!"하였다.[124]

고종은 세계의 변화를 한국인들이 받아들여야 한다고 주장하고 있다. 고종은 중국 중심의 화이질서로는 세계적 변화에 적극적으로 대처할 수 없음을 말하였다. 세계가 '공법'에 따라 관계를 맺고 유지하는 시대에 경장이 필요하다고 역설하면서, 그 시작 단계로 정삭을 고치고 연호를 정했으며 복색을 바꾸고 단발을 진행한다고 알려 주고 있다. 특히 복식에서 넓은 소매와 큰 관은 유래한 습관이며 상투를 틀고 망건을 쓰는 것도 일시의 편의로서 경장의 시기에는 더 이상 효용성이 없는 것임을 강조하는 점이 주목된다.

고종은 과거의 구습에 얽매이면서 새로운 세계질서에 부합하려면 일신

124) 『高宗實錄』 권34, 高宗 33년 1월 11일.

할 것을 요구하였다. 행동거지에 불편하고 교통기관의 발달로 세계가 연결되는 시점에 쇄국하면서 구습을 고수하는 것은 안된다고 하였다. 무엇보다 고종은 경장을 찬성하지는 않지만, 종묘사직을 지키면서 부국강병을 하려면 선왕의 시제를 고치지 않고서는 방법이 없다고 하였다. 대세를 판별하지 못하고 국가를 위기로 몰아가는 행위라고 지적하였다. 세계가 변하는 시운時運에 대응하여 중흥의 위업의 터전을 마련하는 차원에서 정삭과 연호를 선포하는 것이며, 동시에 복색을 바꾸고 머리를 깎음으로써 국인의 이목을 일신시켜 옛 것을 버리고 유신維新하는 정치를 이루려고 한다고 설명하였다. 다만 고종의 유교 가부장제처럼 훈계하고 이끄는 모습은 근대적 군주들의 모습이라기보다는 조선 왕조의 일반적인 제왕의 모습을 벗어나지 못하고 있다는 인상을 주는 것이 아쉬운 점이다.

고종이 황제국으로 나아가려는 강력한 추진력에 따라 연호를 세워 자주권을 지키려는 것은 당장 시행되기에는 한계가 있었다. 예컨대 짧은 문안文案이나 장부일지라도 응당 건양建陽 연호를 써야 하는데, 부府의 명령이나 군郡의 문첩文牒에는 대부분이 연호를 쓰지 않는 폐단이 있었다. 또한 백성들의 송사訟事나 개별적인 문서에도 연호를 쓰는 사람이 없었다. 문화적 습관이 일시적으로 변경되는 것은 불가능한 것임을 보여주는 사례이다. 더욱이 명성황후의 시해가 일어난 시기에 정부에 대한 여론이 좋지 않은 상황에서 고종의 리더십만으로 정국을 전환시킬 수 있는 국면이 아닌 것도 큰 원인이었다. 정부의 선전 부족과 사람들의 시대적 자각이 상충되는 상황에서 갑작스런 연호와 정삭의 개정이 정착되기에는 시간이 필요했다. 이에 따라 우선적으로 추진된 것이 역서曆書와 화폐의 개조였다. 연호를 화폐에 새기고 역서에 기록하여 날마다 사용하고 늘 보게 하면 문화적 습관이 바뀌기 때문이다. 당시까지 역서에는 청나라의 연호를 사용하고 화폐에는 '상평常平'이라는 칭호가 새겨져 있었는데, 독자적으로 기원紀元을 세운 뒤에 화폐에도 새겨서 국내외로 자주적인 국격을 드러내고자 하였다.[125]

이런 시대적 배경에서 고종은 연호의 선포와 정삭을 새롭게 세우는 것이 황제국으로 나아가는 초석임을 재차 강조하였다. 대한제국이 정식으로 선포되는 1897년 8월에 기존 건양 연호의 개정과 함께 신민들이 적극적으로 경장의 혁신에 임할 것을 지시하였다. 고종이 내린 조령은 다음과 같다.

> 조령을 내렸다. "나라에서 연호를 정하는 것은 기년紀年하자는 것이고 또한 천하에 신뢰를 세우자는 것이다. 그러므로 반드시 높이 부르고 오래도록 밝게 보여야 하는데 이것은 만대가 흘러도 바꿀 수 없는 법이다. 이 해를, '광무 원년'으로 하되 장례원掌禮院에서 받은 길일吉日에 의거하여 8월 16일에 조서를 반포하는 큰 의식을 거행하라. 각 해당 부府와 부部의 여러 신하들 가운데서 책임이 있는 사람은 일체 업무에서 이전의 나쁜 습관을 철저히 제거함으로써 혹시 스스로 죄를 지어 후회하는 일이 없도록 할 것이며 진실한 마음으로 알맞은 직책에서 함께 현재의 곤란을 구제하라."[126]

1897년 8월 14일 고종이 건양에서 광무 연호를 사용하겠다는 의지를 천명한 다음날에 경운궁 즉조당卽阼堂에서 연호를 세운 것에 대한 진하식陳賀式을 가졌다. 이어서 사령赦令을 행하는 조서를 반포하였는데 고종이 황제국으로 나아가는 것이 당대의 난국을 극복해 나가고 제왕들의 전통을 이어가는 운명적인 시명이라고 주장하였다. 고종의 조서를 요약하면 다음과 같다.

> "근래 어려운 시기가 거듭 닥쳐옴에 생각지도 못했던 극도의 화변禍變을 어찌 차마 말로 다할 수 있겠는가" 짐이 부덕한 탓으로 이렇게 많은 어려운 고비를 당하게 되었고 온갖 액운을 다 겪었으니 어찌하여 이 지경에 이르렀단 말인가? 그 때 역신逆臣들이 제 마음대로 권력을 휘둘러 법도는 절문節文은 대부분 무너지고 향사享祀를 폐지하는 지경에 이르렀다. 짐이 마침내 옛 법도를 회복하고 선대 국왕들이 성헌成憲을 받들어 정사를 잘하여 일신

---

125) 『高宗實錄』 권35, 高宗 34년 4월 13일.
126) 『高宗實錄』 권35, 高宗 34년 8월 15일.

할 것을 바랐다. 이웃 나라들과 화목을 도모하여 맹약을 맺었고 자주의 권강權綱을 세우며 지금 것을 참작하고 옛 것을 기준으로 삼아 이에 전장典章을 가감함이 있었다. 대체로 주나라가 일어난 후 예절은 성왕成王과 강왕康王의 시대에 처음 정비되었고 한漢 나라가 나라를 세운 다음 문제文帝와 경제景帝의 연간에 연호를 처음으로 썼다. 올해 8월 16일 삼가 천지의 신과 종묘사직에 고하고 '광무'라는 연호를 세웠다. (중략) 아, 시대의 변천에 따라 그에 맞는 정사를 하는 데서는 사물과 함께 갱신更新하는 법이 있어야 한다. 조정에 있는 모든 문무 신료들은 오히려 나 한 사람을 도와 화충和衷한 방책을 생각해내어 태평성대를 함께 이룩하여 하늘의 도움에 보답하고 온 나라를 영원토록 맑게 하라. 사방에 널리 선포하니 모두 듣고 알도록 하라"[127]

고종이 연호를 개정하고 황제국의 기틀을 세워 나가는 것을 왕조의 역사적인 국면 전환으로 해석하고 신민들에게 그 정당성을 설파하고 있다. 고종은 9월 17일 원구단에서 경숙經宿한 뒤 황제의 보위에 등극하였다.[128] 대한제국 정부는 고종의 등극일을 계천기원절繼天紀元節로 칭하며 매년 기념일로 삼을 것으로 정했다.[129]

다만 황제국으로 나아가는 것이 중국 천자와 같은 시대와 동떨어진 구태적인 황제국을 생각했다는 점은 고려될 부분이다. 고종이 연호를 개정하고 정삭을 태양력에 맞추어 변경한 것은 서구 제국의 만국공법 체제에 맞추어 국제 관계를 새롭게 연계하여 한국의 독립을 리더로서 이끌겠다는 의지가 담지되어 있는 것이다. 그런데 고종이 황제에 등극하고 황제국의 격식을 갖추는 문화적 요소들을 중국 고대의 천 여 년 이전의 것과 명나라의 요소들을 차용하여 이용하려는 다수 관료들과 지식인들의 의식 구조는 시대적 한계는 물론 시세를 분별하지 못하는 구시대적 행태라고 지적하지 않을 수 없다. 예컨대 여전히 음양오행을 말하고 주나라 문물전장을 사례로 드는 것은 암둔하기까지 한 부분이다.[130]

---

127) 『高宗實錄』 권36, 高宗 34년 8월 16일.
128) 『承政院日記』 3088책, 高宗 34년 9월 17일.
129) 『高宗實錄』 권36, 高宗 34년 12월 2일.
130) 『高宗實錄』 권36, 高宗 34년 10월 21일.

물론 고종도 이 부분에서는 전혀 그들과 분리된 의식 구조를 가지고 있었다고 말하기 어렵다. 황제 의례와 제국의 의식을 중국 고대의 것을 차용하면서 권력을 장악하려는 의도로까지 해석되기 때문이다. 그러나 당시까지 서구적 의식구조로 전환되지 못한 신민들을 인도하며 외세에 대응하기 위해서는 국내적 통합이 필요하였고 그에 따라 고종은 적절한 타협점에서 고대의 제도를 차용했다고 생각해야 할 것이다.

2) 법고창신(法古創新)의 황실문화

고종의 의지로 관철된 개항에 이어서 시차를 두고 산발적으로 마련되었던 국가 상징물들이 체계를 갖추기 시작한 것은 대한제국기에 들어서였다. 대한제국이 선포된 1897년을 전후한 시기는 국내외적으로 급변하는 사회질서 속에서 고종이 리더십을 존속시켜 나가야 했다. 고종은 황제국의 위상을 역사적이면서 현실적인 것에서 구현하기 위해 크게 두 가지 부분에서 새로운 황실문화를 구축했다. 그 대표적인 것이 환구단과 훈장이다.

환구단은 1895년 윤5월에 건립 지시가 내려진 후 1897년 10월에 완공되었다. 명성황후 시해와 아관파천 등 정변이 이어져 황제국 위상에 걸 맞는 황실문화를 창달하는데 경황이 없었던 것이다. 그럼에도 불구하고 환구단이 부지를 선정하고 건축된 것은 보름이 소요되지 않았다.[131] 환구단은 동북아시아 유교문화권의 왕국들이 황제국으로 자칭하면서 천명에 호소하고 신탁을 가탁한다는 정치적 기능을 지닌 기념비적 건축물이다. 더욱이 대한제국의 정궁인 경운궁으로부터 지근거리에 설치한 것에서도 황제국이라는 대외적 상징성을 황궁과 같이 연결시킨다는 의미로 생각할 수 있다.[132]

---

[131] 『承政院日記』3088책, 高宗 34년 9월 29일; 『承政院日記』3088책, 高宗 34년 10월 11일.

[132] 박희용, 「대한제국의 상징적 공간 표상, 원구단」, 『서울학연구』 40, 2010, 129~133쪽.

〈그림 1〉 대한제국기 환구단 황궁우(국립고궁박물관 소장)

　고종이 지향한 황제국의 전형은 화이질서 체제의 중화문명의 형태가
아니고 서구 유럽 제국의 군주들과 대등한 근대적 국가라고 생각한다
면,[133] 환구단에 대한 제사를 국가 의례로 성대하게 매년 거행했다는 것
은 이해하기 어렵다. 환구단에 제사를 거행하기 위해 고종이 제사 거행
전날 행행하여 경숙하면서 시간을 보내는 것은[134] 전근대 책봉질서 체제
의 국왕들이 거행하던 '구습'이라고 지적할 수 있기 때문이다. 황실에서
샴페인과 커피를 즐기며 연회를 열던 것을 감안한다면 시대착오적이라고
비난할 수 있는 부분이다. 그러나 국가의 개혁과 변화가 리더의 독주만으
로 진행되고 가능한 경우는 인류사에서 찾기도 어렵고, 설령 진행되었다
하더라도 언제나 보수의 반동에 의해 좌절되거나 동반해서 파멸로 이어
지는 경우가 다반사이다. 고종이 대한제국의 연호와 정삭을 반포하며
세계 각국의 제국들과 대등한 외교관계를 추구하면서 국내적으로는 과거
의 전통과 문화를 최대한 수용하는 모습은 전형적인 법고창신의 동양적

---

133) 이태진, 『고종시대의 재조명』 태학사, 2000.
134) 『承政院日記』 3115책, 高宗 36년 12월 21일.

개혁의 패턴이다. 고종은 김옥균을 비롯한 다수의 개혁가들이 과거와의 단절과 이분법적 구도로 진행했던 정국 돌파는 파멸로 이어진다는 것을 목도한 인물이다. 따라서 고종이 리드한 대한제국의 개혁은 과거와의 연결을 이어가면서 새로운 세계로 나아가려던 계획적인 모습이었다고 평가해야 할 것이다.

대한제국의 국격을 상징적으로 드러내는 훈장의 제정에서도 위와 같은 법고창신의 연장선에서 이루어졌다. 1899년 대한국국제大韓國國制를 제정한 뒤에 반포된 훈장제도에는 국가를 표상하는 상징물들의 격格과 연원, 위계가 정리되어 있다. 훈장 제도는 1899년 7월 4일 칙령 제30호 표훈원관제表勳院官制로 처음 반포되었다. 1900년 4월 17일에는 칙령 제13호로 훈장조례勳章條例가 반포되면서 구체적인 내용이 제시되었다. 훈장의 명칭을 위계순으로 보면 금척金尺, 이화李花, 태극太極, 자응紫鷹으로 되어 있다.[135)]

훈장의 명칭과 위계는 훈장 조례를 반포하면서 내린 조서에 나타난다. 조서의 내용을 요약하면 다음과 같다.

조령을 내렸다. "훈장 규정을 의론하여 정하도록 이미 작년 여름에 조령을 내렸는데, 지금 그 조례條例가 주재奏裁를 거쳐 곧 중외中外에 반포될 것이니, 훈장의 이름과 뜻을 미리 풀이하는 것이 매우 마땅할 것이다. 옛날 태조 고황제太祖高皇帝께서 아직 즉위하지 않았을 때 꿈에서 금척金尺을 얻으셨는데, 나라를 세우고 왕통을 전하는 일이 실로 이때에 시작되었다. 천하를 마름질해서 잘 다스린다는 뜻을 취하여 이에 가장 높은 대훈장의 이름을 '금척'이라 하였다. 그 다음은 '이화대훈장李花大勳章'이라 하였으니, 우리나라의 문양에서 취한 것이다. 그 다음 문관의 훈장은 '태극장太極章'이라 하고 8등급으로 나누었으니, 우리나라의 표식에서 취한 것이다. 그 다음 무관의 훈장도 역시 8등급으로 나누고 '자응장紫鷹章'이라 하였으니, 이는 고황제의 빛나는 무공의 고사에서 취한 것이다. 아, 고황제께서는 신성한 자질을 타

---

135) 목수현, 「대한제국기의 국가 상징 제정과 경운궁」, 『서울학연구』 40, 2010, 162쪽.

고나고 문무를 겸비하여 건국의 대업을 열고 만세의 터전을 마련하셨다. 짐에까지 왕위가 이어져서 주야로 전전긍긍하면서 혹 잘못을 저지르지나 않을까 두려워하고 있다. 그러니 바로 상하가 합심하여 나라를 다스리는 데 정성을 다함으로써 물려주신 훌륭한 법에 부응하고, 번성할 큰 국운을 맞이하여야 하겠다. 모든 황친皇親과 신하는 금척으로 천하를 마름질하여 잘 다스리는 방도를 체득하고, 날아오른 매처럼 드날리던 무열武烈을 본받아 안으로는 이화의 문장을 잊지 않고, 밖으로는 태극의 표식을 욕되게 하지 않는다면, 어찌 나 한 사람만이 그대들의 성대한 공적을 가상히 여겨 영예를 표창할 뿐이겠는가. 하늘에 계신 고황제의 신령께서도 아마도 기뻐하여 복을 내려 주실 것이니, 각자 힘쓸지어다."[136]

위의 조령에서 훈장들의 의미와 내용을 보면, 금척은 태조 이성계가 왕조를 개국하기 전에 꿈에서 금척을 얻었다는 용비어천가의 고사를 인용하였다. 왕실의 왕통을 전하는 일이 금척으로부터 시작되었으며 천하를 마름질해서 잘 다스린다는 뜻이라면서 훈장 중에서 가장 높은 대훈장의 이름으로 금척을 선정하였다. 이화대훈장은 대한제국의 문양이며, 문관의 훈장인 태극장은 8등급으로 대한제국의 표식에서 취한 것이다. 무관의 훈장도 8등급이며 자응장이라 하였는데, 태조 이성계의 무공의 고사에서 인용한 것이다. 대한제국 훈장의 상징성과 위계는 모두 조선 왕조의 개국과 연결되고 있으며 그 전통을 대한제국으로 계승하여 유지하겠다는 의지를 보이고 있다. 따라서 대한제국의 황실문화는 법고창신이라는 전통적인 패러다임을 유지하며 외양은 만국 공통적인 것을 취하며 이루어졌음을 알 수 있다.

물론 전통적인 패러다임을 벗어난 새로운 변화의 양상도 보였다. 그 대표적인 것이 국가를 상징하는 깃발이었다. 태극기가 등장한 것이 대표적인 일이다. 예컨대 황제의 행행에서부터 황후의 국장행렬에 태극기가 선두에서 국가를 상징하며 이용되었다. 명성황후의 국장에서 태극기가

---

136) 『承政院日記』 3119책, 高宗 37년 4월 17일.

나타났으며, 1900년에 태조의 영정을 봉안하는 행렬에도 태극기를 앞세웠다. 더욱이 태극기는 궁궐의 진연 의례에서도 기존에 제왕을 상징하던 교룡기를 대체하였다. 1901년에 거행된 명헌태후明憲太后의 망팔望八 기념 진연, 1902년의 고종황제 망육순 기념 진연에서도 태극기가 황제국을 상징적으로 나타내는데 이용되었다. 대한제국기에 태극기가 교룡기를 대체하였다는 것은 대외적으로 국가를 표상하는 하나의 기호로 마련되던 국기가 전통적인 국왕의 표상과 교차하면서 체계의 변화를 일으켜내고 있음을 보여준다고 분석할 수 있다. 교룡기를 대체한 태극기가 국왕 통솔권의 상징을 대체하는 것으로 말할 수도 있지만, 태극기가 국왕뿐 아니라 다양한 용도에 활용됨으로 해서 국가와 국왕의 상징이 점차 분리되어 가고 있는 모습이었다고 할 수 있다.[137)

〈그림 2〉 독립문 태극기(문화재청)

<hr />

137) 목수현, 앞의 논문, 165~167쪽.

2부

민생 안정의 리더십

I

농업 경영의 합리화

백성의 대부분을 구성하는 농민을 대상으로 민생을 안정시키는 데 탁월한 리더십을 발휘한 세종, 숙종, 영조, 정조의 리더십을 살펴본다. 1장에서는 농업 경영을 합리화하기 위해 농서農書를 편찬하는 과정으로, 세종이 조선의 현실에 적합한 『농사직설農事直說』을 편찬하고, 정조가 당대의 농사 기술을 집약한 농서대전農書大全을 편찬하기 위한 기획을 정리한다.

1. 세종과 『농사직설』

조선이 건국된 직후에는 중국 농서인 『농상집요農桑輯要』와 『사시찬요四時纂要』를 많이 이용하였다. 『농상집요』는 원나라 세조 연간인 1286년에 사농사司農司에서 편찬한 농서로 주로 중국의 화북華北 지역 농법을 수록하고 있었다. 1348년(충정왕 즉위)에 원나라 연경(燕京, 북경)을 방문한 이암(李嵒, 1297~1364)은 『농상집요』 한 질을 구하여 귀국하였고, 이 책은 1372년(공민왕 21)에 합천 지역을 다스리던 지합주사知陜州事 강시(姜蓍, 1339~1400)에게 전달되어 복간復刊되었다.[1] 조선시대에도 『농상집요』는 주요한 농서로 이용되었다. 또한 당나라 말기에 한악韓鄂이 편찬

---

1) 李穡, 『牧隱文藁』 권9, 序, 「農桑輯要後序」.

한『사시찬요』도 고려 때 도입되어 그대로 복간하거나 이두로 번역되어 있었다.

세종은 1423년(세종 5)에 각 도에 명령을 내려『농상집요』나『사시찬요』같은 농서를 활용하여 농사를 지으라고 하였다.

> 호조에 전지傳旨하였다. "각도에 공문을 내어 메밀[蕎麥]을 경작하게 하되,
> 『농상집요』『사시찬요』및 본국(本國, 조선)의 경험방經驗方으로 시기에 따
> 라 경작하라고 권하라."[2]

조선 초에 주로『농상집요』를 이용한 것은 다음과 같은 이유 때문이었다. 첫째, 조선의 농법이 미처 발전되지 않아 수도작을 제외한 밭작물이 중국의 화북華北 지역과 유사한 한전旱田 농법이었다. 화북 지역은 한반도와 가까운 거리에 있고, 강수량을 제외하면 한국의 기후와 유사한 지역이었다. 둘째, 조선의 농업 기술이 한반도와 화북 지역의 풍토적 차이에서 나오는 생산력의 차이를 감지할 수 없을 정도로 낮은 수준이었다. 고려 중기까지 토지는 상·중하 3등급이었다. 상등전은 1년에 한 가지 작목만 재배하였고, 중등전은 2년에 한 번, 하등전은 3년에 한 번을 재배하는 휴한식休閑式 농법이었다. 이는 자연적인 풍화 작용에 의해 지력이 회복되기를 기다리는 수준이었으므로, 중국 농서가 우리나라의 환경에 적합하지 않다고 하더라도 이용하는 것이 가능하였다. 셋째, 아직 조선에서 체계적인 농서를 만들어 이용할 만큼 농업 지식이 축적되지 않았다.[3]

15세기 국왕과 관리들은 농업이 환경에 따라 영향을 받는다는 사실을 알았다. 토양의 생산력이 토지의 위치와 해당 지역의 기후에 따라 다르다는 인식이었다. 1414년(태종 14)에 의정부 관리들은 태종에게 조선의

---

2) 『世宗實錄』권20, 世宗 5년 6월 1일(庚戌).
   "傳旨戶曹. '各道行移, 蕎麥耕種, 考『農桑輯要』『四時纂要』及本國經驗之方, 趁時
   勸耕.'"
3) 김영진·홍은미, 「15세기 한국농학의 환경인식과 농서편찬 – 중국 농서 이용–」,
   『농업사연구』4-1, 한국농업사학회, 2005, 34~36쪽.

기후와 풍토에 적합한 농서를 편찬하여 배포함으로써 지방 수령에게 권농勸農의 법을 알게 하자고 건의하였다.

> 소민小民은 농사에 힘쓰는 것을 급무急務로 삼아야 하고, 수령은 오로지 농상農桑을 권과勸課하는 것을 임무로 하여야 합니다. 여러 도道의 주州·현縣이 풍토風土가 같지 않으므로 심는 곡식도 본래 마땅함이 다르고, 파종하여 경작하는 시기도 빠르고 늦음이 있습니다. 원컨대 토지에 적합한 곡식과 파종하는 시기를 갖추어 써서 포고布告하여, 수령에게 농사를 권하는 방도를 알게 하고 때를 알려 주면 백성들이 때를 잃지 않을 것입니다.[4]

그러니 태종의 답변은 부정적이었다. 그는 농사의 풍흉이란 농사짓는 사람의 근면함에 달려있는 것이며, 곡식 이름과 파종하는 시기는 노농老農들이 잘 알고 있으므로 국가에서 알릴 필요가 없다고 대답하였다.

> 권농勸農은 정치의 근본이다. 각 고을의 수령은 밭 갈고 김매며 수확하는 일에 마음을 쓰지 아니하여, 일반 곡식이 서리 때가 지나도 여물지 않거나 일찍 수확을 하지 않아 비바람에 손상되게 하고 있다. 이후로 수령은 때에 따라 감독하여 백성들이 가지런히 파종播種하고 성숙하게 되면 즉시 베어서 수확하게 하라.[5]

1414년 12월에 우대언右代言 한상덕은 원대의 『농상집요』를 우리나라 이두로 번역하여 보급하자고 건의하였다. 『농상집요』가 농업에 이로우나 문장이 어려워 사람들이 분명히 알지 못하므로, 이두로 번역하여 향촌의 백성도 알 수 있게 하자는 제안이었다. 태종은 이를 수용하여 전 대제학 이행李行과 검상관檢詳官 곽존중郭存中에게 책을 만들어 목판으로 인쇄하라고 명령하였다.[6] 이 때 태종의 명령으로 편찬된 책은 『농서집요農書輯要』

4) 『太宗實錄』 권27, 太宗 14년 2월 1일(乙巳).
5) 윗글.
6) 『太宗實錄』 권28, 太宗 14년 12월 6일(乙亥).

와 『양잠경험촬요養蠶經驗撮要』인 것으로 보인다. 『농서집요』는 『농상집요』에서 경지耕地와 작물 부분을 초록하여 이두로 풀이한 것이고, 『양잠경험촬요』는 『농상집요』의 양잠 부분을 초록하여 이두로 풀이한 책이기 때문이다.

『농서집요』와 『양잠경험촬요』는 『농상집요』를 초록하면서도 우리 실정에 맞는 농서를 편찬하려고 노력하였다. 먼저 『농서집요』를 보면 『농상집요』를 초록하면서 필요한 부분은 우리 환경에 맞게 고쳤다. 가령 수도水稻의 파종기를 『농상집요』에서는 '3월 4월 중순'이라 하였지만 『농서집요』에서는 '3월 4월 상중순'이라 하여 열흘을 앞당겼고, 수수의 파종기를 『농상집요』에서는 '춘월조종春月早種'이라 하였지만 『농서집요』에서는 '2월초'라고 분명히 밝혔다. 『양잠경험촬요』도 『농상집요』의 협주夾註에 있던 후병이료候病理療를 본문에 올려서 기록하고, 『농상집요』에는 없던 선잠신先蠶神에게 제사하는 내용을 추가하는 등 우리의 실정에 맞게 초록하였다.[7]

세종 대에 들어와 조선 현실에 적합한 농서를 편찬하려는 노력은 더욱 진전되었다. 다음은 정초鄭招가 작성한 『농사직설農事直說』의 서문이다.

삼가 생각하건대 태종太宗 공정대왕恭定大王께서 일찍이 유신儒臣에게 명하시어 옛 농서農書에서 간절히 필요한 내용을 뽑아 향언(鄕言, 이두)으로 주를 붙여 판각 반포하게 하고 백성을 가르쳐 농사를 힘쓰게 하셨다.

우리 주상 전하(세종)께서 명군明君을 계승하고 정사에 힘을 써서 민사民事에 더욱 마음을 두셨다. 오방五方의 풍토가 같지 아니하여 곡식을 심고 가꾸는 법에 각기 적합한 것이 있으므로 옛 농서와 모두 같을 수는 없다. 여러 도의 감사監司에게 명하여 주현州縣의 노농老農들이 각지에서 이미 시험한 것을 갖추어 아뢰게 하셨다. 또 신臣 정초鄭招에게 이를 정리하라고 명령하시고, 종부소윤 변효문卞孝文과 함께 살펴보고 참고하여 중복된 것을 버리고 절요切要한 것만 뽑아서 찬집하여 한 편을 만들었으며, 이름을 '농사직설'이

---

7) 김영진·홍은미, 「15세기 한국농학의 환경인식과 농서편찬 – 중국 농서 이용-」, 2005, 39~40쪽.

라 하였다.[8]

이를 보면 태종 대부터 중국의 농서를 활용하여 농사를 지었으나, 조선의 풍토에 적합한 농업 기술이 달라 중국 농서로는 한계가 있었다. 이에 세종은 조선의 각 지역에서 체험을 통해 검증된 농업 기술을 채록하여 편찬하고, 이를 널리 보급하여 농업 기술을 정착시키려 하였다. 그때까지 참고하였던 『농상집요』나 『사시찬요』 같은 중국 농서들이 조선의 현실에 맞지 않는 점이 있어, 조선에서 선진적인 농업기술이 이뤄지던 삼남 지역의 농법을 활용하자는 것이었다.[9]

조선의 풍토에 적합한 농서를 편찬하려는 세종의 노력은 1428년(세종 10)에 집중적으로 나타났다.

경상도 감사에게 전지傳旨하였다. "함길도와 평안도는 지품地品은 좋지만 무지한 백성들이 옛 습관에 얽매여 농사를 잘못 지어 지력地力을 다하지 못한다. 시행할 만한 좋은 법을 채택하여 그들에게 전하여 익히게 하려 한다. 도내에서 갈고 심고 김매고 수확하는 법과 오곡五穀에 알맞은 토성土性과 잡곡에 번갈아 심는 방법을 노농老農에게 묻고 요점을 모아서 책을 만들어 올려라. 또 농서農書 1천부에 대해서는 국고國庫에 있는 양곡을 종이와 바꿔 인쇄하여 올려라."[10]

충청·전라도 감사監司에게 전지傳旨하였다. "평안도·함길도는 농사에 몹시 서툴러 지력을 다하지 못하고 있다. 이제 시행할 만한 법을 채택하여 전하여 익히게 하려 한다. 오곡五穀에 알맞은 토성土性과 갈고 씨 뿌리고 김매고 수확하는 법과 잡곡을 번갈아 심는 방법을 각 고을의 노농老農들에

---

8) 『世宗實錄』 권44, 世宗 11년 5월 16일(辛酉).
9) 문중양, 「세종대 과학기술의 '자주성', 다시 보기」, 『歷史學報』 189, 2006, 44~47쪽.
10) 『世宗實錄』 권40, 世宗 10년 윤4월 13일(甲午).
"傳旨慶尙道監司. 咸吉·平安兩道地品好, 而無知之民, 泥於舊習, 農事麤鹵, 未盡地力. 欲採可行良法, 使其傳習. 道內耕種耘穫之法, 五穀土性所宜及雜穀交種之方, 訪之老農, 撮要成書以進. 且農書一千部, 以國庫米豆, 換紙印進."

게 물어서 요점을 모아 책을 만들어 올려라."[11]

이를 보면 세종은 1428년에 3개월의 시차를 두고 경상도, 충청도, 전라도 관찰사에게 각 도의 노농老農들이 가진 농업 지식을 물어서 정리해 올리라고 명령하였다. 세종이 하삼도(경상·충청·전라) 지역의 농법을 물은 것은 그곳의 기온이나 강수량 같은 환경이 평안도나 함길도에 비해 월등하게 좋고, 농업 기술도 발전된 지역이었기 때문이다.

1429년(세종 11)에 정초와 변효문이 편찬한 『농사직설』은 『농상집요』를 많이 참고한 것으로 보인다. 『농사직설』의 내용이 삼남의 노농들이 경험한 바를 정리하였지만, 그 편찬 체제나 형식은 여러 서적들을 참고하여 중복을 피하고 간절히 필요한 것만 취하였다는 점은 『농상집요』와 같았다.[12] 『농사직설』은 태종 대에 편찬된 『농서집요』도 참고하였다. 두 농서의 편집 순서는 다르지만 책에 기록된 작물의 종류는 같기 때문이다. 태종 대(1414년)에 의정부 관리가 조선의 기후와 풍토에 적합한 농서를 편찬하자고 한 건의는 세종 대인 1429년에 와서 『농사직설』의 편찬으로 일단락되었다.

『농사직설』은 본문이 19면에 불과한 간략한 농서이며, 곡식의 씨앗 준비, 땅갈이법, 삼[麻] 재배, 벼 재배, 기장과 조 재배, 피 재배, 콩 팥 녹두 재배, 보리 밀 재배, 참깨 재배, 메밀 재배로 구성되어 있다. 이중에서 특히 벼 재배[種稻]는 전체 분량의 1/3을 차지하여 벼농사 특히 수도작水稻作을 중요하게 다루었다. 『농사직설』은 세종 대에 간행된 이후 보완하는 작업이 나타났다. 16세기에 창평현昌平縣과 용주현龍洲縣에서 『농사직

---

11) 『世宗實錄』 권41, 世宗 10년 7월 13일(癸亥).
　　"傳旨忠淸·全羅道監司. 平安·咸吉道, 農事甚疎, 未盡地力. 今欲採可行之術, 令傳習. 凡五穀土性所宜及耕種耘種之法, 雜穀交種之方, 悉訪各官老農等, 撮要成書以進."
12) 『農桑輯要』 卷首, 「序」.
　　"披閱參考, 刪其繁重, 撫其切要, 纂成一篇目曰'農桑輯要'."
　　『世宗實錄』 권44, 世宗 11년 5월 16일(辛酉).
　　"披閱參考, 祛其重複, 取其切要, 撰成一篇目曰'農事直說'."

설』의 증보판이 판각되어 목면木棉의 경종법이 증보되었다.[13]
『농사직설』에 수록된 농법을 정리하면 다음과 같다.[14]

- 건실한 종자 확보를 위해 비중선比重選을 이용한다.
- 가을갈이는 깊게, 봄갈이는 얕게 갈되 서서히 하여 토양을 부드럽게 한다.
- 지력을 증진시키는 작물로 녹두를 녹비 작물로 이용한다.
- 밭 토양을 태워 지력을 증진시킨다.
- 각종 유기물을 시비 원료로 사용하고 논에 객토客土를 실시한다.
- 고려시대 휴한법休閑法을 극복하고 밭작물은 2년 3작, 1년 2작, 보리골 사이 짓기를 한다.
- 두세 가지 작물을 섞어짓기 한다.

『농사직설』의 기술은 하삼도 지역에서 확립된 연작連作 기술과 같은 선진적 농법을 후진적 지역에 보급하고자 하였다. 조선 전기의 농업기술은 고려 말 연작 상경常耕의 농업 생산력 발전을 주도하면서 새로운 사회의 주도 세력을 부상한 신흥사대부들이 이상사회로 추구하던 성리학의 발원지인 강남의 수도작 중심의 농업기술을 조선에서 구현하는 과정이었다.[15] 그러나 이앙법移秧法과 같은 강남 농법의 요체는 『농사직설』에 적극적으로 반영되지 못하였다. 그때까지 조선에는 수리水利 시설이 부족하여 이앙법을 실시하기에는 한계가 있었기 때문이었다. 그러나 시비법施肥法과 같이 연작 상경을 실현하는데 필요한 기술은 강남 농법을 대표하는 『왕정농서王禎農書』와 같은 수준이었다. 『왕정농서』는 원나라 사람 왕정王禎이 편찬한 농서로 1313년(皇慶 2)에 처음으로 간행되었다.

세종의 농업 정책은 창업 군주인 태조와 수성 군주인 태종의 농정農政을

---

13) 이호철, 「조선전기 농법의 전통과 변화」, 『농업사연구』 3-1, 한국농업사학회, 2004, 34~35쪽.
14) 『農事直說』의 내용은 金榮鎭, 「『農事直說』 譯文」, 『農村經濟』 6-4, 1983, 91~101쪽 참조.
15) 이태진, 「世宗代의 農業技術政策」, 『조선유교사회사론』, 지식산업사, 1984; 「14·15세기 農業技術의 발달과 新興士族」, 『한국사회사연구』, 지식산업사, 1979.

계승하였다. 세종은 태조의 과전법 시행과 태종의 농서 번역을 계승하며, 농사를 감독할 책임이 있는 지방관을 신중하게 선발하고 그들에게 농사를 권장할 것을 권유하였다. 또한 세종은 조선의 하삼도 지역에서 입증된 농법을 모은 『농사직설』을 편찬하여 농민들이 쉽게 알고, 농사에 이익이 되는 것은 마음을 다하여 연구하며, 농민들이 농사에 정성을 다해 땅에 버려둔 이익이 없기를 기대하였다. 다음은 세종의 발언이다.

우리 태조께서 천운天運에 순응하여 나라의 터전을 여시고, 제일 먼저 전제田制를 바로잡아 백성을 도탄에서 구해 농사의 이익을 누리게 하셨으니, 농사를 권장하신 조목이 정령政令에 갖추어져 있다. 태종께서 왕업을 계승하시어 씨 뿌리고 수확하는 일을 더욱 힘쓰셨다. 특히 어리석은 백성들이 심고 가꾸는 방법에 어두운 것을 염려하시어, 유신儒臣에게 명령하여 우리나라 말로 농서農書를 번역하게 하고 중앙과 지방에 널리 반포하여 후세에 전하게 하셨다.

과덕寡德한 내가 왕업을 계승하여 밤낮으로 조심하고 두려워하며 우러러 전대前代에 이러하였음을 생각하고, 오직 조종祖宗을 본받으려 하였다. 돌아보건대 농무農務는 백성에게 가까운 관리에게 요구해야 하는 것이므로, 신중히 선택하고 직접 격려하고 효유하였다. 또 주현州縣을 두루 방문하여 땅에서 이미 시험한 결과를 모아 『농사직설』을 편집하여 농민들에게 환하게 쉽게 알도록 하기에 힘썼다. 만일 농사에 이로울 수 있는 것이라면 마음을 다해 연구하여 거행하지 않은 것이 없었고, 사람들이 그 힘을 다하고 땅에는 버려둔 이익이 없기를 기대하였다.[16]

세종의 농업 정책은 농업 경영을 합리화하여 생산력을 높이고 민생을

---

16) 『世宗實錄』 권105, 世宗 26년 윤7월 25일(壬寅).
"洪惟我太祖應運開基, 首正田制, 拯民塗炭, 俾享耕鑿之利, 其勸課之條, 具在令甲. 太宗繼述, 益勤播穫之功, 特慮愚民昧於樹藝之宜, 命儒臣, 以方言譯農書, 廣布中外, 以傳于後. 寡予承緖, 夙夜兢惕, 仰惟前代時若, 惟祖宗是憲. 顧以農務, 當責近民之官, 是用愼簡, 親加勉諭. 且令逮訪州縣因地已試之驗, 輯爲『農事直說』, 務使田野之民曉然易知. 儻可以利於農者, 靡不悉心究擧, 期於人盡其力, 地無遺利."

안정시키려는 목적을 가졌다. 이런 상황에서 나온『농사직설』은 한국의 농학이 중국의 농서에서 벗어나 독자적 기술을 발전시킨 농업기술의 독립선언서라 할 수 있었다.

2. 정조의 농서대전(農書大全) 기획

1429년(세종 11)에 세종의 명령에 의해『농사직설』을 편찬한 이후 국가 차원에서 농서를 편찬하는 사업은 좀처럼 나타나지 않았다. 15세기 말부터 18세기까지는 개인이 편찬한 사찬私撰 농서가 꾸준히 등장하여 농업기술의 정리와 보급에 기여하였다. 그런데 정조 대 후반에 국가적 차원에서 새 농서를 편찬하려는 사업이 추진되었다. 정조가 주도한 농서는 편찬에 이르지는 못하고 제목조차 미정인 상태로 남겨졌다. 이하에서는 이를 '농서대전農書大全'이라 부른다.

정조는 농업 생산에 영향을 주는 제반 요소를 파악하고, 이를 토대로 농업생산의 안정성을 확보하기 위한 여러 가지 방안을 추진하였다. 정조는 연례적으로 권농勸農 교서나 윤음을 반포하였다. 그는 매년 첫 번째 신일申日에 사직단社稷壇으로 가서 기곡제祈穀祭를 올린 후 재전齋殿으로 가서 권농윤음勸農綸音을 반포하였다.[17] 정조는 재위 25년 동안 총 15차례 새해 첫날에 권농 교서나 윤음을 반포하였다.[18]

정조는 새해에 권농 교서나 윤음을 반포하면서 지난해의 농업 현황을

---

17) 朴趾源,『燕巖集』권1, 煙湘閣選本, 記,「安義縣社稷壇神宇記」.
"每歲上辛, 肆我聖上, 必親祈穀于太社, 雖甚寒, 未嘗或撮. 賤臣, 嘗從百執事之後, 以觀八音之諧者, 屢年矣. 享之前一日, 上親視牲滌器. 夜鼓三下, 庭燎旣設, 上冕服執圭, 林鍾太簇, 迎以順安, 百僚陪位, 屛息俯伏, 無敢譁者, 但聞佩聲自天鏘鏘. 乃敢默識御步周旋升降于尊俎階阽之間, 而百靈洋洋, 嗅歆飽飫, 無有選檠洽受包擧. 毓嘏娠瑞, 地軸坤輿, 益見其負重載厚. 而后土勾龍, 陰來助相, 君王萬歲, 八域康年, 奏假旣成, 工戛虎背. 仰觀天宇, 星潤露溥, 充然如有足乎所爲享者, 若是其著明. 而聖人猶有憾於民時之或愆, 本業之失課, 退御齋殿, 秉燭呼寫勸農綸音, 頒示八路, 以董飭之. 所以爲萬姓盡心, 又若是其篤至也."
18) 염정섭,「18세기 후반 정조대 농정책의 시행과 의의」,『농업사연구』5-1, 한국농업사학회, 2006, 52~53쪽.

정리하고 금년 농사에서 주안점을 삼아야 할 것을 제시하였다. 그 내용은 농업 생산의 전반적인 것과 함께 수리水利, 때에 맞게 하라는 것, 농시農時, 밭에 거름하는 것 등이었다. 정조는 이를 통해 지방 수령들이 매년 수행해야 할 권농의 기본 방향을 제시하였다. 또한 정조는 수시로 관예觀刈를 하면서 권농을 하였다. 이는 영조가 거행한 친경親耕[19]과 같은 의미를 가진 행사로, 중앙 정부의 차원에서 권농을 하는 것이었다.

정조는 행정 조직을 통해 농사 형편을 감독하는 감농책監農策을 시행하였다. 이는 지방 수령이 농사 형편이나 강우량 등을 철저하게 파악하여 농업 생산을 안정시키는 조치로, 중앙 정부에서 수령과 관찰사에게 농사 형편과 강우량을 장계狀啓로 보고하게 하였다. 보고 체계는 수령 → 관찰사 → 정부 → 국왕으로 이어졌으며, 지방 수령은 대략 10일에 한 번씩 농사 형편을 정리한 장계를 작성하여 관찰사에게 보고하였고, 관찰사는 이를 모아 호조戶曹에 보고하였다.

정조는 비공식 통로를 이용하여 농사 형편을 파악하기도 하였다. 그는 사관史官을 비롯한 중앙 관서의 관리를 지방으로 파견하였다가 귀경하거나 지방 수령이 상경하였을 때 만나서 각지의 농사 형편을 물었다. 정조는 측근에 있던 규장각 각신閣臣을 특정 지역에 파견하여 현지의 농사 형편을 파악하기도 하였다. 각지의 농사 형편을 파악한 결과는 흉년이 닥쳤을 때 대책을 마련하기 위한 자료로 이용되었다.[20]

정조는 재해가 발생하면 이를 극복하기 위한 황정책荒政策을 시행하였다. 재해 가운데 농민에게 가장 직접적이고 광범위한 피해를 준 것은 가뭄과 홍수였다. 정조는 흉작에 대한 대책으로 대파代播를 권장하고, 감저甘藷(고구마)를 경작하도록 장려하였다. 감저는 1763년 일본에 통신사 정사로 파견된 조엄趙曮 등이 종자를 구해온 것으로, 이광려李匡呂, 강필리姜

---

19) 영조는 재위 기간 동안 1739년(영조 15), 1753년(영조 29), 1764년(영조 40), 1767년(영조 43) 등 네 차례의 親耕을 거행하였다.

20) 廉定燮, 「18세기말 正祖의 '農書大全' 편찬 추진과 의의」, 『韓國史硏究』 112, 2001, 134~136쪽.

必履 등이 그 재배법을 정리하여 국내 각지로 전파시켰다. 정조 대에 감저는 황정에 효과가 있고, 농사에 힘쓰는데 도움이 되는 작물로 파악되었다. 정조는 흉년이 확인되면 의욕적으로 황정을 추진하였다. 정조는 농민을 기근에서 구제하고, 농민이 생활 기반을 잃지 않도록 보조하는 진휼賑恤을 하였으며, 국가에서 받아야 할 세금을 감면해 주었다. 정조 대 황정의 목표는 백성을 재생시키고 기민飢民을 회복시키는 것이었다.[21]

정조는 수리水利 조건을 개선하고 당대의 수리 기술을 종합하여 새 기술을 모색하는 수리책을 시행하였다. 정조의 수리 정책은 1778년(정조 2) 1월에 비변사에서 작성한 「제언절목堤堰節目」에 나타나며, 이는 제언의 신축보다 기존 시설물의 복구와 보존, 관리에 주안점을 둔 방안이었다. 또한 정조는 1795년 이후 화성華城을 육성하면서 만석거萬石渠, 만년제萬年堤, 축만제祝萬堤와 같은 새로운 제언을 건설하여 수리시설의 중요성을 체험하였다. 이를 통해 정조는 권농 정책의 핵심이 수리 시설의 확충에 있음을 절감하였다.

> 농가農家의 이로움으로는 수리水利만한 것이 없다. 겨울과 봄에 눈이 녹을 때 물을 모아 두었다가 봄과 여름에 싹이 마를 때 물을 내보내면 그 이로움이 어찌 크지 않겠는가? 지금 화성華城의 만석거萬石渠로 보더라도 제언堤堰을 축조하기 전에는 황폐한 논밭으로 잡풀만 자라는 땅이었는데, 제언을 축조하고 나서는 원천源泉이 넓고 커서 척박한 땅이 비옥하게 바뀌었다. 비록 올 4-5월과 같은 가뭄에도 제언 아래의 수백 석石이 나는 큰 들판에서 하나같이 풍년 들기를 기대할 수 있으니 가뭄이 재해가 되지 않았다. 이것으로 미루어 본다면 제언이 이루어지느냐 피폐해지느냐 하는 것은 풍년이 드느냐 흉년이 드느냐 하는 큰 운수運數와 관계되는 것이다. 나라에 있어 실제적인 정사는 여기서 벗어나지 않는다.[22]

---

21) 염정섭, 「18세기 후반 정조대 농정책의 시행과 의의」, 『농업사연구』 5-1, 한국농업사학회 2006, 70~75쪽
22) 『弘齋全書』 권170, 日得錄 10, 政事 5, 「直提學臣徐龍輔戊午錄(1798)」.

1797년 새해에 정조가 반포한「양노무농반소학오륜행실향음의식향약조례윤음養老務農頒小學五倫行實鄕飮儀式鄕約條例綸音」은 중요한 의미가 있는 권농 방안이었다. 이는 정조가 1795년에 화성에서 생모인 혜경궁惠慶宮의 회갑잔치를 거행한 후 전국의 백성들에게도 많은 혜택이 미쳐가기를 기대하는 뜻에서 반포한 윤음이었다. 정조의 윤음은 종래처럼 관찰사나 지방 수령이 아니라 일반 백성을 가리키는 민民이 직접적인 대상자로 설정되어 있었다. 정조는 이 윤음을 관찰사와 유수留守에게 보내어 준행하게 하고, 성균관 유생을 교육시키며, 한성부의 각 방곡坊曲에 보내라고 지시하였다. 국왕이 직접 백성을 독려하여 권농의 효과를 거두려는 생각에서였다.

정조는 1797년의 윤음에서 백성들이 농사에 힘쓰고, 이를 바탕으로 노인을 잘 봉양하며, 최종적으로는 백성들의 교화가 이뤄지기를 기대하였다.

내가 하늘이 주신 큰 임무를 맡아 자궁慈宮, 혜경궁의 주갑周甲을 만났으므로, 팔방의 신민臣民들과 함께 그 즐거움을 같이 하고자 나이 많은 이를 높이고 효자를 표창하는 의식에 최선을 다하여 왔다. 그런데 조정의 정사를 보면 기록할 만한 것이 없고, 민간의 풍속을 보아도 새로워진 것이 없으니, 이는 오직 나 한 사람의 부덕不德에서 나온 것이므로 선왕과 비교하여 볼 수가 없다. (중략)
새해 첫날을 맞이하여 만 년까지 사시라고 자궁慈宮을 축수하노라. 건강하신 얼굴을 뵈오니 늙지 않으심이 무척 기쁘다. 이를 미루어 넓혀서 모든 노인들을 기쁘고 편안하게 하고자 하노라. 모든 노인들이 기쁘고 편안하려면, 풍년이 들어 곡식이 풍성하여야 하지 않겠는가? 그런 까닭에 농민을 위로하는 일은 노인을 기쁘게 하는 바탕이 되는 것이다. 제4일에 신일辛日을 맞으면 곡식이 잘 익고, 제10일에 신일을 맞으면 곡식이 잘 영근다고 한다. 이미 지난해에 징험하였으므로 금년에도 잘 영글 것으로 예상된다. 하늘이 나에게 태평한 세상을 주었으니 나 또한 농사일을 부지런히 하여야겠다. 소망에 따른 감응을 질정할 수 있으니, 해마다 작년이나 금년과 같을 것이

고, 만 년이 가도 변함이 없을 것이다. 농부農夫의 경사는 자식들의 경사요,
자식들의 경사는 조정의 경사이다.[23)]

정조가 실시한 권농 정책의 백미는 1798년 11월 30일에 반포한 「권농
정구농서윤음勸農政求農書綸音」이었다. 이때 정조는 농정을 권하고 농서를
구하면서 이를 기반으로 '농가지대전農家之大全' 즉 '농서대전'을 편찬할
계획임을 알렸다. 정조가 매년 새해에 반포하던 권농 윤음을 연말에 미리
반포한 것은 특별한 의미가 있었다. 다음해인 기미년(1799)은 영조가
적전籍田에 나가 친경례를 거행하면서 권농을 실천하는 모범을 보인지
60주년이 되는 해였다. 정조는 이를 통해 선왕인 영조의 행적을 드러내는
동시에 권농을 수행하겠다는 의지를 보였다.

정조는 이 윤음을 주자소鑄字所에서 정리자整理字로 인쇄하여 배포하라고
명령하였다. 국왕의 윤음을 일일이 베껴 한성부漢城府와 각 군현으로 배포
하려면 시일이 많이 지체될 것으로 생각했기 때문이다. 또한 이 윤음은
한글로도 작성되어 일반 백성들도 쉽게 읽고 내용을 파악할 수 있었다.

정조는 「권농정구농서윤음」에서 서울과 지방에 있는 농서를 구하는
이유를 분명하게 밝혔다. 바로 '농가지대전農家之大全'을 편찬하기 위해서
였다.

> 일찍이 근본을 돈독히 하고 내실에 힘쓰는 정사에 뜻을 두어, 농서를 편찬하
> 도록 명령하여 주현州縣에 배포하려 하였다. 그러나 예전과 지금의 차이가
> 있고, 풍토風土가 고르지 못한 점이 있으며, 빈부貧富를 가지런히 하기 어렵
> 고, 사력事力이 미치지 못하여, 옛것을 경정硬定하지 못하고 교수膠守하는
> 것도 있다. 그러므로 조정의 뜻은 만 리이나 사람마다 각자 양책良策을 올리
> 고 내가 받아서 절충하여 사용하면 농가農家의 대전大全이라 할 수 있을 것이
> 다.[24)]

---

23) 『正祖實錄』 권46, 正祖 21년 1월 1일(壬寅).
24) 『日省錄』 正祖 22년 11월 30일(己丑).
　　"下「勸農政求農書綸音」. …… 竊嘗有意於敦本務實之政, 命編農書, 欲頒州郡, 而

정조는 이 윤음에서 흥수리興水利, 상토의相土宜, 이농기利農器라는 세 항목을 설정하였다. 수리水利의 진흥, 토질에 적합한 곡종穀種의 경작, 농기農器의 개선을 강조하는 내용이었다. 수리의 진흥이란 수리시설의 정비와 관리를 포함하는 수리기술의 개선을 말하고, 토질에 적합한 경작법은 각 지역의 특성에 적합한 작물을 경작하고 지역 특성에 맞는 경작조건의 개선을 강조한다. 또한 농기의 개선이란 농사에 사용하는 농기구의 개량을 통해 생산성을 늘리는 것이었다.

정조는 1798년의 윤음에서 특히 수리의 진흥을 중시하고, 수리 시설의 관리와 정비를 강조하였다. 그는 이미 축조되어 있는 큰 제방을 보수하여 사용하는 것을 급선무로 보았고, 각 도에서 관할 구역의 제방을 각별히 관리할 것을 당부하였다.

> 농사의 근본은 근면과 노고에 달려 있으며, 그 요점은 수리水利 시설을 발전시키고, 토질에 마땅한 것을 살피며, 농기구를 잘 관리하는 것이다. 세 가지 요점 중에서도 수리 시설의 일이 가장 으뜸이다. (중략) 그런데 지금은 제언堤堰의 정사를 포기한 지 오래되어, 그 땅에 함부로 들어가 농사짓는 일이 잇따르고 있다. 호남의 벽골碧骨, 호서의 합덕合德, 영남의 공검恭儉, 관북의 칠리七里, 관동의 순지蓴池, 해서의 남지南池, 관서의 황지黃池는 나라 안의 큰 제방으로 일컬어진다. 그러나 터놓을 곳이 터져 있지 않고, 물이 괴어야 할 때 괴지 않아, 장마가 한번 지나가면 즉시 말라 버려 해마다 농사가 제대로 되지 않는다. 현재의 큰 계책으로는 이미 있는 큰 제방을 보수하는 것을 최우선으로 해야 할 것이다. 그리고 이를 미루어 모든 일에 고르게 시행하여, 각 도道가 관할 구역 안에서 모두 그 능력을 발휘하게 하면, 정성과 노력이 닿는 곳에 그 응험이 메아리처럼 빠를 것이다.[25]

정조가 농서를 구하는 윤음을 반포하자, 1798년 12월부터 응지인應旨人

古今之各異也，風土之不并也. 貧富之難齊也，事力之未逮也，有不可以硬定而膠守. 則階庭萬里，人人各進良策，我則受之，折衷而用之，可謂農家之大全."
[25] 윗글.

들의 농서가 계속 올라왔다.[26] 찰방察訪을 지낸 강요신康堯愼이나 순릉참봉
純陵參奉을 지낸 이상희李尙熙 같은 사람은 자신이 올린 농서가 '농서대전'에
편입되기를 기대하였다.

1799년 4월부터 정조는 윤음에 응하여 올라온 응지농서를 기초 자료
로 이용하여 '농서대전'을 편찬하는 일이 본격화되었다. 4월 28일에 좌의
정 이병모李秉模는 첨지僉知를 지낸 최세택崔世澤의 상소를 보고하면서, 내각
(규장각)에서 농서를 편찬할 때 최세택의 견해 중 중요한 부분을 뽑아서
수록하자고 건의하였다. 정조는 이 요청을 받아들였다.

> (최세택의 상소 중) 아직 천시天時가 미치지 않았을 때에는 먼저 인사人事를
> 닦는 것, 여러 차례 반경反耕하는 것이 분양(糞壤, 토지에 거름을 주는 것)보
> 다 뛰어나다는 것은 말에 조리가 있고 일에 경험이 있는 것입니다. 이런
> 문자는 관문關文을 보낼 필요가 없이 내각(규장각)에 붙이고, 앞으로 농서를
> 간행할 때 상세히 살펴 요점이 되는 것을 뽑아 넣으면 어떻겠습니까?[27]

5월 22일에 비변사에서 서울에 거주하는 유학幼學 이만록李晩祿 등 23명
이 올린 응지농서를 보고하였다. 정조는 이를 읽은 후 내린 판하判下에서
응지농서에 채택할 내용이 많으므로, 이를 농서에 편입하여 농서를 올린
사람들의 성의에 보답하라고 지시하였다. 이때 정조가 '농서대전'에 수록
하라고 거명한 응지인은 이문철李文喆, 나민철羅敏徹, 신보권申輔權, 이대규李
大圭, 이여효李汝孝, 이장렬李章烈, 박도흠朴道欽, 나익羅熤, 정윤국鄭潤國, 강순康
洵, 노익원盧翼遠, 이훈李薰 등 12명이었다.[28]

정조가 기획하는 '농서대전'의 편찬은 규장각에서 담당하였다. 그러나
그 실무를 주도한 것은 비변사 유사당상有司堂上으로 있던 이서구李書九였
다. 이서구는 '농서대전'을 편찬하는 기초 작업으로 응지농서를 검토하는

---

26) 應旨農書에 대해서는 金容燮, 「18세기 農村知識人의 農業觀」, 『朝鮮後期農業史
研究』 1, 一潮閣, 1970 참조.
27) 『承政院日記』 1807책, 正祖 23년 4월 28일(丙辰).
28) 『日省錄』 正祖 23년 5월 22일(己卯).

임무를 맡았으며, 정조가 추진하는 편찬 사업을 다음과 같이 설명하였다.

> 무오년(1798)부터 기미년(1799) 사이에 성상(聖上, 정조)의 뜻이 민사民事에
> 마음을 다하여 새벽부터 밤늦게까지 걱정하고 근심하게 하면서, 시종신侍從
> 臣 출신으로 수령에 있는 사람에게 명령하여 각 민읍民邑의 폐단을 진술하게
> 하였다. 또한 농업을 중요하게 여기고 농사에 힘쓰는 것을 풍속을 바로잡는
> 근본으로 삼아, 윤음을 내려 방백(관찰사)과 거류居留하는 신하, 사족士族과
> 서인庶人에 이르기까지 각각 농사에 힘쓰는 방법을 진술하게 하여 장차 하
> 나의 농서農書를 편찬하려고 하였다.[29]

이서구는 정조의 윤음에 따라 올라오는 상소와 농서를 검토하고 초기草
記를 작성하여 정조에게 보고하였다. 그러면 정조는 이를 의정부로 보내
어 다시 보고하게 하였고, 이를 다시 검토하고 판하判下를 내렸다. 그러나
이 작업은 '농서대전'의 초본草本을 만드는 단계까지 진입하지는 못한 것
으로 보인다. '농서대전'의 편찬자 명단이나 초본의 작성, 이를 교정하는
작업에 대한 기록이 보이지 않기 때문이다.

정조가 주도한 '농서대전' 편찬은 세종 대에 『농사직설』이 편찬된 이후
국가적으로 농서를 편찬하는 최초의 사업이라는데 의미가 있다. 그러나
농서를 편찬하는 방식에서는 『농사직설』과 다른 점이 나타났다. 정초
등이 『농사직설』을 편찬할 때 저본이 된 것은 하삼도의 관찰사가 정리해
올린 농서였다. 이는 각 지역의 노농老農이 경험한 바를 수합한 것이지만
관찰사들이 정리하였기 때문에 중국 농서의 표현을 원용한 것이 많았다.
'농서대전'은 응지인들이 직접 올린 농서가 자료였으므로, 조선의 농업
현실을 보다 생생하게 서술하였다.

정조가 구상한 '농서대전'의 체제는 신창의 유학幼學인 신보권의 응지농
서에서 유추할 수 있다. 이는 통설統說, 삼농토의三農土宜, 천시天時, 수공(水
功, 水車 부록), 농기(農器, 飼牧 부록), 경치耕治, 파예(播蓺, 農圃 부록),

---

29) 李書九, 『惕齋屛居錄』(古 0320-9).

운자(耘耔, 治蝗 부록), 수확收穫, 공효功效 등 10개 항목으로 구성되었다. 제일 먼저 농업의 자연적 환경을 거론하고, 수리 조건과 농기구와 같은 생산 여건을 감안하며, 마지막으로 구체적인 농업 작업을 설명하는 방식 이었다. 농서의 체제를 자연적인 제약 조건에서 시작하여 구체적인 농업 기술로 연결시키는 방식은 종합농서가 지향해야 할 방식이었다.

'농서대전'은 지역적 농법의 종합이라는 특징도 가졌다. 응지농서는 응지인들이 거주하는 지역의 관행과 경험을 기록하였기 때문에 각 지역 의 지역농서라 할 수 있었다. 정조의 윤음에 답하여 농업 상소와 농서를 올린 사람은 전국 8도를 망라하였다. 가령 화성에 거주하던 김양직金陽直 은 조관朝官을 지낸 경력이 있지만 화성에서의 견문에 따라 수리水利의 중요성, 지역 농법의 특수성을 강조하는 농서를 올렸다. 따라서 이를 종 합한 '농서대전'은 조선의 지역적 농법을 종합 정리하는 의미가 있었다.

정조가 기획한 '농서대전'은 조선후기 농업기술의 발달을 집대성하는 의미도 있었다. 당대의 농업기술 현황을 총괄하여 정리하는 것은 개인의 힘으로는 이룰 수 없는 일이었다. 각 지역 농법의 특색을 살피고, 중국 농서와 비교하면서 가장 선진적인 농업 기술을 추출하여 정리해야 하였 기 때문이다.[30] 정조의 '농서대전' 편찬은 비록 결실을 보지는 못하였 지만, 농업 경영을 합리화하여 생산력을 높이고 그 결과로 민생을 안정시키 려 하였던 정조의 고심이 담긴 사업이었다.

---

30) 廉定燮, 「18세기말 正祖의 '農書大全' 편찬 추진과 의의」, 157~160쪽.

II

수취 제도의 혁신

1. 세종의 공납제

　조선은 개국 이래 수확량의 10분의 1을 조율租率로 하고, 조액을 산정할 때는 답험손실법踏驗損實法을 이용하였다. 그러나 토지의 손실을 살피는 관리가 공정하지 못하거나 향리의 작간作奸으로 인해 농민들의 부담은 많고 국고의 수입은 줄어드는 문제점이 있었다.

　세종은 즉위 초부터 새로운 조세 제도로 공법貢法에 관심을 가지고 농민의 고통을 덜어주는 동시에 국고를 충실히 하려고 하였다. 그러나 즉위 초의 세종은 상왕인 태종의 그늘 아래 활동하였으므로, 재정 정책은 대부분 태종이 결정하였다.

　세종은 즉위년(1418) 8월에 호조에 명령하여 금년에는 풍수의 재해가 있으므로 각 도의 경차관敬差官은 농민들이 벼를 베기 전에 현지에 도착하고, 사전私田을 답험할 때에는 공정을 기하라고 당부하였다.[31] 이듬해 정월에 흉년이 들었던 강원도 지역에 행대감찰行臺監察로 나갔던 김종서가 원주와 영월 등 12개 지역에 기민飢民이 729명이나 있다고 보고하며 조세를 감면해 줄 것을 요청하였다. 세종은 이를 수락하였다. 참찬 변계량이

---

31) 『世宗實錄』 권1, 世宗 즉위년 8월 21일(戊戌).

반대를 하자, 세종은 국왕이 되어 굶어죽는 백성에게 조세를 거둬들일 수는 없다고 하였다.

국왕이 된 자가 백성이 굶어 죽는다는 말을 듣고도 조세租稅를 징수하는 것은 참으로 차마 못할 일이다. 게다가 지금은 묵은 곡식마저 떨어졌다고 하니, 창고를 열어 곡식을 나눠준다고 해도 오히려 미치지 못할까 걱정이거늘 주린 백성에게 조세를 거두겠는가? 또한 감찰을 보내 백성의 굶주리는 것을 보고도 조세를 견감하지 않는다면 백성을 위하여 혜택을 줄 일이 다시 무엇이 있겠느냐?[32]

세종은 즉위 초부터 답험손실법의 폐단을 알고 새로운 조세제도로 공법을 구상하였다. 1427년(세종 9) 3월에 세종은 인정전에서 시행된 문과 책문策問에서 세법에 대해 질문하였다. 백성을 사랑하는 것은 전제田制와 공부貢賦에 달려있으며, 세제를 공평히 하려면 조법助法과 공법貢法이 있다. 조법은 정전제 실시가 선행되어야 하므로 현실적으로 불가능하며, 공법의 시행 가능성을 제안해 보라는 문제였다. 이때 세종은 세법의 개정 방안으로 공법을 검토하고 있었다.

들건대 정치의 요체는 백성을 사랑하는 것보다 없다고 하니, 백성을 사랑하는 시작은 백성에게 취하는 것에 제도가 있어야 한다. 지금 백성에게 취하는 것은 전제田制와 공부貢賦만큼 중한 것이 없다. (중략) 손실損實을 실지로 조사하는 일은 실로 사랑하고 미워하는 데 따라 올리고 내림이 자기 손에 달려있으면 백성이 그 해를 입을 것이다. 이 폐단을 구제하려면 마땅히 공법貢法과 조법助法에서 구해야 한다. 조법은 반드시 정전井田이 있은 후에야 시행되므로 역대 중국에서도 시행되지 않았다. 하물며 우리나라는 산천이 험준하고 고원高原과 습지濕地가 꼬불꼬불하여 시행할 수 없는 것이 명백하다. 공법은 하서夏書에 기록되어 있고, 주周 나라에도 조법이 있지만 향수鄕遂에서는 공법을 사용하였다. 다만 여러 해를 비교하여 중간을 기준

32) 『世宗實錄』 권3, 世宗 1년 1월 6일(辛亥).

으로 하니 좋지 않다고 하였다. 공법을 사용하면서 이른바 좋지 않은 것을 제거하려면 그 방법은 어떻게 해야 하겠는가?[33]

1428년(세종 10) 정월에 좌의정 황희가 공법을 제안하였다. 그는 풍흉에 따라 세액을 3등급으로 정했다가 매년 작황을 살펴 세액을 징수하는 공법이 현실적이라고 보고하였다. 호조판서 안순도 황희의 견해에 동의하였다.[34] 1429년(세종 11) 11월에 세종은 조참朝參 자리에서 공법을 직접 제시하였다. 그는 인구는 점차 늘어나는데 토지는 줄어들어 의식이 넉넉하지 못하다며, 공법을 세우면 백성이 후하게 되고 나라 일도 간략해질 것이라 하였다. 이때 세종은 토지 1결당 15두斗를 징수하는 방안과 10두를 징수하는 방안을 상정하고, 호조에서 국가 수입을 계산하고 신민臣民들의 의견을 들어 보고하라고 명령하였다.[35]

호조에서 답변을 올린 것은 1430년(세종 12) 3월이었다. 호조에서는 기왕에 시행하는 답험손실법이 간리奸吏들이 농간을 부리고 비용이 많이 들어가는 문제점이 있음을 지적하고, 1결당 10두를 거두는 공법을 시행할 것을 제안하였다. 세종은 1결당 15두와 10두를 제시하였으나 호조에서는 1결당 10두라는 단일 정액세를 제시한 것이다. 다만 평안도와 함길도는 10두 대신에 7두를 거두고, 재해가 생기면 조세를 면제하자고 건의하였다.

> 지금부터 공법貢法에 의거하여 매 1결結마다 조租 10두斗를 거두되, 평안도와 함길도만은 1결에 7두를 거두어 오래된 폐단을 제거하고 민생을 넉넉하게 할 것을 청합니다. 풍재風災와 상재霜災, 수재, 한재로 인하여 농사를 완전히 그르친 사람에게는 조세租稅를 완전히 면제하소서.[36]

---

33) 『世宗實錄』 권35, 世宗 9년 3월 16일(甲辰).
34) 『世宗實錄』 권39, 世宗 10년 1월 16일(己亥).
35) 『世宗實錄』 권46, 世宗 11년 11월 16일(戊午).
36) 『世宗實錄』 권47, 世宗 12년 3월 5일(乙巳).

세종은 중앙 관리와 지방관, 민간의 소민小民들까지 방문하여 가부를 물으라고 명령하였다. 1결당 10두의 단일 세액에 대해 많은 찬반론이 등장하였다. 전국적으로 공법의 시행을 찬성하는 사람은 98,657인이고 반대하는 사람은 74,149인이었다. 이중 토지 생산력이 높은 경상도와 전라도에서는 찬성 65,864인, 반대 664인으로 찬성이 훨씬 우세하였다. 그러나 토지 생산력이 낮은 함길도와 평안도에서는 찬성 1,410인, 반대 35,912인으로 반대가 우세하였다.[37] 이를 보면 호조에서 제시한 공법은 토지 생산력이 높은 곳에 유리한 방안이었다.

공법의 문제점에 대해서도 다양한 의견이 제시되었다. 먼저 토지의 등급을 더 세분해야 한다는 주장이 있었다. 공법의 모델인 은나라 세법에서 전품田品이 9등급이었음을 감안하여 기존의 3등급보다 더 나누자는 의견이었다. 또 세액을 10두로 고정시키지 말고 그해 작황에 따라 세액을 조정해야 한다는 의견도 있었다. 연분年分을 따지자는 주장이었다. 세제를 이원적으로 운영하자는 의견도 있었다. 공법을 적용할 수 있는 곳에서는 공법을 시행하고 그렇지 않은 곳에서는 답험손실법을 그대로 하자는 의견이었다. 호조의 방안에는 진전陳田(농사를 짓지 않는 땅)에 대한 고려가 없는데, 진전에 대해 면세를 해야 한다는 주장도 있었다. 또 세액을 30두에서 10두로 낮추면 국용國用이 부족해지므로 관리들 녹봉을 지급하는 광흥창의 위전位田 규모를 늘려야 한다는 주장도 나왔다.[38] 이런 논의들은 세종이 최종 방안을 마련할 때 참고하였다.

1436년(세종 18) 5월에 세종은 영의정 황희 등에게 「공법절목貢法節目」을 논의하게 하였다. 이때 결정된 내용은 다음과 같다.[39]

- 토지의 품등을 3등급으로 한다. 경상도 전라도 충청도는 상등, 경기도 강원도 황해도는 중등, 평안도 함길도는 하등으로 한다.

---

37) 金泰永, 「朝鮮前期 貢法의 成立과 그 展開」, 『東洋學』 12, 1982, 159쪽.
38) 강제훈, 「세종 12년 定額 貢法의 제안과 찬반론」, 『京畿史學』 6, 2002, 80~91쪽.
39) 『世宗實錄』 권72, 世宗 18년 5월 21일(丙戌); 22일(丁亥).

- 토지의 품등은 종래의 도행장導行帳을 따라 3등급으로 한다.
- 세액은 지난 해 손실損實의 수와 국가 경비의 수를 참작해서 정한다.

공법은 1436년 말까지 제대로 시행되지 못하였다. 그해 10월에 호조에서 올린 보고에는 세종의 발언이 기록되어 있다. 세종은 태조가 토지 경계를 바로잡고 조세 제도를 정하였으며, 태종은 답험손실법을 갖췄지만 제대로 시행되지 못하였다고 보았다. 이에 세종은 여러 해의 중간을 세액으로 정한 공법을 시행하여 답험의 폐해를 없애려 하였지만, 조정 의논이 복잡하여 몇 년간 시행하지 못하고 있다고 하였다.

고려 말기에 토지 제도가 크게 무너졌다. 우리 태조께서 즉위하시어 먼저 토지의 경계를 바로잡고 수세收稅의 수량과 손실損實의 제도를 정하셨다. 태종 조에는 또 조관朝官을 보내어 심험審驗하는 법을 세워 제도가 자세하게 갖춰졌으니 실로 아름다운 법이 되었다. 그러나 받들어 시행하는 관리가 실제 뜻을 본받아 적절하게 실행하는 자가 적어, 답험踏驗할 때 적중하지 못하고 민간에 소란만 일으켜 마침내 적폐가 되었다. 내가 일찍이 개연히 생각하여 공법을 시행하여 여러 해의 중간 수량을 참작하여 결정하고, 답험의 오랜 폐단을 영구히 없애고자 하였다. 여러 신료들과 서민에게까지 물어 보니, 시행하기를 원하지 않은 사람은 적고 원하는 사람이 많아 백성들의 의향을 알 수 있었다. 그러나 조정의 의논이 어지러워 잠시 멈추고 시행하지 않은 것이 몇 해가 되었다.[40]

1438년(세종 20)에 세종은 토지 생산력이 상대적으로 높은 경상도와 전라도 지역에서 공법을 시험해 보았다. 이곳은 공법에 대한 의견을 물었을 때 찬성자가 압도적으로 많았던 지역이기도 하였다.

내가 듣기에 경상도와 전라도의 백성은 공법을 시행하기를 희망하는 자가 많다고 한다. 지금 두 도에서 민간을 방문하여 희망하는 자가 3분의 2가

---

40) 『世宗實錄』 권75, 世宗 18년 10월 5일(丁卯).

되면 우선 두 도에서 시행해 보고, 3분의 2에 미달하면 강행할 필요는 없다. 만약 이 법을 시행하여 폐단이 생기면 그 즉시 개정하면 거의 폐단이 없을 것이다.[41)]

세종은 1440년(세종 22) 5월부터 경상도와 전라도에서 공법을 시행하였다.[42)] 두 도에서 공법을 시험한 결과 별 문제가 없었기 때문이다. 다음으로 생산력이 높았던 충청도에는 1441년에 공법이 시행되었다.[43)] 세종은 공법의 시행 지역을 점차 넓혀가면서 제도를 계속 수정하였다. 1440년 8월에 세종은 도의 등급을 조정하여 충청도를 상등에서 중등으로 낮추고, 강원도를 중등에서 하등으로 낮췄다. 또한 각 도에서 다시 토지의 생산력에 따라 3등급으로 나누어 세액을 달리하였으며, 상전上田과 중전中田에서는 같은 세액을 거두고, 하전下田에서는 세액을 낮추었다.[44)] 1440년에 마련된 공법의 세액을 정리하면 다음의 표와 같다.

〈표 1〉 세종의 공법 세액[45)]

8도	관(官)	상전 중전(1결)	하전(1결)
경상 전라	상등관	20두	17두
	중등관	19두	16두
	하등관	18두	15두
충청 경기 황해	상등관	18두	15두
	중등관	17두	14두
	하등관	16두	13두
강원 함길 평안	상등관	17두	14두
	중등관	16두	13두
	하등관	15두	12두

---

41) 『世宗實錄』 권82, 世宗 20년 7월 10일(壬辰); 11일(癸巳).
42) 『世宗實錄』 권89, 世宗 22년 5월 8일(己酉).
43) 『世宗實錄』 권93, 世宗 23년 7월 7일(辛丑).
44) 『世宗實錄』 권90, 世宗 22년 8월 30일(己亥).
45) 金泰永, 「朝鮮前期 貢法의 成立과 그 展開」, 『東洋學』 12, 1982, 166쪽.

세종의 공법은 1444년(세종 26) 11월에 가서야 제도가 확정되었다. 전제상정소田制詳定所에서 전분 6등田分六等, 연분 9등年分九等의 제도를 발표한 것이다. 고려의 부세 제도는 토지 등급을 도 단위로 3등급만 나누어 부자는 더 부자가 되고 가난한 자는 더 가난해지는 문제점이 있었다. 이에 조선 정부는 전국의 토지를 6등급으로 나누는 공법을 시행하여 토지의 등급을 바로잡고 세금도 고르게 거두려 한다고 천명하였다.

> 본국은 고려의 옛 법을 그대로 써서 3등급의 토지를 모든 방면의 수數로 쓰고 실제 면적을 계산하지 않았습니다. 토지 비옥도는 남쪽과 북쪽이 같지 않은데, 전품田品의 분등分等은 8도 전체를 계산하지 않고 다만 1도道로 나누었습니다. 이 때문에 3등급 토지의 비옥도가 같지 않으며, 납세의 경중도 매우 달라, 부자는 더 부자가 되고 가난한 자는 더 가난하게 되니 매우 옳지 못한 일입니다. 만약 여러 도道의 전품田品을 모두 살펴서 6등급으로 나눈다면 토지의 등급이 바로잡히고 세금을 거두는 것도 고르게 될 것입니다.[46)]

새 공법은 토지 등급을 6등급으로 나누어 1등급 1결의 소출을 80석石, 6등급 1결의 소출을 20석으로 보고, 전세는 소출의 20분의 1로 하여 1등급에서 30두斗, 6등급에서 7두 5승升을 거두는 방법이었다. 또한 한 해의 연분年分을 9등급으로 나누어 상상년上上年을 10분分으로 하고 하하년下下年을 2분으로 하였다. 이에 따라 1등급의 토지는 상상년에 30두, 하하년에 6두가 세액이 되고, 6등급의 토지는 상상년에 7두 5승, 하하년에 1두 5승이 되었다. 이는 1결 57무畝를 기준으로, 동일 면적의 토지에 해마다 다른 세액을 부과하는 방법이었다.

그런데 1결 57무를 기준으로 하고 6등전의 세액을 달리하면, 절목이 번쇄하고 군역과 부역의 산출을 계산하는 것이 어려웠다. 이에 토지 등급에 따라 면적을 다르게 하고 같은 세액을 거두며, 1결 57무 30두의 세액

---

46) 『世宗實錄』 권106, 世宗 26년 11월 13일(戊子).

을 20두로 조정하고 토지의 면적을 조정하는 방안을 마련하였다. 이렇게 하면 1등전의 면적은 57무에서 38무로 줄어들고, 2등전은 44무 7분分, 3등전은 54무 2분, 4등전은 6무, 5등전은 95무, 6등전은 152무가 되었다. 또한 연분 9등은 상상년 20두, 상중년 18두, 상하년 16두, 중상년 14두, 중중년 12두, 중하년 10두, 하상년 8두, 하중년 6두, 하하년 4두로 고정되었다. 이는 토지 등급에 따라 면적을 달리하면서 동일한 세액 부과하는 방법이었다.

새로운 공법 제도는 1450년(세종 32) 2월에 전라도에서 처음 시행되었고,[47] 실시 지역을 점차 넓혀서 성종 대에 전국에서 시행되었다.[48] 공법의 전면 시행이 늦어진 것은 공법을 시행하기에 앞서 전국 토지의 등급을 정하고 옛 양안量案에 수록된 토지를 새로운 전결田結로 조정하는데 시간이 걸렸기 때문이다. 그러나 세종의 공법 제도는 시행된 이후에도 시비와 논란이 계속되었다.[49]

세종 대에 정액수세법으로 정리된 공법은 1427년(세종 9)에 논의를 시작하여 1444년에 가서야 확정되었다. 공법 제도는 다시 40여년을 경과하면서 시행착오를 통해 보완되었고, 1489년(성종 20)에 전국적으로 실시되었다.[50] 세종은 애민愛民과 안민安民의 정신으로 농민의 조세 부담을 덜어주기 위해 공법을 추진하였고, 중앙과 지방의 관리는 물론이고 소민들의 의견까지 반영하여 새로운 조세 제도를 확정하였다. 세종 대에 마련된 공납제는 전세 제도의 개정에서 국가 재정의 운용까지 토지제도 전반에 걸쳐 커다란 변화를 가져왔다.

---

[47] 『世宗實錄』 권127, 世宗 32년 2월 10일(乙酉).

[48] 세종이 제정한 새로운 공법의 시행은 공법에 의한 量田이 이뤄진 후에야 가능하였다. 새 공법은 1450년(세종 32) 전라도에서 시작하여 1489년(성종 20) 함경도에서 시행되는 것으로 마무리되었다(김태영, 1982, 198쪽).

[49] 최승희, 『조선초기 정치문화의 이해』, 지식산업사, 2005, 243~246쪽.

[50] 김태영, 『朝鮮前期 土地制度史 研究』, 知識産業社, 1983, 342쪽.

2. 숙종의 대동법

조선 초기에는 각 지방의 공물貢物을 부과하는 규정이 불확실하였다. 전세의 경우, 세종이 마련한 공법이 시행되면서 매년 과세 기준이 되는 전결田結과 그에 따른 세액, 연분에 따라 차등적으로 부과되는 제도가 정해져 있었다. 그러나 공물은 수요자가 필요로 할 때마다 여러 번 부과되고, 중앙 정부는 지방의 주州 현縣 단위까지만 공물을 배분해 두었을 뿐, 개별 민호民戶가 공물을 얼마나 부담할 지에 대한 규정은 없었다. 대동법은 이 문제를 해결하기 위해 공물의 부과 기준을 전결에 두었다.

대동법의 시행에 대한 논의는 인조 대에 시작되었다. 인조는 반정에 성공한 직후 안민安民, 즉 민생을 안정시키기 위해 3도에서 대동법을 시행하였다. 민생을 안정시키는 핵심이 공물을 줄이는 데 있다고 보았기 때문이다. 그러나 인조 대의 대동법은 1625년(인조 3) 2월에 폐지되고 말았다. 영의정 이원익은 부역賦役이 균등하지 못한 문제점을 해결하려고 경기도에서 몇 년 동안 대동법을 시행하여 일정한 효과를 보았고, 강원도에서도 대동법을 시행할 예정이었다. 그러나 수재와 한재가 잇따르고 호남 지역에서 대동법을 불편하게 생각하는 민심이 나타나 대동법의 시행을 중지하였다.[51] 대동법의 시행에 대해 부유한 사람들은 반대하였지만 소민들은 환영하였다. 소민에게 부과되던 공물과 요역의 부담이 줄어드는 혜택이 있었기 때문이다.[52]

효종 대에 시행된 호서 대동법은 인조 대의 대동법을 기초로 마련되었다. 1651년(효종 2) 3월에 민응형은 전라도(호남)와 충청도(호서)에서 공물을 거두는 대신에 토지 1결당 미 3두斗 씩을 징수하자고 요청하였다. 형조 판서 이시방이 이에 동의하였다. 요역 가운데 가장 힘든 것이 공물인데, 이 제도를 시행하면 어려운 처지에 있는 백성들이 구제될 것이라는 취지였다.

---

51) 『仁祖實錄』 권8, 仁祖 3년 2월 7일(丙戌).
52) 이정철, 『대동법, 조선 최고의 개혁』, 역사비평사, 2010, 103~104쪽.

지난번에 민응형이 상소를 올려 3두의 법을 시행하자고 요청하였습니다. 온갖 역役은 백성으로부터 나오지 않는 것이 없고, 공물은 가장 견디기 어려운 역입니다. 만약 이 법을 시행한다면 백성의 역이 반드시 고르게 되어 어려운 속에 있는 백성들이 구제될 가망이 있을 것이니, 신은 시행하는 것이 편하다고 생각합니다. 그러나 이 법을 시행하거나 하지 않는 것은 오직 지부地部(호조)에 달려 있습니다.[53]

민응형의 요청에 대해 국가 재정을 담당하던 호조 판서 원두표가 반대하였다. 토지 1결당 3두씩 거두면 좋겠지만 추가로 공물을 거둘 일이 생기면 백성들의 원망이 커질 것이라는 것이 그 이유였다.

이 법은 대동법과 달라 1결에 3두를 한 번 거둔 뒤에 다시 더 거두지 않으면 과연 편의할 것 같습니다. 그러나 혹 부득이하여 더 거둘 일이 생기면 백성들의 원망이 반드시 갑절은 될 것이니, 신은 시행하지 않는 것이 편하다고 생각합니다.[54]

1651년 6월에는 비변사에서 충청도에 대동법을 시행하자고 건의하였다. 백성들의 부역이 이곳에 편중되어 있어 백성들의 부담을 고르게 하려면 대동법을 시행해야 한다는 주장이었다.[55] 호서 대동법의 시행은 7월 14일 경 결정된 것으로 보이며,[56] 8월부터 공식적으로 시행되었다. 충청도의 토지 1결마다 미 10두씩 징수하되 봄과 가을에 각 5두씩 징수하고, 산속에 있는 마을에는 미 5두 혹은 포 1필을 내는 방안이었다. 앞서 민응형이 1결당 3두를 건의하였던 것이 1결당 10두로 늘어났다.

영의정 김육金堉이 대동법을 힘을 다해 주장하고, 또 충청도는 공법이 더욱 고르지 못하므로 충청도에서 먼저 시험하자고 요청하였다. 상(효종)이 신

---

53) 『孝宗實錄』 권6, 孝宗 2년 6월 3일(戊申).
54) 『孝宗實錄』 권6, 孝宗 2년 6월 3일(戊申).
55) 『孝宗實錄』 권6, 孝宗 2년 6월 20일(乙丑).
56) 이정철, 2010, 197~198쪽.

하들에게 여러 번 물으니, 어떤 사람은 그것이 편리하다고 하고 어떤 사람은 그것이 불편하다고 하였다. 이때가 되자 상은 김육 등 신하들을 인견하여 편리한지 여부를 익히 강론하여 비로소 호서湖西에 먼저 시행할 것을 정하였다.[한 도를 통틀어 1결結마다 미米 10두斗씩 징수하되 봄과 가을로 나누어 각 5두씩 징수하였다. 그리고 산중에 있는 군은 매 5두마다 면포綿布 1필匹로 하였다. 대읍大邑·중읍中邑·소읍小邑으로 나누어 관청 수요를 면제하여 주고, 또 남은 쌀은 각 읍에 헤아려 주어 한 도의 역役에 응하게 한다. 그 나머지는 선혜청宣惠廳에 실어 올려서 각 관청의 역役에 응하게 하였다.]⁵⁷⁾

효종 대에 호서 대동법이 시행된 데에는 효종과 김육의 역할이 컸다. 김육은 『호서대동절목湖西大同節目』의 서문에서 '대동법의 시행은 자신이 시작하였지만 중간에 동료 관리들이 알맞게 변통해 주었고, 최종적으로는 국왕인 효종의 결단이 확고해서 시행될 수 있었다'고 하였다.

이에 단지 내가 들은 옛 사람들의 말을 가지고 백성들의 폐단을 조금이나마 없애고자 하였다. 그리하여 먼저 한 도에서 시험해 보고 그 뒤에 여러 도에서 시행하였다. 그런데 이의異議가 벌떼처럼 일어나고 비방이 여기저기서 마구 일어났다. (중략) 다행히도 호조 판서 이시방李時昉, 예조 판서 남선南銑, 예조 참판 허적許積이 시종일관 한 마음으로 온갖 부역을 고르게 하고, 일에 따라 변통해서 막히는 것이 있으면 곧바로 뚫는 데 힘입어, 봄가을로 거두는 공부貢賦 외에 다시는 갑자기 징수하는 일이 없게 되었다. 이에 공사公私간이 모두 안정되어 시기를 놓치지 않고 농사를 짓게 되었던 바, 호산湖山에 사는 백성들이 저절로 태평스럽게 되고, 영해嶺海에 사는 백성들이 모두 자기들에게 늦게 시행하는 것을 원망하게 되었다. 그러자 당초에 이의를 제기하였던 사람들 가운데 자못 깨달아 마음을 돌리는 이가 생겼다. 이것이 어찌 성상(효종)께서 결단하여 성사시키고, 여러 공들이 변통하여 마땅함을 얻은 결과가 아니겠는가?⁵⁸⁾

---

57) 『孝宗實錄』 권7, 孝宗 2년 8월 24일(己巳).
58) 金堉, 『潛谷先生遺稿』 권9, 序, 「湖西大同節目序」.

효종 말년에는 호남 연해 지역에도 대동법이 실시되었다. 호서 대동법이 시행되면서 정책의 효과가 나타났고, 이를 목격한 호남 유생들이 대동법의 실시를 요구하는 상소를 올렸기 때문이다.[59] 오랜 논의 끝에 1658년(효종 9) 8월 경 호남의 연해 지역에서만 대동법을 실시하고, 산군山郡 지역에서는 실시하지 않기로 결정하였다.

현종 대에는 대동법 논의가 일정한 결실을 맺었다. 효종 대에 시행이 보류된 호남의 산군 지역은 1662년(현종 3)부터 대동법이 시행되기 시작하였고, 1666년(현종 7) 7월부터 본격적으로 시행되었다. 현종이 즉위한 직후 호남의 산군 지역에서 대동법을 실시하자는 논의가 나왔지만 흉년 때문에 연기되었다. 그러나 대동법에서는 토지에 공물을 부과하므로, 흉년이 든 토지는 재결災結이 되어 공물 부과가 면제되었다. 대동법은 그 자체로 흉년에 대비하였고 그 혜택을 고스란히 농민에게 돌아갔다.

현종 대에는 충청도와 전라도 전체에 대동법이 시행되고, 토지 1결당 공물가도 일원화되어 10두斗에서 12두로 조정되었다. 이때에는 미米 8두를 목면 1필로 계산하였다. 대동법이 실시되기 전 토지 1결에 부과한 공물이 50~100두 정도였음을 감안하면, 대동법은 농민들의 공물 부담을 1/5 이상 줄여주었다.[60]

1666년(현종 7)에는 현종이 함경감사 민정중의 건의를 수용하여 함경도에서 대동법을 시행하였다. 그러나 함경도는 변방인데다 토지까지 척박하여 군현의 사정이 매우 달랐다. 이에 기왕에 시행된 대동법과 달리 군현과 토지 종류에 따라 납부액과 물종을 다르게 정하는 상정법詳定法이 시행되었다. 함경도의 상정법은 각 군현의 실정에 최대한 맞추어주는 장점이 있어 이후 강원도와 황해도에도 적용되었다.[61]

숙종 대에는 대동법이 전국적으로 실시되었다. 1678년(숙종 4) 8월에

---

59) 1656년(효종 7) 7월에 부안 유학 金尙古와 익산 유학 蘇必昌 등이 대동법 실시를 요청하는 상소를 올렸다.
60) 이정철, 2010, 234~278쪽.
61) 韓榮國, 「대동법의 시행」, 『한국사』 30, 국사편찬위원회, 1998, 488~490쪽.

경상도에서 대동법이 시행되었다. 1677년(숙종 3) 6월에 이원정이 경상도에서 대동법을 실시하자고 건의하였고, 숙종이 이를 수용하였다.

영남 백성의 역이 무거움은 다른 도의 배가 됩니다. 백성들의 뜻이 대동법을 원하기를 목마른 사람이 마실 물을 바라듯이 합니다. 이태연李泰淵이 감사가 되어 김좌명金佐明과 의논하여 사목事目을 정하였고, 그 문서가 반드시 감영에 있을 것입니다. 본도(경상도)에 등서하여 보내도록 하여 의논하여 정하는 것이 좋을 것 같습니다.[62]

이를 보면 이원정은 이태연이 경상 감사로 있던 1666년(현종 7)에 김좌명과 의논하여 정해놓은 대동사목이 있으므로 경상도에서 이를 시행하자고 건의하였다. 당시 경상도는 전라도와 충청도에서 대동법이 시행된 이후 가장 많은 역役을 부담하고 있었기 때문에 민원이 들끓고 있었다. 그러나 경상도는 양전이 시행되지 않았고, 대동법의 부과는 토지 1결당 미 13두로 결정하였다. 이때에는 미 7두를 면포 1필로 계산하였다. 그러나 얼마 후 다른 지역은 1결당 12두인데 13두는 부당하다는 불만이 있어 12두로 줄였고, 변두리에 있는 22읍은 미米, 산군에서는 전錢 포布를 반반씩 납부하게 하였다.

1708년(숙종 34)에 숙종은 황해도에 대동법을 모방한 상정법詳定法을 실시하였다. 1694년(숙종 20) 8월에 좌의정 박세채가 황해도에 대동법을 실시할 것을 요청하였다. 이미 대동법이 경기도, 강원도, 전라도, 경상도에서 시행되는 상황에서 부역賦役이 많은 황해도 백성의 부담을 덜어주기 위해서였다. 박세채는 변방에 있는 평안도나 함경도는 대동법을 시행하기 어렵지만 황해도는 시행할 수 있다고 주장하였다.

해서(황해도) 일대는 국가의 근전近甸인데 부역이 번잡하고 무거워 백성들이 제대로 살아가지 못합니다. (중략) 신이 이곳을 왕래한 지 거의 30년이

---

62) 『肅宗實錄』 권6, 肅宗 3년 6월 12일(丁巳).

되었으며, 다른 여러 도에서 실시하는 대동법을 시행하지 못하는 것을 한탄하는 말을 많이 들었습니다. (중략) 먼저 관동과 경기에서 시행하였으니, 명칭은 달라도 실제는 다름이 없었습니다. 그 뒤 호남과 영남에서 잇따라 시행하지 않은 곳이 없었으나 백성들이 모두 신뢰하였으니 이른바 대동법이 이것입니다. 지금 서북의 2도(평안도, 함경도)는 변방의 메마르고 거친 땅이라 이 법을 시행하기 어렵습니다. 그러나 나머지 5도는 모두 그 이익을 누리고 있는데, 유독 해서만 그렇지 못합니다. 의논하는 사람들은 많이 말하기를 '북쪽으로 가는 사신使臣의 수용需用은 실로 경기의 전례에 따라 선혜청에서 맞춰주면 되지만, 이른바 별도로 청구하는 수백 금金은 경기의 읍들이 가진 것이 아니어서 도리어 처리하기 어려운 것 같다.'고 합니다. 그러나 신이 생각하기에 이는 오직 유사有司가 잘 요량해서 하는데 달린 것입니다.[63]

황해도에 대동법을 시행하자는 논의는 이후에도 계속되었다. 1695년(숙종 21)에 예조 정랑 오명희가 황해도와 평안도에 대동법을 시행하자는 응지 상소應旨上疏를 올렸고, 1697년(숙종 23)에는 황해도 은율에 거주하는 유학 정만재가 본도에 대동법을 시행하자고 요청하는 상소를 올렸다.[64]

황해도에서 대동법을 시행할 것을 가장 강하게 주장한 관리는 최석정崔錫鼎이었다. 1697년(숙종 23)에 이조 판서 최석정은 시무책 10조를 올리면서 황해도에 대동법을 실시하자고 하였다. 그는 대동법은 백성들을 편리하게 하려고 만든 제도이며, 당시 황해도에서는 백성들이 사대동私大同을 마련하여 공물을 내고 있으므로 황해 감사가 대동법 제도를 마련하여 시행하게 하자고 건의하였다.[65]

1708년(숙종 34)에 영의정 최석정은 황해도에서는 대동법 대신 상정법을 시행하자고 건의하였다. 대동법처럼 토지 1결당 12두로 정하면 역役

---

63) 『肅宗實錄』 권27, 肅宗 20년 8월 6일(辛丑).
64) 『肅宗實錄』 권29, 肅宗 21년 10월 18일(丁未) ; 권31, 肅宗 23년 3월 4일(乙卯).
65) 『肅宗實錄』 권31, 肅宗 23년 1월 15일(丁卯).

을 균등하게 하는 효과는 있으나 황해도의 전결田結이 적어 관청에서 사용할 비용이 부족하므로 함경도처럼 상정법을 시행하자는 의견이었다.

해서의 대동법에 대해서는 지금 두 가지 의논이 있습니다. 하나는 해서의 각 읍邑에 사대동私大同이 있어 가벼운 곳은 너무 가볍고 고달픈 곳은 너무 고달픕니다. 1결에 12두斗로 정하면 역역役役을 균등하게 할 수 있으나, 전결田結이 적어 지용支用을 감당하기 어렵습니다. 함경도 사례를 따라 잠정적으로 상정법詳定法을 시행하되 3~4등급으로 나누어 각 읍 민력民力의 가볍고 고달픈 것을 참작하여 줄이면, 백성은 실지 혜택을 입고 폐해를 구제하는 도리도 될 것입니다. 우선 이것으로 분부하여 농사가 조금 풍년이 들기를 기다리고, 균전均田을 한 뒤에 대동법을 쓰는 것이 마땅하다고 합니다. 다른 하나는 한 도道를 통틀어 역을 균등하게 한 뒤에야 조정의 조치가 타당하며 민원民怨이 없다고 합니다. 위에서 대동법을 주장하는 사람은 1/3이고, 상정법을 주장하는 사람은 2/3입니다.[66]

숙종은 최석정의 건의를 따라 황해도에서 상정법을 시행하였다. 황해도의 읍을 크기에 따라 3등급으로 나누고 1결당 미 15~20두를 부과하는 방식이었다.[67] 얼마 후 별수미別收米 3두를 포함한 17두를 균일하게 부과하였다가 1747년(영조 23)에는 15두로 균일하게 하였다.

1710년(숙종 36)에 숙종은 강원도의 일부 군현에 양전을 시행하고, 대동미 부과액을 개정하였다. 지역에 따라 토지 1결당 부과액을 구분하고 대미大米와 소미小米를 구분하여 납부하는 방식이었다. 그 결과 영동지역의 9개 읍(평해, 울진, 삼척, 강릉, 흡곡, 양양, 간성, 고성, 통천)에는 14두, 8개 읍(원주, 영월, 평창, 정선, 춘천, 홍천, 횡성, 양구)에는 12두, 9개 읍(인제, 양천, 금화, 금성, 철원, 안협, 평강, 이천, 회양)에는 16두를 부과하였다.[68]

---

66) 『肅宗實錄』 권46, 肅宗 34년 2월 8일(乙酉).
67) 『備邊司謄錄』 肅宗 36년 8월 29일.
68) 韓榮國, 1998, 493~494쪽.

숙종은 백성들의 부담을 덜어주려고 대동법을 전국적으로 시행하였다. 대동법은 토지에 공물을 부과하는 방식으로, 쌀을 기본으로 하지만 산간 지역에서는 목면이나 동전을 낼 수 있었다. 숙종은 상업의 활성화를 위해 상평통보라는 동전을 주조하게 하였으며, 이는 대동전大同錢으로 활용되어 전국적으로 유통되었다. 1759년(영조 35)에 대동법을 관리하던 선혜청宣惠廳의 수입을 보면 대동미가 50~60%, 대동전이 20~25%, 대동포가 15~20%를 차지하였다.[69]

69) 『萬機要覽』 財用編, 各貢, 「宣惠廳五十七貢」; 韓榮國, 1998, 505~507쪽.

군역 제도의 혁신

1. 영조의 균역법

균역법均役法이란 양인이 부담하던 양역良役을 역역力役 대신에 미米나 포를 거두는 제도로 영조 대에 확립되었다. 조선시대의 양역은 제도상 문제점과 운영상의 결함 때문에 많은 민폐를 야기하였고, 오랫동안 이를 해결하려는 양역변통론良役變通論이 진행되다가 균역법으로 마무리되었다.

조선시대의 군역은 16세기 이후 양반층이 빠져나가면서 주로 양인이 부담하는 신역身役이 되었고, 군역이란 곧 양역을 의미하게 되었다. 군역을 부담하는 형식도 처음에는 본인이 직접 역을 담당하는 입역立役이었지만, 이후 포를 납부하는 물납物納으로 변화하였고, 다른 사람을 사서 대신 부담하게 하는 대립代立이나 고립雇立도 나타났다.

임진왜란 후 국방 체제를 재건하는 과정에서 양역은 많은 문제점을 안고 있었다. 양역 자체의 문제점으로, 역역의 징발은 인정人丁을 단위로 하지만 양역을 물납으로 하면 경제력을 기초로 해야 한다는 점이 있었다. 또 군역의 징발 단위를 인정으로 하면 양반이 제외된다는 문제점도 있었다. 양반이 군역의 부담에서 벗어나자 어렵게 양반 신분을 획득하거나 유생儒生 교생校生을 모칭冒稱하여 양역을 면제받으려는 움직임도 일반화되었다. 이는 결국 양정의 부족을 가져왔고, 죽은 사람이나 어린 아이까지 양역을 부과하는 폐단을 가져왔다.

양정良丁을 확보하는 과정에도 문제점이 나타났다. 임진왜란 후 새로 설치된 5군영을 유지하려면 군병軍兵과 보인保人의 확보가 필요하였고, 각 군영 및 아문들이 직접 군병과 보인을 지정하거나 군병 스스로 자신의 보인을 모집하는 현상도 나타났다. 이렇게 되자 각 도는 물론이고 군현에서도 군영이나 아문에 소속된 군병과 보인이 뒤섞여 군사 훈련과 양역 운영에 큰 혼란을 가져왔다.

양역 징수상의 문제로는 총액제總額制가 있었다. 조선시대에는 각 지방에 군인의 총 숫자인 군총軍摠을 배정하면, 지방 수령은 그에 해당하는 군병과 보인을 확보하거나 포를 납부해야 하였다. 각 지역에 할당된 군포의 책임량을 채우지 못하면 그 책임은 고스란히 수령에게 돌아오므로, 수령은 불법임을 알면서도 죽은 사람이나 어린 아이에게 양역을 부과하였다. 조선 정부는 때때로 거두지 못한 군포를 탕감해주거나 군총을 줄여주었지만 총액제를 폐지하지는 않았다.[70]

양역을 변통하자는 논의는 효종 때부터 나타났다. 1659년(효종 10)에 병조참지 유계는 군정軍政의 폐단이 백성들의 고질이 되었다며 도망치거나 죽은 자와 노약자의 군포를 면제하고, 군포 부담을 2필에서 1필로 줄이며, 이로 인한 재정 부족분은 사족士族에게 군포 1필을 거두는 것으로 해결하자고 하였다. 사족에게 포를 거두자는 논의는 인조 대의 최명길과 효종 대의 김육도 주장한 바 있었다. 이는 국가 재정을 보완하자는 측면에서 제기된 것으로, 양역의 폐단을 해소하고 군역의 부담을 고르게 하기 위해 포를 부과하자는 논의는 이때가 처음이었다.

효종은 백성들의 원망과 고통을 강조하며 유계의 제안을 논의에 부쳤다. 영의정 심지원은 사족에게 군포를 징수하는 명목상의 문제점을 들며 강하게 반대하였다.

---

70) 鄭萬祚, 「양역의 편성과 폐단」, 『한국사』 32, 국사편찬위원회, 1997, 119~124쪽.

심지원(영의정) : "갑자기 사족士族에게 포를 거두어 이전에 없었던 일을 새로 만들어 놓으면 원망과 고통의 폐단이 없지 않을 것 같습니다."

효종 : "원망과 고통으로 말하자면 도망치거나 죽은 사람의 원망과 고통이 사족의 원망과 고통과 어찌 다르겠는가? 일을 하려고 한다면 한 사람의 원망과 고통은 말할 것이 없다."

원두표(좌의정) : "군민君民의 고생이 지금보다 심한 적이 없습니다. 이런 때에 변통하지 못하면 저 군민들의 원망이 어느 때나 그치겠습니까?"

심지원 : "우리나라를 유지하는 것은 사대부士大夫의 힘입니다. 지금 하루아 침에 갑자기 이전에 없었던 일을 만들어 서민庶民과 똑같이 포를 거두면 그 원망도 크지 않겠습니까? 그만둘 수 없으면 한 가지 방법이 있습니다. 위로 삼정승에서 아래로 말단 관리까지 품포品布를 거두어 사용하며, 품포 가 부족하면 감영과 병영에 쌓아둔 포를 옮겨서 보충하여 쓰는 것이 좋을 것 같습니다."[71]

이날의 논의는 효종이 갑자기 시행하기 어렵다고 말하는 것으로 끝이 났다.

현종 말년에 양역변통론이 본격적으로 제기되었다. 1670년(현종 11) 부터 1671년까지 수백 년 만에 처음이라는 흉년이 들어 인구가 급속도로 감소하였고, 각지에서 군포 부담을 낮춰달라는 요청이 빗발쳤다. 이에 양역변통론이 활성화되었으며, 양정을 확보하기 위해 양역을 부담하지 않은 양정을 색출하자는 논의와 사족에게도 군포를 거두자는 논의가 나 타났다. 이때의 논의에서 두드러진 것은 사족의 자제 가운데 유학幼學이 하는 1인당 1필의 신포身布를 징수하자는 것이었다. 양반의 자제도 군포 대상자에 포함시키자는 의견이었다.

김수흥(영의정) : "신이 신역身役 변통의 일을 가지고 여러 재상과 상의하자 신포身布의 법을 시행할 만하다고 하는 사람이 많았습니다."

현종 : "신포가 무엇인가?"

71) 『孝宗實錄』 권21, 孝宗 10년 2월 13일(甲戌).

김수흥 : "생원 진사를 제외하고 유학幼學 이하로 한 사람 당 베 1필씩을 징수하면 군액軍額은 정원을 채우지 못해도 징수된 포의 숫자는 넉넉해지고 민역民役도 저절로 균등해질 것입니다."

정지화(좌의정) : "신의 생각에는 신포가 호포戶布만 못합니다. 지금 만약 모든 사람에게 포를 징수하면 한 집에서 납부하는 것이 여러 필에 이르러 좌호(左戶, 下戶)는 해결할 수가 없습니다."

김수흥 : "지금 호포를 징수하면 누락된 사람이 반드시 많아 신포처럼 확실하지 않습니다."

정지화 : "삼대의 제도를 지금 다시 시행할 수는 없지만 지금 논의하는 것은 백성들의 힘을 펴주려는 것입니다. 비록 재신宰臣의 집이라도 바치지 않을 이치가 어디에 있겠습니까? 지금 신의 집부터 포를 바치면 어찌 호포의 법을 시행되기 어려울 것을 염려하겠습니까?"

현종 : "신포와 호포의 숫자는 어느 것이 많은가?"

김수흥 : "신포가 호포보다 많습니다. 만약 호포로 하면 반드시 부족할 것입니다."

윤심(우승지) : "호적법戶籍法에 대해 국가가 거듭 타이르지 않은 것은 아니지만 그래도 누락자가 없지 않습니다. 만약 신포를 징수하면 드러나는 자가 틀림없이 많을 것입니다. 그들은 어떻게 처리합니까?"

김만기(병조판서) : "처음에 비록 호적에서 누락되었어도 신포를 징수할 때 스스로 나타나면 죄를 면제해주어야 합니다."

현종 : "그렇다."[72]

이 논의에서 유력하게 거론되었던 신포는 결국 시행되지 못하였다. 사족으로 유학 이하의 사람이 많은 집안이 가난하면 신포가 부담이 되고, 신포를 부담하지 못하면 형벌을 주어야 하는데, 이로 인한 원망과 소요가 우려된다는 이유에서였다. 신포 논의를 주도한 영의정 김수흥은 정원 이외의 교생校生, 각 아문의 군관軍官이나 보직保直 같이 명목이 없이 노는 사람들을 찾아서 군액軍額에 보태자는 것으로 논의를 마무리하였다.[73]

---

72) 『顯宗改修實錄』 권28, 顯宗 15년 7월 5일(丁卯).
73) 『顯宗改修實錄』 권28, 顯宗 15년 7월 13일(乙亥).

숙종 대에도 양역변통론은 계속되었다. 숙종 초에 윤휴는 양정良丁을 찾아내기 위해 오가통법五家統法과 지패법紙牌法을 시행하자고 하였다. 오가통법은 다섯 집을 1통統으로 묶어 최말단의 행정단위로 삼는 오가작통법을 보완한 것이고, 지패법은 개인의 인적 사항을 기록한 일종의 신분증을 작성하는 것이었다. 이중에서 오가통법은 1675년(숙종 원년) 9월에 「오가통사목五家統事目」으로 확정되고,[74] 지패법은 1677년에 호패법이 채택되어 「호패사목號牌事目」으로 정해졌다.[75]

1681년(숙종 7) 12월에 병조참판 이사명은 호포제戶布制를 주장하였다. 그는 인정人丁이 아닌 호戶에 역을 부과함으로써 사족이 군역을 부담한다는 명분상 문제도 해결하고 국가 재정도 해결할 수 있음을 강조하였다.

> 지금 중앙과 지방의 비용이 해마다 수십만 필匹에 지나지 않습니다. (중략) 지금 당나라 때 민정民丁을 계산하여 용庸을 부과하던 법을 대략 모방하여, 한 집안의 남녀 상하 8구口 이상은 완호完戶라고 하여 봄 가을에 각각 포布 1필疋을 바치게 하고, 8구 이하를 약호弱戶라 하여 가을에만 한 필을 바치게 합니다. 그 토산土産에 따라 면주綿紬, 마저麻紵, 은전銀錢으로 하면 한 해에 바치는 것이 80~90만 필이 될 것이니, 신역身役의 값과 주현 군병의 수요에 모두 지급할 수 있습니다. 대체로 이 법이 옛날에 가장 적합하였던 것은 호강豪强한 족속이 감히 홀로 빠져나올 수 없고, 하호下戶에게 고통이 치우치지 않게 하는데 있었습니다. 재물을 거둬들이는 것이 적고, 사람에게 부담시키는 것이 균등하며, 규정을 만드는 것이 간략하고, 법을 취하는 것이 원대합니다. 토지가 있는 자는 여기에 세稅가 있고, 가호家戶가 있는 자는 여기에 포布가 있으며, 백성에게는 일정한 역役이 있게 되고, 국가에는 항상 쓸 수 있는 재물이 있게 됩니다.[76]

1711년(숙종 37) 8월에는 이이명이 정포제丁布制를 주장하였다. 사족을 포함한 모든 남녀 성정成丁에게 2인당 1필씩 부과하는 것으로 사족에게

---

74) 『肅宗實錄』 권4, 肅宗 1년 9월 26일(辛亥).
75) 『備邊司謄錄』 肅宗 3년 정월 8일.
76) 『肅宗實錄』 권12, 肅宗 7년 12월 15일(甲午).

포를 거두자는 사족수포론士族收布論의 결론에 해당하였다.[77] 1714년(숙종 40) 9월에 숙종은 양역의 변통 방안을 호포戶布와 구전口錢으로 제한하고 적절한 방안을 의논하게 하였다. 구전은 이이명의 정포를 수정하여 남녀 숫자대로 돈을 거두는 방안이었다.[78]

숙종 대에는 다양한 양역변통론이 논의되었지만 호포를 포함한 새 제도를 시행하기 어렵다는 선에서 끝났다. 다만 숙종 대 말년에 양역의 부담을 2필에서 1필로 줄여 백성들의 부담을 줄여주자는 논의가 유력해졌다.

영조 대의 균역법은 1인당 2필을 1필로 줄이는 감필減疋과 재정 결손을 보완하는 급대給代를 포괄하는 개념이다. 균역법은 1751년(영조 27) 6월에 결미結米의 징수 결정, 9월에 「결미절목結米節目」의 완성, 1752년 6월에 「임신원사목壬申原事目」의 제정을 거쳐 완성되었다.

영조 대 균역법 논의는 1749년(영조 25) 충청감사 홍계희의 건의로 시작되었다. 홍계희는 양역을 없애는 대신 토지 1결 당 포 1필을 부과하여 양역을 해결하자는 책자를 작성하여 올렸다.[79] 1750년에 전염병으로 인해 사망자가 12만 4천 명에 이르고 호적에 등재되지 않은 사람까지 고려하면 30여만 명에 이르는 사망자가 나오자, 양역 변통에 대한 관심이 크게 증가하였다.[80] 1750년 5월에 호조판서 박문수는 양역을 폐지하고 호포를 거두되 가호家戶를 대호, 중호, 소호로 구분하고 호당 5전錢 이하를 거두면 국가 재정을 감당할 수 있다고 하였다.[81] 그러나 다음날 대호大戶는 1냥兩 5전錢, 중호中戶는 1냥 2~3전, 소호小戶는 1냥으로 늘어났다. 이때 영조는 호포제를 유력한 대안으로 생각하고 있었다.

1750년(영조 26) 5월에 영조는 홍화문에서 서울 5부五部의 방민坊民과 지방에서 올라온 금군禁軍을 만나 호포와 결포 가운데 어느 것이 편리한지

77) 『肅宗實錄』 권50, 肅宗 37년 8월 17일(甲戌).
78) 『肅宗實錄』 권55, 肅宗 40년 9월 17일(己未).
79) 『英祖實錄』 권70, 英祖 25년 8월 7일(癸未).
80) 『英祖實錄』 권71, 英祖 26년 5월 15일(丙辰).
81) 『承政院日記』 英祖 26년 5월 14일.

를 물었다.

내가 국왕이 된 지 24년이 되었지만 아직도 머뭇거리고 있다. 비록 뜻을 가졌지만 이 역시 선대 영령을 저버리고 우리 백성을 저버리는 것이다. 부모가 자제를 위하여 일을 하면서 자제에게 하유下諭하지 않으면 이것이 어찌 부모의 도리이겠느냐? 한더위에 정양靜養하는 중에 병을 무릅쓰고 문에 임하여 사士 서인庶人을 불러 물어본다. 옛날부터 폐단을 구하려는 자는 호포戶布니 결포結布니 유포遊布니 구전口錢이니 하였다. 구전은 일이 매우 보잘것없고 유포도 매우 불편하니, 이 두 가지는 나의 뜻에 결코 시행하고 싶지 않다. 지금 묻는 것은 호포와 결포이며, 그밖에 폐단을 바로잡을 좋은 방안이다. 너희들도 정치가 잘못되었다는 한탄이 있을 것이니, 각자 면전에서 진술하고 물러나 후회하는 일이 없게 하라.[82]

이때의 참석자들은 대부분 호포가 편리하다고 하였다. 그러나 실록을 기록한 사관은 호조판서 박문수가 사전에 국왕의 뜻이 호포에 있으므로 그렇게 답변하라고 시켰다고 하였다.[83] 그렇지만 호전의 시행은 처음부터 난관에 부딪혔다. 호전 액수가 호당 1냥~1냥 5전으로 부담이 적지 않고, 호전을 부과할 호적이 제대로 정비되어 있지 않았기 때문이다. 또 혹심한 전염병과 기근으로 백성들의 경제적 형편도 좋지 않았다. 이에 6월부터는 양역을 폐지하기보다 부담을 줄이는 감필減疋로 방향이 바뀌었다.

7월에 영조는 다시 홍화문에 나가 성균관 유생과 5부의 방민을 만났다. 이때에는 감필이나 호전의 액수는 묻지 않고 호전의 찬반에 대한 의견만 물었다. 영조는 특별히 성균관 유생에게 삼공에서부터 사족, 서인에 이르

---

82) 『英祖實錄』 권71, 英祖 26년 5월 19일(庚申).
83) 『英祖實錄』 권71, 英祖 26년 5월 19일(庚申).
　　"是日, 朴文秀先使人飭坊民曰, '戶布之議, 上意也. 勿生己見, 以戶布爲對. 不然有罪.' 文秀, 以戶判任更張事, 上之委任甚重. 而渠先阿上意, 爲欺蔽計. 嗚呼! 都下之民, 未有良役之侵, 豈易感動於一番曉諭, 替鄕民願納戶布之理哉? 特爲文秀之所指使而然也."

기까지 균역均役을 해야 한다고 강조하였다.

아! '백성은 나라의 근본이니 근본이 튼튼해야 나라가 태평하다.'고 성훈聖訓
에 실려 있다. 오늘날 나라의 근본이 튼튼한가 그렇지 못한가? 오늘의 백성
은 편안한가 그렇지 못한가? 아! 양민良民은 지금 도탄에 빠져 있다. (중략)
이에 대신과 여러 신하에게 명하여 좋은 대책을 강구하게 하였다. 하나는
호포戶布요, 하나는 결포結布요, 하나는 유포遊布요, 하나는 구전口錢이다. 유
포와 구전의 불편함은 지난번에 궐문에 임하였을 때 이미 하유하였다. 결포
는 간편할 것 같지만 부부賦를 더하는 것 같기 때문에 지금 강구하는 것은
호포를 호전戶錢으로 바꾸는 것이다. 그 근원은 하나지만 가벼운 쪽을 택한
것이다. (중략) 직접 물음에 나는 긍정도 부정도 하지 않겠다. 아! 나의 경사
卿士와 군민軍民들은 각자의 소회를 모두 말하고 물러나 쓸데없는 말을 하지
말라.
너희들은 유생에게 호전을 부과하는 것을 불가하다고 생각할 것이다. 그러
나 나는 위로 삼공三公으로부터 아래로 사, 서인에 이르니 이것이 균역均役이
다. 또 백성은 나의 동포이니 백성과 내가 함께 한다. 너희들이 백성을 볼
때에는 너와 나의 구별이 있으나 내가 보기에는 모두 나의 적자赤子이다.
어찌 피차간에 애증愛憎이 있겠느냐?[84]

이날 방민들은 호전이 편하다고 하였지만 관리와 유생들은 모두 반대
하였다. 이에 영조는 사족들의 반대로 호전을 시행하지 않는 것으로 결정
하였다. 며칠 후 영조는 관리들을 모아놓고 양역을 2필에서 1필로 줄이는
방안을 공포하였다.[85] 양역을 1필로 감필하자는 논의는 숙종 말년부터
나왔지만 영조 대의 감필은 모두 1필로 통일시키는 조치였다.[86]
    양역의 부담을 줄인 결과 약 80만 냥에 해당하는 급대給代 재원이 필요
하게 되었다. 영조가 감필을 결정하면서 「양역변통절목良役變通節目」이 나

---

84) 『英祖實錄』 권71, 英祖 26년 7월 3일(癸卯).
85) 『英祖實錄』 권71, 英祖 26년 7월 9일(己酉).
86) 鄭演植, 「균역법의 시행과 그 의미」, 『한국사』 32, 국사편찬위원회, 1997,
    159~160쪽.

왔다. 감필과 급대를 관장할 기구로 경제사經濟司를 설치하고, 5군영의 군제를 개편하며, 어염세를 징수하고, 8도의 관곡官穀 중 50만 석石을 경제사로 옮겨 환곡으로 활용하는 등의 방안이었다.[87] 얼마 후 경제사는 균역청均役廳이 되었고, 급대의 재원은 결전結錢, 어염선세魚鹽船稅, 은여결隱餘結, 이획移劃, 선무군관포選武軍官布로 결정되었다. 균역법의 시행으로 균역청은 호조, 선혜청과 함께 3대 재정아문이 되었다.[88]

　1751년(영조 27) 6월에는 결미結米의 징수가 결정되었다. 이보다 앞서 홍계희는 평안도와 함경도를 제외한 전 지역에 결전 5전을 징수하여 30만 냥의 급대 재원을 마련할 수 있다고 주장하였다. 영조는 이 방안을 문신과 무신에게 물었고, 6월 17일에 명정문에서 지방 유생, 향리, 향군鄕軍을 만나 찬반 의견을 물었다. 면담 결과 일부 유생을 제외하고는 대부분 결전을 찬성하였다.[89] 9월에 「결미절목結米節目」이 완성되었다. 평안도와 함경도를 제외한 6도에서 모두 결미를 거두되 미는 2두, 전은 5전을 내게 하였다. 균역법이 완성되자 홍계희는 균역법이 제정된 경위를 정리한 『균역사실均役事實』을 작성하여 대리청정을 하던 왕세자에게 보고하였다.[90] 균역법은 1752년(영조 28) 6월에 「임신원사목壬申原事目」을 제정하는 것으로 완결되었다. 이 사목은 10개 조항으로 구성되었으며 이후 약간의 수정이 더해져 시행되었다.[91]

　영조가 제정한 균역법은 효종 대 이래로 계속된 양역변통론의 결산이자 자신이 추진하던 탕평정치의 구체적 성과로 백성들의 양역 문제를 해결하려던 그의 열망이 결실을 맺은 것이다.

---

87) 趙顯命, 『歸鹿集』 권18, 「良役變通節目」.
88) 송양섭, 「균역법 시행과 균역청의 재정운영 – 급대재원의 확보와 운영을 중심으로」, 『영조의 국가정책과 정치이념』, 한국학중앙연구원출판부, 2012, 112쪽.
89) 『英祖實錄』 권74, 英祖 27년 6월 17일(壬子).
90) 『英祖實錄』 권75, 英祖 28년 1월 13일(乙亥).
91) 「壬申原事目」의 10개 조항은 設廳, 結米, 餘結, 海稅, 軍官, 移劃, 減革, 給代, 需用, 會錄이다.

2. 정조의 노비제 혁파 논의

조선후기의 노비정책은 신분 제도의 완화, 노비 신공身貢의 감축, 노비 추쇄推刷의 간소화 등으로 나타났다. 신분 제도의 완화는 주로 노비종모법 奴婢從母法으로 나타났다. 노비종모법은 1669년(현종 10)에 송시열이 주장하고 허적이 찬성하여 실시되었다. 영조는 1755년(영조 31)에 노奴의 신공을 감축하고, 1774년(영조 50)에 비婢의 신공을 감축하는 조치를 내렸다. 정조의 노비제 혁파는 이러한 영조의 조치를 계승하는 차원에서 이뤄졌다.

정조는 즉위 직후 내수사內需司에서 도망간 노비를 찾는 추쇄관推刷官을 파견하는 일을 중지시켰다. 추쇄관이 지방에 나가면 해당 지역과 백성들에게 끼치는 피해가 컸기 때문이다. 정조는 도망간 내노비의 추쇄는 해당 도道나 읍론에서 담당하며, 노비의 총수는 1755년(영조 51)에 정해진 비총比摠을 지키라고 명령하였다.[92] 1778년(정조 2) 2월에 비변사에서는 정조가 지시한 「팔도내노비추쇄혁파절목八道內奴婢推刷革罷節目」을 작성해 올렸다.

> 이번에 우리 성상께서 (중략) 특별히 윤음綸音을 내려 추쇄관을 정해서 보내는 규정을 혁파하시고, 이어 각도의 도신道臣과 수령에게 선조先朝 을해년 (1775)의 절목節目에 따라 비총比摠해서 거행하라고 명령하셨다. 지금 이후로 수천 명의 빈궁하고 잔약한 노비들은 거의 모두가 성상의 은택恩澤 속에 살면서 각기 자신의 생활을 이루어 가고, 추쇄할 때 팔도가 소란해지는 폐단은 개혁하기를 기다리지 않아도 저절로 고쳐지게 될 것이다. (중략) 1. 내노비內奴婢의 구수口數는 을해년 절목 이후 근래에 늘어난 숫자가 많으면 1천여 명이 되고 적어도 600~700명이 될 것이다. 이번에 조정에서 반드시 을해년 절목으로 비총한 것은 차라리 잃어버려야 한다는 뜻에서 나온 것이다. 지금 이후 을해년의 비총에서 1구라도 더하거나 빼서는 안된다.[93]

---

92) 『日省錄』 정조 즉위년 5월 18일(庚寅).
93) 『正祖實錄』 권5, 正祖 2년 2월 6일(丁酉).

이 조치를 통해 내수사 소속의 내노비內奴婢 숫자는 1755년 절목의 숫자로 고정되었고, 각 읍에서 10년마다 노비안奴婢案을 작성하여 감영에 보고하면 감영에서는 이를 내수사와 형조로 보내도록 하였다. 이를 통해 내수사 노비에게는 자연히 정총법定摠法이 실시되었다.[94]

정조의 노비제 개혁은 각 관청에 소속된 시노비寺奴婢를 주 대상으로 하였다. 시노비는 공노비의 대부분을 차지하였으므로, 시노비가 개혁되면 내수사 소속의 내노비나 각 역에 소속된 역노비驛奴婢의 개혁도 따라왔기 때문이다. 시노비에 대한 대책은 두 가지 방향에서 이뤄졌다. 하나는 노비가 바치는 신공을 줄이고 이를 보전할 급대책을 강구하는 것이고, 다른 하나는 공노비에 국한되지만 노비란 명목을 없애고 양역화하는 것이었다. 후자는 실질적으로 노비제를 혁파하는 방안이었다.

1783년(정조 7)에 정조는 10냥 정도의 임금을 받고 7년 이상 고용되는 노동자를 호적에 고공雇工으로 올리는 고공법을 제정하였다. 이로 인해 고공의 지위는 노비보다 상위가 되었고, 형법상 평민으로 취급받는 고인雇人보다는 하위가 되었다. 노비 추쇄관의 파견을 중지시키고, 노동자를 고공으로 대우하는 정조의 조치는 지방에서 도망치는 노비가 늘어나는 효과를 가져왔다.[95]

1784년(정조 8)에 노비제 폐지에 대한 논의가 시작되었다. 홍충감사를 지낸 김문순이 시노비의 폐단을 알리자, 정조는 각도 감사에게 노비제 개혁 방안을 말하라고 지시하였다. 10월 23일에 비변사에서 감사들의 의견을 수합하여 정조에게 보고하였다. 이때 경기감사 심이지와 경상감사 이병모는 시노비를 폐지하고 양역처럼 포를 받아도 국가 재정에는 문제가 없다고 주장하였다.[96]

심이지(전 경기감사) : "노비奴婢라는 명칭을 없애고 각 사司에서 장인匠人이

---

94) 金成潤, 『朝鮮後期 蕩平政治 硏究』, 지식산업사, 1997, 226쪽.
95) 황태연, 『백성의 나라 대한제국』, 청계, 2017, 494~496쪽.
96) 『正祖實錄』 권18, 正祖 8년 10월 23일(丙午).

나 보인保人에게 하는 것처럼 다른 명색으로 바꿉니다. 자식으로 대신 납부할 사람이 있으면 그 몸의 대속代贖을 허락하여 영원히 평민으로 만들면, 회피하는 버릇을 조금 없앨 수 있고 비총比摠의 숫자도 줄어들지 않을 것입니다."

이병모(경상감사) : "국가 재정에서 노비의 노포奴布나 양인의 양포良布는 쓰임이 같지만 양역良役이라는 이름을 구분합니다. 지금 노총奴摠과 합하여 하나로 만들고 궐원이 있으면 수시로 대신하기를 군보軍保에서 하듯이 한다면, 경비는 줄어들 걱정이 없고 여러 고을은 조사하여 찾아내는 폐단이 없을 것입니다. 신역도 본인에 한하게 되면 무엇 때문에 회피하여 사방으로 흩어지겠습니까?

그러나 비변사에서는 시노비의 폐지를 반대하였다. 공천公賤의 이름을 없애려면 400년 동안 이루어진 법을 변경하기 어렵고, 신역을 지지 않는 한정閑丁을 찾아내어 백징白徵하는 폐단을 없애려면 끝내는 모두 양역良役이 될 것이라는 이유였다. 이에 정조는 즉위 초 도망간 노비를 찾는 임무를 지방관에게 맡겼으니, 이후로는 지방관들이 부지런히 하여 백성을 침해하는 폐단이 없게 하라고 명령하였다. 노비제 폐지에 대한 논의가 더욱 진전되기를 기다린 것이다.

1790년(정조 14) 4월에 시노비 폐지에 대한 논의가 재개되었다. 경상도 함양에 어사로 나갔던 최현중이 서계별단을 올리면서, 시노비의 폐단을 바로잡기 위해 노비라는 명목을 없애고 시보寺保라 부르며, 해마다 양정良丁을 뽑듯이 빈자리가 나는 대로 보충하자는 방안을 제시하였다.

시노비寺奴婢의 폐단은 조정에서도 환히 아는 일입니다. 신이 함양에 있을 때 날마다 책상에 가득 찬 것이 모두 도망치거나 죽은 자에게 백징白徵하는 원통함이 아닌 것이 없었습니다. 심지어는 자기 아들의 무덤을 파서 시체를 지고 와서 송사하는 지경에 이르렀습니다. 지금 본군의 노비안奴婢案을 보니, 남자는 악지岳只라 이름하고 여자는 조시助是라고 부르는 것이 한 장부에 2백 구口 가까이 되었습니다. 이들은 전부 같은 이름이고 주소도 달지 않고 부모 성명도 쓰지 않은 채, 각자의 이름 아래에 일족一族, 인당姻黨, 척속戚屬 이라고만 쓰고 세대가 멀고 가까운 것도 따지지 않았습니다. (중략) 폐단을 바로잡을 좋은 계책이 없다는 것은 압니다만 한 가지 방법은 있습니다. 지금 노비라는 이름을 없애고 시보寺保라 부릅니다. 그리고 해마다 양정良丁을 뽑는 규례를 따라 빈자리가 나는 대로 보충하면, 나라에는 경비가 줄지 않고 백성들은 고무되어 즐거워할 것입니다.[97]

이때에도 시노비 폐지는 이뤄지지 않았다. 좌의정 채제공과 우의정 김종수는 개혁의 필요성을 인정하면서도 시노비를 시보寺保로 바꾸면 양인과 노비의 명분을 저해한다고 반대하였다.[98]

1791년(정조 15)에 정조는 시노비의 폐단을 해결하겠다는 의지를 여러 번 밝혔다. 정월에 함경감사 이문원이 시노비의 폐단을 보고하자, 정조는 신공을 피해 도망간 노비가 해마다 수백 명에 이르고, 오래 전 죽은 사람에게 백징白徵하는 것은 화기和氣를 해지는 것이라며, 각도 감사에게 내수사 노비안에서 삭제할 사람을 삭제해 주라고 명령하였다.[99] 또 3월에는 비변사 당상인 조정진에게 노비 신공의 폐단을 혁파할 방안을 마련하라고 지시하였다.[100]

각도 노공奴貢의 폐단은 일찍부터 잘 알지만 작년에 함양에서 어사(최현중)가 돌아오면서 이 폐단을 바로잡지 않을 수 없다는 말을 더 자주 들었다. 아직도 시정 조치가 없으니 어찌 놀랍고 통탄스럽지 않은가? 선조(영조) 을해년의 절목은 실로 막대한 은전이자 옛날에 없던 조처로서, 호조에서 만여 구口를 급대給代하였지만 유독 성균관과 상의원尙衣院은 아직도 신공을 거두고 있다. 특별한 곡절이 있는지 모르겠지만 각도의 노비 폐단은 실로 매우 불쌍한 일이다. 본조와 내수사의 노비안奴婢案을 살피고 대신에게 가서 의논하되, 특별히 말을 만들어 각도에 공문으로 보내고 1명의 남자와 여자

---

97) 『正祖實錄』 권30, 正祖 14년 4월 7일(丁巳).
98) 金成潤, 1997, 229~230쪽.
99) 『正祖實錄』 권32, 正祖 15년 1월 2일(丁丑).
100) 『正祖實錄』 권32, 正祖 15년 3월 27일(辛丑).

1793년(정조 17)과 1794년(정조 18)에도 시노비를 폐지하자는 상소가 계속 올라왔다. 1793년 12월에 장령 이진택은 오랜 폐단의 원인이 '노奴' 한 글자에 있다며, 노비속안奴婢續案을 영구히 없애고 다른 명색으로 만들자고 하였다. 그는 노비도 일반 백성처럼 신역만 부과하고 양인과 천인을 구별하지 않으면, 국가 재정에 손실이 없고 시노비에게는 큰 혜택이 될 것이라고 주장하였다. 정조는 이를 수용하며 감사를 통해 실상을 확인하겠다고 답변하였다.[102]

1794년 8월에 판중추부사 박종악이 노비제를 폐지하고 노비의 신공을 양역으로 바꾸자고 건의하였다. 그는 충청감사로 나갔다가 노비제의 폐단을 체감하였다.

> 넓은 하늘 아래 임금의 땅이 아닌 곳이 없고 땅을 따라 물가까지 임금의 신하가 아닌 자가 없습니다. 임금이 사노비를 소유하는 것은 이미 크게 공평하고 지극히 올바른 법이라 할 수 없으며, 고금을 찾아보아도 행해진 적이 없습니다. (중략) 어떤 사람은 또 힐난하기를 '노비의 신공은 내사內司의 1년 예산으로 이를 파하면 나올 데가 없다. 오늘의 경비는 실로 급대給代하기 어렵다.'고 합니다. 이 역시 그렇지 않습니다. 노비를 없애고 양민으로 바꾸면 양민에게는 유독 신역身役이 없습니까. 가령 노비에게 신공을 받은 것이 1천금이면 양역으로 거두는 것도 1천금입니다. 이것으로 저것을 채우는 것은 조삼모사와 같습니다. 또 노비 신공의 폐단은 달마다 해마다 줄어들어 결국에는 반드시 모두 없어질 것입니다. 그들이 즐겨 양역을 따른다면 해마다 인원이 늘어날 것이니, 이해로 볼 때 엄청나게 차이가 나지 않겠습니까?[103]

박종악의 상소가 나오자 정조는 이를 반겼다. 정조는 박종악의 말을

---

101) 『正祖實錄』 권32, 正祖 15년 3월 27일(辛丑).
102) 『正祖實錄』 권38, 正祖 17년 12월 10일(己巳).
103) 『正祖實錄』 권40, 正祖 18년 8월 6일(庚申).

기다리지 않아도 노비제의 폐단을 바로잡으려 했지만 쉽사리 의논하지 못해 제도를 확정하지 못한다고 답변하였다.

1798년(정조 22) 9월에 능주목사 이종섭이 응지상소를 올리면서 시노비의 명색을 보인保人으로 바꾸고 양인과 섞이게 하자고 건의하였다. 시노비의 폐지를 주장한 것이다.

> 노奴나 양정良丁은 똑같은 백성이고 공포貢布와 신포身布는 모두 역役입니다. 만약 각사各司의 원 노비의 명색을 고치되 모두 악공樂工의 보인保人과 선상選上되는 봉족奉足의 사례처럼 '어면 사노司奴의 보인'이라고 부르고 양정良丁에 섞어놓으면, 백성은 연루되는 걱정이 없고 공포는 총량이 줄어드는 우려가 없어질 것입니다. 묘당廟堂에서 의논하여 아뢰게 하소서.[104)]

이에 정조는 시노비의 폐단을 반드시 고치려고 고심하고 있다고 하였다. 다만 이는 크게 고쳐야 하는 일이고, 양인과 천인의 명분에 관계되는 일이라 지금까지 결행하지 못한다고 답변하였다.

정조와 신료들은 이후에도 노비제 폐지를 놓고 논의를 계속하였다. 그러나 정조는 결국 노비제를 폐지하는 조치를 내리지 못하였다. 1800년(정조 24)에 정조가 작성한 『어정홍익정공주고御定洪翼靖公奏藁』의 「노비인奴婢引」을 보면, 정조는 세상에 제일 억울한 존재가 노비라면서 자신이 노비제를 개선하기 위해 꾸준히 노력해 왔음을 밝혔다. 그리고 자신은 노비제를 없애고 고용雇傭의 법을 만들어 노비 자신에게만 적용하고 자식 대에는 해방시키는 방안을 가지고 있다고 하였다. 그러나 문제는 명분이었다. 양인과 천민이 섞여 살면서 반벌班閥이 불분명해지고, 노비가 완전히 없어지면서 부작용이 나타나면, 한 가지 폐단을 없애면서 다른 폐단이 생겨나는 것이라 우려하였다.

> 나는 세상에서 제일 원통한 것이 노비라고 생각한다. 기자箕子의 팔조 가르

---

104) 『正祖實錄』 권49, 正祖 22년 9월 14일(甲戌).

침은 일시적으로 악을 징계하자는 뜻에서 나온 것에 불과하다. 그러나 역대로 인습되어 변경하지 못하고, 태어나면서 대대로 남의 천대와 멸시를 받고 있다. 구무와 나이를 따져서 사고파니 짐승과 다를 바 없고, 아들 손자로 전해지면서 갈라지니 토지와 같다. (중략) 내가 국정에 바쁜 여가에 양쪽을 똑같이 편리한 방법을 생각하다가 우선 노비 규정을 완전히 없애고 고용雇傭의 법을 만들어 자신에게만 제한하고 대물림하는 것을 허락하지 않는다. 조치해야 하는 계획은 먼저 방략方略을 정하고, 급대給代를 내는 것도 모두 정해진 숫자를 두어, 한두 신하와 함께 장차 명령을 내리려고 하였다.

그런데 생각하니 우리나라는 오직 명분을 숭상하는데, 만약 양인과 천인이 서로 섞여 반벌班閥이 불분명해지면, 상대를 무시하고 덤비는 자가 반드시 꼬리를 물고 일어날 것이다. 어미는 남의 부림을 받는데 자식은 도리어 주인에게 항거하거나, 작은 역驛과 보堡에 부릴 사람이 부족해지거나, 곤궁한 선비 집에는 땔감을 마련할 길이 없게 될 것이다. 실로 한 가지 폐단은 없어지지만 한 가지 폐단이 생겨나는 염려가 있으니 이 때문에 주저하며 머뭇거리고 있다. 그렇다면 이로 인해 그들을 구제하지 않을 것인가? 추쇄관推刷官을 혁파하는 것으로도 충분히 하늘의 명을 따른다고 말하지 말라. 이것은 작은 절목의 일에 불과할 뿐이다. 실로 그들이 평민과 섞여 살면서 상분常分을 지키는 일이 어그러지지 않고 병행될 수만 있다면 단연코 결행할 것이다.[105]

정조가 구상한 노비제 폐지는 아들인 순조에 의해 실현되었다. 1801년(순조 1) 1월에 순조는 내노비와 시노비를 모두 혁파하면서, 자신의 조치가 선왕인 정조의 유지를 계승하는 것이라고 선언하였다.

선조(정조)께서 일찍이 내노비內奴婢와 시노비寺奴婢를 혁파하려고 하셨다. 나는 마땅히 이 뜻을 계술繼述하여 지금부터 일체를 혁파한다. 그 급대給代는 장용영壯勇營에서 거행하게 하겠다.[106]

---

105) 『弘齋全書』 권12, 序引5, 翼靖公奏藁財賦類叙, 「奴婢引」.
106) 『純祖實錄』 권2, 純祖 1년 1월 28일(乙巳).

기억하건대 옛날 우리 선조(정조)께서 훈유訓諭하시길 '지금 백성들이 노비라는 이름 때문에 억울함을 품어 위로 하늘의 화기和氣를 범하였으니, 비바람이 절기를 잃고 곡식은 영글지 않는다. 내가 이를 근심하여 마음이 화평하지 못하다. 내 마음이 화평해지는 것은 노비를 혁파하는 데 있다.'고 하셨다. 이는 조정의 신하들이 받들어 듣고 칭송한 것이다. 이제 내가 왕위를 물려받아 예를 행함에 사모하고 부르짖으며, 이어받은 큰 책임을 생각하고 반석 같은 큰 기업을 공고히 하는 것은 바로 그 뜻과 사업을 이어받는 것이다. 그 뜻과 사업을 이어받는 것으로는 노비 제도보다 앞서는 것이 없다.107)

이 날 순조는 승지에게 명령하여 내수사와 궁방, 관청에서 보관하던 노비안을 돈화문 밖으로 가지고 나가 불태우게 하였다. 이 때 불태워진 노비안의 책 수는 총 1,369권이었다. 또한 내수사와 각 궁방에 소속된 내노비 36,974구ㅁ와 중앙 관청에 소속된 시노비 29,093구를 합하여 총 66,067구가 노비에서 해방되었다.

이를 보면 순조의 공노비 혁파는 정조가 오랫동안 계획했던 일을 실현한 것이었다.

---

107) 윗글.

3부

인재 양성의 리더십

하늘이 낸 군주가 천하와 대동大同해야 한다는 것이 유학의 보편적인 학설이다. 송나라 유학자들은 당시 정치문화를 반영하여 군주가 천하와 대동大同하려면 큰 덕을 가진 사람을 만나서 천하의 일을 이루어야 함을 강조하면서 군주는 사대부와 더불어 천하를 다스려야 한다고 하였다. 이러한 의식은 송나라 '사士'의 정치적 지위에 영향을 끼쳤다.

송나라 황제들은 사士의 협력을 얻기 위해서 과거제도를 재정비하였다. 시험의 공정성을 확보하기 위해서 봉미封彌와 역서易書를 시행하였다. 그리고 황제가 과거시험을 존중하고 있음을 보여주기 위해서 진사 시험의 전시殿試에 종종 방문하기도 했고, 응시자의 답안지를 직접 읽기도 하는 등 과거 의례를 장엄하게 거행하였다. 또한 송나라의 사대부 중시 정책을 보여주는 것은 「송조가법宋朝家法」의 대신과 언사관言事官을 죽이지 말라는 항목이다. 송나라에서 대신이나 언사관이 되기 위해서는 과거를 거치지 않고서는 거의 불가능하였다. 그러므로 대신과 언사관이라는 특정 관료 층을 중시하였다기 보다는 대신과 언사관으로 나갈 사대부를 중시하였던 것이다.[1]

송나라에서 황제가 사대부와 함께 천하를 다스린다는 의식이 커지면서

---

[1] 위잉스, 『주희의 역사세계』 상, 글항아리, 2015, 292~304쪽.

인재 선발의 중요성이 더욱 커질 수밖에 없었다. 큰 덕을 가진 군주는 덕이 있고 유능한 인재를 만나야 함께 천하를 다스릴 수 있기 때문이다. 군주의 리더십이 발휘되기 위해서는 덕이 있고 유능한 인재를 고르는 일에 신중해야 했다.

군주는 사대부와 함께 천하를 다스려야 한다는 신유학을 정치의 바탕으로 삼았던 조선 역시도 송나라와 유사한 정책들을 실현하고자 하였다. 조선 건국에 공이 큰 정도전은 『조선경국전』에서 '재상총재론'을 펼쳤다. 이것이야말로 송나라 유학자들이 군주가 사대부와 함께 천하를 다스려야 한다고 주장한 것과 일맥상통한다. 송나라의 신종神宗이 이러한 유학자들의 의견을 적극 수용하였으나, 그 이후의 송나라 황제들은 신종이 사대부와 천하를 함께 다스린다는 목적하에 재상에게 나누어주었던 황제의 권리를 되찾으려 하였다.

조선에서도 정도전의 재상총재론은 태종에 의해서 저지되고 변형되었지만 사대부들이 신유학의 이해가 깊어지면서 국왕과 함께 천하를 다스릴 수 있는 권리를 포기하지 않았다. 조선에서는 이러한 성격의 정치문화가 시간이 가면 갈수록 고착화되어 갔다. 조선의 모든 국왕이 인재를 선발하고 양성해가는 리더십을 발휘했던 것은 아니다. 3부에서는 특별히 인재 양성을 위한 기반을 마련하고, 발전시켜갔던 국왕들을 살펴보려 한다.

I

인재 양성의 기반 마련

1. 태종과 과거

조선은 신진사대부에 의해서 건국되었지만, 고려를 개혁하려는 변화의 물결은 고려 후기에 이미 일어났다. 그 개혁 중 하나는 인재 선발에 관한 것이었다. 시험의 공정성을 위한 봉미법은 1062년(문종 16) 3월부터 시행되긴 했으나,[2] 원 간섭기에 들어서 과거법이 더 강화되었다. 1365년(공민왕 14) 공민왕은 시권의 역서와 함께 응시자가 과장에 책을 가지고 들어가는 일을 금지시켰다.[3] 뿐만 아니라 국왕이 전시殿試에 친림하는 일도 있었다. 그러나 국왕이 인재 선발의 주도권을 장악하지는 못하였다.

조선 건국 후 이성계가 왕위에 즉위하면서 중외에 반포한 즉위교서에서도 과거법을 언급하였다. 그 내용을 요약하면, 첫째 문과와 무과를 시행하겠다는 것, 둘째 문과의 경우 초장初場은 성균관에서 경서를 시험하여 입격한 사람을 예조에 보내면 중장에서 표문表文·장주章奏·고부古賦를 시험하고, 종장에서 책문을 시험해서 33인을 뽑으며, 감시監試는 폐지한다는 것, 셋째 무과는 무경칠서와 사어射御를 시험하여 33명을 선발한다는 것이다.[4]

---

2) 『高麗史』 권73, 지 권27 選擧 1, 科目 1, 문종 16년 3월조.
3) 『高麗史』 권73, 지 권27 選擧 1, 科目 1, 공민왕 14년 10월조.

태조의 즉위교서에서 특이한 점은 문文과 무武를 균등하게 다루어 시험을 설치하겠다는 점이다. 고려시대의 과거에는 무과가 설행되지 않았다. 고려 예종이 1109년(예종 4) 국자감에 7재를 두었는데 그중 무학재武學齋에서는 기예를 익히도록 하였다. 1116년(예종 11) 예종은 국자감 내에 하나의 서재에 불과했던 무학을 위해 학교를 따로 설립하고자 하였으나, 관료들의 반대로 이루어지지 못했다.[5] 1133년(인종 11) 인종은 무학재를 폐지하였다. 그 이유는 무학재를 통한 인재 선발 경쟁력이 약해서 요행을 바라는 부류들이 무학을 선택하는 폐단이 있다는 것, 무학 출신자들의 기량이 떨어져 실무에 도움이 되지 않는 것, 그리고 무학 전공자가 많아지면 문학인들과 대립하여 불화를 일으킬 것이라고 하였다.

그 이후로 무학이 설 곳을 잃었다. 다시 무학에 대한 논의가 시작된 것은 원 간섭기인 공민왕 때였다. 1353년(공민왕 1) 진사 이제현李齊賢이 시험과목으로 무과를 두자고 청하였으나, 시행되지 못하였다.[6] 공민왕 때에 무과의 필요성이 대두된 것은 공민왕의 개혁정치를 뒷받침할 인재들이 필요하였기 때문이다.[7] 공민왕 때의 논의는 관철되지 못하였지만, 공양왕이 즉위한 이후 신진사대부 개혁세력들이 병학과 무과 설치에 대해서 논의하고 실행에 옮기려 하였다.[8] 인종 때 폐지된 무학은 병학이란 명칭으로 1390년(공양왕 1) 군후소軍候所에서 교육을 담당하였다. 또한 1391년(공양왕 2) 도평의사사에서 첨설직 폐지 이후의 방안으로 문학, 무과, 이과吏科, 문음 등으로 인재를 선발하여 등용하자는 의견을 공양왕에게 내었다.[9] 이때 제안된 무과 설행에 대한 계획은 바로 구체화되었다.

그때 제시된 무과법은 다음과 같다. 첫째, 시험 시기는 3년에 1번씩 실시하되 식년보다 한 해 앞선 인寅·신申·사巳·해亥년으로 한다. 둘째, 고시

---

4) 『太祖實錄』 권1, 太祖 1년 7월 28일(丁未).
5) 『高麗史』 권74, 지 권28 選擧 2, 학교, 예종 4년 7월조, 11년 4월조.
6) 『高麗史』 권74, 지 권28 選擧 2, 科目 2, 공민왕 원년 4월조.
7) 심승구, 「조선초기 무과제도」, 『북악사론』1, 1989, 6쪽.
8) 심승구, 앞의 책, 8쪽.
9) 『高麗史』 권75, 지 권29 選擧 3, 전주, 공양왕 2년 정월조.

관考試官은 문하시중과 추밀원사 이상의 관원 중에서 한 명을 선정하고, 동 고시관同考試官은 3품과 4품 중에서 문관과 무관 각 한 명씩으로 한다. 셋째, 합격자는 1등 3명, 2등 7명, 3등 23명 등 33명을 선발하고 합격자에게 합격패를 주는 것 등의 의식은 문과와 같이 한다는 것 등이었다. 그러나 이 무과법은 조선에 와서야 빛을 보게 되었다.[10]

이성계가 즉위 교서에서 무과 설행에 대해 언급한 것은 고려말 개혁의 연장선상에 있었던 것이다. 태조는 인재 선발에 대한 내용을 천명하였으나, 실행에 옮기지는 못했다. 태종이 즉위하고 나서야 고려 말의 개혁을 완성하고 국왕 주도의 인재 선발 기반을 마련하였다. 태종은 1, 2차 왕자의 난으로 정적을 제거하고, 정종의 양자가 되어 왕세자로서 정종에게 선위 받았다. 정종이 태종을 왕세자로 책봉하여 선위하는데 내세운 명분은 택현설擇賢說이었다. 정종은 성왕成王이 적자가 있는데도 어진 이에게 전위하였다는 고사를 들어 아우인 태종에게 전위하였다.

태종은 이것만으로 왕위 계승의 정당성을 인정받기에는 충분치 않다고 여겼다. 그는 왕실의 안정과 성리학 이념에 근거한 나라의 기반을 다지기 위해서 명으로부터 왕위 계승의 정당성을 인정받고자 하였다. 그는 정종에게 전위를 받기도 전에 우인렬禹仁烈을 명에 신년 하례사로 파견하면서 인신과 고명을 요청하게 하였다.[11] 1400년(정종 2) 11월 11일 정종이 왕세자에게 전위한다는 교서를 내리고 나서 이틀 후에 문하평리門下評理 박자안朴子安을 명으로 파견하여 왕위를 이어받았음을 알리게 하였다.[12] 이처럼 태종은 즉위하기도 전에 고명을 청할 정도로 명의 승인이 절실하였다. 명의 고명이야말로 왕위 계승의 정통성을 대외적으로 확인하는 표지였기 때문이다.

1400년 9월에 명으로 갔던 우인렬은 왕위가 확실하게 결정되지 않았는데, 고명을 요청하는 것은 마땅치 않다는 예부의 자문을 가지고 1401

---

10) 『高麗史』 권74, 지 권28 選擧 2, 科目 2, 공양왕 2년 윤4월조.
11) 『定宗實錄』 권5, 定宗 2년 9월 19일(庚辰).
12) 『定宗實錄』 권6, 定宗 2년 11월 13일(癸酉).

년(태종 1) 3월에 돌아왔다.[13] 전위 받은 사실을 알리기 위해서 1400년 11월에 떠났던 박자안은 1401년 윤3월 태종의 왕위 계승을 인정하는 예부의 긍정적인 자문을 가지고 돌아왔으며,[14] 5월에는 황제로부터 고명을 받았다.[15]

태종은 고명이 아닌 예부의 자문이 왔을 뿐인데 한양으로 와서 종묘에 고하였다. 그리고 사유赦宥를 내려 명으로부터 왕위 계승을 인정받았다는 사실을 선포하고 죄인들을 사면해주었다.[16] 태종은 사유문을 반포한지 3일 후에 무일전無逸殿에서 문과를 시행하였다.[17] 이 시험에서 뽑힌 을과 3인을 탁용하였는데, 장원한 조말생趙末生에게 종6품 요물고 부사를, 이적李迹에게 종7품 장흥고 직장을, 윤회尹淮에게 종7품 사재감 직장을 제수하였다. 문과 합격자를 바로 실직에 탁용한 것은 이 시험이 처음이었다.

태종은 명으로부터 조선의 국왕으로 인정받자마자 새로운 나라를 함께 운용해갈 인재 선발을 시행하였다. 이때 시행한 문과는 전례가 되어 새로운 국왕의 즉위를 경축하기 위한 시험으로 정식화되었으며, 선조는 국왕의 즉위 이외에도 왕실의 경사가 있을 때에 이 시험을 시행하게 확대하였다. 이 시험을 '증광시增廣試'라고 한다.

조선 건국 이후에는 식년에만 과거가 시행되었다. 태종이 식년이 아닌데도 즉위한 해에 과거를 시행한 것은 국왕의 인재 선발 주도권을 확인해주는 것이다. 인재 선발에 대한 그의 적극적인 대처로 계획안만 있었던 무과가 1402년(태종 2) 비로소 시행되었다. 태종은 1402년 식년에 문과와 무과를 모두 시행함으로써 문무의 균형을 이루었다. 공양왕 때의 무과법을 보면, 무과의 시험 시기는 식년보다 한해 앞서서 시행한다고 했으나, 태종은 식년에 문과와 무과를 같이 실시하였다. 1402년 식년 무과에서 문과 정원과 동일하게 33명을 선발하지 않고 27명을 선발하였으나,

---

13) 『太宗實錄』권1, 太宗 1년 3월 6일(乙丑).
14) 『太宗實錄』권1, 太宗 1년 윤3월 15일(甲辰).
15) 『太宗實錄』권1, 太宗 1년 5월 27일(乙卯).
16) 『太宗實錄』권1, 太宗 1년 4월 6일(甲子).
17) 『太宗實錄』권1, 太宗 1년 4월 9일(丁卯).

그 후에는 식년무과 합격 인원이 28명으로 고정되었다.

태종은 1405년(태종 5) 도읍을 다시 한양으로 옮김으로써 왕권의 기반을 확고히 하였다. 우선 그는 왕세자를 책봉하고, 태조로부터 인정을 받아 왕실의 계통을 바로 세웠다. 조선 건국과 제 1,2차 왕자의 난 때 공신이 된 훈신들의 정치적 분란을 제어하고 공신 회맹을 통해서 국왕에 대한 충성을 다짐받으면서 정도전이 주장하였던 의정부 중심 체제를 육조 중심 체제로 고쳤다. 그리고는 새 도읍인 한양으로 돌아왔다.[18]

태종은 신진 관료의 선발뿐만 아니라, 기존 관료의 자질 향상에 대해서도 관심을 두었다. 이미 과거를 통해서 관료가 된 이후에는 전혀 학문에 정진하지 않으며 자질이 부족한 관료들도 많은 세태를 고치고자 관료에게도 시험을 치르게 하였다. 관료 대상 시험은 이미 고려 예종 때부터 간헐적으로 있었다. 국왕이 시부詩賦를 잘 지은 문신에게 상을 내렸는데, 이것이 문신 친시다. 고려 후기 충렬왕은 문신 친시 합격자에서 탁용이라는 파격적인 은전을 내렸다. 고려를 개혁하려던 조준은 공양왕에게 유학 진흥책으로 과거합격자 이상 4품 이하의 문신을 대상으로 문신 친시를 실시하여 합격자는 탁용하고, 불합격자는 좌천시키자는 제안을 했었다.[19] 조선 건국 후에는 1400년(정종 2) 하륜이 정종에게 문신 친시의 실시를 청하였으나, 실행에 옮겨지지 않았다. 하륜은 문신 친시라고 불렸던 것을 '중시重試'라 하였다. 이미 과거에 합격하여 관직에 나온 관료를 대상으로 거듭 치르는 시험이란 의미에서 중시라고 규정하였다. 고려 후기 관직에 진출하였던 조준이나 하륜 같은 신진사대부가 문신 친시를 주장하는 이유는 과거에 합격한 이후에도 학문을 포기하지 않는 관료를 시험으로 탁용하여 문지門地가 높은 가문 출신 관료들이 조정의 핵심 관료가 되는 것을 막고자 한 것이다. 신진사대부들은 유학을 깊이 공부한 이들이 주요한 관직에 올라야 바른 정사가 이루어질 수 있다고 여겼다.

체제 기반을 마련하고, 다시 새로운 도읍으로 옮겨온 태종은 관료들을

---

18) 남지대, 「조선 태종의 왕권 확립」, 『역사문화연구』 53, 2015, 182~183쪽.
19) 원창애, 「조선시대 문과 중시 급제자 연구」, 『역사와 실학』 39, 2009, 92~93쪽.

쇄신하려 하였다. 새로운 조정에서 자신과 함께 정사를 펼칠 관료가 유학적 교양이 높아서 절의節義를 지키고 이록利祿에만 관심을 두지 않기를 바랐다. 1406년(태종 6) 태종은 중시 설행을 주장했던 하륜의 건의에 따라 중시법을 만들었다. 중시는 종3품 이하 관원이 응시 대상이며, 시험은 제술이 아니라 강서講書로 하였다. 처음 시험 일자는 1406년 2월 19일이었으나, 명나라 사신의 행차때문에 5월 7일로 연기하였다. 그러나 이날에도 중시는 시행되지 못하였다. 정작 시험이 다가오자 의정부에서 5월은 더워서 배강 시험을 보기에 합당하지 않으니, 책을 보고 해석하며 강론하는 형식으로 변경하자는 것이었다. 태종은 시험을 다시 가을로 연기하여 배강으로 준비하라고 하였다.[20]

1406년 봄에 시행하려던 중시는 2번이나 연기되고도 그해에 이루어지지 못하였다. 관료들은 시험시기에 사신이 왔다느니, 여름에는 배강을 할 수 없다느니 여러 이유를 대어 중시 시행을 무산시키려 했다. 1407년 (태종 7) 태종이 다시 중시를 시행하려 하자, 사간원에서는 농사철이며 그 시험에서 불합격하는 관원들이 실망하여 지기志氣가 꺾길 것이니 시행하지 말자고 청하였다.[21] 태종은 이에 굴하지 않고 4월 18일 창덕궁 광연루廣延樓에서 중시를 시행하였다.[22]

종3품 이하의 서울과 지방의 관료 108명이 응시하였는데, 시관은 좌정승 하윤河崙·대제학 권근權近이 독권관讀券官이었고, 이조 참의 맹사성孟思誠·지신사 황희黃喜가 대독관對讀官이었다. 광한루에 장막帳幕을 설치하고 응시자에게 종이·벼루·주과酒菓 그리고 아침·저녁밥을 제공하였다.

시험방법은 초장과 종장으로 구성되었는데, 시험은 하루 걸러서 시행되었다. 그러므로 4월 18일 초장에서 논論·표表 각 1편씩을 짓게 하고, 4월 20일에 종장에서는 시무책을 짓게 하였다. 1406년의 중시법에서는 강서시험으로 정하였으나, 정작 제술 시험으로 중시를 치렀다. 합격자는

---

20) 『太宗實錄』 권11, 太宗 6년 5월 13일(壬寅).
21) 『太宗實錄』 권13, 太宗 7년 4월 5일(己丑).
22) 『太宗實錄』 권13, 太宗 7년 4월 18일(壬寅).

4월 22일에 창덕궁 인정전에서 방방하였는데, 예문관 직제학 변계량卞季良·이조 정랑 조말생趙末生·성균 학정 박서생朴瑞生 등 10명을 선발하였다. 태종은 합격자 10명 전원을 탁용하였으며, 전지와 노비까지 하사하였다.[23] 그는 중시 합격자에게 파격적인 시상을 하는데서 그치지 않고, 사헌부에게 응시 대상인데도 응시하지 않은 관원을 탄핵하게 하였다.

태종은 중시를 통해 관료 사회를 쇄신하고자 하였다. 그는 중시로 경서시험을 고집했었으나, 사실상 관료들이 업무를 수행하면서 경서의 배강시험을 준비하는 것이 용이하지 않았다. 그는 한발 물러서서 제술로 시험하긴 했지만, 중시에 대한 확고한 뜻은 굽히지 않았다.

태종은 고려 말 제시되었던 무과를 실행에 옮겼을 뿐만 아니라 중시 시행도 관철시켰다. 그는 여기에 머물지 않고, 그간 과거제의 큰 폐단으로 여겼던 좌주문생제를 철폐해서 국왕의 인재 선발 주도권을 확보하였다. 태조가 나라에서 사람을 선발하는데도 좌주니 문생이니 하면서 사사로이 감사하게 여기는 것은 법을 세운 뜻이 아니라고 밝혀 좌주문생제를 배격하겠다고 즉위교서에서 선언하였으나, 후속 조처는 없었다.

태종도 좌주문생이 오래된 제도이므로 그대로 두어도 무방하다고 여겼지만,[24] 무과의 시관인 감교 시관監校試官과 동 감교 시관同監校試官을 혁파하였다. 그는 무과의 시관과 합격자가 무리를 이루는 것은 나라에 위협이될 수 있다고 하면서 실례까지 제시하였다.[25] 실례는 민무구·민무질과 결탁하였다고 죄를 받은 이무李茂와 이지성李之聖이었다. 무과의 좌주였던 이무가 문생 이지성을 천거하여 관직에 제수되었는데, 이들이 외척과손을 잡고 불충을 저질러 죄를 받았다.[26] 태종은 이 사례를 들어서 하륜에게 의논하여 무과의 시관을 없애고 병조를 비롯한 무관과 관련이 있는부서에서 시험을 주관하고 국왕이 직접 시취하는 것으로 결론을 내렸다.

---

23) 『太宗實錄』 권13, 太宗 7년 4월 22일(丙午).
24) 『太宗實錄』 권21, 太宗 11년 5월 8일(戊辰).
25) 『太宗實錄』 권19, 太宗 10년 2월 19일(丙辰).
26) 『太宗實錄』 권18, 太宗 9년 9월 26일(乙未).

그러나 문과의 지공거와 동지공거, 무과의 감교 시관, 동 감교 시관 등의 명칭이 그대로 사용되었고, 합격자들이 자신의 시관에게 합격자 명단을 적은 족자인 명족名族을 바치는 일도 계속되었다. 그러다가 1413년(태종 13) 1월에 문과와 무과 시관의 명칭을 완전히 없애고, 과거 시험 주관 관서를 재정비하였다. 5월에는 수교를 내려서 그간의 명족까지도 수거함으로써 좌주문생 관계의 끈을 모두 끊어버려 인재 선발의 주도권이 국왕에게 귀속되게 하였다.[27]

그 후 태종은 전에 없었던 새로운 명목의 시험을 시행하였다. 1414년(태종 14) 성균관에 거둥하여 문묘에 전작례를 행하고, 유생들을 모아 시험한 알성시, 1416년(태종 16) 친시의 설행이 그것이다. 이 두 시험은 식년이나 즉위 경축 증광 시험과는 달랐다. 식년이나 즉위 경축 증광 시험은 생원진사시, 문과, 무과, 잡과 등 모든 종류의 시험이 시행된 반면 알성시와 친시는 오직 문과와 무과만을 시행하였다. 태종이 1414년 성균관에 거둥한 것은 성균관 시설의 복구가 완결되고, 그 체제를 완비하였기 때문이다. 한양의 성균관은 1397년(태조 6) 건축을 시작해서 다음해에 완공되었으나, 불행하게도 1400년(정종 2)에 불에 탔다. 태종이 1405년에 한양으로 환도한 이후에 1407년 2월 성균관 문묘 공사를 시작하여 3월에 건물 축성을 마쳤으며, 5월 문선왕과 네 배향의 신위를 문묘에 봉안하였다. 또한 동·서 익실에 10철을, 동·서무에는 역대 종사의 현인을 모셨다.[28] 그리고 1413년 예조판서 황희가 유생이 거처하는 동·서재의 보수와 식당 신축을 청하였다.[29] 태종은 이러한 청을 받아들여서 우정승 하륜에게 식당 터를 알아보게 하였다.

한양으로 환도한 이후 일련의 성균관 각종 시설들이 갖추게 되자, 1414년 7월 태종은 성균관에 거둥하여 성균관 유생에게 강경시험을 치르게 하는 일에 대해 하륜과 논의하였다. 또한 그는 하륜에게 시제를

---

27) 『太宗實錄』 권25, 太宗 13년 1월 6일(丙戌); 5월 13일(辛卯).
28) 『太宗實錄』 권13, 太宗 7년 2월 14일(己亥); 3월 21일(乙亥); 5월 6일(己未).
29) 『太宗實錄』 권26, 太宗 13년 9월 3일(己卯).

내도록 비밀리에 명을 내리면서 당일 4품 이하의 관원들도 시험보기를 원하면 참석하라고 하였다. 태종은 문묘에 들러 전작례를 행하고 명륜당으로 나가서 유생 500여인 등을 대하는 의례를 마치고 시무책을 출제하였다. 이 시험에서 관료와 유생 등 540여인이 답안을 제출하였고, 시관은 하윤·조용趙庸·변계량·탁신卓愼 등이었다.[30] 이후로 국왕이 문묘에 가서 전작례를 행한 후에는 성균관 유생들에게 시험을 치르는 알성시가 전례가 되었다.

1416년에 태종은 풍년의 기쁨을 백성들과 함께 나누기 위해 8월 15일 추석 명절에 문과와 무과 시험을 시행하기를 원하였다.[31] 하륜은 다음 해가 식년이고, 시험 기일이 촉박하여 지방 응시자가 올라오기 어려우니 중시만을 시행하자고 청하였다. 그러나 태종은 뜻을 굽히지 않았다. 논의 내용을 보면 중시 시행은 언급하지 않았는데, 정작 시험 결과 발표 기사를 보면 중시 문·무과와 함께 친시 문·무과가 설행되었다.[32] 이 친시 문·무과는 중시의 대거對擧 시험으로 국왕이 인재 선발의 주도권을 가지고 있다는 것을 명확히 하였다.

태종이 설행한 여러 종류의 시험이 조선 시대의 과거제의 근간이 되었다. 그 특징을 보면 첫째, 좌주와 문생의 관계를 무너뜨려 국왕이 인재 선발의 주도권을 가졌다. 둘째, 문과와 무과가 짝을 이루어 시행되었다. 셋째, 태조는 자子·묘卯·오午·유酉 등 식년에 과거를 시행하게 하였다. 태종은 식년에 시행되는 정기 시험 이외에 알성시와 중시 대거 친시 등 문과와 무과만이 설행되는 비정기 시험들을 설행하였다. 넷째, 이미 과거에 합격하여 관직에 나온 당하관 문관과 무관을 대상으로 중시를 시행하여 탁용함으로써 관직에 나온 이후에도 관료들이 학문에 정진하게 하였다. 태종은 과거를 통해서 자신과 더불어 새로운 정사를 펼쳐갈 인재를 선발하고 양성할 기반을 구축하였다.

---

30) 『太宗實錄』 권28, 太宗 14년 7월 11일(壬午); 7월 13일(甲申); 7월 17일(戊子).
31) 『太宗實錄』 권32, 太宗 16년 8월 2일(辛酉).
32) 『太宗實錄』 권32, 太宗 16년 8월 17일(丙子).

2. 세종과 관학

태종은 국왕 주도의 인재 선발 방법과 중시를 통한 관료의 자질 향상에 힘을 기울였다. 그의 뒤를 이은 세종도 부왕이 마련한 기반 위에 인재를 양성해 내는 학교 그리고 과거에 합격하여 관직에 진출한 이들을 학자 관료로 성장시켰다. 세종은 이들과 더불어 유학적 제도문물을 정비하여 조선을 반석 위에 올려놓았다.

태종은 재위 기간 동안 학교 교육 내용에 대해서는 크게 관심을 가지지 못하였다. 그는 한양으로 환도한 후에 성균관의 문묘를 재건하고, 식당을 건립하였으며 재원과 노비를 마련하였다. 또한 고려 말 이후로 계속되었던 군현의 통폐합을 마무리하고 군현마다 향교를 건립하고, 생도 정원과 전지田地를 차등적으로 정하였다. 생도의 정원은 유수관留守官 50명, 대도호부大都護府와 목관牧官 40명, 도호부都護府 40명, 지관知官 30명, 현령縣令과 감무관監務官 15명 등이다. 전지의 경우 유수관은 늠전廩田 50결과 제전祭田 6결, 대도호부·목관은 늠전 40결과 제전 6결, 도호부·지관은 늠전 15결과 제전 4결, 현령·감무관은 제전 2결씩 그리고 교수관이 없는 부관府官이하의 각 관에도 늠전 10결씩을 주었다가,[33) 그 후 늠전이 적은 도호부이하 고을의 향교에는 15결씩을 더 주었다.[34) 1413년(태종 13)에는 향교에 노비를 지급하였는데, 유수관 20호, 대도호부·목관은 15호씩, 도호부 10호, 지관에는 7호, 현령·현감에는 5호씩 지급하여서[35) 향교의 재원을 확보하였다.

신 도읍인 한양에의 사학四學 건설은 태종 때에 시작하여 세종 때에 마무리되었다. 1411년(태종 11) 태종은 한양 5부部의 도학당都學堂으로 성명방誠明坊에 남부학당南部學堂을 건립하였다.[36) 남부학당의 재원으로 국

---

33) 『太宗實錄』 권11, 太宗 6년 6월 27일(乙酉).
34) 『太宗實錄』 권12, 太宗 6년 윤7월 20일(丁丑).
35) 『太宗實錄』 권26, 太宗 13년 11월 11일(丁亥).
36) 『太宗實錄』 권21, 太宗 11년 6월 29일(戊午); 권22, 太宗 11년 9월 30일(戊子).

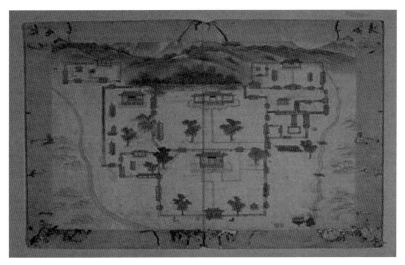

〈그림 1〉 태학계첩: 성균관 내 건물 배치도(서울역사박물관 소장, "서울역사박물관의 소장 유물 정보"에서 서비스하는 이미지 활용)

초에 혁파되었던 구재九齋의 노비를 주었다. 구재의 노비는 고려시대 최충이 사재를 털어서 기증하였던 것으로 국초에 구재를 혁파하면서 최충의 집안으로 돌려주었다. 이때 사간원에서는 구재의 재원을 최충의 뜻을 이어 부학部學에 주는 것이 마땅하다고 상소하였다. 의정부에서도 사간원의 뜻이 합당하다고 건의하여 태종이 허락하였다.[37]

부학部學의 교관은 성균관에서 업무를 나누어 6품 교수관 2명과 7품 이하 훈도관 5명을 파견하게 하고, 10세 이상의 생도들을 가르치게 하였다.[38] 남부학당이 완공되자 생도들의 인원이 100여명이 넘어 교수·훈도 등이 종일 가르치는데 또한 공궤할 재원이 부족하였다. 이때 예조판서 허조許稠가 공름公廩이 필요하다고 청하자, 태종은 100결의 전지를 내려주었다.[39]

태종은 우선 부학部學의 도학당인 남부학당을 건립하고, 송나라의 외학外學 제도를 본떠 부학 교관을 파견하였으며, 교관들이 교육에 전념할 수

---

37) 『太宗實錄』 권22, 太宗 11년 7월 27일(丙戌).
38) 『太宗實錄』 권22, 太宗 11년 11월 16일(癸酉).
39) 『太宗實錄』 권23, 太宗 12년 5월 6일(己丑).

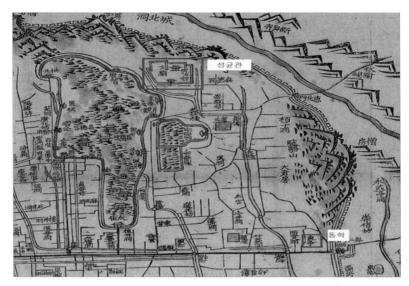

〈그림 2〉 수선전도: 동학(서울역사박물관 소장, 『이태원: 공간과 삶』(2010), 30쪽)

있도록 재원을 마련해 주었다. 그러나 생도의 인원이 늘어가면서 부학의 증치가 필요하게 되었다. 세종은 도학당인 남부학당에 이어서 중부학당, 그리고 동부학당과 서부학당을 차례로 건립하여 생도들을 나누어서 교육할 수 있게 하였다.

세종이 중부·동부·서부 학당을 언제 건립했는지 확실하지는 않다. 『세종실록』에 의하면 1420년(세종 2) 1월 세종이 전 참판 신개申槩를 학당 조성색 제조로 삼았다고 하였고, 같은 해 10월 세종은 주서注書 변효문卞孝文을 시켜서 학당을 조성한 관리와 장인들에게 음식을 내렸다.[40] 이 두 기사를 통해서 1420년에 새로운 학당이 건립된 것을 알 수 있다. 이때 중부·동부·서부 학당이 일시에 건립되었다고 단언하기는 어렵다. 5부 가운데 북부를 제외한 4부에 학당이 건립되어 사학四學이라고 불리기도 하였다.

세종은 태종이 끝내지 못한 사학四學의 건물을 건립하고, 교관제도를

---

[40] 『世宗實錄』 권7, 世宗 2년 1월 10일(己酉); 권10, 世宗 2년 10월 12일(丁未).

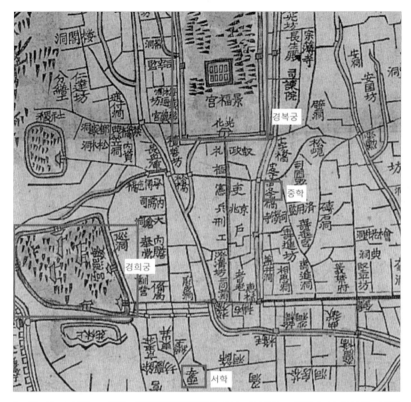

〈그림 3〉수선전도: 서학, 중학(서울역사박물관 소장, 『이태원 : 공간과 삶』(2010), 30쪽)

정비하는 데서 그치지 않았다. 그는 왕위에 즉위하면서부터 인재 양성에 대해 깊은 관심을 보였다. 그가 던진 질문은 "학교 시설과 교관이 갖추어지고 최선을 다해 가르치는데도 왜 생도의 정원이 채워지지 않을까?" 하는 것이었다. 그는 의정부와 육조에게 생도들이 학교에 오지 않는 것은 교관의 교육 방법에 문제가 있는 것인지 학생들이 좋아하는 취향이 있는 지를 살펴서 관학을 진작시킬 방법을 검토 연구하여 보고하게 하였다. 향교의 경우 생도生徒 중에 비록 학문에 뜻을 둔 사람이 있더라도, 향교의 잡무에 동원되어 학업에 전념하지 못하니 교생들에게 일을 시키지 말게 하고, 지방 유사儒士들이 사사로이 서원을 설치하여 생도를 가르친 자가

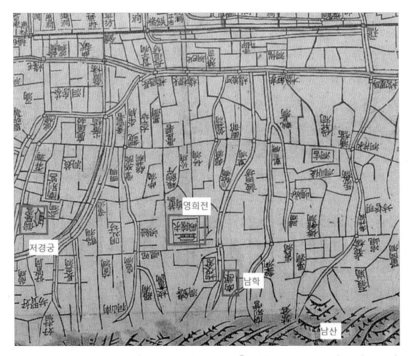

〈그림 4〉 수선전도 : 남학(서울역사박물관 소장, 『이태원 : 공간과 삶』(2010), 30쪽)

있으면 포상하겠다고 하였다.[41] 세종은 교육 환경 개선에 힘썼다. 교관이
퇴근한 후에 생도들이 학업에 집중하지 못하기 때문에 이들을 감독할
교관을 따로 두었다.[42] 성균관의 유생과 학당의 생도에게 매달 초8일과
23일에 집에 다녀오도록 한 달에 두 번씩 휴가를 주었다.[43] 세종 즉위
초에 학당을 급히 짓다보니 서부학당은 서부의 백악 서동에 있는 자은종
경고京庫에 설립되었으나, 서학학당의 생도들이 학당에 다니기에는 멀어
서 다른 곳으로 옮기게 하였다.[44]

그는 성균관·사학四學·향교의 교과 과정과 교재에 관한 문제에도 관심

---

41) 『世宗實錄』 권2, 世宗 즉위년 11월 3일(己酉).
42) 『世宗實錄』 권11, 世宗 3년 3월 26일(戊子).
43) 『世宗實錄』 권18, 世宗 4년 10월 8일(壬辰).
44) 『世宗實錄』 권25, 世宗 6년 8월 30일(壬申); 권42, 世宗 10년 11월 14일(戊戌).

을 두어 학교에서 활용할 교재를 배포하였다. 우선 지방에서 간행한 서책들을 성균관과 학당에 보내서 활용하게 하였다. 예조에서는 각 도에서 인쇄하여 올려 보낸 오경과 사서를 10부씩 성균관과 학당에 보냈다. 이렇게 공식적으로 교재 배포 이외에 경상도 관찰사 하연이 인쇄하여 세종에게 올렸던 『입학도설』·『주역』·『시전』·『춘추』·『중용』·『대학』·『논어』·『효행록』·『전서篆書 천자문』·『대자大字 천자문』 등을 성균관·교서관·사부 학당四部學堂에 나누어 주었다.[45] 예조에서는 조선에서 출판한 『소학』이 음훈과 주해가 미비하다고 음훈과 주소註疏와 명물도상名物圖象이 매우 잘 갖추어진 중국의 『집성소학集成小學』을 청하였다. 세종은 중국으로 가는 사신 편에 『집성소학集成小學』 1백 권을 사오게 하였다.[46]

전국의 향교에 교재를 배포하는 문제는 쉽지 않지만, 세종은 1441년(세종 23)에 『직해소학』 200부를 간행해서 각 고을의 향교와 문신에게 반사하였다.[47] 『소학』이 유학의 기본 서적이기 때문에 세종은 널리 보급하여 교화하려 한 것이다. 세종은 각도의 관찰사에게 이학理學의 연원을 강구하는 서적인 『성리대전』·『사서대전』·『오경대전』 등을 판목에 새겨 두었으니 필요한 서책들을 찍어낼 종이를 올려 보내면 간행해주겠다고 전지하였다.[48] 그는 지방의 교화 차원을 넘어 유학을 공부할 사람들을 배려하기 위해서 관가든 개인이든 종이를 올려 보내면 서책을 인출해주겠다고 제안하여, 서책을 구하기 힘든 지방에서 필요한 서책을 구할 수 있는 길을 마련해 두었다. 1444년(세종 26) 세종은 안질 치료차 청주 초수리에 행궁을 짓고 거둥했던 인연으로, 청주 향교에 『통감훈의通鑑訓義』·『성리군서性理群書』·『근사록』·『통감강목』·『유문柳文』·『한문韓文』·『통감절요』·『집성소학』·『사륜집絲綸集』 등 신유학과 문장을 학습할 서책 각 한 벌씩을 하사하였다.[49]

45) 『世宗實錄』 권30, 世宗 7년 11월 2일(丁酉).
46) 『世宗實錄』 권30, 世宗 7년 12월 23일(戊子).
47) 『世宗實錄』 권94, 世宗 23년 10월 18일(辛巳).
48) 『世宗實錄』 권70, 世宗 17년 10월 25일(癸亥).
49) 『世宗實錄』 권105, 世宗 26년 8월 14일(庚申).

세종이 즉위 초에 성균관·사학·향교 등에 반사한 서책은 『소학』·사서
四書·오경 등이 주를 이루고 있다. 교과 과정도 경학에 치중되어 있고,
평가도 강서講書가 주를 이루었는데, 『소학』을 바탕으로 한 유학적 교화와
신유학을 지향하고 있었기 때문이다. 이러한 학문의 경향으로 1396년(태
조 4)의 과거법에서는 진사시가 폐지하고, 생원시만 시행하게 하였다.
이 과거법으로 1438년(세종 20) 진사시가 복구될 때까지 생원시만 시행
되었다.[50] 관학의 교과 과정이나 과거 과목이 경학에만 치중되면서 강서
와 제술의 균형이 깨지게 되었다.

1407년(태종 7) 유학 제조儒學提調 권근은 권학사목에서 이러한 경향을
지적했다.[51] 실학을 위해 강서 시험을 의의疑義로 하지 않고 강론講論으로
했으나, 경학에 뛰어난 인재가 나오지 않을 뿐이 아니라 문장에 뛰어난
인재도 줄어들고 선비의 기상에 저해되었다고 평가하였다. 경서를 읽고
암송하며 뜻을 기억하는 것이 심오한 경학의 의리를 깊이 탐구하고 기상
을 키우는 데는 도움이 되지 않으니, 경학을 깊이 이해하고 문장도 진작시
키기 위해서는 의의疑義로 시험해야 한다고 하였다.

권근은 또한 시장詩章에 대해서도 언급하였다. 시문 창화唱和가 선비의
말기末技이기는 하나, 인재의 성쇠와 관련이 있으니 폐지할 수 없다고 하
였다. 중국의 사신이 와서 시문 창화를 할 때가 있을 것이므로 3품 이하의
문신들을 매년 봄과 가을 2회 시를 짓게 해서 서용의 근거로 사용하고,
서울과 지방의 관학에서도 시를 짓게 하여 상을 줌으로써 권면하게 하자
고 하였다.

권근은 경학을 한다고 해서 문장을 포기할 수 없다고 하였다. 그는
경서를 강론하고 암송하는 것에만 몰두하면서, 의리를 깊이 이해하고
문장에 힘쓰지 않으면 용렬한 선비가 된다고도 하였다. 경학을 하면서
문장도 익혀야 심지와 기상이 견고하고 넓어지며 문장도 진작시킬 수
있으니 강론에만 치우쳐서는 안된다는 주장이다. 권근의 의견에 따라

---

50) 『世宗實錄』 권80, 世宗 20년 2월 7일(辛酉).
51) 『太宗實錄』 권13, 太宗 7년 3월 24일(戊寅).

문과 초장은 의의로 시험한다는 내용이 『속육전』에 실렸지만, 얼마가지 않아 『원육전』에 의거하여 강론 시험이 복구되었다.[52] 세종 때에도 문과 초장에서 경서의 강론으로 시험하기도 하고, 의의로 시험하기도 하였다. 이러한 조선 초기의 학풍으로는 관학이나 과거에 시학詩學을 도입하는 것은 쉽지 않은 일이었다.

세종은 즉위 초에 이미 문장의 중요성을 인식하고, 문과 초장을 의의로 전환하려는 마음이 있었으나, 조종의 성헌成憲을 고칠 수 없다는 관료들의 충고를 받아들여 부왕인 태종이 사망할 때까지 기존의 경향을 유지하였다. 그러나 부왕이 사망한 이후 1423년(세종 5) 식년문과의 초장에 의의로 시험하기 시작하였다.[53]

세종이 시학詩學을 거론한 것은 1435년(세종 17)이었다. 그는 경회루에서 『통감훈의通鑑訓義』의 찬집관撰集官을 위한 잔치를 베풀었다. 세종은 이 자리에서 유생들이 시학을 좋아하지 않는 것은 자신이 시학을 숭상하지 않기 때문이라고 언급하였다. 세종은 자신이 후세에 시학을 숭상하지 않았다고 평가되더라도 해될 것은 없지만, 예전 성현들은 시와 부賦에도 능하였고, 자신도 시학에 뜻이 있다고 하면서 잔치에 모인 관료들에게 시를 짓게 하였다.[54]

이런 일이 있은 후 집현전 대제학 이맹균李孟畇 등이 시학의 진흥을 위한 조건을 올렸다. 그들은 시학이 폐지되어 대소 문사들이 시법을 알지 못하여서 문재文才가 온전하지 못하고, 관료로서 결함이 되니 말기末技라고 하여 전폐해서는 안된다고 하였다. 그들이 세종에게 올린 시학 진흥 조건은 첫째 진사시를 복구하여 시로 인재를 선발하자는 것, 둘째 문과 중장 과목으로 시를 사용하자는 것, 셋째 관학에서 『초사楚辭』, 『문선文選』, 이

52) 『太宗實錄』 권33, 太宗 17년 1월 19일(丙午).
   1417년의 과거법은 경서의 강론을 채용하였으나, 배송이라 아니라 임문(臨文) 고강으로 바뀌었다.(박천식, 「문과 초장 강제시비고 -선초 과거제도의 성립과정에 관한 일고찰-」, 『동양학』 6, 1976, 112쪽.)
53) 『世宗實錄』 권19, 世宗 5년 3월 13일(甲午).
54) 『世宗實錄』 권68, 世宗 17년 6월 8일(戊申).

백·두보·한유·유종원·구양수·왕안석·소식·황정견 등 역대 제가諸家의 시를 익히게 할 것, 넷째 4품 이하의 관료에게도 이백·두보·한유·유종원 등의 시를 익히게 하자는 것이었다. 세종은 이 의견을 경청하고 시행하기 시작하였다.[55]

그 첫 단계로 관학에서의 시학 학습을 허락하였다. 1436년(세종 18) 예조에서는 사학四學에서 교관이 시학을 가르치기를 청하였다. 그 이유는 교관이 평소에 시학을 가르치지 않고 날마다 시부를 짓게 하니 이익이 없고 또 동몽童蒙으로 시부를 지을 줄 모르는 자는 또한 글을 읽지 않게 되어 학문을 폐함이 더욱 심하기 때문이라고 밝혔다. 예조에서 제시한 방안은 오부五部의 생도로 시를 배울 만한 자는 중부 학당에 모아서 각부各部의 교관 중에서 시를 아는 자 두어 사람을 골라서 날마다 가르치게 하고, 한편으로 문신들은 전례대로 돌아가면서 사학에 가서 시부의 글제를 내어 등급을 매기게 하고, 시부를 잘 짓지 못하는 생도는 교관에게 가르치게 하자는 것이었다. 세종은 예조의 의견을 받아들였다.[56]

둘째 단계로 진사시를 복구하였다. 세종 즉위 초부터 진사시 복구를 요구해 왔다. 1419년(세종 1) 변계량과 허조, 1428년(세종 10) 성균관 사성 정곤鄭坤. 1431년(세종 13) 중부 교수관 정종본鄭宗本, 1435년(세종 17) 집현전 대제학 이맹균 등이 진사시 복구를 청하였으나 허락되지 않았다. 진사시 복구의 명분은 사장詞章 폐지가 불가하다는 것과 생도의 인원이 급증하는데 유생이 되는 길이 너무나 좁다는 것이다. 1428년과 1431년에 진사시 복구를 청한 관료가 성균관과 사학 소속이라는 점이 눈길을 끈다. 관학의 교수관들이 왜 진사시 복구를 청하였을까?

태종과 세종 때에 성균관·사학·향교가 정비되었다. 태종 때에 성균관의 시설과 장학 제도가 마련되었고, 사학은 세종대에 완비되었다. 향교 역시 태종과 세종대에 150여 곳이 설립되었다. 학교가 증설되므로 세종대의 생도가 4,000~5,000명에 이르렀는데 3년마다 치르는 생원시로

---

55) 『世宗實錄』 권68, 世宗 17년 6월 26일(丙寅).
56) 『世宗實錄』 권72, 世宗 18년 5월 24일(己丑).

100명을 선발하여 유생이 되는 길이 너무 좁으니, 진사시를 치러서 소과 합격자의 수를 늘이자는 것이었다.[57]

세종은 진사시 복구를 위해서는 먼저 시학에 대한 자신의 생각을 관료들에게 이해시키고, 관학에서 시학을 가르치면서 분위기가 조성되기를 기다렸다. 이러한 조건들이 갖추어진 후에 1438년(세종 20) 처음으로 진사시를 치러서 신숙주 등 100명을 뽑았다.[58] 세종은 사장의 폐단을 들어서 진사시 시행에 대해 반대할 것을 염두에 두고, 사장으로 진사를 선발하는 것은 어린 생도들을 권장하기 위한 것이라고 하면서 25세 이상은 진사시에 응시하지 못하게 하였다. 또한 사장詞章으로 선발된 진사가 경학으로 선발된 생원 보다 아래에 있다는 것을 분명히 밝혀 성균관에서 생원 뒤에 진사를 앉게 하였다.

이렇듯 세종은 관학 설립, 관학 교재 배포, 교과 과정 등을 관료들과 논의하고 설득해가면서 토대를 마련하여, 과거법에도 영향을 끼쳐 진사시를 복구하여 생원진사시의 틀을 만들었다. 세종은 진사시를 복구한 것 이외에도 부왕인 태종이 마련한 틀을 유지하면서 새로운 시험도 시행하였다. 태종대에 시행되어 전례가 된 시험은 국왕의 즉위를 축하하는 증광시, 중시 문·무과, 중시 대거 별시 문·무과, 알성 문·무과 등이다. 세종은 이외에도 2번의 별시 문·무과를 시행하였다. 2회의 별시 문·무과는 모두 식년 다음해에 시행된 시험이었다. 1439년(세종 21) 영집현전사領集賢殿事 황희·허조, 집현전 대제학 신개·이맹균, 제학 권제·정인지, 부제학 안지 등이 별시 시행을 반대하였다. 이들이 지적한 문제는 첫째, 별시가 많은 선비들이 마음이 들뜨게 해서 글 읽을 겨를이 없어 훌륭한 답안이 적다는 것이다. 둘째, 사실 선비들이 학업을 이루기까지는 시간이 필요하고, 과거 시험 시기가 일정해야 선비들이 안정적으로 수험 준비를 할 수 있는데 의외의 시험이 시행되어 선비들이 요행을 바라게 되는 단서가

---

57) 김우영, 「조선 초기 진사시 성립 과정 연구」, 『교육 사학 연구』 25, 2015, 76~79쪽.
58) 『世宗實錄』 권80, 世宗 20년 2월 7일(辛酉).

된다는 것이다.

1439년 8월에 치른 별시 문·무과는 초시와 전시로 이루어졌다. 문과 초시는 성균관에 거재居齋하는 생원·진사·유학이 응시대상인 성균관시와 한성시를 치르게 하였다. 초시의 시험 과목은 사서 의의疑義였으며 성균관 시와 한성시에서 각각 30인을 선발하였다.[59] 여기에서 합격한 초시합격 자를 대상으로 세종이 친히 사정전에서 8월 18일과 19일에 강경 시험을 치루고,[60] 8월 20일 근정전에서 책문을 시험하여서 10명을 선발하였 다.[61] 무과 초시는 훈련관시訓鍊觀試로 50명을 선발하였는데, 시험과목은 철전鐵箭 200보步 이상이었다.[62] 전시는 8월 21일 세종이 사정전에서 친 히 무경과 경서 중에서 한 책을 뽑아서 강경 시험을 치루고 나서 경회루에 서 철전 280보 이상 쏘는 자를 선발하였다.[63]

1442년(세종 24) 8월에 치른 별시 문·무과도 초시와 전시 등 2단계로 이루어진 시험이었다. 이해의 응시자격은 1439년 보다 상세하였다. 문과 초시인 성균관시는 성균관에 거재居齋하는 생원·진사·유학으로 1442년 8월 초1일 이전에 입학한 자에게만 응시자격이 주어졌으며, 한성시는 현직 종3품 이하, 전함前銜 6품 이상, 사학四學에 1442년 8월 초1일 이전에 입학한 생도, 이문吏文·한학·역산曆算 생도, 성중관成衆官 등에게 응시자격 이 주어졌다.[64] 시험 과목은 1439년과 같았으며, 전시 역시 강경과 책문 을 시험하여 8명을 선발하였다. 별시 무과 초시인 훈련관시의 응시자격 은 시임時任·산임散任 종3품 이하로 하였다.[65]

별시 문·무과 응시 자격을 통해서 세종이 별시를 시행한 의도를 확인할 수 있다. 문과는 특히 성균관 유생과 사학 생도 그리고 관원이 응시 대상

---

59) 『世宗實錄』 권86, 世宗 21년 8월 11일(丁亥).
60) 『世宗實錄』 권86, 世宗 21년 8월 18일(甲午); 世宗 21년 8월 19일(乙未).
61) 『世宗實錄』 권86, 世宗 21년 8월 20일(丙申).
62) 주 59 참조.
63) 『世宗實錄』 권86, 世宗 21년 8월 21일(丁酉).
64) 『世宗實錄』 권97, 世宗 24년 8월 2일(己丑).
65) 『世宗實錄』 권97, 世宗 24년 8월 3일(庚寅).

이었다. 세종은 관학의 진흥을 위해서 학생들에게 별시 응시자격을 주었으며, 종3품 이하의 관료들에게도 기회를 준 것이다. 이 관원들은 문음 출신으로서 관직에 진출한 이후에도 학문에 관심을 두어 학업을 이루도록 권면하려는 의도였다. 세종의 인재 선발은 일관되게 관학과 과거 시험을 연계시키고, 다른 한편으로는 문음 관료에게도 과거의 기회를 주려했다.

II

인재 양성의 중흥

1. 성종과 문신 정시

성종은 뜻하지 않게 13세에 왕위에 오르게 되었다. 수렴청정을 하게 된 정희왕후는 어린 국왕 교육에 최선을 다하였다. 성종이 즉위하자마자 국왕 교육을 위한 경연 사목을 마련하여 그 다음해인 1470년(성종 1) 1월에 조강과 주강 등 하루에 2회의 경서 공부를 시작하였다. 그리고 2월부터 석강까지 실시하였다. 1476년(성종 7) 1월 정희왕후의 수렴청정이 끝나고 성종의 친정이 시작되기까지 덕치를 이룩할 유학적 국왕으로 교육되었다. 1470년부터 1475년(성종 6)까지 6년간 성종은 연평균 조강 247일(68.6%), 주강 221일(60.5%), 석강 219일(60%)을 실시하였다.[66] 이 뿐만 아니라 1471년(성종 2)부터는 야대夜對까지 시행하였다. 그 횟수는 다른 경연과 비교할 정도는 아니지만 가장 야대 횟수가 많았던 1474년(성종 5)에는 3~4일에 1회 꼴로 야대에 나갔다.[67] 성종은 학문과 치세治世에 도움이 될 경서와 사서를 공부하면서 철저하게 유학 군주로 키워졌다 해도 과언이 아니었다.

---

66) 김중권, 「조선조 경연에서 성종의 독서력 고찰」, 『서지학연구』 32, 2005, 558~561쪽, 〈표 3〉 조강회수, 〈표 4〉 주강 회수, 〈표 5〉 석강 회수 참조.
67) 김중권, 앞의 책, 562쪽 〈표 6〉 야대 횟수 참조.

성종은 유학 군주답게 '택사擇士'에 깊은 관심을 가졌다. 성종은 관학의 육성과 유학적 소양을 갖춘 관료를 육성할 방안들을 마련하였다. 성종 때 관학의 문제는 성균관이나 사학四學의 유생과 생도의 정원을 채울 수가 없다는 것과 유생과 생도들이 경학에 관심을 두지 않는다는 것이었다. 1470년(성종 1) 예조에서 경학 육성 방안으로 내놓은 것은 성균관의 경우 3달에 한 번씩 의정부·육조 그리고 여러 관館의 당상이 성균관에 가서 사서四書를 강하게 하여 한 가지 경전에 능통한 사람 중에서 벼슬을 원하는 사람이 있다면 서용하자는 것이었다. 지방의 경우는 문과에 합격하지 못한 관원이 교수가 되는데, 향교 교육의 질적 향상을 위해서 도호부 이상 군현에는 수령을 문신으로 제수하고, 여의치 않으면 생원과 진사로라도 충당하자고 하였다. 그리고 수령들이 교생校生들을 학업이 아닌 일에 동원하여 공부하지 못하게 하는데 이러한 일들을 금하자는 것이었다. 성종은 이러한 방면을 적극 수용하여 연말에 성균관 유생을 강서시험으로 서용하라고 하였다.[68]

예조에서 제안한 방안 이외에도 성종은 전강과 춘추 도회를 실시하였다. 전강은 국왕이 매월 1일과 15일에 성균관 유생을 궐내로 불러서 국왕이 친히 시험하는 것이다. 실록에서 전강이 처음 보이는 것은 세조 때이다. 세조는 1457년(세조 3) 성균관 관원에게 유생들을 대궐로 데리고 오게 하여 강서시험을 치렀다.[69] 세조는 그 이후로 가끔 성균관 유생을 대궐로 불러서 친히 강서시험을 치르다가 1462년(세조 8) 5월에 매월 1일 대조회 하루 전에 유생들의 명단을 승정원에 들이면 유생 3~4명을 정하여서 대조회날 대궐에 나오게 하여 친히 강경 시험을 치르게 하겠다고 예조에 전지하였다.[70] 세조는 그해 매월 1일 이외에 15일에도 성균관 유생을 불러서 친히 강서시험을 행하였다. 이것이 전례가 되어 매월 1일과 15일 전강이 행해졌다. 성종은 이러한 전례를 그대로 받아들여서 꾸준

---

68) 『成宗實錄』 권8, 成宗 1년 11월 8일(壬午).
69) 『世祖實錄』 권9, 世祖 3년 10월 7일(丁酉).
70) 『世祖實錄』 권28, 世祖 8년 5월 9일(癸卯).

히 성균관 유생의 전강을 행하였다. 성균관 유생의 전강 점수는 문과 관시나 한성시 점수에 합산하였다.[71]

성종은 성균관 유생들이 경학에 힘을 기울이도록 유도하면서 유생의 문체 개선 방안도 강구하였다. 1472년(성종 3) 성종은 유생들의 문체가 어렵고 괴벽한 것을 지적하고 개선 방안을 의논하라고 예조에 전교하였다. 예조에서는 유생들에게 평이하지만 명백하게 쓰게 하고, 문리文理와 말의 뜻을 통달한 이들을 교관으로 삼자고 하였다.[72] 신숙주와 최항 역시도 유생들의 과거 답안 문체가 경박하고 화려함만을 추구한다고 지적하고, 명망 있는 문신 4인을 선택하여 돌아가면서 한 사람씩 성균관에 가서 서책을 강講하고 제술하게 하자고 제의하였다.[73] 성종은 성균관 유생들의 제술을 위해서 매달 도회를 하였으나, 예조에서 매달 도회를 여는 것은 폐단이 있으니 세종과 세조가 행한 전례대로 3월 3일과 9월 9일에 의정부·육조·관각 당상 각 1인과 예조와 성균관 당상 전원이 참여하여 유생들에게 시험하자고 청하여 항식으로 삼았다.[74]

성종은 성균관의 정원 220명을 채우지 못하는 현상에 대해서 몇 가지로 처방을 내렸다. 첫째, 성균관 문묘에 알현하고 알성문과를 시행하였다. 성종은 재위 기간 25년 동안 거의 2~3년에 1회씩 정기적으로 성균관에 가서 알성문과를 시행하였다. 그 이전에는 이처럼 정기적인 알성문과가 시행된 적은 없었다.

둘째, 1477년(성종 8) 성종은 성균관에서 대사례를 행하였다.[75] 대사례는 그 이전에도 있었지만, 야외에서 이루어졌다. 중국에서도 당송 시대에 대사례를 행한 기록이 있으나 대개 야외에서 이루어졌다. 중국 고제古制에서는 국학에서의 대사례에 대해서 기술하고 있으나, 중국 한 대 이후 행한 대사례는 학교에서 이루어진 적이 없다. 그런데 성종이 중국의 고례

---

71) 『成宗實錄』 권11, 成宗 2년 9월 26일(乙未).
72) 『成宗實錄』 권18, 成宗 3년 5월 16일(壬子).
73) 『成宗實錄』 권24, 成宗 3년 11월 26일(戊午).
74) 『成宗實錄』 권23, 成宗 3년 10월 11일(甲戌).
75) 『成宗實錄』 권83, 成宗 8년 8월 3일(丁酉).

古禮를 모범으로 삼아서 성균관에서 대사례를 행하였다. 대사례의 의례 절차는 중국 당나라의 것과 같았으나 장소가 달랐다. 중국에서의 대사례 는 군례軍禮에 속하였다. 조선에서는 세조가 처음으로 대사례를 행하였으 나, 그것 역시 군사적 성격의 것이었다. 그러나 성종이 성균관에서 대사 례를 행한 것은 군사적 성격이 아니다. 그가 대사례를 통해서 고례에서 추구했던 것처럼 군신의 의리, 택사擇士 그리고 예양禮讓을 배우기 위한 것이었다.[76] 성종은 대사례를 행하기 전에 알성문과를 시행하였다. 그럼 에도 성균관에서 대사례를 행한 것은 그가 '택사'에 관심을 두고 있으며, 성균관이야말로 선비를 가려 택할 곳이라는 것을 유생들에게 깨닫게 하 려는 것이었다.

셋째, 성균관 유생의 학업을 권면하는 별시의 시행이다. 태종이 실행하 여 비정기시가 된 것은 국왕의 즉위를 축하하는 증광시, 관료만이 응시자 격이 있는 중시와 중시 대거 문·무과(별시), 성균관에서 설행되는 알성시

〈그림 5〉 대사례도(국립중앙박물관 소장, 국립중앙박물관이 창작한 궁중행사 대 사례 장면의 이미지 활용)

---

76) 박종배, 「조선시대 성균관 대사례의 시행과 그 의의」, 『교육사학연구』 13, 2003, 35~41쪽, 44~48쪽.

이다. 세종도 식년에 시행하는 과거 이외에 비정기시는 태종의 전례를 따랐다. 이 전례에 새로운 시험을 더 설행했던 국왕은 세조였다. 그는 조카의 왕위를 찬탈한 국왕으로서 국정의 안정과 측근의 신뢰를 키우기 위해서 과거를 활용하였다. 세조가 설행한 잦은 과거는 부작용을 낳았다. 우선 유생들의 학습 태도가 변화되었다. 위에서 대신들이 언급했던 것처럼 경박하고 화려한 문체를 사용하여 요행히 합격하기를 바라는 부류가 생겨났다. 그리고 시험을 예측하여 전국의 유생들이 한양으로 모여들었다.

성종도 이러한 부작용을 알고 있었지만, 유생들이 성균관에 기거하게 하면서 학문을 진흥시키기 위해서 1491년(성종 22) 별시를 시행하였다. 이때 성종은 유생들이 성균관에 기거하지 않는 것을 걱정하여 대신들에게 의논하게 하였다. 관료들이 내놓은 대안은 불시에 성균관에 기거하는 유생들의 명단을 받아 시험하는 것이 좋겠다고 하였다. 성종은 주서에게 성균관에 있는 유생 명단을 가져오게 하여 다음날 그들만을 대상으로 강서시험을 치렀다.[77] 그리고 별시를 시행하기로 하였다.

대간들은 잦은 과거 설행의 폐단을 언급하면서 별시 시행을 반대하였다. 이에 대해 성종은 부작용을 알고 있지만 성균관 유생에게 학문을 권면하기 위한 것으로 부득이하다고 뜻을 꺾지 않았다. 결국 성종의 고집으로 별시가 시행되었는데, 이 시험의 특징은 오로지 성균관 유생만을 대상한 시험이었다. 인정전에서 대책을 내어 6명의 유생을 합격시켰다.[78]

성종은 출사한 관료에 대해서도 전강, 과시課試, 월과月課 등을 철저하게 시행하였다. 문신의 전강, 과시, 월과 등은 성종 때에 처음 시행한 것은 아니었지만, 성종은 꾸준히 시행하였다. 전강은 세조가 집현전을 혁파하고 난 후 오랜 동안 경연을 열지 않았다가 1456년(세조 2) 문신들에게 경서를 강하게 한데서 비롯되었다.[79] 세조는 1462년(세조 8) 매월 1일과

---

77) 『成宗實錄』 권251, 成宗 22년 3월 14일(庚寅); 3월 15일(辛卯).
78) 『成宗實錄』 권252, 成宗 22년 4월 7일(壬子); 4월 8일(癸丑).
79) 『世祖實錄』 권5, 世祖 2년 9월 5일(壬申).

15일에 문신과 함께 성균관 유생을 대궐에 불러들여서 강경을 하게 하였다.[80] 그러므로 문신 전강과 유생 전강이 1달에 두 번씩 시행되어야 하나, 제대로 날짜를 지켜 시행되지는 않았던 것 같다.

성종이 즉위하자 승정원에서는 세조와 예종 때의 전례를 들어서 전강 시행을 청하였다. 성종은 1일과 15일에 문신 4~5명과 유생 5명씩을 선정전으로 불러서 전강을 실시하였다.[81] 성종이 친정을 시작한 이후에 전강은 제대로 실행되지 못하였다. 게다가 1478년(성종 9) 홍문관이 기능하기 시작하면서 전강이 이루어지지 못했다. 1481년(성종 12) 12월 경연의 시독관 이창신李昌臣이 전강을 부활할 것을 청하였다. 성종은 바로 전강을 실시하여 우등자에게 안장이 갖추어진 말을 하사하였다.[82]

이것을 기화로 성종은 1482년(성종 13) 문신들에게 일경一經이라도 전공하게 하여 문신들이 경학에 소홀히 하지 않게 하였다. 성종은 병조 판서 서거정 등을 불러서 경학을 전공할 문신들을 선발하게 하여 45명의 문신을 뽑았다. 그 후 성종은 문신들에게 경학을 전공시키는 것이 합당한 지의 여부를 대신들에게 의논하게 하였다. 노사신은 과거를 준비할 때 삼경을 공부하지만 직무가 있는 관료들이 삼경을 공부하기에는 어려운데 일경을 전공하는 것은 가능한 일이라고 하였다. 다만 나이 제한을 두어 30세 미만 관료들에게 식년마다 일경을 나누어 주어 공부하게 하자는 방안을 제시하였다.[83]

성종은 경학을 전공하는 전경문신을 정하여 경학에 힘쓰게 하면서 한 편으로는 1487년(성종 18) 이후로 제술에 능한 문신을 뽑아서 배율排律·율시律詩·대책 등을 짓게 하고 우등한 문신에게는 시상하는 문신과시課試를 시행하였다. 문신들에게 과시를 부과한 것은 홍문관 관원의 정원이 제한적이어서 이들에게만 문한을 맡길 수 없었기 때문이다. 성종은 홍문

80) 『世祖實錄』 권28, 世祖 8년 5월 8일(壬寅).
81) 『成宗實錄』 권7, 成宗 1년 8월 19일(甲子).
82) 『成宗實錄』 권136, 成宗 12년 12월 9일(己酉); 권137, 成宗 13년 1월 3일(壬申).
83) 『成宗實錄』 권137, 成宗 13년 1월 4일(癸酉); 1월 6일(乙亥); 1월 7일(丙子); 1월 11일(庚辰).

관 관원만이 아니라 많은 문신들이 제술에 능해서 중국 사신을 압도해야 그들이 조선을 가볍게 보지 않을 것이라고 여겼다. 성종은 1488년(성종 19) 중국 사신의 시를 차운한 것이 모두 졸렬하여서 사신에게 보이지 못하였다고 질책하였다. 승정원에 전교하여 어떻게 하면 문사文士를 배출할 수 있는지 방안을 마련하도록 하였다.[84]

『성종실록』에는 논의 내용이 보이지는 않지만, 『경국대전』에는 권장 사항이 명시되어 있다. 『경국대전』에는 문신전강과 문신과시를 나누어서 설명하고 있다. 문신전강은 정3품 당하관 이하로 37세 이하의 문신 중에서 전경문신을 뽑아서 시험하여 상벌을 준다고 하였다. 1482년 노사신이 논의할 때는 30세 미만의 문신으로 한정했으나, 법전에는 37세 이하로 범위가 넓어졌다. 문신 과시는 정3품 당하관 이하로 50세 이하인 문신 중에서 뽑아 2월과 8월에 시험하여 최하등급을 받으면 파직시키고, 연속하여 3번 우등한 문신은 자급을 올려주며, 간격을 두고 3번 수석한 문신은 승진시킨다고 규정하였다.[85]

성종은 나이가 어리고 총명한 관원에게 사가독서를 내리기 위해서 절목을 마련하도록 하였다. 이것은 1476(성종 7) 대사헌 윤계겸尹繼謙이 인재 양성에 대한 상소를 올리면서 능력이 뛰어난 어린 문신들을 선발하여 한직을 주고 사무를 맡기지 말아서 학문에 전념하고 문장에 힘을 기울이게 한다면 인재를 배출할 수 있을 것이라고 제안하였다.[86] 성종은 이 상소로 인해 사가독서 절목을 마련하게 한 것이다.

사가독서는 세종 때의 전례에 따라서 나이가 적고 총민한 문신 6명을 뽑아서 한적한 곳에서 독서하게 하였다. 사가독서의 절목은 첫째, 사가독서자가 읽은 경서와 역사서의 권수를 3월, 6월, 9월, 12월마다 기록하여 아뢰어야 한다. 둘째, 이들에게 매달 3번씩 제술하게 하여 등위를 정한다. 셋째, 이들은 사가독서 기간에 정월과 동지 및 큰 경사나 하례 이외 모든

---

84) 『成宗實錄』 권214, 成宗 19년 3월 20일(甲申).
85) 『經國大典』 권3, 「예전 장권조(獎勸條)」.
86) 『成宗實錄』 권67, 成宗 7년 5월 15일(丁巳).

모임에는 참석하지 못하게 하였다. 서거정은 성 안의 여염집은 사가독서 장소로 공부하기에 합당하지 않으니 세종 때처럼 한적하게 산사山寺에서 공부하게 청하여 성종이 허락하였다.[87]

그 후 흉년으로 간혹 사가독서가 시행되지 못하기도 하였지만, 성종은 사가독서를 하는 관원들에 대한 깊은 신뢰를 갖고 지원을 아끼지 않았다. 성종은 1493년(성종 24) 용산강 근처에 독서당을 지어 선온을 자주 내렸고 주악도 내려주었다. 대간이 주악을 내린 것을 비판하자, 성종은 학문을 장려하고 홍문관을 우대하기 위한 것이었다고 말함으로써 그가 사가독서자에 대한 기대감을 표시하였다.[88] 성종은 주로 젊은 홍문관 관원에게 사가독서를 내렸다. 성종에게서 사가독서를 받은 관원은 20명이었다. 그중에 김종직의 문인도 9명이 있었다.[89] 성종은 유학 군주로서 자질을 갖추기 위해서 각종 경연에 참석을 게을리하지 않았고, 자신이 터득한 학문적 성과를 실천에 옮겼다. 그 중 하나가 인재를 양성하고 가려 쓰는 일이었다. 선대 국왕의 전례를 따라 관학을 진흥시키고, 유생에게 학문을 권장하는 일들을 시행하였다. 성종은 또한 경학에 밝아서 유학적 가치를 높이 사는 관료들을 양산하고, 그들의 문장도 진작시켜서 중국의 관료보다 월등한 능력을 가진 인재와 정사를 돌보기를 원하였다.

2. 중종과 사가독서

반정으로 왕위에 오르게 된 중종은 연산군대에 폐지되었던 제도나 관청들을 부활하였다. 유학 정치 이념을 실현하려던 성종과는 달리 연산군은 전제적 왕권을 추구하였다. 그는 경연을 거의 시행하지 않았으며, 학술기관인 홍문관과 국왕의 정치를 비판하는 사간원을 혁파하였다. 뿐만 아니라 교육기관인 성균관의 기능을 마비시켰다. 연산군은 유학 정치에

---

87) 『成宗實錄』 권68, 成宗 7년 6월 4일(乙亥); 6월 27일(戊戌); 6월 28일(己亥).
88) 『成宗實錄』 권277, 成宗 24년 5월 12일(乙亥).
89) 김중권, 「성종조의 사가독서에 관한 연구-賜暇讀書者를 중심으로」, 『서지학연구』 14, 1997, 236~237쪽.

서 지향하는 방식을 거부하고 정권을 자신이 오로지하고자 했다. 그 결과 성종 때에 관계官界에 진출했던 신진 관료들이 화를 당하였고, 폐비 문제로 대신들까지도 등을 돌리게 되었다.

중종을 옹립한 반정 대신들은 중종을 유학적 가치를 추구하는 국왕으로 교육하고 유학적 도덕 가치를 추구하는 사회로 쇄신하고자 했다. 그것이 국왕을 축출하는 정변을 일으킨 명분이었기 때문이다. 중종도 역시 국왕으로서의 자질과 권위를 인정받기 위해서는 유학적 가치를 충실하게 현실에 적용시켜 가야 했다. 중종 때의 정국은 강한 신권이 부각되지만 그럼에도 중종이 포기하지 않고 꾸준히 추구하려 한 것은 인재 양성이었다.

중종은 연산군이 무너뜨린 성균관을 정비해야 했다. 연산군은 유생들을 영가迎駕·지송祗送·조하朝賀·조참朝參 때에 참석하게 하고, 교자까지도 메게 하여 학업을 닦을 겨를이 없었으며, 성균관을 호랑이와 표범의 우리로 삼아서 명륜당과 동·서 재실이 다 파괴되었다.[90] 중종은 즉위하자 우선 유생들이 거처할 수 있게 성균관의 동재와 서재, 명륜당의 동·서 협실, 정록청, 향관청 등을 속히 수리하라고 명하였다.[91] 중종은 유생들이 다시 성균관으로 나와 학업에 집중할 수 있는 방안을 강구하였다.

성균관의 건물 수리와 함께 시급하게 갖추어져야 했던 것은 성균관 교수진이었다. 유생들의 사표師表가 될 만한 인물을 성균관 관원으로 제수하려고 하였다. 인재 양성을 하는 성균관의 관원은 성균관 내에서 차차로 승진시키고 되도록 다른 직책에 서용하지 않는 것을 원칙으로 삼았다. 그러나 현실적으로 학식이 있고 행실이 바른 관원을 성균관에만 구임久任시키기는 어려웠다. 관학의 진흥을 언급할 때 항상 성균관 관원을 구임시켜야 한다는 논의가 나오는 것은 그렇지 못한 현실을 반증하는 것이기도 하다. 이러한 현실을 보완하기 위한 것으로 문명文名이 있는 관원들을 돌아가면서 성균관과 사학에 보내 경서를 강론하고, 제술을 시험하게 한 것이다.

---

90) 『中宗實錄』 권1, 中宗 1년 10월 5일(庚戌).
91) 『中宗實錄』 권1, 中宗 1년 11월 27일(壬寅).

중종은 관료들의 의견을 수렴하여 성균관 관원으로 합당한 관원들을 발굴하여 성균관에 구임시키면서 되도록 다른 관서로 옮겨 제수하지 않으려 하였다. 그는 이조에 명하여 성균관 관원으로 임용할만한 사람들을 초록하여 보고하게 하였으나, 보고가 늦어지자 이조 관원을 추고하였다.[92] 그로부터 4년이 지나 1514년(중종 9) 영의정 유순柳洵이 경학과 사장에 능하여 성균관 관원으로 합당한 인물 28명을 뽑아 중종에게 명단을 올렸다.[93]

중종은 여기에 만족하지 않고, 지속적으로 사표가 될 만한 성균관 관원에 관심을 가졌다. 그는 1516년(중종 11)에도 한양과 지방의 관원을 막론하고 유생을 가르치기에 합당한 인물을 의정부·이조·성균관 당상이 함께 의논하여 정하게 하였다.[94] 이에 의정부·이조·성균관 당상 등은 의논하여 52명을 추천하였다.[95] 52명 중에는 1514년에 추천된 인물 19명이 포함되어 있었다. 중종은 이처럼 조정에서 추천받은 인물로 『사유록師儒錄』을 만들어 두었다가 이조에 내려서 성균관 관원을 가려 택하게 하였다.[96]

---

92) 『中宗實錄』 권12, 中宗 5년 9월 24일(丁丑).
93) 『中宗實錄』 권21, 中宗 9년 12월 21일(己酉).
이때 추천된 28인은 김안국·윤탁·이행·홍언필·김정·소세양·이순량·배익신·김유·조유형·박호·진식(陳埴)·이위(李偉)·이득전(李得全)·곽수령(郭遂寧)·김가원(金可遠)·안중손(安中孫)·최호(崔灝)·임계중(任繼重)·황위(黃瑋)·최명창(崔命昌)·김양진(金楊震)·유보(柳溥)·성운(成雲)·신상(申鏛)·김희수(金希壽)·조방언(趙邦彦)·신봉전(申奉全) 등이다.
94) 『中宗實錄』 권25, 中宗 11년 6월 1일(辛亥).
95) 『中宗實錄』 권25, 中宗 11년 6월 19일(己巳).
정수강(丁壽崗)·방유령(方有寧)·최숙생(崔淑生)·김세필(金世弼)·이행(李荇)·김안국(金安國)·김안로(金安老)·김굉(金硡)·신공제(申公濟)·윤탁(尹倬)·이위(李偉)·조방언(趙邦彦)·김양진(金楊震)·유보(柳溥)·허지(許遲)·문근(文瑾)·송흠(宋欽)·한효원(韓效元)·이언호(李彦浩)·공서린(孔瑞麟)·신봉전(申奉全)·정순붕(鄭順朋)·홍언필(洪彦弼)·소세양(蘇世讓)·이원화(李元和)·권수익(權受益)·이수(李壽)·이겸(李謙)·민수천(閔壽千)·한충(韓忠)·최호(崔灝)·황사우(黃士佑)·문서귀(文瑞龜)·표빙(表憑)·조광조(趙光祖)·이득전(李得全)·김진조(金振祖)·박우(朴祐)·김환(金紈)·김구(金絿)·황효헌(黃孝獻)·안중손(安仲孫)·조유형(趙有亨)·배익신(裵益臣)·김유(金鏐)·서후(徐厚)·진식(陳植)·유돈(柳墩)·이순(李純)·이자(李耔)·박상(朴祥)·김정(金淨)

중종은 성균관 관원만이 아니라 윤차 관원에 대해서도 엄격한 규정을 만들어 항식으로 삼았는데, 문명文名이 있는 2품 이상 관원을 윤차 당상으로 정하여 돌아가며 한 달에 3번 성균관에 가서 유생들을 시험하게 하였다.[97] 그러나 윤차 당상들이 성균관에 가서 주로 제술로 등급을 나누고 비교하여 경박한 사습士習을 부추긴다는 상소가 계속되자, 중종은『소학』·『대학』의 도를 권면하고자 한다면서 경학을 강론하여 의리를 밝히고 학문의 방향을 가르치라고 구체적인 지침을 내리기도 하였다.[98]

중종은 성종이 그랬던 것처럼 성균관 유생들을 대궐로 불러서 전강과 정시庭試로 시험하였다. 특히 정시에서 우등한 이들에게 직부를 하사하여 학업을 권장하고자 하였다. 중종은 직부의 특혜가 주어지는 정시 응시 자격은 도기의 원점을 기준으로 하였다. 그러므로 중관中官·사관史官 그리고 승정원의 주서를 불시에 성균관으로 보내서 도기의 원점을 가져오게 하였다. 유생과시로 직부를 하사한 일은 세조가 처음 행하였으며, 그 이후 16세기까지는 중종이 가장 많은 유생과시를 치렀다. 중종은 전강이나 정시를 통해서 문과 직부도 가장 많이 내렸다. 중종이 내린 문과 직부 인원은 총39명으로 회시직부 25명 전시 직부가 14명이었다.[99]

유생 과시 이외에도 중종은 직접 성균관에 가서 알성시를 치르거나, 문묘에 전알한 이후에 유생들을 대상으로 한 문과 설행도 적지 않았다. 성종은 평균 3.5년마다 알성시나 성균관 유생을 위한 별시를 시행하였다. 중종은 알성시와 성균관·사학 유생을 대상으로 한 별시를 성종 보다 더 자주 시행하여 평균 2.4년마다 1회의 시험을 설행하였다. 중종은 알성시 9회와 별시 7회를 실시하였다. 성균관에서 치르는 알성시나 별시 응시 대상은 유생과 관원이었다. 중종 때 16회의 문과에서 137명이 합격하였는데, 이들 중 유생으로 합격한 자는 128명이었다. 성균관에서 치른 문과

---

96) 『中宗實錄』 권54, 中宗 20년 4월 19일(戊申).
97) 『中宗實錄』 권10, 中宗 5년 2월 11일(丁酉).
98) 『中宗實錄』 권29, 中宗 12년 8월 30일(癸酉).
99) 원창애, 「조선시대 문과직부제 운영 실태와 그 의미」,『조선시대사학보』 63, 2012, 110쪽, 〈표 1〉유생과시를 통한 문과 직부의 실태.

합격자의 93.4%가 유생이었다. 유생으로 문과에 합격한 128명 중 유학은 17명으로 13.3%에 불과하였다. 나머지 86.7%가 생원·진사였다. 이 것으로 볼 때 중종의 관학 진흥책은 어느 정도 성공을 거두었다고 할 수 있다.

중종이 성균관 교육에 심혈을 기울인 결과 그가 즉위한지 6년만인 1511년(중종 6) 유생들이 성균관에 거처할 곳이 모자랐다. 동재와 서재 그리고 재문齋門 옆과 향관청까지 가득차서 서재 북쪽에 집 한 채를 더 짓기를 청하였다. 거처만이 아니라 성균관에서 유생에게 제공되는 식사 재료비가 부족하였다.[100] 물론 성균관 유생 인원은 한결같지는 않았지만, 중종은 실망하지 않고 꾸준히 관학 진흥이 힘썼다.

중종은 성균관 교육을 통한 인재 양성만이 아니라 인재를 골라 등용하는 일에 있어서도 유학적 도덕성을 갖춘 인물을 고르려고 하였다. 첫째, 유일遺逸의 등용이었다. 천거제는 고려 초부터 시행되었다. 향리에 은거하여 관직에 나오지 않은 유일遺逸을 대상으로 천거하라는 영이 내려졌으나, 대부분의 피천자가 관료이었으므로 고려의 천거제가 관원에게 승진의 기회로 활용되었다.[101] 조선 건국 후에도 이러한 경향은 계속되었다.

조선 건국 초에 편찬된 『경제육전』에 천거법이 실려 있었지만, 천거제가 실제 시행되어 결실을 보기 시작한 것은 태종 때였다. 태종은 1409년 (태종 9) 백관들에게 늙고 덕이 높아 명예를 구하지 않는 자, 충효와 절의가 세상에 드러난 자, 정치의 대체에 통달하여 일을 맡길만한 자, 병법에 지모를 갖추어서 장수가 될만한 자, 활쏘기와 말타기에 능하여 적을 함몰 시킬만 한 자를 천거하되 한 관서에서 두세 사람씩 천거하게 하라고 하였다. 이때 천거된 사람 중 관직에 진출한 이들이 있는데, 그중 유일遺逸은 사헌부 감찰에 제수되기도 하였다.[102]

그 이후에도 태종은 여러 차례 유일 천거를 명하였고, 그들 중 일부는

---

100) 『中宗實錄』 권14, 中宗 6년 6월 9일(丁亥); 권17, 中宗 7년 10월 30일(庚午).
101) 최이돈, 「16세기 사림파의 천거제 강화운동」, 『한국학보』 54, 1989, 92쪽.
102) 『太宗實錄』 권17, 太宗 9년 6월 27일(戊辰); 권18, 太宗 9년 7월 9일(己卯).

관직에 제수하였으나 실효를 거두지는 못하였다. 새로운 국왕들이 즉위할 때마다 신료들은 인재 등용의 중요성을 언급하면서 유일 천거를 청하였다. 국왕들은 가뭄과 같은 자연 재해가 있을 때에 화기和氣를 위해 유일 천거를 명하기도 했다. 이처럼 유학 정치를 추구하던 국왕과 관료들이 천거제에 대해 언급을 하였지만, 유명무실하였다.

성종 대에 신진 관료의 정계 진출이 활발해지면서 유일 천거를 요구하였다. 성종이 친정親政한 후 1478년(성종 9) 가뭄이 심해지자 구언求言을 명하였다. 이에 대해 주계 부정朱溪副正 이심원李深源은 훈신이 아닌 신진 관료들을 등용할 것을 청하였다. 신진 관료 등용 방법으로 유일 천거를 언급하면서 함양현咸陽縣에 사는 정여창鄭汝昌, 태인현泰仁縣에 사는 정극인丁克仁, 은진현恩津縣에 사는 강응정姜應貞을 등용하기를 청하였다. 유학 남효온南孝溫 역시 덕망 있는 유일을 조정에 불러 함께 정사를 본다면 재이를 막을 수 있다고 하였다.[103] 성종은 이들의 의견을 경청하여 정여창·정극인·강응정에게 관직을 내렸다. 성종은 그 뒤에도 천거를 명하여 새로운 인재를 발굴하려 했으나, 지방의 유일보다는 관원들이 피천되어 유일 천거가 퇴색되었다.

중종은 즉위해서 1달 남짓 되었을 때 큰비와 천둥이 치자, 승정원에서 중종에게 하늘을 공경하고 정치에 힘써 하늘의 꾸지람에 보답하라고 조언하였다. 이에 중종은 성균관·사학四學 및 외방에서 들어 쓸 만한 현량·방정한 선비를 서용하라고 하였다.[104] 중종 이전 국왕들도 재이災異가 있으면 관례적으로 유일 천거의 명을 내렸지만, 중종 때는 유일 천거가 의례적으로만 끝나지 않았다.

반정의 명분을 세워야 할 관료와 중종은 인재 등용에 대한 지대한 관심을 가지고 있었다. 경연석상에서 영사領事 이하 관료들은 인재 등용을 거론할 때 유일 천거를 자주 언급하였다. 중종이 즉위한 다음해인 1507년(중종 2)에 경연에 참석하였던 특진관 정광필과 시독관 김안국은 작년에

---

103) 『成宗實錄』 권91, 成宗 9년 4월 8일(己亥); 4월 9일(庚子).
104) 『中宗實錄』 권1, 中宗 1년 10월 5일(庚戌); 10월 6일(己亥).

유일 천거의 명이 있었는데도 시행되지 않고 있는 것을 지적하였다. 김안국은 지방의 유일을 천거하지 않은 지방관의 죄를 다스리자고 청하였다. 이에 중종은 유일을 조사하지 않은 수령을 관찰사가 추문하여 죄를 다스리고, 관찰사가 즉시 방문하여 치계馳啓하지 않으면 관찰사도 추문하겠다고 전지를 내렸다.[105] 중종의 강경한 조처로 그해 경상도 관찰사가 천거 단자를 올려 보냈다. 이때의 피천인은 진주의 생원 강관姜琯, 예안의 진사 김만균金萬鈞, 고성의 유학 노필盧㻶, 기장의 현령 이창李暢 등이었다. 피천인 4명 중 1명만이 전함관이었다.

중종은 전국의 유일 뿐만아니라 성균관과 사학四學 유생 중에서도 인재를 천거하게 하였다. 그 덕분에 1511년(중종 6) 유생 조광조趙光祖·김석홍金錫弘·황택黃澤 등이 성균관의 천거로 관계官界에 진출하였다.[106] 유생 천거가 처음이 아니었다. 『경국대전』에 의하면, 생원·진사는 30세 이상, 유학은 40세 이상인 학생이 천거 대상이었다. 세종 때부터 천거로 관직에 나간 유생이 나오기 시작했다. 천거가 활발하게 이루어지는 성종 대에는 피천인의 나이 제한을 없애자는 의견까지 있었으나, 받아들여지지는 않았다. 중종 때의 유생 천거는 그 이전과는 달랐다. 첫째, 유일 천거와 성격이 비슷하여 지방 출신들을 우선 대상으로 하였다. 둘째, 천거자가 성균관이다. 성균관 유생 중에 경서에 밝고 행실과 수양된 사람이 천거 대상이었다. 천거자는 성균관의 당상 장관堂上長官과 성균관 유생 전원이었다.[107] 성균관에서의 유생 천거는 교관과 학생들의 합의하에 이루어졌던 것 같다. 학교 천거제도는 유생을 격려하는 계기도 되고 유생의 자치활동 강화에 도움이 되었을 것이다.

중종 때의 문·무과는 연평균 1.46회가 설행되어서 성종·연산군 때 보다 설행 빈도가 높았다. 중종은 과거만이 아니라 유일·유생·전직 관료의 천거도 자주 시행하였다. 중종 때에 인재를 과거로만 선발하는 폐단이

---

105) 『中宗實錄』 권4, 中宗 2년 10월 28일(戊戌).
106) 『中宗實錄』 권13, 中宗 6년 4월 1일(庚辰).
107) 최이돈, 「16세기 사림파의 천거제 강화운동」, 『한국학보』 54, 1989, 99~102쪽.

제기되었다. 인재를 골라 등용하는 것이 국가적 과제였던 만큼 중종도 인재를 합리적인 방법으로 선발하고자 하였기에 천거제를 활용하였다. 과거는 인재의 재능은 평가할 수 있으나, 그의 도덕성을 알 수 없기 때문에 관료로서의 적합성을 평가하기 어렵다. 천거는 피천인의 덕행 여부는 확인할 수 있으나 천거의 공정성을 담보하기는 어렵고, 피천인의 재능이 확인되지 않았다는 이유로 청요직에 진출하기는 쉽지 않았다.

1518년(중종 13)년 조광조는 중종에게 천거의 단점을 보완한 천거과薦擧科를 제안하였다. 천거과는 지방에서는 감사·수령이, 중앙에서는 홍문관·육조·대간에서 재행이 있어 임용할 만한 사람을 천거하고, 그들을 궐에 모아 친히 대책으로 시험하는 것이었다. 그는 여러 사람이 피천인의 덕행을 보아 천거하면 도덕성은 검증될 것이고, 또 대책으로 시험하면 그의 생각을 알아볼 수 있으니 손실이 없을 것이라고 중종을 설득하였다.[108] 이에 대해 고심하던 중종은 의정부와 예조에게 의논하여 절목을 마련하게 하였다. 의정부와 예조에서는 한나라의 효렴과 현량 등 두 과목이 어떻게 실시되었는지를 상고하고 적용할 수 있는 절목을 마련하여 보고하였다.[109] 이 절목에 의해서 시행된 것이 1519년(중종 14) 현량과였다. 조광조의 무리한 현량과 시행은 현량과의 파방 그리고 기묘사화로까지 번져서 천거과 시행은 물거품이 되었다.

중종은 다양한 형태의 인재 선발을 시도하였으며, 관료 재교육과 관련해서는 사가독서를 확대 시행하였다. 중종은 연산군 때에 파행을 겪었던 문신 전강과 과시 그리고 홍문관 월과 등을 회복하기가 쉽지 않았다. 1508년(중종 3) 영의정 유순은 '문신권학조목'에 의거한 관료들의 재교육을 착실하게 실행해야 관료들이 자신의 소임에 전념하고, 나라에서 쓸 인재로 키울 수 있으며, 명나라에서 문관이 사신으로 왔을 때 창화唱和할 것에 대비할 수 있다고 조언하였다.[110] 그러나 연산군 때 사화로 인해

---

108) 『中宗實錄』 권32, 中宗 13년 3월 11일(庚戌).
109) 『中宗實錄』 권33, 中宗 13년 6월 5일(癸酉).
110) 『中宗實錄』 권5, 中宗 3년 2월 6일(甲戌).

피폐된 사습士習을 고치고, 관학을 다시 일으켜 학업에 전념하게 하면서 관료 재교육을 활성화하는 것은 어려운 일이었다.

중종은 즉위 초에 전경문신의 인원이 적어 종2품 이하 관원을 대상으로 전경문신을 선발하기도 하였으나, 매달 두 번씩 문신 전강을 실시하지는 못하였다. 또 전강 과목에도 변화가 있었다. 이전에는 사서와 오경 중에서 1경을 전공하게 했으나, 이때 성리학에 대한 이해가 깊어지면서 신진사류들은 문신 전강 과목으로 성리학 서적이 포함되기를 원하였다. 또한 명나라 사신이 왔을 때 어전에서 통역을 담당할 문신 역관이 적어서 이문과 한어를 전강하게 하였다. 그러나 전강에 참여한 관료들도 불통을 받는 사례가 많아서 전강 실시가 원활하게 이루어지지는 못하였다.

중종이 문신 재교육에서 주력했던 것은 사가독서제였다. 중종은 즉위하자마자 홍문관을 회복하고, 문신들의 사가독서제 운영에 관심을 가졌다. 우선 문신의 사가독서 전례를 보고하게 하여 바로 문학으로 이름이 난 관원에게 사가독서를 하사하였는데, 이때 선발된 관원은 교리 이행李荇·김세필金世弼, 부교리 김안국, 성균관 직강 홍언충洪彦忠, 도총부 도사都摠府都事 신상申鏛, 이조 좌랑 유운柳雲, 성균관 전적 김안로金安老, 예문관 검열 김영金瑛·이희증李希曾 등이었다. 성종이 세웠던 독서당은 연산군 때에 궁인에게 넘겨주었다. 때문에 기존의 독서당을 사용할 수 없게 되어서 우선 정업원에 거처하게 하고는, 경노비 10명을 정하여 독서당에서 사가 독서하는 관원들을 공궤하게 하였다.[111]

사가독서의 하사가 몇 년마다 이루어진다는 원칙은 없었던 것 같다. 1426년(세종 8)부터 1773년(영조 49)까지 사가독서를 하사받았던 인물의 명단이 실린 『독서당 선생안』을 살펴보면, 사가독서인 선발 시기나 인원의 규칙성을 찾기가 어렵다. 중종 때의 사가독서를 받은 인물을 보면, 1506년(중종 1)~1523년(영조 18)까지 7회의 사가독서인 선발이 있었다.[112] 1506년에 처음으로 사가독서를 하사였으며 2년 후인 1508년

---

111) 『中宗實錄』 권1, 中宗 1년 11월 21일(丙申); 12월 3일(丁未); 12월 10일(甲寅).
112) 『독서당 선생안』(규장각 古大 923.2-D679)은 『中宗實錄』 기사와 다른 부분이

(중종 3) 부터는 3년마다 사가독서인을 선발하였다. 그 이후로 한동안 독서당 운영이 원활하지 않았다. 독서인이 적은데도 충원하지 못하였다. 1530년(중종 25)에 다시 사가독서를 할 관원을 충원하기 시작하여서 1544년(중종 39)까지는 3~4년 간격으로 사가독서인을 선발하였다.

사가독서인의 인원이 7~8명이라고 하였으나,[113] 실제 중종 때 선발 인원을 보면 적게는 4명에서 많게는 10명에 이르렀다. 중종의 관심 속에서 시행된 사가독서는 당하관에게 하사되는 것이기는 하지만, 이들에 대한 공궤는 당상관의 격식으로 행해졌다. 중종은 중국 사신이 온다든가, 왜란이 있다든가 하면 독서당 운영을 일시적으로 정지시키기도 하였지만, 국가의 위급한 사안이 아니라면 가뭄과 같은 재정적 압박에도 독서당을 운영하였다. 또한 1510년(중종 5)에는 독서당이 도성 안의 정업원에 있으면 학업에 전념할 수 없으니 옮겨야 한다는 상소가 있었다.[114] 중종도 1515년(중종 10)에 동호東湖 독서당을 건립하기 시작하였고, 1517년

〈그림 6〉 독서당(규장각 한국학연구원/서울대학교 중앙도서관 소장 광여도(廣輿圖) 중 도성도)

있다. 선생안의 1498년(연산군 4) 선발 인원이 실록에는 1506년(중종 1) 중종이 즉위하자마자 선발한 것으로 되어 있다.
113) 『中宗實錄』 권22, 中宗 10년 5월 10일(丙申).
114) 『中宗實錄』 권10, 中宗 5년 1월 19일(丙子).

(중종 12)에 완공되어 옮기게 되었다.[115]

사가독서는 홍문관 관원만을 위한 것은 아니었다. 문학에 밝은 젊은
관원이 대상이었다. 1516년(중종 11) 홍문관에서는 홍문관 관원들도 번
을 나누어서 독서당에 가서 널리 배웠으면 좋겠다고 청하였지만, 남곤이
홍문관 관원은 독서당에 참여하지 않았다고 증언하였다. 왜냐하면 홍문
관 관원은 홍문관에 모여서 경서를 강론하고 논란해야 하며, 관서가 궐내
에 있어 경연이 있을 때 국왕을 시종해야 하므로 궁궐에서 멀리 떨어진
독서당에 보낼 수 없다는 것이 이유였다.[116] 따라서 중종 대에 사가독서
를 받은 인물은 홍문관 관원을 포함한 여러 관서의 엘리트 당하관이었다.

성리학에 밝은 신진 사류들이 정계에 진출하자, 사가독서인의 출신과
학문 경향에도 변화가 나타나기 시작하였다. 1517년(중종 12)에 지평
한충韓忠은 이학理學에 밝은 호조 정랑 김식金湜을 사가독서인으로 추천하
였다. 그는 문과를 거치지 않은 유일遺逸 출신으로 관직에 진출한 인물이
었다. 정광필은 법전을 고칠 수 없다고 고집하여 이루어지지 않았다.
1518년(중종 13)에 조광조가 다시 김식을 사가독서인으로 추천하였다.
그는 경학과 문장은 다른 것이며, 문장으로 이름나지는 않았지만 경학에
밝은 김식에게 사가독서를 내려줄 것을 청하였다. 이처럼 경학에 밝은
김식이 추천됨으로써 사가독서인은 문학에 능해야 한다는 원칙이 무너지
게 되었다. 조광조 등은 사가독서인으로 신진 사류를 많이 추천하여 이
시기의 사가독서인이 가장 많았다.

---

115) 김중권, 「중종조의 사가독서에 관한 연구-賜暇讀書者를 중심으로-」, 『서지학연
   구』 18, 1999, 332쪽.
116) 『中宗實錄』 권26, 中宗 11년 9월 28일(丙午).

Ⅲ

새로운 인재 양성의 길

1. 영조와 유생 과시

영조는 왕세자로 책봉되면서부터 정쟁의 소용돌이에 놓이게 되었다. 더구나 경종이 갑자기 사망하자, 영조가 경종의 죽음에 책임이 있다는 혐의를 받았다. 영조는 즉위하자 자신이 왕위 계승의 정통성에 하자가 없음을 증명하고, 탕평을 내세워 노론과 소론의 정쟁을 종식시키려 노력했다. 정쟁이 조정안에서만 있었던 것은 아니었다. 학문에 힘써야 할 성균관 유생들도 정쟁에 개입하였다. 영조는 성균관 유생들이 정쟁에 관여하지 않고, 학문에만 힘쓰게 할 방안을 찾아야 했다.

유생들의 정소활동이 활발하게 일어난 것은 선조 이후이다. 성균관 유생들은 정소, 권당, 공관 등으로 자신들의 정치적 의견을 자주 표출하였다. 국가에서는 사기士氣를 배양해야 한다는 명분으로 성균관 유생에게 관대하였다. 성균관 유생들은 재야 사림의 공론을 수합하여 국왕에게 전달하면서 재회齋會와 장의掌議를 중심으로 결속하여 유벌을 시행하면서 유생들을 통제하였다. 또한 신임 장의는 전임 장의들의 동의를 거쳐서 천록薦錄을 작성한 후에 재회에서 권점으로 결정되었다. 이러한 것을 장의의천이라고 하는데, 유벌과 함께 유생들의 독자적 정치 활동에 기반이 되었다.[117)]

특히 숙종 때에 환국으로 인해 당색이 다른 관료들이 조정에서 공존하기 어렵게 되면서 유생들의 정치활동도 격화되었다. 숙종은 유생들의 지나친 정치활동에 대해서 규제하여 유생의 유벌을 풀어주기도 하고, 유벌 풀기를 거부하는 유생들에게 과거 응시를 제한하기도 하였다. 숙종이 유생들에게 강경한 규제를 가할 때마다 관료들은 유생들에게 관대해야 함을 강조하였다. 그러나 환국을 단행하여 정국을 주도한 당색 관료를 전면 교체하였던 숙종의 입장에서는 유생들의 독자적인 정치활동을 무한히 용납할 수는 없었다. 숙종은 그들의 자치 활동을 제한하고, 성균관 유생에게만 허락했던 과시를 방외유생들에게 개방하기 시작하였다.

영조는 숙종 때에 노정된 문제들을 해결해야 했다. 그는 즉위하자마자 탕평을 내세우면서 정치색이 강한 유생들의 활동을 용납하지 않으려 했다. 영조는 즉위 초부터 당색을 내세워 상소를 올리는 성균관 유생들을 못마땅하게 여겼다. 1725년(영조 1) 성균관 유생 정유鄭橒가 1721년(경종 1) 유봉휘柳鳳輝 등이 왕세제 책봉에 대해서 반대하였던 것을 비롯하여 김일경金一鏡, 목호룡 사건 그리고 영조가 즉위한 이후에 소론들이 제기한 경종 죽음 등의 문제를 들어서 소론을 성토하는 상소를 올렸다. 영조는 이 소장을 올린 정유를 귀양 보내라고 하였다가, 승지의 만류로 명을 거두고는 소장을 돌려주게 하였다. 승지는 유생이 올린 상소문에 대해서는 반드시 비답을 내려야 한다고 영조를 설득하였다.[118]

1727년(영조 3) 영조가 소론 대신을 다시 불러들인 정미환국 이후에 성균관에서 공부하던 진사 한덕옥韓德玉이 소론을 끝까지 처단하지 않고, 탕평하는 것은 숙종의 유훈을 어기는 일이라고 상소를 올렸다. 영조가 질책하는 비답을 내리자 성균관 유생들은 권당을 행하였다. 영조는 한덕옥에게 3년 동안 과거에 응시하지 못하게 하였으며, 서재西齋의 장의였던 홍계희洪啓禧에게 유생들을 데리고 성균관으로 돌아가게 했으나, 홍계희

---

117) 박현순, 「영조대 성균관 유생의 정치활동 규제와 사기의 저하」, 『규장각』 44, 2014, 32~33쪽.
118) 『英祖實錄』 권6, 英祖 1년 6월 11일(丁丑).

역시 불응함으로 2년간 과거 응시를 제한하였다.[119]

이처럼 정치적 사안이 있을 때마다 성균관 유생들은 영조에게 상소를 올려 의견을 개진하고, 자신들이 원하는 방향으로 결론이 나지 않는 경우에는 권당, 공관, 관료들에 대한 유벌 등의 방법으로 영조와 맞섰다. 영조는 한편으로 왕의 권위로 성균관 유생들의 정치적 활동을 강력하게 규제하면서, 다른 한편으로는 유생들이 당색에 구애받지 않고 성균관에 함께 거처할 방도를 다각도로 구상하였다.

영조는 우선 유생과시를 활용하여 유생들이 성균관에 거재하면서 학문에 전념하게 하였다. 유생과시는 성균관·사학四學·향교 등의 유생이나 교생에게 부과되는 시험이었다. 『경국대전』예전에 유생과 생도의 학업을 장려하고 권면하는 조항이 있다. 첫째, 성균관의 유생은 매년 3월 3일과 9월 9일에 의정부·육조·제관諸館의 당상관이 문제를 내어 제술 시험을 보여 우등자 3인은 문과 회시에 직부하게 하였다. 둘째, 사학 유생은 20명씩을 택하여 매년 6월에 강서講書와 제술 시험을 보여 우등자 10인을 생원진사시 회시에 직부하게 한다. 셋째, 여러 도의 관찰사는 매년 6월에 도회소를 설치해서 교생에게 강서와 제술 시험을 보여 우등자를 국왕에게 보고하여 생원진사시의 복시에 직부하게 하였다.

유생과시는 관학의 교육을 활성화하고 유생에게 학습 동기를 부여하기 위한 것이었지만, 임진왜란 때에는 개성부·함경도·평안도 유생들을 위무慰撫하기 위한 방편으로 유생과시를 활용되었다.[120] 17세기에 들어 유생과시는 더욱 다양화하기에 이르렀다. 인조는 7월 7일 칠일제와 1월 7일 인일제에 성균관 유생에게 제술시험을 보여 직부를 내렸다. 성균관 도기 유생을 대상으로 하는 전강殿講도 직부 대상이 되었다. 직부의 은사가 주어지는 유생과시 설행 빈도가 높아지면서 과시를 설행한 본연의 뜻이 점차 왜곡되어 갔다. 성균관 유생만 대상으로 하던 과시가 문과 합격의

---

119) 『英祖實錄』권12, 英祖 3년 7월 10일(甲子); 7월 12일(丙寅).
120) 원창애, 「조선시대 문과직부제 운영 실태와 그 의미」, 『조선시대사학보』63, 102쪽.

또 다른 통로로 인식하는 계기가 되었다.

인조 때에 시행된 34회의 유생과시에서 70명이 직부 은사를 받았으며, 그중 27명이 전시에 직부되어 유생과시로 문과합격자가 된 셈이다. 효종 때에는 27회의 유생과시에서 40명이, 현종 때에는 27회의 유생과시에서 42명이 직부를 받았다. 단 한 번의 제술이나 전강으로 문과에 합격할 수 있는 기회가 주어진다면, 1, 2차 혹은 1, 2, 3차의 단계를 거쳐야 하며 강서시험과 제술 준비를 해야 하는 문과보다 유생과시에 승부를 걸려고 했을 것이다.

유생과시에서 반드시 직부를 받지 않더라도 1, 2분分의 점수만 받아도 과거에 매우 유리하였다. 1656년(효종 7)에 유생과시에서 점수를 받은 유생들이 많아서 2분 이상의 점수를 보유한 유생은 식년 문과에 응시할 경우 회시에 직부하게 하였다.[121] 1660년(현종 1)부터 예조에서는 유생과시에서 점수를 받은 유생들을 분기별로 정리해서 국왕에게 보고하여 2분의 점수를 받은 유생들은 회시에 직부하게 하였다.[122] 그러므로 유생과시에서 직부나 점수를 받으면 과거에 유리하였다. 그래서 성균관에서 거재居齋하지 않는 방외유생方外儒生들이 유생과시에 응시하려고 하였다. 효종은 성균관 유생을 대상으로 한 시험이라 하여 방외유생들은 과시에 응시하지 못하게 하였다. 그러나 이미 유생과시가 또 하나의 과거로 인식되었기 때문에, 방외유생들이 과시에 참여하려 하였다.

숙종 때에는 그동안 관습적으로 시행해왔던 유생과시를 명문화하고, 법제화하였다. 1689년(숙종 15) 성균관의 문묘 의절과 학사 규정을 정리한 『태학성전太學成典』에 각종 유생과시의 규정들이 담겨져 있다. 뿐만 아니라 1698년(숙종 24) 중종이 편찬한 『대전후속록』 이후 숙종 당대 수교까지 정리한 『수교집록』에도 유생과시 규정이 실렸다.[123] 숙종은 성균관 유생에게 부과되는 절일제인 인일제, 삼일제, 칠일제, 구일제 등을 규칙

---

121) 『承政院日記』 孝宗 7년 8월 22일(丁酉).
122) 『承政院日記』 顯宗 1년 1월 4일(庚申).
123) 최광만, 「숙종대의 과시정책과 운영」, 『한국교육사학』 37, 2015, 73~76쪽.

적으로 시행하였다. 절일제 당일에 시험을 치르기 어려운 경우에는 그 달 안에 퇴행해서 반드시 치르게 하였다.[124] 그럼에도 절일제가 있는 그 달 안에 절일제가 시행되지 못한 경우들이 종종 있었지만, 연 평균 7회의 유생과시가 시행되었다. 숙종은 이전 어떤 때보다도 유생과시를 자주 시행하였으며, 방외유생의 유생과시 응시도 허용하였다. 『태학성전』에는 절일제, 황감제 특명제술에 방외유생의 응시가 가능하다고 명기되어 있다. 방외유생의 유생과시가 허용된 것은 성균관 유생들의 잦은 정치활동에 기인한 것이다.

영조는 즉위 초부터 성균관 도기 유생에 대한 전에 없었던 특혜를 베풀었다. 도기 유생들을 대상으로 하는 유생과시나 전강에서 성적 우수자에 대한 전시직부 인원을 늘렸다. 통상적으로 우등한 1인에게 전시 직부를 내리지만, 2~3명에게 전시 직부를 허용하였다. 도기유생을 대상으로 한 유생과시나 전강만으로는 유생들을 성균관에 거재하게 하는 데는 한계가 있었다. 영조는 성묘聖廟의 수호를 위해서 유생들은 성균관에 거재해야 한다는 명분을 내세웠다. 영조는 유생의 거재 기간을 원점으로 계산하였다. 그는 먼저 재임에게 원점을 적용하였는데, 이들은 마땅히 성묘를 수호하기 위해서 수직해야 하기 때문이었다. 영조는 재임들이 거재하면서 서울 유생을 성균관에 거재하도록 단속시켜 주기를 원하였다. 그러나 조정에서는 원점에 대한 당색 간의 의견을 조율하지 못하였으며, 당색이 다른 유생들을 성균관에 함께 거재시키기가 쉽지 않았다. 영조는 절일제 때 도기유생들만 응시하도록 제한하는 정도에 그쳤다.

이처럼 도기유생에 대한 전강과 과시를 통해서 직부전시를 하사하고, 거재하는 재임들을 통해서 유생들을 단속하였다. 그 결과 성균관 운영이 안정기에 접어들었다. 그 결과 성균관 유생들의 인원이 140~150명을 상회하고, 많이 모이면 200명에 이르게 되었다. 성균관 유생들이 늘어가면서 재정적 압박을 느끼기도 했다. 영조는 성균관 유생들을 성균관에

---

124) 『承政院日記』, 肅宗 14년 1월 25일(己亥).

거재居齋시키기 위해서 1732년(영조 8) 다시 성균관 유생에게 원점을 적용하고자 하였다.

그러나 탕평정국을 주도하던 조문명趙文命·홍치중洪致中 등이 사망하면서 조정에 노론 등용이 많아져서 탕평 정국이 노론 쪽으로 기울게 되어 경종 때에 죽음을 당한 김창집과 이이명의 신원과 이미 신원된 이건명과 조태채의 복시復諡 문제를 거론하자 다시 소론의 반발이 거세게 일어났다. 당파간의 불화가 계속되자 영조는 문제를 일으킨 노론과 소론 대신을 파직시켰다. 그리고 다시 소론과 노론 관료를 등용하여 탕평은 유지하면서 소론 세력을 약화시키고, 노론 세력을 조정에 등용하여 두 당파간의 균형을 이루게 되자 1740년(영조 16) 자신의 왕위계승 정당성을 약화시켰던 목호룡 사건이 무옥誣獄임을 밝혔다.

이와 같이 탕평 정국이 흔들리는 동안 성균관 역시 다시 유생들의 정치활동으로 불안정하였다. 1740년 경신처분 이후에 다시 서울유생들의 거재 방안을 본격적으로 모색하는 한편 하재下齋와 사학四學에서 능력을 갖춘 생도들을 선발하여 강학의 학풍을 강화하고자 하였다. 영조는 1742년(영조 18) 성균관 유생만이 아니라 하재 그리고 사학 생도들을 포함한 관학 유생이 치르는 절일제 등의 성균관 과시나 전강을 반드시 도기와 연결하여 응시하게 하고자 하였다.[125] 그러나 영조는 성균관의 모든 유생에게 이러한 내용을 적용시킨 것은 아니다. 재임의 경우는 원점 30점이 된 이후에 성균관 과시나 전강에 응시하게 하였다. 성균관에서는 영조의 뜻에 따라 성균관과 사학 유생들의 제술과 강서공부를 하면서 거재하는 절목 초안을 마련하였다.

이 초안의 내용을 상세히 알 수 없으나 성균관에 거재하면서 월과를 치르는 방안을 제시했던 것 같다. 영조는 성균관의 장의와 색장이 입시하였을 때에 월과는 정자의 '간상학제看詳學制'의 뜻으로 정한 것이라고 설명하였다. 즉 시험으로 유생들을 경쟁하게 하는 것은 교육이 아니므로 유생

---

125) 『承政院日記』 英祖 18년 9월 27일(癸未).

들에게 과제를 내게 하고 과제를 제대로 수행하지 못할 경우에는 학관이 불러서 가르쳐야 한다는 정자의 의견을 따른 것이라고 하였다.[126]

영조의 뜻에 따라 마련된 절목에 대해서 대사성, 의정 대신들은 부정적이었다. 월과를 시행하면 상과 벌이 정해져서 성적이 나쁜 유생들은 축출할 수밖에 없으며, 이 절목의 목적이 서울유생들을 거재시키는 것이라면 월과법은 마땅치 않으니, 오히려 원점법을 도입하는 것이 좋겠다고 건의하였다.[127] 거재절목은 1743년(영조 19) 1월에 확정되었다.

확정된 절목을 보면 첫째 거재유생의 차서, 둘째 거재유생의 원점, 셋째 유생과시 등으로 이루어졌다. 거재유생의 차서는 생원진사시 합격연도 순이며, 동방同榜의 차서는 나이순으로 하였다. 거재유생은 100명으로 하고, 원점은 50을 기준으로 하였다. 장의와 색장은 거재유생 100명과는 별도이며, 이들도 원점은 50으로 하였다. 거재유생은 생원·진사로 한정하며, 이들이 원점 50을 채워야만 절제나 전강, 황감제와 같은 성균관 유생과시에 응시할 수 있었다. 그러므로 방외유생이 이러한 성균관 유생과시에는 응시할 수 없었다. 거재유생은 전공과목을 강경과 제술로 나누었다. 거재유생만이 응시할 수 있는 성균관 유생과시 이외에 도기유생 시취는 그날의 도기에 이름이 오른 유생이라면 다 응시할 수 있었으며, 봄과 가을의 석전釋奠과 국왕이 성균관에 친림하여 작헌례를 행할 경우에는 입재하는 유생 인원을 100명으로 한정하지 않게 하였다.[128]

영조는 성균관에 거재하는 유생이 유생과시에 응시하는 것이 옳다고 여겼다. 그러므로 성균관에 서울유생들을 거재하게 하면서, 이들에게 과시를 통한 은사를 내림으로써 관학을 진흥시키려고 하였다. 그러면서도 성균관의 상재생 이외의 유생들에게도 기회를 주었는데 도기유생 시취가 그것이다. 도기 시취는 그날 도기에 이름이 오른 자들이 응시대상이므로 원점을 적용하지 않았다. 영조는 1746년(영조 22) 편찬한 『속대전』에

---

126) 『承政院日記』 英祖 18년 11월 13일(戊辰).
127) 『承政院日記』 英祖 18년 11월 12일(丁卯).
128) 『英祖實錄』 권57, 英祖 19년 1월 25일(庚辰).

절일제와 황감제 그리고 전강 등의 유생과시를 명문화하였다.

1759년(영조 35) 영조는 과폐이정윤음을 반포하여 문과, 생원진사시, 유생과시에서 강서 시험의 비중을 높여서 경학을 심화시키고자 하였다. 문과에서 제술을 주로 하는 비정기시의 초시 합격자를 대상으로 3경 중 1경을 배강하게 하였으며, 생원진사시의 초시 합격자들은 학례강 대신 소학을 배강하게 하였다.[129] 이에 따라 직부를 하사하는 유생과시에도 강경을 도입하여 절일제나 황감제에 응시하는 유생들은 우선 강경 시험에서 조粗 이상을 받아야 하며, 도기제술을 폐지하고 도기전강에서 우등자의 비교를 제술로 하게 하였다.[130]

과폐이정윤음을 반포하면서까지 경학을 비중을 높이게 된 것은 근본적으로 유생들이 학문에 힘쓰지 않아도, 제술에 능하면 과거에 합격할 수 있었던 풍조가 더욱 만연해가는 것을 막고, 유학적 소양이 갖춘 인재를 양성하겠다는 의지의 표현이다. 그러나 당시의 상황을 보면 서울 유생들은 주로 제술로 과거에 합격하는 경향이었고, 제술에 약한 지방유생들은 경학에 의존하였다. 이것은 비단 문과만이 아니라 유생과시에서도 나타나는 현상이었다. 영조 때 유생과시를 전강과 제술로 분류하면 전강이 44.8%, 제술이 55.2%로 제술이 조금 우세하였다. 전강 시험에서 직부전시를 받은 유생의 거주지를 보면, 서울은 22.6%에 지나지 않았다. 영조는 이처럼 경학에 치중하지 않는 서울유생들의 학업 태도를 바꾸려 한 것이다.

영조는 다른 한편으로는 제술에서도 지방유생에게 합격의 기회를 제공하고자 하였다. 그래서 1760년(영조 36) 칠일제에서 제술 과목을 복수로 하여 서울유생과 지방유생의 합격자를 따로 내기 시작했다. 서울유생에게는 표문表文으로, 지방유생에게는 부賦로 글을 짓게 하여 각기 우등한 자에게 직부를 하사하였다.[131] 이러한 정책으로 지방유생의 직부전시 점유율이 더욱 늘어나게 되었다. 16세기에는 직부 출신 문과합격자로 서울

---

129) 『承政院日記』英祖 35년 9월 18일(乙丑); 9월 20일(丁卯).
130) 『承政院日記』英祖 35년 9월 21일(戊辰).
131) 원창애, 앞의 책, 121쪽.

거주자가 79.3%이었으나, 17세기에는 50.6%, 18세기에는 49.8%로 계속 점유율이 떨어졌다.[132] 17세기에 서울유생의 직부전시 점유율이 16세기에 비해 29.5%나 떨어지게 된 것은 특정 지방의 유생을 대상으로 하는 과시가 많았기 때문이다. 16세기에는 대부분 성균관 유생을 대상으로 한 것이지만, 17세기에는 전란을 겪었던 인조 때에 지방 유생을 대상으로 한 과시가 있었고, 효종대도 북도 시취 등이 있었다. 그러므로 17세기에는 서울유생의 직부전시 점유율이 급격히 떨어졌다.

18세기에는 서울유생의 직부전시 점유율이 17세기보다 0.8%가 낮아 50% 아래로 떨어졌다. 18세기의 서울유생의 점유율은 17세기와의 차이가 크지는 않다. 그러나 18세기 유생과시의 시행 양상이 17세기와는 다르다. 17세기에는 성균관 유생을 대상으로 한 과시가 규칙적으로 시행되지 않았지만, 18세기에는 성균관의 유생과시가 늘어났고, 정기적으로 시행되었다. 물론 지방의 유생과시도 17세기 보다 더 다양한 지역에서 시행되었지만, 압도적으로 성균관의 유생과시가 많이 시행되었다. 그러므로 서울유생의 직부전시 점유율이 50% 미만으로 떨어진 것이 지방의 유생과시에 기인했다고 보기는 어렵다.[133]

영조 후반에 경학의 비중을 높이고, 제술에서 지방유생 합격자를 서울유생과는 별도로 선발한 것도 서울유생의 직부전시 점유율을 더 떨어뜨리는 데에 일정한 역할을 했다고 판단된다. 영조 때에 유생과시로 문과에 급제한 인원은 당대 문과 합격자의 25.8%이다. 유생과시에서 직부전시를 받았던 문과합격자 중 서울 거주자는 46.3%였다. 위에서 언급한 18세기 서울유생으로 직부전시 점유율이 49.8%인데, 영조 때는 46.3%로 평균보다도 낮았다. 게다가 1760년(영조 36) 이후로 제술에서도 지방유생의 우등자를 따로 선발함으로써 서울유생의 점유율이 44.2%에서 38.1%로 떨어졌다.

영조는 즉위하자마자 권당, 공관 등으로 정치활동을 일삼던 성균관의

---

132) 원창애, 앞의 책, 121쪽, 〈표 3〉 세기별 직부 출신 문과급제자 거주지 분포.
133) 원창애, 앞의 책, 110쪽, 〈표 1〉 유생과시를 통한 문과 직부의 실태.

서울유생들이 당색과 무관하게 성균관에 거재하며 학업에 힘쓰게 하면서 다른 한편으로는 도기과를 운영하여 현달한 선조가 없는 지방유생도 수용하려 하였다. 영조는 성균관에서 노론이니 소론이니 하는 당색에 대한 탕평만이 아니라 서울유생과 지방유생의 균형도 염두에 두었다.

2. 정조와 초계문신

정조도 역시 그의 조부가 그랬던 것처럼 왕세손 시절부터 그를 반대하는 정파로부터 위기를 겪으면서 왕위에 올랐다. 그는 즉위교서에서 자신이 사도세자의 아들이지만, 조부의 유교遺敎을 받들겠다고 자신의 입장을 천명하였다. 이처럼 그는 조부인 영조와 노론의 의리를 수용하면서 한편으로는 규장각을 설치하여 직제를 도입해서 학문적 수준이 높은 학자관료들을 자신의 측근으로 두었다. 그는 규장각을 도서관, 학술연구기관, 정책 연구기관, 문신 재교육 기관으로서 기능하게 하면서, 탕평 정국을 주도해갔다.

정조는 즉위한지 2개월 만에 과폐윤음科弊綸音을 내리면서 자신의 인재 양성 방향을 제시하고, 신료들의 의견을 물었다. 그 자리에서 신료들은 과폐가 많다는 사실에 동의하였으나, 구체적인 개혁 방향에 대해서는 언급하지 않았다. 정조는 과폐 개혁의 방향으로 옛 제도와 지금의 상태를 참작해서 적절하게 한다면 최상의 제도는 아니더라고 현량한 인재와 효렴한 선비를 등용할 수 있을 것이라고 하였다. 정조 역시 시험이 인재 양성에 독이 되긴 하지만, 그렇다고 현실 여건상 천거제를 도입할 수는 없다고 밝혔다. 그리고 유생은 주자의 공거의貢擧議에 따라 경학과 제술을 겸비해야 한다는 기본 원칙을 확인하였다.[134]

경학과 제술 겸비라는 원칙은 영조의 과폐 개혁을 계승한 것이다. 영조는 1759년(영조 35)의 과폐윤음에서 경학과 제술을 병행해서 인재를

---

134) 『日省錄』正祖 즉위년 丙申(1776) 5월 28일(庚子).

선발하고 양성하겠다는 뜻을 명확하게 밝혔다. 그러나 경서 배강은 경서의 뜻을 이해하고 선현들의 가르침을 새기지 않고, 책을 외우는 데만 초점을 두어 영조의 뜻과는 부합하지 않았으며 실효도 보지 못하였다. 또한 정조는 영조의 정책을 계승하여 경학과 제술을 겸한 유생을 양성해야 한다는 의지를 밝혔지만, 제술과 강서로 전공이 이미 나뉘어져 있었기에 쉽지만은 않았다. 정조 때에 성균관에서 행해진 과시들을 보면, 여전히 강서시험과 제술을 구분하여 치렀으며, 강서시험인 전강은 유생과시의 32.1%로서, 영조 때보다도 12.7%나 점유율이 낮아졌다.

정조는 유생 교육 방향은 영조의 정책을 계승하면서 문제점을 보완해 갔다. 1777년(정조 1) 6월 성균관에서 올린 성균관 거재 유생의 원점 절목[135]은 영조 때의 것보다 기준 원점이 50점에서 30점으로 약화되었다. 영조 때의 절목과 달라진 것은 원점의 유효기간을 1년으로 명시한 것이다. 이 조항으로 유생들은 원점의 유효기간이 지나면 다시 원점을 획득해야 했다.

성균관 유생 교육에서 강화된 것은 성균관의 월과月課이다. 영조는 1달에 3번 강서를 하게 했으나 제대로 시행되지 않았다. 정조는 월과에 참여하지 않는 유생에 대해서 『태학성전』에 의거하여 원점을 삭제한다는 규정을 절목에 포함시킴으로써 월과를 정상화시키려 하였다. 그러나 월과는 바로 시행되지 못하였던 것 같다. 1778년 1월 대사성 유당柳戇이 월과에 대한 절목을 따로 올렸다. 그 내용을 보면, 강서의 순서는 『소학』, 『대학』, 『논어』, 『맹자』, 『중용』, 삼경三經 순으로 하고, 10일에 1편씩 강독하게 하여 7책을 3년 이내에 다 읽게 한다는 것이다.[136] 이 절목을 살펴본 홍국영이 성균관 유생의 월강은 『대학』으로 시작하는 것이 합당하다고 하자, 정조는 홍국영의 의견대로 내용을 수정하였다.[137] 대사성이 주도하는 월강과 순제가 곧바로 정상화되지는 않았다. 1781년(정조 5)

---

135) 『正祖實錄』 권3, 正祖 1년 6월 13일(丁未).
136) 『正祖實錄』 권5, 正祖 2년 1월 22일(癸未).
137) 『日省錄』 正祖 2년 무술 1월 24일.

2월 정조는 신엄조沈念祖를 대사성에 제수하면서 월강月講과 순제의 실효를 도출하라고 요구하였고,[138] 10일 후에 영화당에 나가서 친히 유생에게 강서와 제술 시험을 치러, 월강과 순제의 중요성을 몸소 보였다.[139] 이처럼 정조는 성균관 유생의 교육에 있어 월과와 순제를 기본으로 삼고, 일차전강이나 도기전강 때와 마찬가지로 종종 월강에 친림하여서 유생들을 독려하였다.

영조는 성균관 유생을 위한 과시인 절일제에 대해 원점을 적용하여 성균관 유생에게만 응시자격을 주었던 반면, 정조는 절일제를 개방하여 성균관의 원점유생만이 아니라 방외유생들에게도 응시 기회를 주는 통방외과通方外科로 확대 시행하였다. 정조 역시 즉위 초에는 절일제 전례에 따라 원점유생에게만 응시 자격을 주었으나, 응시 유생 인원이 적었다. 절일제 응시 상황을 본 정조는 1778년(정조 2) 삼일제 시행을 앞두고 응시 자격을 원점유생으로 한정하는 것은 유생들을 단속하는 방도가 아니라고 하면서 방외유생들에게도 응시자격을 주었다.[140] 이 시험을 시작으로 국왕의 품지에 따라 절일제를 방외유생에게도 개방하기 시작하였다. 절일제를 통방외과로 실시함으로써 성균관 유생이 거재하면서 원점을 획득할 이유가 적어지자 원점유생에게만 절일제 응시 자격을 주기도 하였으나, 정조는 대부분의 절일제를 통방외과로 운영하였다.

정조는 영조의 인재 양성 정책을 계승하면서도 응제應製를 자주 시행하였다. 응제는 숙종·영조 때 가끔 성균관 거재유생이나 도기유생에게 제술 시험을 시행한 데서 시작된 과시의 일종이었지만, 정식화된 과시는 아니었다. 응제는 사실 유생에게보다 문신 관료에게 주로 시행되었던 과시였다. 정조 즉위 초에는 문신에게 응제를 지속적으로 시행하여 우등한 문신에게 시상하였다.

1783년(정조 7) 이후 정조는 유생 응제도 빈번히 시행하여 계속 우등

---

138) 『正祖實錄』 권11, 正祖 5년 2월 16일(己未).
139) 『承政院日記』 正祖 5년 2월 25일(戊辰).
140) 『日省錄』 正祖 2년 戊戌 7월 4일.

한 유생에게는 바로 관직을 제수하였다. 그는 1783년 유생 응제에서 네 차례나 입격한 진사 이상영李尙榮에게 예빈시 참봉을 제수하였다.[141] 주로 성균관 유생을 대상으로 하는 응제는 원점으로 응시 기준을 삼기에는 어려움이 있었다. 성균관에 거재하려는 유생들이 늘어나 식당에 들어가기 어려워 원점 30점을 채우기가 쉽지 않았다. 그렇다고 하여 거재유생의 정원은 100명이라는 선대의 규정도 무시할 수 없어서 진퇴양난이었다. 정조는 응제를 원점유생에게 시행하기도 하고, 통방외과로 시행하기도 하여 서울에 올라와 있는 지방유생에 대한 배려를 아끼지 않았다.

1787년(정조 11)에 정조는 성균관 유생의 응제 우등자에게 상품을 하사하는 것 이외에 차상次上 이상으로 입격한 유생은 진사·생원·유학을 막론하고, 도기과에 나갈 자격을 주었으며, 도기과의 답안 위에 응제라고 쓰도록 하였다.[142] 정조는 유생 응제를 시행한 이래로 우등한 유생에게 상품을 지급하거나, 여러 번 응제에 입격한 유생에게 관직을 제수하기도 하였다. 그러나 이때 응제에 차상 이상으로 입격한 유생은 도기유생이나 진사·생원이 아니더라도 도기과에 응시할 자격을 줌으로써 도기에 상관없이 성균관의 하재생 또는 사학생도까지도 응제에 입격만 하면 도기과에 응시하게 한 것이다. 급기야 1790년(정조 14) 응제에서 이상二上으로 우등한 유생 임헌任爀에게 직부전시를 하사함으로써 비로소 응제로 직부를 하사하기 시작하였다.[143] 정조는 응제를 통해서 상품, 관직, 도기과 응시 자격, 직부 등 다양한 방법으로 유생을 격려하고 권장하였다.

1790년 응제 우등자에게 직부전시를 하사함으로써 응제가 유생과시로서 정식화되었다. 정조 때 유생과시에서 직부전시를 하사받아 문과에 합격한 319명 가운데 응제로 직부전시를 받은 자는 19명으로 약6%이다. 정조 때에 직부전시의 점유율에서 응제는 비중이 적지만, 정식 유생과시로서 직부전시를 하사받게 되는 계기를 마련하였다는 것에서 의미가 크다.

---

141) 『日省錄』 正祖 7년 癸卯 12월 17일.
142) 『日省錄』 正祖 11년 丁未 12월 25일.
143) 『日省錄』 正祖 14년 庚戌 9월 29일.

또한 응제에 주목하는 이유는 정조는 응제의 시제를 어제御製로 내리고, 정조가 직접 채점하는 어고御考를 시행하기도 했다는 점이다. 역대 국왕들이 어제를 과거科擧나 문신과시 시험문제로 내리는 경우도 더러 있었다. 세조는 중시重試 시험문제를, 연산군·중종은 문신과시나 정시庭試 문제를 어제로 내렸다. 명종이 내린 어제는 주로 성균관의 유생과시를 위한 것이었다. 인조대 이후로는 특정 지방 유생과시에도 어제를 내려 답안을 작성하게 하였다. 숙종·영조 때에는 과거, 문신과시, 유생과시에 어제를 내려 시험을 치르는 빈도수가 더욱 높아졌다.

정조는 1776년 즉위하자 8월 추도기 제술시험부터 1798년(정조 22) 12월까지 문과 전시, 문과 중시, 성균관을 비롯한 각종 유생과시, 초계문신 과시와 친시, 문신과시, 한림 소시召試, 이문吏文 제술, 검서관檢書官 취재 등에 1,347편의 어제를 내려 시험을 치르게 하였다. 1,347편의 어제 중 시험의 종류가 확인된 것은 1,138편인데, 그중 성균관 유생과 수원부 유생 과시를 합하면 432편으로 약 38%를 점하고 있다.[144] 이것만 보더라도 정조가 유생과시에 얼마나 많은 관심을 가지고 있었는지 확인할 수 있다.

정조가 이처럼 친히 시험문제를 출제한 것에는 몇 가지 이유가 있었다. 첫째는 좋은 답안이 나오려면, 합당한 시험문제가 출제되어야 한다는 문제의식을 가지고 있었다. 그는 시제의 경우 출처가 바르고 의의가 크며, 기상이 좋아야 한다고 여겼다. 시험문제는 경서나 역사서 등에서 핵심이 되는 구절을 뽑아 출제해야 하지만, 문제에 응시자들이 서술해야할 핵심 내용이 들어 있어야 한다고 하였다.[145] 정조가 이러한 원칙에 입각하여 문제를 낸 목적은 단순히 인재를 선발하려는 것이 아니라 보다 다나은 인재로 양성하는 데에 있었다.

둘째 정조는 직접 시험출제를 내면서 문신 혹은 유생의 학업 수준을 고려했다. 유생들에게는 과업科業과 관련이 있는 문체로 답안을 작성하게

---

144) 박현순, 「정조의 『임헌제총』 편찬과 어제 출제」, 『규장각』 48, 2016, 160쪽.
145) 박현순, 앞의 책, 180~181쪽.

했다. 조선 후기 문과전시의 문체는 표表·전箋·부賦 등의 비중이 높았다.[146] 이러한 경향을 반영하여 유생과시에서도 표·전·부 등의 시험문제가 주로 출제되었다. 이들 문체 중에서도 표·전의 비중이 부賦보다 높았다. 다만 지방 유생들에게 표·전보다는 부·과체시의 비중이 높았는데 특히 부가 압도적으로 많았다. 성균관 유생과 지방 유생의 과시 문체 비중이 다른 것은 서울과 지방의 제술 경향을 반영한 것이다. 또한 정조는 책문의 경우 현실을 반영한 내용을 출제하여 실용적인 측면을 강조하였다. 응제應製의 경우에는 과문科文 이외에도 배율·과체시·상량문 등도 출제하였다.[147]

이미 문과를 거쳐 관직에 나온 문신과시는 대상에 따라 시험 문체를 달리하였다. 초계문신에게 내는 시험의 문체는 표·전·율시·부·배율 등을, 초계문신을 제외한 문신과시에는 표·전·부·논論·책문 등이 출제되었다. 문신과시에서도 표·전의 비중이 높았는데, 외교문서 작성의 중요성을 반영한 것이다. 문과에 합격한 문신들의 주요 진출로가 문한 관직이었으므로 표·전 작성의 비중이 높았으며, 또한 율시도 이에 못지않게 중시하였다. 정조가 관심을 기울여서 교육시켰던 초계문신의 경우에는 위에서 언급된 문체 이외에도 논·서序·기記·설說·상량문·반포문·비답·교서 등이 더 추가되어 총 30개의 문체를 작성할 수 있어야 했다.[148] 정조는 과거를 위한 형식적 글쓰기 보다는 실용적 글쓰기에 중시하였다. 그는 과시를 통해서 초계문신을 비롯한 다양한 계층의 문신 그리고 유생에게 실용적 글쓰기를 교육하려는 의도가 있었다.

정조는 즉위하면서부터 각종 시험 문제를 어제로 출제하였지만, 1781년(정조 5) 초계문신을 뽑아서 이들에게 시행하는 친시와 과시로 인해 어제御製가 그 이전보다 배 이상이 늘어나자 중복을 피하기 위해서 과제科題들을 정리하도록 명하였다.[149] 정조는 문제의 중복 출제로 과시 대상자

---

146) 원창애, 「조선시대 문과급제자 연구」, 한국학중앙연구원 박사학위 논문, 1987.
147) 박현순, 앞의 책, 172쪽.
148) 박현순, 앞의 책, 168~169쪽.

들이 미리 답안을 준비한 응시자가 있을까 걱정하여서 어제도 1안과 2안을 준비하는 등 시험 공정성에 무게를 두었다. 그러므로 정조 때에는 어제나 시관의 서제書題 등을 정리한 책들이 편찬되었다. 그중 어제를 정리한 책이 『임헌제총臨軒題叢』이다. 이 책에는 정조 이후 국왕들의 어제도 정리되어 있다.

정조는 어제를 내려 치른 과시의 시권을 직접 채점까지 하였다. 국왕이 직접 채점하는 어고御考는 가끔 행해졌지만, 정조는 어고의 빈도가 높았다. 연대기 자료에 의하면, 정조가 처음으로 직접 채점한 것은 1781년(정조 6) 3월 초계문신 과시였다.[150] 그 이후로는 초계문신의 과시나 유생과시에서 어고를 행한 기록이 빈번하게 나타나고 있다. 정조의 어고가 잦아지자, 1794년(정조 18)에는 '어고은사절목御考恩賜節目'을 만들었다. 이것

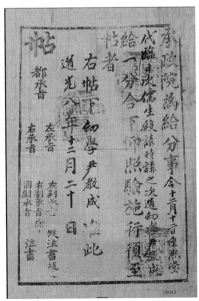
〈그림 7〉 승정원 조흘첩(규장각 한국학연구원 소장)

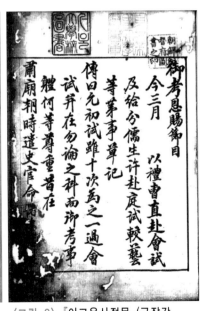
〈그림 8〉 『어고은사절목』(규장각 한국학연구원 소장)

---

149) 『日省錄』 正祖 5년 辛丑 2월 12일.
150) 『內閣日曆』 正祖 6년 3월 24일.

은 유생과시 시권을 정조가 직접 채점하여 직부直赴와 점수를 내린 경우의 처리에 관한 것이었다. 한 유생이 과시나 전강을 통해서 여러 차례 직부와 점수를 받았다고 하더라도 한번 회시에 직부하게 되면, 나머지 은사로 받았던 점수는 의미가 없다. 그러나 국왕이 직접 채점하여 내린 직부나 점수는 시관이 채점한 경우와는 다른 혜택을 주어야 한다는 문제의식에서 절목을 마련하였다.

규장각에서는 국왕이 채점한 과시에서 직부회시나 점수를 받은 유생에게 그때그때 첩문을 발급하고, 규장각과 예조에서 각각 명단을 작성해 둔다. 첩문을 갖고 있는 유생이 문과에 응시하면, 시험을 치른 후에 첩문을 규장각에 제출하게 하여 말소시킨다. 이러한 절차는 일반적으로 과시에서 직부를 받은 유생들이 직부첩을 활용할 때와 같다. 다만 국왕이 채점하여 받은 첩문은 1번의 과거에서 1장씩만 말소하여서 첩문의 수만큼 문과 회시에 직부하거나 점수를 적용받을 수 있다는 것이 특징이다.[151]

정조는 특히 유생과시 시권을 직접 채점하면서 직접 유능한 인재를 발굴할 기회가 많았을 것으로 추측된다. 그는 유능한 인재라면 당색에 관계없이 등용하여서 그들이 갖고 있는 장점을 발휘할 수 있는 기회를 주었다. 그렇기 때문에 유생과시에 우수한 성적으로 직부를 받아 문과에 급제한 유생을 초계문신으로 뽑아서 그들의 능력을 배양할 수 있게 하였다. 초계문신 강제 절목에는 묘당에서 문사를 뽑아서 국왕에게 보고하게 하였으나, 아마도 정조의 의지가 어느 정도 반영되었을 것으로 판단된다. 1781년(정조 5)부터 정조 재위 동안 선발된 초계문신은 총 137명이다. 이들 중 60.6%인 83명이 유생과시에서 직부를 받아 문과에 합격하고, 초계문신에 뽑혔다. 정조가 신뢰하였던 정약용이나 왕세자를 맡겼던 김조순 등도 유생과시를 거쳐 문과에 합격하여 초계문신이 되었다.

---

151) 『御考恩賜節目』(장서각 K2-3547).

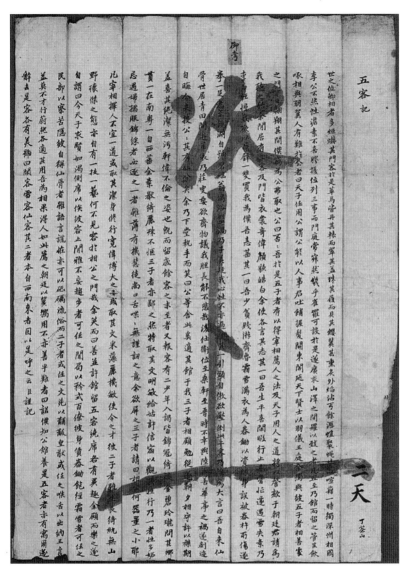

〈그림 9〉 초계문신 정약용 친시비교시권(김영호교수 소장 다산학술자료-이미지
제공 : 한국학중앙연구원 장서각)

초계문신은 문과에 합격하여 승문원에 분관된 자로 37세 이하인 문신
이 대상이었다. 이들은 매달 강서와 제술 시험을 치러야 했다. 강서와

제술 시험에서 연달아 3번 우등한 문신은 참하관이면 출륙하고 참상관이면 승진을 시켜주었다. 그러나 강서시험에서 연달에 4번 불조을 받고, 제술 시험에서 연달아 4번 말末을 받은 문신은 국왕에게 아뢰어 벌을 내렸다.[152] 정조는 초계문신이 강서와 제술을 겸비할 수 있게 학업 과정을 마련했다. 정조는 성균관 유생들에게 강서와 제술을 통해서 경학과 제술을 겸비하도록 하였지만, 과업으로 두 가지를 다 갖추기가 어려운 것이 현실이었다. 그래서 능력이 있는 문과합격자를 대상으로 재교육을 통해서 자신이 원하는 문관을 길러내고자 한 것이다. 초계문신은 모든 문신 전강과 제술, 제관 차출, 시사試射 등의 일을 참여하지 않게 하여 오로지 자신들에게 주어진 학업에 열중하도록 배려하였다.

정조 때의 초계문신 137명 중에서 13명이 정승을 역임하였으며, 이들을 포함한 2품 이상의 관료는 62명으로 45%에 달하였다. 초계문신의 70.8%가 3품 이상 당상관에 올랐다. 뿐만 아니라 초계문신의 77%가 옥당을 거쳐 갔다. 정조 때에 문과 합격 인원의 약 31%만이 당상관에 올랐던 것을 감안한다면, 초계문신을 지낸 관원의 당상 진출이 평균의 2배가 넘는다. 이러한 결과는 정조가 의도했던 대로 인재를 선발하여 경학과 제술을 겸비한 관원으로 양성해낸 결과라고 평가할 수 있다.

---

152) 『正祖實錄』 권11, 正祖 5년 2월 18일(辛酉).

4부

군사 운용의 리더십

부국강병을 향한 새 군제 도입

1. 문종과 오위제

1) 학문과 군사 방면의 관심

조선의 제5대 국왕 문종은 1450년 2월에 왕위에 올라 1452년 5월에 세상을 떴다. 재위 기간이 고작 2년 4개월밖에 되지 않았다. 이 사실만 놓고 보면 문종이 국왕으로서 어떤 리더십을 발휘했을지 의구심이 드는 것이 사실이다. 하지만 그의 행적을 살펴보면 그가 얼마나 잘 준비된 국왕인지를 단박에 알 수 있다.

문종은 1414년(태종 14) 세종과 소헌왕후 심씨의 첫째 아들로 태어났다. 문종은 1421년(세종 3)인 8세에 왕세자가 되었다. 그 뒤 1445년(세종 27) 32세가 되던 해에 세종으로부터 일반 행정의 결재권을 인계받아 대리청정을 하면서 정무에 참여하였다. 그리고 37세라는 늦은 나이에 왕위에 올랐다. 세종의 그늘 아래서 5년간의 국정 경험은 문종에게 귀중한 자산이 되었을 것이다.

문종은 천성적으로 몸이 허약했으나 학문을 좋아하였다. 문종은 성장하면서 학문을 더 부지런히 닦았다. 세자 시절에 달 밝은 밤에 인적이 뜸해지면 종종 손에 책을 들고 집현전 학사가 숙직하는 거처까지 걸어가 그들과 함께 토론하였다.

　문종의 공부와 관련해서 이런 일화도 있다. 하루는 성삼문이 밤이 깊어지자 세자(문종)가 행차하지 않을 것으로 여기고 옷을 벗고 누우려 하는데 갑자기 문 밖에서 신발을 끄는 소리가 들렸다. 문종이 "근보(謹甫 : 성삼문의 자)!!"하고 부르자 성삼문이 놀라 허겁지겁 나가 절을 했다고 한다.[1] 문종은 스스로의 취향에 대해 이렇게 말하기도 하였다.

> "군주는 반드시 나라를 근심하고 정사에 부지런해야 하므로 스스로 안일할 수가 없다. 옛날에 안으로 여색에 빠지거나 밖으로 수렵에 탐닉하거나 술을 즐겨 마시고 음악을 좋아하거나, 높은 가옥과 화려한 담장을 좋아하는 사람이 있었는데 모두 군주의 공통된 걱정이다. 나는 천성이 이런 것을 좋아하지 않으니 비록 권하는 사람이 있더라도 잘 좋아할 수가 없다."[2]

　문종이 즉위하고 나서 힘쓴 일은 신료들과의 소통이었다. 그래서 신료들과 직접 만나서 의견을 나눌 수 있는 자리인 경연과 윤대輪對를 중시하였다. 문종은 "지금은 4품 이상만 윤대에 참여하기를 허락하니, 언로를 넓히는 일이 아니다."[3]라고 하면서 언로를 확대하기 위해 문신 4품 이상만 참여한 윤대를 문신 6품 이상의 관료까지 확대하였다.[4] 이어서 무관 중에서 상호군(정3품 당하관)과 대호군(종3품)도 윤대에 참여시켰다.[5]

　그뿐만이 아니었다. 문종은 군사 문제에 관심이 대단히 높았다. 문종이 즉위한 뒤 부왕 세종의 상중임에도 자주 활쏘기를 관람하고 상을 내리자 신하들이 문제를 제기할 정도였다. 하지만 문종은 무비武備를 향한 행보를 멈추지 않았다. 오히려 거의 하루도 거르지 않고 경회루나 서현정에 나아가 활쏘기를 보고 성적이 좋은 사람들에게 활과 화살을 하사하였다.[6]

---

1) 『燃藜室記述』 권4, 문종조고사본말, 문종.
2) 『文宗實錄』 권13, 文宗 2년 9월 1일(庚寅).
3) 『文宗實錄』 권6, 文宗 1년 2월 20일(己丑)
4) 『文宗實錄』 권6, 文宗 1년 2월 22일(辛卯).
5) 『文宗實錄』 권6, 文宗 1년 3월 12일(辛亥).
6) 『文宗實錄』 권3, 文宗 즉위년 9월 2일(癸卯), 9월 17일(戊午).

문종은 무기 제작에도 관심이 많았다. 1451년(문종 1)에 환도環刀의 길이와 너비를 재조정했으며, 낡은 무기들을 손보게 하였다. 또 정음청正音廳에서 명明의 제도를 참고한 갑옷을 만들도록 했으며, 함경도의 세 곳에 둔전을 시범적으로 실시하였다. 여러 도의 병선도 단조單造로 만들게 하였다.[7] '단조'란 목재 선박을 건조할 때에 외판을 단판單板으로 사용하는 방식으로, 물자가 많이 들지 않고 깨지더라도 보수가 쉽다는 장점이 있었다.[8]

그런데 국왕의 입장에서 목적과 의도가 좋다 해도 일을 수행하다보면 난관에 맞닥트릴 때가 더 많다. 문종 역시 마찬가지였다. 문종이 궐내에 공장工匠을 두고서 무기를 생산하면서 환관에게 감독을 맡긴 일이 신하들의 반발에 부딪쳤다.[9] 사헌부 집의 신숙주는 공장의 혁파를 주장하면서, 백성의 안정을 도모하여 군사 징집의 수를 늘린 다음에 병기를 마련해도 늦지 않으며, 군기 제작 및 보수는 주관 부서에 맡겨야 한다고 건의하였다.

문종은 "무비를 닦지 않을 수 없는데, 이제 유사의 뜻을 살펴보면 전혀 닦지 않기를 바라고 있다."라고 힐책하면서도 환관의 관여를 문제 삼는 문관들의 입장을 잘 파악하였다. 그래서 학문 진작과 무비를 함께 이뤄나가겠다고 한 발 물러섰으며, 궐내에 공장을 둔 것은 그저 빨리 무기를 제작하려는 의도임을 설득하였다.

문종이 일궈낸 가장 큰 수확은 화차를 제조해 서울 및 평안도·함경도에 보급한 일이다. 문종이 개량한 화차는 화차 위에 화포를 놓을 수 있는 가자架子를 설치해 중신기전中神機箭 1백 개 또는 사전총통四箭銃筒 50개를 꽂아 연달아 발사하는 방식이었다. 또 화차 좌우에 방패를 달아 화전에 불을 붙이는 사람을 보호하였다. 한편, 문종은 평소 화차를 사용하지 않으면 무용지물이 될지도 모른다고 우려해 각사에 나눠주어 수레처럼 운반용으로 사용하다가 전쟁이 발발하면 다시 무기로 사용하게 하였다.[10]

---

7) 한춘순, 「문종대(文宗代)의 국정운영」, 『조선시대사학보』 33, 2005, 45~46쪽.
8) 이왕무, '갑조선', 조선왕조실록사전(http://encysillok.aks.ac.kr).
9) 한춘순, 앞의 논문, 52쪽.

실사구시의 정신과 실용의 자세를 보여준 것이다.

당시 신하들 중에는 화차 제조를 반대한 자도 있었다. 그러자 문종은 잠시 "내가 화차를 새로 만들었으나, 여러 대신이 옳지 못함을 알고 이런 논의가 있는 것이 아닐까?"[11]하고 흔들리기도 하였다. 하지만 신하들의 의견을 다시 청취한 뒤 화차 제조를 추진하는 뚝심을 발휘하였다.

'후일지효後日之效'라는 말이 있다. 큰일을 이루려 할 때 처음에는 비록 순조롭지 못하지만, 나중에 그 효과는 틀림없이 창대하다는 의미다.[12] 세종이 함경도에서 6진 개척에 힘쓰고 있던 김종서에게 보낸 편지에 들어 있던 말이다. 문종이 무비를 닦은 과정 역시 이 한 마디로 표현할 수 있을 것 같다.

2) 국제 정세의 변화와 문종의 결단

15세기에 조선 왕조에게 가장 위험한 적은 원元이 멸망한 뒤 초원 지역으로 퇴각한 몽골이었다. 15세기 동아시아 정세는 외형상 명이 패권국으로 성장하는 추세였다. 하지만 실상 몽골이 다시 성장하면서 명의 패권을 위협했고, 결론부터 말하면 명과 몽골의 대립에서 명은 몽골을 끝까지 제압하지 못한 채 만주족(청)에게 패권을 넘겨줘야 하였다.

명에서는 '정난靖難의 역役'으로 1402년에 임금 자리에 오른 성조(영락제)가 대외적으로 적극적인 공세를 취하였다. 성조는 몽골의 타타르[韃靼, 동몽골]와 오이라트[瓦剌]가 주도권을 놓고 싸우는 상황을 이용해 양쪽에 조공을 허용하는 한편, 1410년, 1414년, 1422년, 1423년, 1424년에 다섯 차례나 몽골을 직접 정벌하였다. 하지만 결과는 좋지 못하여 성조는 몽골을 굴복시키지 못하였다. 그 사이 성조는 준비 끝에 1421년 정월 초하루에 북경 천도를 단행하였다.

---

10) 『文宗實錄』 권6, 文宗 1년 2월 13일(壬午), 20일(己丑).
11) 『文宗實錄』 권6, 文宗 1년 3월 7일(丙午).
12) 『世宗實錄』 권78, 世宗 19년 8월 6일(癸亥), "成大事者, 其初必有不諧之事, 後日 之效, 必可望也."

이후 15세기 중엽 오이라트[瓦剌]에서 에센[也先]이 실력자로 등장해 영토를 급속히 확장하면서 북방에서 맹위를 떨쳤다. 에센은 명의 북변을 위협하면서 무역의 확대를 요구하였다.[13] 이 과정에서 일어난 사건이 1449년에 발생한 '토목보의 변'이다.

토목보는 회래에서 서쪽으로 16km 떨어진 소규모의 보堡로, 에센이 명의 변경인 대동을 침공하자 영종이 군사 50만을 이끌고 친정했다가 여기서 포로로 잡힌 사건이다. 에센은 영종을 인질로 삼고서 명과 교섭했으나 명 조정에서는 임금의 대리를 수행하던 영종의 이복동생을 임금으로 옹립하였다. 그러자 에센은 이듬해에 영종을 명으로 송환했고, 1475년에 영종은 복위에 성공하였다.

15세기에 명이 몽골과 충돌하고 여진에게 영향력을 행사하자 그 여파가 조선으로 밀려왔다. 대표적으로 1449년(세종 31) 명이 몽골을 치기 위해 조선에 원정 군사를 요청한 일이다. 또 오이라트가 여진을 공략하면 여진이 이를 피해 조선으로 몰려 올 가능성도 높아졌다. 압록강 상류 유역에 설치한 4군 가운데 3군을 철폐하자는 주장이 문종이 즉위한 해에 제기된 것도 이와 무관하지 않다.

문종은 1445년(세종 27)부터 부왕 세종을 대신해 국정을 담당하였다. 세종이 말년에 질병에 시달리자 세자에게 대리청정을 명한 것이었다. 문종은 2년이라는 짧은 기간 동안 재위했는데, 이 시대는 세종 후반기의 분위기와 비슷했다고 평가받고 있다.[14]

문종에 앞서 이미 세종은 오이라트의 위험성을 파악해 대책을 마련하였다. '토목보의 변'이 조선에 공식으로 전해진 시기는 1449년(세종 31) 9월로서 절일사 정척의 급보를 통해서였다. 당시 조선의 국정은 문종이 대리청정을 맡고 있는 시기였다.

이 소식을 들은 세종은 의정부와 육조에게 양계 지역의 방어를 더 철저하게 할 것을 명하였다.[15] 이후 세종은 평안도의 도절제사를 교체하고,

---

13) 노기식, 『중국의 변강 인식과 갈등』, 한신대학교출판부, 2007, 199쪽.
14) 이성무, 『조선왕조사』(1), 동방미디어, 1998, 242쪽.

군현들의 화포와 보병도 증강하였다. 유사시 백성이 피신할 입보책을 마련하고, 북방 지역의 구자ロ子도 점검하여 고립되었거나 허약한 구자를 통합하는 조치를 취하였다. '구자'는 진鎭이나 보堡보다 규모가 작은 관방 시설이다. 또 전시에 대비해 삼남 지방의 잡색군들을 정비하고, 추가로 정군을 모집할 준비도 갖춰나갔다. 이런 조치를 하는 와중에 세종은 서거하고 문종이 즉위하였다.

문종은 전쟁의 방어책으로 행성行城과 성곽 축조에 힘을 기울였다. 행성은 이미 세종이 1441년(세종 23) 봄부터 북변에 128곳을 선정해 오랜 기간 동안 구축해 왔다. 세종이 축조한 행성은 총 140km 정도로 최북단에 방어선을 구축하였다.[16] 문종은 세종의 정책을 이어받아 1449년과 1450년에 전쟁 위기가 대두되자 그동안 중단된 행성 구축을 재개하였다. 이 역시 백성의 힘을 쉬게 해야 한다는 신하들의 반대가 많았으나,[17] 이 때 역시 신하들을 설득하면서 행성 축조를 밀고 나갔다.

문종이 즉위한 1450년은 '토목보의 변'이 일어난 이듬해였다. 문종은 즉위 당시 종양이 심해 국상 진행이나 여차廬次 생활이 어려울 정도였으나 오이라트 문제만은 국정 현안으로 다루었다.[18] 그만큼 긴박한 국제정세에 따른 위기감이 높았다는 의미다. 문종은 명과 몽골의 충돌을 예의주시하면서 오이라트의 침공 위협에 대비하였다.

문종은 "지금 북방 소식을 비록 확실히 알지 못한다 하더라도 군사는 모름지기 급히 정비하여 갖추고, 또 각 고을 군사는 원래의 액수 이외에도 인정丁 및 인리人吏·일수日守로서 무예의 재주가 있는 자를 모두 다 징발하여 대오를 만들어 진법을 익히고, 무기를 정비하여 기회를 틈타서 적에 대응하게 하라."[19]고 명하였다.

---

15) 『世宗實錄』권125, 世宗 31년 9월 29일(丙午).
16) 차용걸, 「행성·읍성·진성의 축조」, 『한국사』22, 국사편찬위원회, 1995, 185쪽.
17) 『文宗實錄』권2, 文宗 즉위년 6월 3일(乙亥), 6월 17일(己丑), 7월 19일(辛酉); 『文宗實錄』권6, 文宗 1년 2월 13일(壬午).
18) 임용한, 「오이라트의 위협과 조선의 방어전략-진관체제 성립의 역사적 배경」, 『역사와 실학』46, 2011, 47쪽.
19) 『文宗實錄』권5, 文宗 1년 1월 7일(丁未).

문종은 대외 위기를 회피하지 않았다. 적극적으로 군제 및 군비의 정비를 착수하고 이 과정에서 군사 훈련을 강화하였다. 황수신의 건의에 따라 행진 연습, 진법 훈련, 『계축진설癸丑陣說』을 대상으로 한 강서 시험을 실시하였다.[20] 1451년(문종 1) 1월부터 경연에서 진법에 관한 논의를 본격화하고 진법 훈련을 직접 관장하였다.

> 임금이 모화관에 거둥하여 진법 익히는 것을 구경하였다. 좌상左廂·우상右廂으로 나누어 모두 7백여 명이 치고 찌르고 이기고 지는 형상을 이루었는데, 진퇴進退에 절도가 있고 대오가 잘 정비되었다. 또 군기감에 명해 화포를 쏘게 했는데, 갑옷을 입히고 방패를 소지한 허수아비를 만들어 70~80보 밖에 세워 두고, 화차의 화살을 쏘니 허수아비와 방패 모두 관통하였다. 임금이 내금위 중 활 잘 쏘는 자 5인에게도 편전을 쏘게 하여 그 우열을 비교하니 화차에서 쏠 때만 못하였다.[21]

문종은 같은 해 5월에 진법 훈련의 결실을 보아서 『어제신진서御製新陣書』를 만들고 6월에 '신진법新陣法'을 공포하였다. 『문종실록』에는 "드디어 친히 새 진법을 지었다."라고 되어 있다. 당시 문종이 편찬한 진법은 『문종실록』에 실려 있다.[22]

후대의 사관史官들은 문종이 추진한 무비의 성과를 다음과 같이 말하였다. 곧 "이 당시의 북방 오랑캐의 소식이 해마다 연달아 그치지 않아 임금이 강무에 뜻을 기울여 무릇 무비의 일에 생각이 두루 미치지 아니함이 없었고, 무기가 정밀하고 자세했으며, 직접 진법도 검열하니 무인들이 모두 그 재능에 정통하였다."[23]라고 평가하였다.

---

20) 윤훈표, 「조선전기 진법훈련 체계의 변화」, 『역사와 실학』 46, 2011, 14~16쪽.
21) 『文宗實錄』 권5, 文宗 1년 1월 16일(丙辰).
22) 『文宗實錄』 권8, 文宗 1년 6월 19일(丙戌).
23) 상동.

3) 오사(五司)의 개편 과정

오위五衛의 '완성'은 엄밀히 말하면 세조의 손에서 이뤄졌다. 세조는 1457년(세조 3)에 오사五司를 오위로 재편하였다. 이것이 훗날 『경국대전』에 수록되면서 조선 왕조의 오위 제도가 완성되었다.

조선 건국 이후부터 『경국대전』에 안착하기까지 오위 제도는 지난한 과정을 거쳤는데, 그 지난한 과정 속에서 『신진서新陣書』를 편찬해 오위의 기틀을 마련한 국왕이 바로 문종이었다. 오위를 다루면서 문종을 말하는 이유가 여기에 있다.

태조는 조선 개국 뒤에 중앙군의 정비를 서둘렀다. 당시 중앙군은 실제적인 군사력을 보유하지 못한 채 유명무실한 상태였고 그만큼 왕권의 기반도 취약하였다. 동북면의 군벌 출신으로 조선을 개창한 태조 이성계는 병권 장악의 중요성을 누구보다도 잘 알고 있었다. 이에 태조는 국왕을 정점으로 한 강력한 군사 체제의 구축을 서둘렀다.

그래서 개국한 지 9일 만에 중앙군 조직을 십위十衛로 개편하였다. 고려의 중앙군 조직인 2군 6위의 8위衛에 본인의 친병을 바탕으로 구성한 의흥친군위의 좌위와 우위를 합친 조직이었다. 십위 체제는 위마다 중령中領, 좌령左領, 우령右領, 전령前領, 후령後領의 오령五領을 설치해 10위 50령을 만들고 1령마다 1천명을 배속하였다. 곧 10위는 대략 5만 명의 군사로 이뤄졌던 것이다. 지휘관은 상장군上將軍, 대장군大將軍, 도호팔위장군都護八衛將軍, 장군將軍 등을 두었다.[24]

1394년(태조 3) 십위는 궁궐 수비와 도성 경비로 기능을 이분화한 십사十司 체제로 바뀌었다. 이후 1418년 8월에 태종이 세종에게 왕위를 전위하면서 상왕上王으로 물러나자 태종의 호위를 위해 중앙군을 12사로 늘렸다. 1422년(세종 4) 태종이 서거하면서 10사로 환원되었다. 1445년(세종 27) 세종은 왕세자인 문종에게 대리청정을 맡기면서 아들 문종의 호위를 위해 10사를 다시 12사로 확대하였다.

---

[24] 민현구, 『조선초기의 군사제도와 정치』, 한국연구원, 1983, 109쪽, 117~119쪽.

10사에서 12사로 변화를 거듭하던 중앙군 조직은 마침내 문종 대에 큰 변화를 맞이한다. 문종은 1451년(문종 1)에 12사를 5사로 개편하고, 중군에 의흥사義興司·충좌사忠佐司·충무사忠武司, 좌군에 용양사龍驤司, 우군에 호분사虎賁司를 배속시켰다.

그러면 문종이 중앙군의 편제를 5사로 개편한 목적은 무엇이었을까? 그것은 문종이 본인이 개발한 5단위 진법 즉 오위五衛를 축으로 하는 5위 진법에 맞도록 부대 조직을 개편한다는 취지에서 비롯되었다. 조선 초기 중앙군은 1394년에 10사로 명칭이 바뀌면서 각 사司를 의흥삼군부의 좌군·우군·중군에 소속시켰다. 그런데 고려시대 이후로 전투 대형은 오진五陣이나 오군五軍으로 존속했는데 이를 삼군三軍에 소속시키다보니 여러 면에서 혼선을 야기하였다.

군사학을 파고든 문종은 연구 끝에 종래 군사 조직과 전투 편성의 이원적인 구조를 모두 5단위 체제로 통일시켰다. 따라서 앞서 언급한 『신진법』의 탄생은 중앙 군사 조직의 골격을 만드는 과정에서 나온 것이었다.[25] 이렇게 성립된 5사는 1457년(세조 3)에 비로소 5위로 개편되고, 최고 군령기관 역시 변화를 거쳐서 오위도총부五衛都摠府로 확립되었다.

문종이 새로운 진법을 완성시킨 배경은 바로 '토목보의 변'이었다. 그만큼 문종은 '토목보의 변'을 조선을 위협하는 대단히 위급한 국제정세로 파악했고 이에 대처하기 위해 중앙군을 개편했던 것이다. 문종은 이 과정에서 직접 연구하면서 신료들에게 끊임없이 의견을 물었다.

『신진법』의 경우에도 그것은 "진실로 병사兵事에 뜻을 둔 것이었다. 하지만, 옛 법을 가벼이 고치기에는 이런 저런 논의가 자못 많았다."[26]라고 하였다. 곧 새로운 진법에 대한 반대 의견이 많았다는 의미다.

또 오위 진법으로 군사 훈련을 강화하자 도승지 이계전이 임금이 군사

---

[25] 1492년(성종 23)에 완간된 『(오위)陣法』의 初本은 1451년(문종 1) 6월에 완성한 『新陣法』이었다. 문종이 탄생시킨 『신진법』은 태조·태종·세종대까지 수집, 편찬된 진법의 내용을 원류로 삼았으며, 이후 세조 대에 수정되고 성종 대에 다시 한 번 개정되어 『(오위)진법』으로 완성된 것이다.

[26] 『文宗實錄』 권8, 文宗 1년 6월 19일(丙戌).

문제에 골몰해서 문풍이 일어나지 않는다는 문제를 제기하였다. 그러자 문종은 도승지의 의견을 받아들여 문풍을 진작할 지성균관사를 추천하라면서 한발 물러서는 태도를 보였다.[27] 도승지가 우찬성 정분鄭못을 추천하자 문종은 그가 문한의 일을 맡아 본 적이 없다면서 다시 추천하라고 명하였다. 신료들이 좌찬성 김종서를 추천하자 그제야 예전에 지춘추관사의 직임을 띤 적이 있으니 적합하다면서 김종서를 임명하였다.

김종서가 누구인가? 태종·세종·문종·단종 네 임금을 모시면서 파란만장한 삶을 산 김종서의 별명은 '대호大虎' 즉 큰 호랑이였다. 문신으로서 그는 세종의 명으로 1433년(세종 15)부터 1440년까지 함길도 관찰사(2년)와 함길도 도절제사(5년)를 7년간 재임하면서 함경도의 경원·종성·회령·경성·온성·부령 등을 조선의 영토를 만드는 데에 크게 공헌하였다.

문종이 세종의 6진 정책을 뒷받침하면서 군사 문제에 정통한 김종서를 지성균관사에 임명했다는 사실은 의미심장하다. 문종은 자신의 의견을 고집하지 않으면서 자신이 원하는 방향으로 국정을 이끌고 나간 것이었다. 문종은 이 조치가 있은 지 한 달여 뒤에 좌찬성 김종서, 병조 판서 민신, 병조 참판 황수신, 훈련관 제조 이선 등에게 명하여 새로 제정한 진법에 따라 군사 훈련을 실시하게 하였다. 이틀 동안 문종은 동교東郊에서 나아가 직접 군사 훈련을 참관하고, 훈련을 잘 수행한 사람들에게 논공행상을 시행하는 과단성을 보여주었다.[28]

이후에도 진법 훈련에 대한 문종의 관심은 끊이지 않았으며, 진법 훈련의 절목까지 만들었다.[29] 모두 새롭게 만든 『신진법』을 현실에 실제로 적용하기 위한 노력이었으며, 국왕의 추진력을 잘 보여준 사례라 할 수 있다.

---

27) 『文宗實錄』 권8, 文宗 1년 7월 1일(丁酉).
28) 『文宗實錄』 권9, 文宗 1년 8월 20일(乙酉), 8월 29일(甲午).
29) 김웅호, 『조선초기 중앙군 운용 연구』, 서울대학교 박사학위논문, 2017, 196~197쪽.

2. 선조와 훈련도감

1) 전쟁 중 파천으로 추락한 국왕의 위신

조선 왕조에서 선조宣祖의 시대는 세 가지 측면에서 이전과 다른 시대가 되었다. 하나는 왕실과 관련한 사안으로서 조선 왕조에서 국왕의 적장자 또는 적장손이 아닌 사람으로 처음 왕위를 계승한 임금이 선조였다. 선조는 중종의 서자 덕흥군德興君의 아들로서 명종이 승하한 뒤에 입후되어 제14대 조선의 국왕이 되었다.[30] 이로써 조선의 왕실은 적장자만 왕위를 계승하는 시대에 종말을 고했으며, 선조의 뒤를 이어서 즉위한 광해군이 대표적인 사례다.

둘째, 정치와 관련한 사안으로서 선조가 즉위하면서 조정은 사림士林이 활약하는 시대가 되었다. 뒤의 3장에서 설명할 예정이지만, 훈구 세력과 권신權臣이 정치무대에서 사라지면서 사림의 시대가 열리고, 1575년(선조 5) 사림 스스로 분열하여 '동서 분당'이 이뤄졌다. '동서 분당'으로 붕당 정치의 서막이 열리면서 이후 조선 왕조는 각 당파 사이의 각종 정책 대결과 이해利害를 반영하는 사회로 변모하였다.

끝으로, 이 글과 연관이 있는 대외 문제로서 선조의 시대는 임진왜란을 겪은 시기다. 임진왜란의 여파는 너무나 커서 한국사학계에서는 오래전에 이미 임진왜란을 기점으로 조선 왕조를 전기와 후기로 나눌 정도다. 그리고 한·중·일의 '동아시아 삼국전쟁'으로서 임진왜란은 조선뿐만 아니라 동아시아에도 큰 영향을 미친 전쟁이었다.

1592년(선조 25) 4월 14일 아침 일본군이 부산포에 상륙하면서 임진왜란은 시작되었다. 선조가 피난을 결정한 때는 4월 29일이었고 다음날인 4월 30일에 서울을 빠져나가 북쪽으로 향하였다.

5월 1일, 황해도 동파관에 도착한 선조는 비통한 심정으로 신하들을 향해 "일이 이렇게까지 되었으니 내가 어디로 가야 하겠는가?"라고 물었

---

30) 이영춘, 『조선후기 왕위계승 연구』, 집문당, 1998, 96쪽.

다. 이항복은 사태가 급박해지면 명으로 망명해야 한다고 주장하였다. 하지만 류성룡은 "임금께서 우리 땅을 단 한 걸음이라도 떠나신다면 조선 땅은 우리의 소유가 되지 못합니다."라고 하면서 조선 땅에 남아야 한다고 강하게 주장하였다. 선조는 이미 압록강을 건널 것을 결정한 듯이 "내부內附는 본래 나의 뜻"이라면서 망명 의사를 숨기지 않았다.[31]

선조는 수많은 논의 끝에 6월 21일 평안도 의주에 도착하였다. 파천은 선조에게 두 번 다시 경험하고 싶지 않은 기억이었다. 1596년 전황이 다시 악화되자 선조는 체찰사 이원익을 남쪽으로 보냈다. 그 때 이원익을 접견하는 자리에서 "경은 여러 장수들과 함께 목숨을 걸고 있는 힘을 다해 다시는 나에게 의주의 파천 같은 재난이 있지 않도록 하라."[32]고 당부하였다. 그럼에도 선조는 파천에 대해 스스로 지은 시에서 "도성의 버림은 큰 계획 때문이었고/회복은 여러 신하를 믿도다!"[33]라고 읊었듯이 면죄부를 주었다.

어느 시점인지 정확하지 않으나 선조는 의주로 파천하기 전에 이미 명에 망명을 요청하였다. 6월 하순 선조는 요동에서 건너온 명 관료로부터 내부할 경우 관전보의 빈 관아에 거처할 예정이라는 이야기를 들었으며, 7월 초에는 청원사 이덕형을 통해 거듭 명과 내부하는 일을 상의하도록 하였다. 요동 도지휘사 역시 조선에 자문을 보내 국왕과 함께 압록강을 건널 신료들의 규모가 어느 정도인지를 물어왔다.[34] 그래서인지 8월 초순 무렵이면 서울을 비롯한 북쪽 지역에서는 선조가 이미 요동을 건넜다는 소문이 파다하였다.

선조의 파천과 요동 망명설은 사족들 사이에서도 선조에 대한 실망감을 높이는 요소였다. 임진왜란기에 경상도 함양에서 의병 부대의 유사를 담당한 정경운은 1596년 11월 다시 전황이 악화되면서 선조가 요동을

---

31) 『宣祖修正實錄』 권26, 宣祖 25년 5월 1일(庚申).
32) 『國朝寶鑑』 권32, 선조조 9, 선조 29년(丙申).
33) 조경남, 『亂中雜錄』 2, 임진란 하, 1592년 12월.
34) 『宣祖實錄』 권27, 宣祖 25년 6월 26일(甲寅), 7월 3일(庚申), 7월 4일(辛酉).

건널 가능성이 있다는 소식을 듣자, "임금이 크게 놀라 요동을 건널 계책을 결단했으나 왜적을 막아 목숨을 바칠 뜻이 없으시다."라고 보았다. 그러면서 선조가 향香을 내리면서 산천 영령에 제사를 올려 왜적의 서향을 막으라는 명을 내리자, "이것이 과연 전쟁을 다스리는 대책인가?"하고 탄식하였다.[35]

파천은 국왕의 권위를 심각하게 훼손하였다. 무엇보다 선조를 대하는 대신들의 태도도 공손하지 못하였다. 예컨대, 비변사에서 명 임금 및 경략 송응창 등에게 보내는 편지를 국왕 친서로 써야한다고 압력을 넣자 선조는 "나는 본시 잔글씨를 못 쓴다. 지금이 어떠한 때인데 내가 할 수 있다면 어찌 사양하겠는가. 부득이 해야 할 일인가?"[36]라는 궁색한 답변을 내놓았다. 홍문관에서는 선조가 명 사신 심유경에 대한 접대가 소홀하다고 언급하면서 "성상께서 사람을 대하는 마음에 순수하지 못한 점"이 있는 것 같다면서 다소 모욕적인 말까지 하였다.[37]

민간의 분위기도 이와 크게 다르지 않았다. 전쟁이 일어났다는 소식이 전해지자 전국에 각종 유언비어가 들끓었다. 한 사례로, 정여립이나 이덕형이 임금이 되었다는 등 새 임금이 즉위했다는 말들이 나돌았다.[38] 또 선조가 의주에 도착했을 때에 성안에 사람이 없어 의주 목사 황진과 판관 권탁 등이 아전 및 여자종 두어 명과 함께 직접 임금의 수라를 장만하고 땔나무조차 제대로 댈 수 없었다는 기록은 민심 이반의 심각성을 잘 말해 준다.[39]

이런 상황에서 선조는 1593년 10월에 한양으로 돌아왔다. 한양으로 돌아온 뒤 선조는 임진왜란이 끝날 때까지 도성을 더 이상 비우지 않고

---

35) 정경운, 『고대일록』 1596년 11월 26일(임진왜란사료총서10, 국립진주박물관, 2002).
36) 『宣祖實錄』 권44, 宣祖 26년 11월 30일(庚辰).
37) 『宣祖實錄』 권45, 宣祖 26년 윤11월 5일(乙酉).
38) 안방준, 『은봉전서』 권6, 기사, 임진기사, 1592년 4월, 5월 2일.(안동교 번역, 『국역 은봉전서』, 보성문화원, 2002, 306~308쪽)
39) 『宣祖實錄』 권27, 宣祖 25년(1592) 6월 20일(戊申), 6월 21일(己酉), 6월 22일(庚戌).

끝까지 고수하였다. 임진왜란 7년 전쟁 중 가장 피해가 심한 시점에 의주까지 피난을 갔다 돌아온 선조는 훈련도감을 창설하면서 전열을 가다듬게 된다. 선조가 환도 이후 군사 방면에서 보여준 리더십의 실상이 과연 어떠했을지 좇아가보고자 한다.

2) 훈련도감의 탄생 과정

조선후기 오군영은 조선 왕조가 임진왜란과 명·청 교체기라는 동아시아 국제 정세 변화 속에서 국가 위기에 대처하기 위해 새롭게 탄생시킨 중앙 군대다. 오군영의 시초는 임진왜란이 한창인 1593년(선조 26)에 설립한 훈련도감訓鍊都監이었다. 훈련도감의 탄생으로 급료를 받는 직업 군인이 등장했으며, 조선 왕조의 군대 운영 시스템을 변화시킨 전환점이 되었다.

임진왜란기 일본군 무기 중 강력한 위세를 떨친 것은 조총이었다. 그런데 조총 못지않게 조선군을 위협한 무기가 더 있었으니 바로 창槍과 검이었다. 일본군이 소지한 창·검의 살상력은 16세기 전반 왜구를 통해 명에도 큰 위력을 떨쳤다. 명군의 기록에는 왜구의 쌍검 솜씨가 매우 민첩해 사람은 보이지 않고 번쩍이는 검만 보이고, 창도 너무 빨라 창이 날아가는 것조차 포착할 수 없다고 하였다.

조선은 1592년에 명에 구원병을 요청하면서 일본군이 조총과 장검長劍을 잘한다고 전하였다. 영조 및 정조 시대의 무관 이상정李象鼎(1710~1781)은 임진왜란기 일본군 전법에 대해 이렇게 설명하였다. "쌍수도雙手끼(장도)는 왜구가 중국 대륙을 침범한 뒤 처음 출연했는데 왜구들이 이 칼을 번쩍거리면서 춤을 추고 전진해오면 병사들이 이미 기선을 제압당하고 말았다."[40]

이 무렵 일본에서 창검술이 발달한 이유는 일본의 국내 사정과 연관이 있다. 임진왜란은 일본에서 군웅이 할거한 내란 시기인 전국시대가 경과

---

40) 李象鼎, 『兵學指南演義』 권2, 營陣正彀, 遠近兼授第五, 器械.

한 직후였다. 사무라이 전성기라 할 수 있는 이 시기에 일반인도 자신의 몸을 보호하기 위해 창검술을 익혔다. 그러므로 임진왜란 당시 일본의 창검술은 실전력을 구비한 상태이며 기술면에서도 최고 정점을 찍었다.

더구나 창과 칼은 조총과 결합하면서 더 강력해졌다. 임진왜란 당시 일본군 전법은 가장 앞에 위치한 깃발부대가 양쪽으로 나뉘어 상대편을 포위하면 조총병이 일시에 총을 발사해 전열을 무너뜨렸다. 이어서 창이나 칼을 지닌 군사가 도망하는 병사들을 쫓아가 백병전을 맹렬히 전개하였다. 이것이 전쟁 초기 조선군이 일본군의 공격에 힘없이 무너진 이유였다.

임진왜란 초기 육상전에서 고전을 면치 못한 조선군은 1593년 1월 평양성 전투에서 명군과 연합하여 일본군과 싸우면서 큰 희망 하나를 목도하게 된다. 구원병으로 온 명군 중 남병南兵들이 구사한 전법이었다. 남병은 절강·복건 등 남쪽에서 온 보병들로서 명 장수 척계광戚繼光(1528~1587)이 개발한 전법으로 무장하였다.

척계광은 왜구 피해가 극심한 남쪽지역에서 왜구 격퇴에 혁혁한 공을 세웠고, 이 경험을 바탕으로 일본군을 이길 수 있는 방책을 담은 『기효신서紀效新書』(1560)라는 병서를 펴냈다. 이 책의 특징은 농민처럼 평소 무예를 닦지 않은 일반인들을 대상으로 소규모 부대의 운용 방식을 구체적으로 제시한 점이다.[41] 곧 손쉽게 군사 자원을 확보한 뒤 치밀하게 훈련시켜서 군병들의 생명을 지키고 전장에서 승리를 거둘 수 있게 한 병서였다.

평양성 전투에서 조선군들을 놀라게 한 남병의 전법은 먼 곳에서 화공火攻으로 먼저 일본군의 기선을 제압하였다. 명군이 쏜 대포 소리는 하도 커서 천지가 진동하고 심지어 평양에서 수 십리 밖에도 들릴 정도였다고 한다. 명군은 왜군이 돌진해오면 낭선狼筅과 긴 창을 이용해 바리게이트를 치듯이 창칼을 막아냈고 적이 움직이지 않으면 방패수가 전진하였다.[42] 생소한 무기로 싸우는 이 전법은 조선인들에게 깊은 인상을 남기면서

---

41) 허대영, 「임진왜란 전후 조선의 전술 변화와 군사훈련의 전문화」, 『한국사론』 58, 2012, 97쪽.
42) 노영구, 「宣祖代 紀效新書의 보급과 陣法 논의」, 『군사』 34, 1997, 129쪽.

전세를 역전시킬 수 있는 새로운 희망으로 떠올랐다.

1593년 2월에 선조는 평양성이 수복되자마자 명의 제독 이여송李如松을 방문하였다. 선조는 전승에 대해 감사의 뜻을 전하면서 명군의 승리 요인을 물었다. 바로 몇 개월 전인 1592년 7월에 명 장수 조승훈이 이끈 부대가 평양성에서 일본군에게 크게 패배한 상황과 사뭇 달랐기 때문이다.

이여송은 "이전에 온 북방 장수는 기병 오랑캐를 방어하는 전법을 익혔으므로 싸움이 불리했습니다. 지금 사용한 전법은 바로 척계광 장군의 『기효신서』로서 왜적을 방어하는 법이어서 승리한 것입니다."[43]라고 대답하였다. 곧 보병 중심의 일본군을 보병의 전법으로 이겼다는 의미였다. 조선군은 기병이 주력이었으므로 이여송의 답변은 조선의 입장에서 일본군을 몰아낼 수 있는 새로운 돌파구와 같았다.

선조가 그 자리에서 『기효신서』를 보여 달라고 하자 이여송은 내놓지 않았다. 선조는 즉시 역관을 시켜 이 책을 비밀리에 사오게 한 뒤 류성룡에게 건넸다. 이제 『기효신서』는 조선의 운명이 걸린 책이 되었다. 선조는 1593년 10월에 서울로 돌아오자마자 훈련도감을 창설하였다. 명군처럼 일본군과 맞설 정예 군사를 양성하기 위해 『기효신서』에 나오는 삼수기법三手技法(포수, 살수, 사수)을 토대로 하여 창설하였다. 하지만 처음부터 삼수병으로 시작한 것은 아니었다.

처음에 훈련도감군은 조총을 다루는 포수로만 구성되었다. 조총의 위력 때문에 화기나 화포수를 가장 먼저 도입했기 때문이다. 그러다가 평양성 전투를 체험한 이덕형과 류성룡의 계속된 건의로 1594년 3월에 훈련도감에 장창, 낭선, 당파, 등패 등을 다루는 살수殺手도 배치하였다. 그리고 같은 해 6월에 수문장을 비롯해 부장, 내금위, 겸사복 등으로 구성된 사수射手를 편입하면서 명실상부한 군영으로 거듭났다.[44]

43) 『宣祖修正實錄』 권28, 宣祖 27년 2월 1일(庚戌).
44) 김종수, 『조선후기 중앙군제연구-훈련도감의 설립과 사회변동』, 혜안, 2003, 82~84쪽.

3) 훈련도감의 창설에 담긴 의미

훈련도감은 임진왜란이라는 전쟁 중에 설립한 군영이다. 창설 당시에는 한양에 모인 굶주린 백성을 대상으로 큰 돌을 들 수 있거나 한 길 정도의 담장을 뛰어넘을 수 있는 사람들을 선발하였다. 신분 제한도 없어서 신체 건장한 남성이면 누구나 지원 가능하였다. 이때 모집한 인원이 5백여 명이었다.[45]

훈련도감은 초창기에 조총수인 포수만 있었다. 필승의 전략을 위해 창설 당시에는 조총을 능수능란하게 다루는 포수를 양성하기 위해 공을 들인 것이다. 그러다가 창, 검 등 근접전 기술을 전문으로 하는 정예병을 추가로 육성하였다. 이런 과정을 거쳐 훈련도감은 전쟁 이후로 3백 년 동안 그야말로 조선 최정예 부대로 자리 잡았다.

> "우리나라는 군사가 없는 나라라 말하기도 하고, 양식이 없는 나라라 말하기도 하며, 장수가 없는 나라라 말하기도 합니다."[46]

1601년(선조 34) 8월 조정에서 선조는 신료들과 함께 훈련도감군의 급료 문제를 논의하였다. 검토관 최상중은 우리나라가 군사도 없고 양식도 없고 장수도 없는 나라라고 말하지만 이리저리 방도를 마련하면 군사와 양식을 확보할 수 있다고 건의하였다.

검토관 최상중의 말처럼 농업 국가 조선에서 상비군을 육성하고 유지하는 일은 여간 어려운 일이 아니었다. 훈련도감의 병력은 시기마다 다르나 설치 초기에는 2천명 내외였다가 17~19세기 초까지 대략 4천~6천명가량을 유지하였다.

훈련도감군들은 다른 군영에 소속된 병사와 달리 병농분리제에 입각해 서울에 상주하면서 일정한 급료를 받고 장기간 근무하는 정예병이었다. 늙고 병들어서 더 이상 근무할 수 없을 때까지 근무했으므로 보통 장번長

---

45) 허대영, 앞의 논문, 118~119쪽.
46) 『宣祖實錄』 권140, 宣祖 34년 8월 29일(癸巳).

鋪이라 표현하였다. 요즘으로 바꿔 말하면 직업 군인인 셈이었다. 따라서 조선 왕조에서 한양에 4천~6천 명의 상비군을 유지하는 일은 이전에는 시도된 적이 없는 획기적인 조치였다.

오늘날 대한민국 인구는 대략 5천만 명[47]으로 세계 27위다. 그 중 군인 규모는 60만 명이며 예비역까지 합치면 120만 명이라 한다. 2016년에 미국의 GFP(Global Fire Power)가 매긴 세계 군사력 순위에서 대한민국은 세계 11위이며, 중국의 군사력 평가기관인 전연망前沿網이 매긴 군사력 순위는 세계 7위다. 인구 5천만 명에 군인 60만 명이면 1.2% 비중이다.

오늘날 조선시대 인구가 어느 정도 규모였는지 알기 어렵지만 인구 파악을 위한 여러 가지 시도들이 이뤄지고 있다. 그 중 주목되는 결과가 1789년(정조 13)의 인구 규모를 1,700만 명으로 추정한 구체적인 수치다.[48] 이 인구를 실제 규모로 믿기 어렵지만 대략적으로나마 18세기말 조선의 인구 규모를 상상할 수 있어서 도움이 된다.

1,700만 명에 훈련도감군 평균 5천 명이면 그 비중이 0.03% 정도 된다. 규모면에서는 전혀 많다고 볼 수 없는 이 군대를 유지하는 것이 무엇이 힘들까 싶지만, 문치주의를 지향한 조선 왕조에서 한양에 이 정도의 병력을 두는 일은 예상보다 여러 어려움에 봉착하였다. 가장 큰 문제는 월급을 지급하고 처우를 높이기 위한 재정 확보와 좋은 자원을 정군으로 확보하는 일이었다.

이 쉽지 않은 일의 시작이 선조의 손에서 일궈졌다. 선조는 평양성 전투 이후 포수 설치가 제대로 이뤄지지 않자 1593년 8월에 "이렇게 시간을 끌면서 나라가 망하는 것을 기다릴 수 없다."라고 하면서 훈련도감의 설치를 지시하였다.[49] 임진왜란 초기 선조는 전쟁에 제대로 대응하

---

47) KOSIS(국가통계포털)에 따르면 2019년 9월 현재 한국의 인구는 51,709,098명이다.
48) 김두섭, 「조선후기 도시에 대한 인구학적 접근」, 『한국사회학』 24, 1992, 14쪽.
49) 김종수, 앞의 책, 74~76쪽.

지 못한 채 피난을 떠나면서 국왕의 권위에 큰 손상을 입었다. 하지만 환도 뒤 선조가 훈련도감을 창설하고 안착시켜 나가는 과정은 선조의 리더십과 관련해 주목해야 할 사안이다.

4) 새 군영을 위한 선조의 노력

1593년 11월, 국왕 선조는 새로운 총을 직접 고안하여 류성룡에게 건네주었다. 선조는 조총이 천하의 신묘한 무기이나 화약의 장진이 쉽지 않다고 보았다. 그래서 "내가 이를 염려하다가 우연히 이런 총을 만들었는데, 한 사람은 조종하여 쏘고 한 사람은 화약을 장진하여 돌려가면서 다시 넣는다면 탄환이 한없이 나가게 될 것이다."[50]라고 하였다. 화기에 대한 선조의 관심과 열정을 알 수 있는 대목이다.

1593년 1월 조·명 연합군의 평양성 탈환전은 선조에게 두 가지 점에서 깊은 인상을 남겼다. 선조는 "후세에는 화공火攻이 아니고는 성공할 수 없다. 군사 수효가 3만 명이라 하지만, 이것은 많은 것이 아닌데 평소에 훈련이 되어 있었기 때문에 잘 싸웠던 것이다."[51]라고 하였다. 곧 화기와 군사 훈련의 중요성이었다.

선조는 명군 지휘부를 만날 때마다 "소방小邦은 활쏘기만 익혔고 화기와 화약 만드는 방법을 모르니 답답하기 그지없소이다."[52]라는 말을 하였다. 선조는 화포군을 양성하기 위해 관아나 사갓집의 남자종들을 양인으로 만드는 일을 주저하지 않았다. 또 신하들의 반대를 무릅쓰고 훈련도감에 항복한 왜인을 소속시켜 그들로부터 조총 쏘는 법과 칼·창을 쓰는 법을 배워서 익히게 하였다.[53]

선조가 주목한 군사 조련 방식은 척계광의 방식이었다. 선조는 훈련도감의 사목에 대해 전교하면서 "옛날 척계광이 군사를 가르칠 적에 그

---

50) 『宣祖實錄』 권44, 宣祖 26년 11월 12일(壬戌).
51) 『宣祖實錄』 권49, 宣祖 27년 3월 20일(戊戌).
52) 『宣祖實錄』 권44, 宣祖 26년 11월 18일(戊辰).
53) 『宣祖實錄』 권48, 宣祖 27년 2월 29일(戊寅).

방법이 매우 많았으나, 모래주머니를 발목에 달고 달리도록 하고 그 모래의 무게를 점점 높이는 것으로 규칙을 삼았다. 그러므로 군사들이 전투에서 매우 날쌔니, 이것이 바로 그 방법 중의 하나다."라고 하면서 꼭 무사가 아니더라도 누구나 이 방식대로 훈련하면 정예병이 될 수 있으므로 장정 수 백 명을 뽑아 신역을 면제해주는 대신 군사 훈련을 시키자고 주장하였다.[54]

선조는 "내가 일찍이 사람들에게 빨리 달리기를 가르치라고 전교하였다.『기효신서』에도 그런 기록이 있고 옛 사람들도 모래를 메고 달리기도 하였는데 그것은 바로 혈기血氣를 강하게 하기 위함이다."[55]라고 하였다.

선조는 더 좋은 판본의 『기효신서』를 수입하기 위해 전력하였다. 1593년 9월에는 동지사 허진에게 왕세정王世貞이 서문을 쓴 판본(1566년 판본)을 구입해오라고 전교하였다.[56] 전쟁이 끝난 뒤인 1604년에 선조는 훈련도감에 『기효신서』 8책을 내려주었는데, 그 책은 이전보다 내용이 더 알찬 후대 판본이었다.[57]

선조는 『기효신서』를 확보하는 데에 그치지 않고 직접 탐독까지 하였다. 선조는 『기효신서』를 입수하고 나서 해주에 있으면서 이 책을 열람하였다. 그러면서 류성룡에게 "내가 천하의 서책을 많이 보았으나 이 책은 정말 이해하기 어렵다."[58]라고 털어놓았다. 1594년에 선조는 병조 판서 이덕형에게 『기효신서』를 해득해봤냐고 질문하였다.[59]

이처럼 선조는 좋은 판본의 『기효신서』를 입수하고 이 책을 해득하기 위해 큰 관심을 쏟았다. 또 다양한 목적에서 사용할 수 있도록 '속오해束伍解' 등 몇 가지 종류의 『기효신서』의 요약본을 제작하였다.[60]

---

54) 『宣祖實錄』 권41, 宣祖 26년 8월 22일(癸卯).
55) 『宣祖實錄』 권50, 宣祖 27년 4월 24일(壬申).
56) 노영구, 앞의 논문, 130~131쪽.
57) 『宣祖實錄』 권182, 宣祖 37년 12월 16일(辛酉).
58) 『宣祖修正實錄』 권28, 宣祖 27년 2월 1일(庚戌).
59) 『宣祖實錄』 권49, 宣祖 27년 3월 20일(戊戌).
60) 노영구, 앞의 논문, 133쪽.

이와 함께 살수의 우대 조치도 마련해 각종 시재와 무과의 실시 그리고 급료 지급 등을 시행하였다. 이 때문에 살수를 지나치게 우대한다는 비난 여론에 직면하기도 하였다.[61] 또 아동대兒童隊를 창설하거나 문신에게도 창검술을 익히라고 강조하였다.[62] 이런 노력으로 근접전 무예에 대한 관심도 확산되어 1594년 4월 무렵에는 다소 과장되나 "요즈음 달 밝은 밤이면 집집마다 총 쏘고 창 쓰는 법을 익히며 애들까지도 모두 그것을 본받아 익힌다."[63]라는 말까지 나왔다.

1594년 4월 선조는 군대를 조련하는 초관과 장관들에게 상을 내리면서 "지금 이 진법과 조총 쏘는 법은 다 우리나라에는 없던 것인데 힘써 훈련을 시켜 진법도 정돈되고 조총 쏘는 것도 능숙하니 매우 가상한 일이다. 상을 논하지 않을 수 없다."[64]라고 하면서 격려하였다.

그리고 여기서 한 걸음 더 나아가 선조는 조총과 새로운 무예를 확대하기 위해 조총과 살수 무예를 무과의 시험과목으로 도입하였다. 조총은 이미 1593년(선조26) 2월에 과거 시험의 과목으로 반영하라는 명이 있었다.[65] 실제로 전라도 전주에서 실시한 별시 무과에 조총이 과목으로 채택되었고, 12월에는 서울에서 실시하는 무과에서 목전 대신 조총으로 시험을 치렀다.[66] 이후 선조는 재위 기간 내내 조총을 비롯하여 장창長槍·당파鐺鈀·용검用劍·등패藤牌 등 살수 무예를 무과의 과목으로 선정하였다.

선조는 전쟁 초기에 위기 극복에 실패하였다. 하지만 환도 뒤에 류성룡, 이원익 등의 조언을 받아들여 훈련도감을 창설하면서 전쟁 극복을 위한 의지를 보여 주었다. 전쟁 중 훈련도감의 창설은 그 자체로도 강한 군사를 창출하는 큰 계기가 되었다. 그리고 무엇보다도 새로운 전법의

---

61) 대표적으로 『宣祖實錄』 권69, 宣祖 28년 11월 7일(乙亥).
62) 『宣祖實錄』 권54, 宣祖 27년 8월 22일(丁卯), 9월 6일(辛巳); 『宣祖實錄』 권65, 宣祖 28년 7월 18일(己丑).
63) 『宣祖實錄』 권50, 宣祖 27년 4월 23일(乙丑).
64) 『宣祖實錄』 권50, 宣祖 27년 4월 15일(癸亥).
65) 『國朝寶鑑』 권31, 宣祖朝 8, 1593년 2월.
66) 『宣祖實錄』 권46, 宣祖 26년 12월 23일(壬申).

도입은 전쟁을 이길 수 있다는 희망으로 작용하였다. 다음은 『선조수정실록』에 나오는 내용이다.

> 각도에 교사를 보내 삼수기법三手技法을 훈련시키고 초군哨軍을 배치하였다. 당시 서울에는 훈련도감을 설치하고 군사를 모집해서 훈련시켰고 외방 또한 초군이나 속오군을 배치했는데, 양민이나 공천·사천을 막론하고 장정을 선발하여 정원을 채운 다음 척계광의 『기효신서』 제도로써 결속시켜 삼수를 교련하고, 어사를 나눠 파견해 시험케 하니 이로부터 군액이 상당히 증가되었다.

「선조대왕지문宣祖大王誌文」은 선조 사후에 조정의 공식 입장을 확인할 수 있는 자료다. 선조의 지문은 1608년(광해 즉위년) 대북파의 영수 이산해가 지은 것으로, "무략으로 환란을 진정시킬 수 있었다."[67]라는 평가를 넣었다. 선조가 훈련도감을 창설한 일은 군사적으로 국가 위기를 극복하기 위한 시의적절한 대처였다고 평가할 수 있다.

---

67) 『宣祖實錄』 부록 宣祖大王誌文.

Ⅱ
국력의 발휘

1. 광해군과 심하 전투

1) 『국조정토록』의 발굴과 화기도감 설치

현재 한국학중앙연구원 장서각에서는 『국조정토록國朝征討錄』이라는 독특한 자료가 있다. 조선 전기의 대외 정벌 역사를 기록한 책으로 1419년 (세종 1) 대마도 정벌부터 1510년(중종 5) 삼포왜란까지 총 7차례의 대외 전쟁을 수록하였다. 왜구 정벌 2건, 여진 정벌 5건이다. 이 책은 외적을 막아낸 전쟁이 아닌 조선 왕조가 수행한 '정벌'이라는 능동적인 전쟁을 선정해 편찬했다는 점에서 큰 의미를 갖는다.

이 책을 누가 언제 편찬했는지 자세하지 않으나 중종 연간에 편찬했을 가능성이 높다.[68] 그리고 1614년(광해 6) 무렵 이 책이 민간에 퍼져있던 사실을 확인할 수 있다. 광해군은 외적을 정벌한 기록이 들어있는 『국조정토록』의 가치를 한 눈에 알아보고 다시 깨끗이 베껴서 조선왕조실록을 보관하는 사고史庫에 보관하라고 명하였다.[69]

---

[68] 정해은, 「16세기 동아시아 속의 조선과 『국조정토록』의 편찬」, 『장서각』 29, 2013, 50쪽.
[69] 『光海君日記』 [중초본] 권80, 光海 6년 7월 29일(己卯).

비변사 : 민간에 『국조정토록』이란 책이 있는데 거기에 조종조에서 왜노를
　　　　 정벌한 사실이 다 기록되어 있습니다. 이 책이 오래되고 낡아 상고
　　　　 할 수 없는 사항도 있으므로 사자관寫字官에게 똑같이 베끼게 한
　　　　 다음 전하께서 보실 수 있도록 했습니다.
광해군 : 그 책을 베껴서 실록을 봉안한 곳에도 1부를 간직해 두도록 하라.

　광해군이 『국조정토록』을 사고에 봉안하라고 지시한 1614년은 어떤
해인가? 이 무렵은 임진왜란이 끝나고 국가 재건 사업이 활발히 진행되던
시기였다. 대표적으로 『동국신속삼강행실도』(1614년)를 간행하여 충·
효·열�을 현창하면서 사회 풍속을 바로잡고자 하였다. 창덕궁도 다시
수리하여 왕실의 위엄을 높였다. 또 『동의보감』 및 역대 국왕들의 업적을
정리한 『국조보감』도 간행하였다.

　이뿐만이 아니었다. 1614년은 군사력 강화의 측면에서 화기도감火器都
監을 설치한 해이기도 하다. 조선에서는 임진왜란을 계기로 선진 화기를
도입하기 위해 화기 개발과 제작에 노력을 경주하였다. 전쟁 와중에 일본
군에게 노획한 조총을 분석하고 조총 제조술을 가진 항왜降倭들을 제조장
에 투입하였다. 또 명군에게서 새로운 화포 제작을 습득하기 위해 동분서
주하였다. 그 결과 조총 개발에 성공하고, 명으로부터 삼안총, 호준포,
불랑기포, 백자총통 등을 수입해 자체 제작하는 성과도 거두었다.

　임진왜란을 계기로 박차를 가한 무기 개발과 제조는 종전 이후에도
계속되었다. 거기에는 임진왜란으로 얻은 교훈 이외에도 이미 임진왜란
이전부터 대두하기 시작한 여진족의 위협이라는 상황도 작용하였다. 백
두산의 북서 방면에서 발흥한 건주 여진建州女眞은 16세기 말부터 급속한
성장을 보이면서 중국 동북지방(만주)의 여진 부족을 차례로 통합하였다.
누루하치는 1616년 1월에 후금국을 세우고 헤투알라[興京老城]에서 임
금 자리에 올랐다. 그가 곧 후금의 태조다. 그래서 선조 말부터 여진족의
동향을 예의주시한 조정에서는 다량의 화기 제조로 대비책을 마련하였다.

　광해군도 여진에 대한 방어책으로 화기 증강에 주력하였다. 당시 여진

족은 철갑으로 보완한 갑옷을 입고 말도 보호대를 착용했으므로 화살로 갑옷을 뚫기 쉽지 않았다. 이 때문에 야전에서 돌격전을 하기보다는 성안에 들어가 화포를 발사해 여진족을 제압하는 것이 최선이라는 주장이 대두하였다.

광해군은 각종 화포의 중요성이 대두되자 1614년 7월 14일에 조총별 조청鳥銃別造廳을 '화기도감'으로 확대, 개편해 화포 제작에 힘을 쏟았다. 그리고 활·화살·창·칼 등 재래식 무기도 제작하고, 품질 좋은 일본산 칼과 조총의 수입에도 관심을 기울였다.

화기도감이 설치된 시기는 만주 지역에서 누루하치가 후금을 세우기 1년 6개월 전으로 누루하치의 국력이 신장되던 시기와 맞물려 있다. 광해군은 될 수 있는 한 여진을 자극하지 않은 채 평화를 유지하는 정책을 선호하였다. 또 한편으로는 군비 확충에 박차를 가해 여진이 침략해올 경우에 대비해 구체적인 방어책을 마련하였다. 화기도감의 의견도 '갑작스런 변고'에 대비한 무기 제조를 강조하고 있어 중요한 시사를 던져준다.

신臣 등이 함께 모여 상의해보니 왜란을 겪은 이후 각종 화기가 모조리 산실되었습니다. 그 후로 도감을 설치해 대포를 주조하고 조총을 제작했으나 수량이 풍부하지 못해 각처에 나누어 보내다 보니 이미 비축된 여분이 없습니다. 이러다가 혹시라도 갑작스런 변고가 생긴다면 사용할 것이 없으니 급히 제작하지 않을 수 없습니다.[70]

화기도감에서는 1614년(광해 6) 7월부터 1615년까지 불랑기·현자총玄字銃·백자총百字銃·삼안총·소승자장가小勝字粧家·쾌창快槍 등을 제작해 북쪽 지방에 보냈다. 함경도에 삼안총 1백 자루, 가승자 170자루, 쾌창 2백 자루, 남병사南兵使에게 삼안총 50자루, 평안도에 삼안총 50자루, 승자 50자루, 쾌창 1백 자루 등이었다.[71] 참고로 소승자장가는 승자총에 장가

<hr>

70) 『화기도감의궤(火器都監儀軌)』(서울대 규장각한국학연구소) 갑인년(1614년) 7월 21일.
71) 이에 대한 내용은 『화기도감의궤』에 자세하다.

粧家[72)]를 장치한 무기다. 쾌창은 개인용 화기로 곤봉 앞부분에 총신이 짧은 화기를 부착한 형태다.

이처럼 광해군이 1614년에 『국조정토록』을 잘 베껴서 사고에 넣어두라고 지시한 해는 화기도감을 설치해 조선의 화기를 개량, 제작해서 북방 지역에 배치하는 일들을 수행해 나가던 시기였다. 여진의 성장이 눈에 띄게 빨라지는 시기에 광해군이 국방력을 증강하기 위해 수행한 일들이었다. 그리고 이로부터 3년 뒤에 광해군은 명으로부터 파병 요청을 받게 되었다.

2) 1619년 심화 전투의 경과

청의 태조 누루하치가 동아시아에 존재감을 드러낸 해는 1583년이었다. 할아버지와 아버지의 원수를 갚는다는 기치 하에 군사를 일으킨 누루하치는 1589년 건주 여진을 통일하였다. 1616년 1월에는 후금을 세우고 허투알라[興京老城]를 도읍으로 삼아 임금의 지위에 올랐다.

후금이 동아시아의 새로운 세력으로 성장하면서 이 무렵 국제 정세는 명과 후금이 대치 상태에 있었고, 점차 후금 쪽으로 정세가 기울게 되었다. 이 상황에 불을 붙인 결정적인 계기가 바로 1619년(광해 11)의 '사르후薩爾滸 전투'였다. 명군과 후금군 주력 사이에 벌어진 주요 전장이 사르후(지금의 요녕 무순시 동혼하 남쪽 언덕) 지역이므로 이렇게 부르고 있다. 조선에서는 이 전투를 '심하 전투' 또는 '심하 전역深河戰役'이라 하는데, 도원수 강홍립姜弘立의 보고 문서 및 강홍립의 보좌관 이민환의 종군일지인 『책중일록柵中日錄』에서 비롯되었다.[73)]

1618년 4월 누르하치는 '일곱 가지 원한七大恨'의 복수를 천명하며 명의 변경 요충지인 무순을 공격하였다. 후금군은 무순을 사흘간 함락했다가 약탈해서 돌아갔다. 또 7월에는 청하를 공격해 초토화시켰다. 후금의

---

72) 장가 : 총신을 안치하는 목제품으로 銃家 또는 銃架粧家라고도 불렀다.
73) 이승수, 「심하전역의 현장 답사 연구」, 『동아시아문화연구』 41, 한양대학교 동아시아문화연구소, 2007, 339쪽.

공격에 위기감이 고조된 명조는 새롭게 성장하는 후금을 좌시할 수 없다는 판단을 내렸다.

명조는 후금군이 무순을 공격하고 돌아가자 바로 양호楊鎬를 누루하치를 토벌하는 최고 책임자로 임명하였다. 양호는 임진왜란기에 조선에 파견된 경험이 있는 장수였다. 그리고 1618년 윤4월에 조선에 문서를 보내 파병을 요청하였다. 그 결과 1619년 2월 조선의 도원수 강홍립과 부원수 김경서 등이 1만 3천 명의 병력을 이끌고 평안도의 창성에서 압록강을 건너 후금을 치기위해 진군하였다.

1619년 2월 양호는 요양에서 출정식을 거행하고 군사 10만여 명을 네 부대로 나누어 후금의 수도 허투알라를 진격하였다.[74] 3월 1일에 명군은 사르후에서 후금군의 공격을 받아 대패하고 말았다. 명의 4개 부대 중 총병관總兵官 두송杜松이 이끈 서로군이었다. 사르후는 명의 수륙 교통의 요충지이자 허투알라로 가는 중요 길목이었다. 이후 다른 지역에서도 명군이 패하면서 양호는 후퇴 명령을 내려 회군하였다. 이 전투로 명군은 군사 4만 6천여 명이 전사하는 막대한 손실을 입고 말았다.

당시 조선군 1만 3천 명은 2월 19일에 압록강을 건너기 시작해 2월 23일에 강을 모두 건너 팔렬박에 집결하였다.〈표 1 참조〉[75] 2월 26일에는 진자두에서 명군 부대 중 양호가 이끄는 동로군과 합류하였다. 이후 3월 2일에 심하에 도착한 조명 연합군은 후금군 500~600기와 접전해서 소규모의 승리를 거두었다.

3월 4일 조선군은 유정 부대를 뒤따라 허투알라에서 60리 떨어진 부차 지역 들판에 도착하였다. 얼마 뒤 앞서 나간 명군의 장수들이 달려와 패전 소식을 전하였다. 명의 장수 유정이 전사하고 군사 1만여 명이 전멸했다는 소식이었다. 곧이어 후금군들이 들이닥쳐 조선군을 포위, 공격하

---

74) 유지원, 「사르후(薩爾滸, Sarhū) 戰鬪와 누르하치」, 『명청사연구』 13, 2000, 156~159쪽. 당시 동원된 명군의 규모는 46만 명 또는 7만 명이라는 기록도 있다.

75) 이민환 지음, 중세사료강독회 옮김, 『책중일록-1619년 심하 전쟁과 포로수용소 일기』, 서해문집, 2014, 37~38쪽(1619년 2월), 42쪽(1619년 2월 23일).

였다. 후금군의 공격으로 좌영과 우영이 패하고 김응하 등 조선군 7천
여 명이 전사하고 말았다.

〈표 1〉 1619년 조선 파병군의 편성 (근거: 『책중일록』)

편성군			직급	성명	군사수
전투부대	도원수 강홍립	중군	전임 첨사	오신남	2,900명
		종사관	군기시 부정	정응정	
			전임 군수	이정남	
		별장	창성 부사	박난영	
			숙천 부사	이이경	
			절충장군	이국	
			절충장군	유태첨	
			절충장군	신흥수	
		향도장	아이진 만호	조영집	
	부원수 김경서	중군	우후	안여눌	
		별장	절충장군	김원복	
			절충장군	황덕창	
		군관	–	한응룡	
			–	김흡	
		향도장	–	하서국	
	중영	중영장	정주 목사	문희성	10,100명[76]
		중군	강서 현령	황덕영	
	좌영	좌영장	선천 군수	김응하	
		중군	영유 현령	이유길	
	우영	우영장	순천 군수	이일원	
		중군	운산 군수	이계종	
군량 수송	연영(連營)		연연장	청성 첨사	이찬	5,000명

당시 도원수 강홍립은 중영이 진을 친 곳에 있었다. 중영은 언덕에

---

76) 3영의 군사수를 더하면 10,200명이나, 이민환이 나중에 군사수를 조사해서 밝힌
총수는 10,100명이다(이민환, 『책중일록』 1619년 2월, 1619년 2월 23일).

있었으므로 후금군이 곧바로 공격하지 못하였다. 강홍립이 이끄는 조선군은 며칠이나 굶은 상태였고 이미 명군과 조선군의 패배로 사기가 무너진 상태였다. 강홍립이 후금과 강화 교섭을 해서 당일 부원수 김경서가 적진에 갔고 다음 날 5일에 강홍립이 적진에 가서 항복하였다. 그 결과 강홍립과 김경서를 포함해 조선군 4천 여 명이 포로로 잡혀 허투알라로 압송되었다. 『만주실록』에는 강홍립이 군사 5천을 이끌고 투항했다고 기록했는데, 강홍립의 투항 장면을 아래와 같이 기록하고 있다.

> 조선군 장수 도원수 강홍립은 앞서 병사들이 죽임을 당한 것을 알고 크게 두려워 둑纛과 깃발을 모두 아래로 숙여 숨겼다. 그리고 통역 한 명에게 깃발을 쥐어서 파견해 "우리 병사들이 이 전쟁에 원해서 온 것이 아닙니다. 왜군의 나라가 우리 조선을 공격해 토지와 성을 모두 약탈했습니다. 그 환난에 명군이 우리를 도와 왜군을 물리쳤습니다. 그 보답이라면서 우리를 데리고 왔습니다. 당신들이 살려준다면 우리는 투항하겠습니다."라고 하였다.[77]

1619년 파병된 조선군 1만 3천 명 중에서 1620년 7월까지 고국으로 돌아온 사람은 2,700여 명 정도로 알려져 있다. 따라서 조선인 1만 여명이 이 파병으로 인명 손실을 입고 말았다.[78]

3) 조선군 보호를 위한 광해군의 노력

1619년 3월 심하 전투는 훗날 동아시아의 패권이 후금으로 기울게 된 결정적인 전투였다. 이 싸움에서 큰 타격을 입은 명은 계속 내리막을 걸었고 결과적으로 이후 명·청이 교체되는 전환점이 되고 말았다. 조선도 이 여파를 피해가지 못하여 후금을 공격한 일이 빌미로 작용해 결국 두 차례의 호란을 겪었다.

---

77) 고려대학교 민족문화연구원 만주학센터 만주실록 역주회 역, 『만주실록』, 소명출판, 2014, 265쪽.
78) 이승수, 앞의 논문, 353쪽. 357~358쪽.

무순 사태 직후인 1618년 윤4월 명의 요동 군무 이유한李維翰은 조선에 7천 명의 화기수를 보내달라는 문서를 보냈다.[79] 앞서 소개한 파병 요청 문서였다. 이 문서가 당도하자 광해군은 파병에 반대하면서 어떤 논리로 회답을 보내야할지 구상하기 시작하였다. 광해군은 파병 문제를 놓고 신하들과 의견이 일치하지 않자, 신하들과 논쟁을 벌이면서 의견을 관철시켰다.

이이첨을 포함한 대북파의 대부분은 파병을 해야 한다는 입장이었다. 그들은 "명 조정은 우리에게 있어 부모 나라로서 나라를 다시 세워준 은혜가 있습니다. 그런데 지금 외부로부터 수모를 당하여 우리에게 징병을 요청해 왔으니 우리의 도리를 살펴볼 때 어떻게 달려가 응원하지 않을 수 있겠습니까?"[80]라고 하면서 명이 추궁해서 파병하기보다는 미리 군사를 정비해두었다가 작전 일자에 맞춰 나아가야한다는 의견이었다.

하지만 광해군은 물러서지 않았다.[81] 이번에 온 문서가 "무원撫院과 유격遊擊이 보낸 것에 불과하며, 천자의 명이 아니다."라는 점을 강조하였다. 그러면서 요동 군문에 보내는 회신서에 '우리 군병이 본래 약해서 명 군대를 도울 형편이 못 된다는 것은 이전에 조선에 파병 온 여러 대인大人들이 함께 보았던 일'이라는 내용을 반복해서 넣도록 하였다. 또 명 임금의 칙유가 있어야만 군대를 동원할 수 있다는 점도 상기시켰다.

광해군은 비변사에 "오늘날 일은 조종조의 건주위 파병과는 다른데도 비변사가 매번 인용하지 말아야 할 사례를 인용하며 말하고 있으니 내가 좀 괴이하게 여기고 있다. 모름지기 철저하게 충분히 상의해 잘 처리해서 후회할 일이 없게 하라."[82]고 분명히 지시하였다. 광해군은 파병을 둘러싼 논쟁이 가열되자 2품 이상의 관료들에게 각자 의견을 밝히라고 명하였다. 하지만 광해군 입장에서 실망스럽게도 7명만 파병에 반대하고 대부

---

79) 『光海君日記』[정초본] 권127, 光海 10년 윤4월 12일(庚午).
80) 『光海君日記』[중초본] 권127, 光海 10년 윤4월 24일(壬午).
81) 상동.
82) 상동.

분이 찬성하고 말았다.[83]

그 사이 광해군은 각종 경로 및 첩자를 보내 국외 정세를 파악하였다. 수집한 정보를 토대로 상황을 판단한 결과 파병할 수 없다는 내용으로 회신서를 보낼 수 없는 현실을 인지하였다. 광해군은 "내 생각으로는 중원中原에서 지금 이미 군사를 일으켜 정벌하러 나오고 있으니, 우리나라가 줄곧 안 된다고 막기만 하는 것도 형편상 곤란할 것 같다."[84]라고 인정하였다. 그 대신에 회신서에 최대한 조선군의 보호 조건을 관철시키는 방향으로 선회하였다.

광해군이 파병을 앞두고 우려한 점은 조선군이 단독으로 후금군과 대치하는 상황이었다. 그래서 광해군이 주장한 사항은 두 가지였다. 첫째, 현재 조선의 상황은 대규모의 군사를 징발하기 어려우므로 수 천 명의 군사만 보낼 수 있다는 점, 둘째, 조선군은 인원이 적어서 독자적인 군사 작전이 어려우므로, 명군과 반드시 연합 작전을 수행해야한다는 점이었다.

결국 5월 2일에 이잠이 갖고 가는 회신서는 광해군의 주장이 다 반영되었다.[85] 광해군이 신하들과 맞서서 얻어낸 결과였다. 하나는 7천 정도의 숫자는 그런대로 채울 수 있다고 한 점, 다른 하나는 조선군은 잔약해서 단독 작전이 불가하므로 명군의 지휘를 받겠다고 하였다.

하지만 이 회신서는 양호의 저지로 전달하지 못하고 중도에 되돌아왔다. 양호는 조선에서 은혜에 보답할 생각을 하지 않고 변명 일색이라면서 질책하였다. 양호는 본인이 받은 칙서 안에 '조선을 고무하라!'는 내용을 있다는 점을 들어 파병 요구를 정당화하였다. 그러자 광해군은 칙서를 받지 않고서 군사를 파견한 전례가 없다는 내용을 집어넣어서 다시 보냈다.

하지만 이 문서를 갖고 간 박정길 역시 양호에게 다시 저지당하였다.[86] 양호는 "어찌 갑자기 여러 해 전 몇 만 리 밖인 운남雲南 지방의 내와

---

83) 계승범, 『조선시대 해외파병과 한중관계』, 푸른역사, 2009, 166쪽.
84) 『光海君日記』[중초본] 권127, 光海 10년 윤4월 29일(丁亥).
85) 『光海君日記』[중초본] 권128, 光海 10년 5월 2일(己丑).
86) 계승범, 앞의 책, 170~172쪽.

골짜기에서 군사를 징발하고 군량을 옮겨 3, 4년 동안 동국東國의 급박한
형세를 구원한 것을 잊었단 말입니까?"[87]라고 하면서 다음과 같이 말하
였다.

> "이것은 군사를 내어 원조하기를 즐겁게 여기지 않는 의사가 아닙니까?
> 만약 즐겁게 여기지 않는다면 마땅히 명백히 말해야 하는데 어찌 이같이
> 모호합니까? 군사를 내어 돕든지 군사를 내어 돕지 않든지 간에 명백히
> 회신하는 것이 옳습니다. 자문을 갖고 온 배신陪臣은 내일 이곳에서 돌아가
> 야 합니다."[88]

더욱이 광해군은 10월 9일에 북경에 성절사로 갔던 윤휘가 명 임금의
칙서를 가지고 왔다는 소식을 접하였다. 이제 파병은 기정사실이 되었다.
명 임금의 칙서는 9월 17일에 보낸 것이었다. 그 칙서의 내용은 "경략의
말에 따라 기미를 보아 군사를 징발해 날짜를 정해 진격하되, 협공하는 형세
를 이루기를 힘써서 하루속히 평정하는 성과를 거두어라."[89]는 것이었다.
그러자 광해군은 비변사에 "칙서 안의 성지聖旨가 곡진하며 매우 무겁게
책망하는데, 우리나라가 무슨 병력으로 이 적을 섬멸해서 성스런 천자가
면려한 뜻에 부응할 수 있을지 알지 못하겠다."라면서 파병 계획을 잘
세우라고 명하였다. 비록 파병 불가의 계획은 실패했지만 광해군 입장에
서 어떻게 파병할 것인가가 새로운 사안으로 떠오른 것이다. 윤휘가 가져
온 칙서는 이듬해인 1619년 2월 13일에 조선에 도착하였다.

4) 파병 과정에서 보여준 광해군의 리더십

1618년 윤4월 29일, 이때는 광해군이 요동 군문에 보낼 회신서의 내
용을 놓고 신료들과 막판 조율을 벌이는 시점이었다. 광해군은 이미 파병

---

87) 『光海君日記』[중초본] 권130, 光海 10년 7월 23일(己酉).
88) 상동.
89) 『光海君日記』[중초본] 권137, 光海 11년 2월 13일(丁卯).

이 불가피할 수도 있다는 점을 인지하면서 군사 차출을 염두에 두었다.

광해군은 "응원하러 가든 방어하며 지키든 그것을 논할 것 없이 병력을 뽑아 단속시키고 군량을 조달해 운송하는 등의 일을 급히 서둘러 의논해 처리해야 마땅하나, 한 번 하유한 뒤로 조용하기만 할 뿐 보고하는 일이 없으니 한심하기 그지없다."[90]라면서 비변사에게 빨리 대책을 마련하라고 명하였다.

광해군은 의사 결정을 해야 할 대신들이 건강을 핑계로 조정에 나오지 않자 집요하게 불러들였다. 비변사조차 대신들 모두 병이 있다고 하는 바람에 시급한 일들을 결정하지 못해서 안타깝다고 말할 정도였다. 그러자 광해군은 "대신이 나랏일을 생각하지 않은 채 병을 이유로 사양하고 나오지 않으니 어떻게 하겠는가. 막중한 일에 대해서는 유사 당상이 가서 의논해 처리하라."[91]는 추진력을 보여주었다.

광해군은 파병이 결정되자 명과 맺은 의리를 지켜내고 후금의 보복을 피하기 위해 치밀한 준비를 진행하였다. 이 과정에서 앞서 소개한 『국조정토록』을 탐독하면서 '건주위 정벌'의 사례를 면밀히 분석해 반영하였다. 광해군은 "내가 『국조정토록』을 보니 명에 군사를 지원한 일은 다 칙유가 있은 다음에 들여보냈다. 또 그때는 우리 변경에서 곧바로 오랑캐 소굴을 공격했고 압록강을 경유하지 않았다."[92]라고 하면서 파병 전략을 세웠다.

광해군은 조선군의 피해를 최대한 줄이기 위한 방책을 모색하였다. 그래서 파병 논의가 한창인 1618년 윤4월에 강홍립을 도원수로 임명하였다. 강홍립은 국왕 직속의 통역관 출신으로 명나라 언어에 능통한 인물이었다.[93] 또 그는 선조 대와 광해군 집권 초기에 두 차례나 함경도 병마절도사로 역임한 경험이 있어서 국경 지대에 대한 이해가 높았다.

---

90) 『光海君日記』[중초본] 권127, 光海 10년 윤4월 29일(丁亥).
91) 『光海君日記』[정초본] 권128, 光海 10년 5월 2일(己丑).
92) 『光海君日記』[중초본] 권130, 光海 10년 7월 4일(庚寅).
93) 한명기, 『광해군』, 역사비평사, 2000, 200쪽.

광해군은 이미 파병한 이상 조선군이 후금군을 한 명도 보지 못하고 돌아오더라도 후금이 이미 이 사실을 알았으므로 보복이 뒤따를 수 있다고 내다봤다. 그래서 강홍립에게 각별히 유의해 후금군이 조선을 공격하는 일이 없게 하라고 권고하였다.[94] 이어서 도원수 강홍립에게 전투에 임하는 지침을 내렸다. 명 장수만 믿지 말고 패배하지 않을 방책을 강구하라는 당부였다. 훗날 도원수 강홍립의 투항에 대해서 "대체로 미리 예정된 계획이었다."[95]라고 보는 것도 이런 정황 때문이었다.

> 원정군 1만 명은 오로지 평안도와 함경도의 정예병을 선발해 훈련시켰다. 그래서 장수와 병사들이 서로 익숙하다. 명 장수의 말만 그대로 따르지 말고 스스로 오직 패배하지 않을 방도를 강구하는 데에 힘쓰라.[96]

한편, 조선 조정은 강홍립의 후금 투항 소식이 전해지자 충격에 빠졌다. 조선군이 스스로 무장 해제해서 항복했다는 사실은 향후 명의 추궁이 불 보듯 뻔했으며 향후 심각한 외교 문제를 야기할 수 있기 때문이었다.[97]

사헌부와 사간원에서는 강홍립의 죄를 묻기 위해 강홍립과 김경서 등의 가족을 모조리 잡아서 구금해야 한다고 주장하였다. 이런 상황에서 광해군은 "강홍립 등의 죄를 논할 때가 어찌 없겠는가? 젊은이들의 뜬구름 잡는 논변은 잠시 멈추는 것이 좋을 것이다."[98]라고 하였다.

그러면서 본인의 심정을 다음과 같이 토로하였다. 광해군은 명에서 파병 요청을 했을 때에 "징발한 병사를 보내는 것을 막으려 한 것이 아니"라 평소 훈련되지 않은 조선군이 전쟁에 그다지 도움이 되지 않으리라는 점을 우려했다는 것이다. 그러므로 지금의 패배는 지난해에 명에 호소한

---

94) 『光海君日記』[중초본] 권137, 光海 11년 2월 2일(丙辰)
95) 『光海君日記』[중초본] 권139, 光海 11년 4월 2일(乙卯).
96) 『光海君日記』[중초본] 권137, 光海 11년 2월 3일(丁巳).
97) 고윤수, 「광해군대 조선의 요동정책과 조선군 포로」, 『동방학지』 123, 2004, 55~56쪽.
98) 『光海君日記』[중초본] 권139, 光海 11년 4월 8일(辛酉).

내용과 부합하므로 오히려 다행스러우며, 이런 결과를 예상하고도 지난 해에 "사정을 아뢰는 것이 무슨 사리에 어긋난 점이 있다고 끝내 내 말을 이행하지 않았단 말인가?"하고 신료들에게 물었다.[99]

광해군은 신하들에게 "경들은 마치 일거에 소탕할 것처럼 여겼지만", 명군이 후금을 가벼이 여겨 깊이 들어갔으니 반드시 패배하리라는 것은 의심할 것이 없었다고 강하게 이야기하였다. 이제 후금은 앞으로 예측할 수 없는 존재이므로 조선이 힘써야 할 일은 오직 부강일 뿐이라고 일갈하였다.

> 군사를 양성하고 장수를 뽑고 인재를 등용하며, 백성의 어려움을 풀어주어 인심을 위로하고 기쁘게 하며, 둔전屯田을 크게 개척하며 무기를 만들고 익히며 성곽과 척후 등을 모두 정비해야만 믿을 곳이 있어서 위급할 때를 보장할 수 있을 것이다. 그렇지 않고 혹 태만하거나 소홀히 한다면 큰 화가 즉시 닥칠 것이니, 어찌 두렵지 않겠는가![100]

광해군은 후금의 성장이라는 대외 정세 속에서 신중한 자세로 명의 파병 요청을 해결해나가고자 하였다. 광해군은 동북아 세력의 판도를 정확하게 읽어내면서 그 속에서 조선이 어떤 자세를 보여줘야 하는지, 조선의 안보와 실리를 위해서 무엇을 해야 하는지를 정확하게 제시한 것이다.

광해군은 파병을 하는 과정에서 신료들과 맞서며 본인 주장을 집요하게 관철해나갔다. 대신들이 국왕과의 대화를 거부하면서 조정을 보이콧할 때에도 광해군은 고군분투하면서 비변사를 설득하고 의견을 조율해나갔다. 임진왜란을 경험한 광해군은 국제 정세에 휘말려 조선의 안위가 위험에 빠지는 상황을 우려했기 때문이다. 이런 측면에서 광해군이 '친후금' 정책을 펴기보다는 조선 국익 위주의 정책을 폈다고 평가하는 것이 더 알맞다고 생각한다.

---

99) 상동.
100) 상동.

후일 광해군의 예측대로 후금(청)은 조선을 두 차례 침략했으며 조선은 패전의 대가를 톡톡히 치렀다. 파병한 지 4년 뒤에 광해군은 반정으로 왕좌에서 쫓겨났으며, 도원수 강홍립은 1627년 정묘호란 때에 후금군의 길잡이가 되어 조선으로 되돌아 왔다. 결과적으로 보면 비운이지만, 의사 결정 과정을 살펴보면 국왕으로서의 리더십을 유감없이 발휘했고 그 결정이 조선의 국익을 지키려는 최선책이었다.

2. 효종과 나선정벌

1) 효종의 북벌 추진

1637년(인조 15) 1월 30일 인조는 삼전도에서 청 임금에게 패배를 인정하는 항복 의례를 치렀다. 이후 조선에서는 청에 대한 적개심이 고조되었다. 청의 침략을 오랑캐[胡]의 침략인 '호란胡亂'이라 부르고 연호年號도 대외 문서를 제외하고 국내에서는 명의 마지막 임금인 의종 대에 사용한 '숭정崇禎'을 그대로 사용하였다.

19세기에 위정척사를 부르짖은 강경파 선비 이항로(1792~1868)는 어떤 사람이 "우리나라가 신하로서 청을 섬긴 지 2백년이나 되었는데 하루아침에 이를 배반해도 좋은가?"하고 묻자 이렇게 대답하였다. "강요된 맹약은 맹약이 아니다. 정축년(1637년)의 맹약은 강요된 맹약이다."[101] 이항로의 발언은 19세기의 사례이지만 호란 이후 조선의 관료이자 지식인들이 일반적으로 품고 있던 청에 대한 의식이라 해도 크게 틀리지 않을 것이다.

이런 분위기에서 1644년(인조 22) 명이 망하자 명에 근거한 조선의 정통성은 바람 앞의 등불처럼 위태로웠다. 조선의 입장에서 명의 붕괴는 곧바로 천지대란으로 인식되었다. 명이 망하자 조선에서는 조선중화의식이 싹트기 시작하였다. 오랑캐 만주족이 무력으로 명을 멸망시켰지만 그 문화

---

101) 李恒老,『華西集』권11, 무왕(武王) 제32

는 사라지지 않고 조선 왕조에서 유일하게 지킨다는 의식이었다.[102]

이러한 분위기에서 조선에서는 대외적으로 청에 신하의 예를 취하면서 대내적으로는 '존명배청'을 대의명분으로 하는 북벌론이 풍미하였다. 그리고 실제로 '북벌 운동'이 추진되었으니, 그 주인공은 조선 왕조의 제17대 국왕인 효종(재위 : 1649~1659)이었다. 효종은 인조의 둘째아들이며 어머니는 인열왕후다. 병자호란의 패전으로 1637년(인조 15)에 형 소현세자와 함께 청의 초기 수도인 심양으로 인질로 끌려갔다. 효종 나이 19세였다.

효종은 심양에 있는 동안에 형 소현세자의 신변을 지키고 보호하였다. 그러면서도 형이 심양에서 8년간 생활하면서 청 문화에 개방적인 입장을 가진 태도와 달리, 효종은 아버지 인조가 청 황제에게 '삼배구고두'의 예를 행한 치욕을 잊지 않았다. 효종은 인질 시절에 청 임금을 따라 수렵에 나서는가 하면, 명의 정벌전에 종군하면서 조선인 포로들의 비참한 생활도 목격하였다.

효종은 세 차례나 청군이 명明을 정벌하는 전투에 종군하였다. 그 과정에서 중국대륙의 사정과 지형에 대해서도 면밀히 파악하는 등 용의주도하게 행동하면서 훗날을 기약하였다. 그는 심양 생활의 경험에 대하여 "하늘이 나로 하여금 일찍 환란에 부딪치게 해 일찍부터 활 쏘고 말 달리는 전쟁 일에 익숙하게 하였다. 또 나를 오랑캐 땅에 들어가게 하여 저들의 형세와 산천, 도로를 잘 알게 했으며 오랫동안 오랑캐 땅에 살게 하여 두려워하는 마음을 없게 하였다."[103]라고 하였다. 당시의 경험이 전화위복이 되어 청을 잘 파악하는 계기가 되었다는 의미다.

효종이 인질에서 풀려나 고국 땅으로 돌아온 해는 소현세자가 고국으로 돌아와 죽은 뒤 한 달 뒤인 1645년(인조 23) 5월이었다. 그의 나이 27세였으며 바로 왕세자에 책봉되었다. 그 뒤 1649년에 인조가 승하하

---

102) 정옥자, 『조선후기 조선중화사상연구』, 일지사, 1998, 14~19쪽
103) 송시열, 『송자대전』 송서습유, 악대설화. '악대설화'는 1659년(효종 10) 3월 11일 효종과 송시열이 창덕궁 희정당에서 독대하며 나눈 대화의 기록이다.

자 왕위에 오른 효종은 북벌의 뜻을 굳혔다. 그래서 친청파인 김자점 등을 몰아내고 김상헌, 송시열, 송준길 등을 중용하였다. 효종은 북벌의 준비기간을 향후 10년으로 계산하고 일을 추진하였다.

먼저 군비의 일환으로 1652년(효종 3)에 어영청을 확대 개편해 도성의 상주 병력으로 어영군 1천 명을 확보하였다. 국왕 친위군이라 할 수 있는 금군의 전투력을 강화하기 위해 6백 명의 금군을 기병으로 만들고 1655년에는 정원을 1천명으로 확대하였다. 인재 선발과 군사훈련 등을 목적으로 한 관무재觀武才를 다시 실시했으며, 1654년 이후로는 관무재와 함께 노량의 백사장에서 대규모 열병식도 거행하였다. 1654년에는 제주도에 표류해 온 네덜란드인 하멜의 일행을 훈련도감에 배속시켜 신식 조총을 제작하게 하였다. 이어서 1655년부터 1658년까지 노비추쇄사업을 실시하여 그들로부터 받아들인 신공으로 군수 물자를 확보하고자 하였다.[104]

효종은 1659년 3월에 송시열과 단독으로 만난 자리에서 본인의 원대한 포부를 밝혔다.

> 모든 신하들이 내가 군사문제에 손을 떼기를 바라지만 내 굳이 듣지 않는 것은 천시天時와 인사人事의 좋은 기회가 언제 올지 알지 못하기 때문이다. 그래서 정예 포수 10만을 양성해 자식처럼 사랑하고 모두 용감히 죽을 수 있는 군사로 만들려고 한다.
>
> - 송시열, 『송자대전』 송서습유, 악대설화 -

하지만 북벌은 쉽지 않았다. 국제정세는 호전되지 않은 채 청은 더 강성해졌고 명의 부흥 기미는 보이지 않았다. 게다가 북벌을 뒷받침할 재정도 여의치 않아 군비 확장에 박차를 가하기가 힘겨웠다. 이 때문에 효종은 북벌을 위한 군비 확충보다 현실적인 경제 재건을 먼저 힘써야 한다고 주장하는 신하들과 충돌이 잦았다. 결국 1659년 효종이 죽음을

---

104) 이경찬, 「조선 효종조의 북벌운동」, 『청계사학』 5, 한국정신문화연구원 청계사학회, 1988, 206~214쪽.

맞이하면서 "조정의 신하와 백성들이 일치단결하고 군사 10만 명을 양성해 틈을 타서 명과 내통하여 기습하고자 한다."라는 효종의 계획은 물거품이 되고 말았다.

2) 1654년과 1658년 나선정벌의 경과

(1) 1654년 1차 나선정벌

나선정벌羅禪征伐은 청이 러시아(나선)의 남하를 막기 위해 조선에 출병을 요구하자 조선 군대가 1654년(효종 5)과 1658년 두 차례 송화강과 흑룡강 유역으로 출정한 일을 말한다. 이후 1650년대부터 40여 년간 충돌해온 청과 러시아는 '네르친스크 조약'(1689년)을 체결하면서 분쟁을 마무리 지었다.

'나선'은 러시안(Russian)을 한자로 옮긴 명칭이다. 16세기 말엽 러시아는 재정 수입원으로 큰 비중을 차지하는 모피를 확보하기 위해 동쪽으로 진출하기 시작하였다. 17세기에 들어서면서 놀라운 속도로 만주 지역까지 남하하였다. 그 결과 하바로프가 이끄는 원정군은 1651년(효종 2) 흑룡강의 상류에 알바진 요새를, 그 이듬해에는 중류에 하바롭스크 요새를 구축하였다. 러시아는 여기서 멈추지 않고 흑룡강의 큰 지류인 송화강 일대까지 활동 범위를 넓히면서 만주 일대를 압박하기에 이르렀다.

이에 비해 청은 1644년 명을 망하게 하고 산해관 안쪽 지역으로 들어간 이후 중국대륙의 내지로 대거 이주하면서 만주 일대의 인구가 감소하였다. 그 결과 러시아의 남하를 막는 데에 애로가 많았다. 1652년에 청은 영고탑寧古塔 방면 주둔 군사를 보내 러시아의 군대를 공격했으나 총포를 가진 러시아 군대에 패배하고 말았다. 청은 화력 보강을 위해 조선에 조총수의 파병을 요구했고 조선이 이 요구에 응하면서 두 차례 파병이 이뤄졌다.

1차 파병은 1654년(효종 5) 3월 26일부터 7월 2일까지 이뤄졌다. 1654년 2월 2일 청의 사신 한거원韓巨源이 조총수 100여 명을 요구하는 파병 요청 문서를 들고 조선을 찾았다. 효종은 함경북도 병마 우후兵馬虞候 (종3품) 변급邊岌을 지휘 대장으로 임명하고, 중간 지휘자인 초관 1명, 포수 100명, 취사병 20명 등 총 152명을 파견하였다.

〈표 2〉 1654년 제1차 조선 파병군 편성

지휘관			수행원	군사
대장	영장(領將)	함경북도 병마우후 변급	22명 (군관, 역관 포함)	포수 100명 취사병 20명
장관	초관(哨官)	1명	8명	
계		2명	30명	120명

근거 : 『비변사등록』 효종 5년 2월 2일

조선군은 1654년 3월 26일 함경도의 회령에서 출발해 그날 두만강을 건너 8일간 행군해서 영고탑에 도착해 청군과 합류해서 군사 작전을 펼치고, 7월 2일에 함경도의 회령으로 귀환하였다.[105]

「나선정벌에 나아갈 군병을 선발해서 보내는 절목」[106]에 따르면 영장 領將에게는 무명 30필과 짐 실을 복마 2필, 초관에게는 무명 20필과 복마 1필을 지급하였다. 포수와 취사병 120명에게는 1명당 무명 15필씩을 지급하며 복마는 7명당 1필을 지급하였다. 수행원 30명에게는 1명당 무명 8필씩 지급하였다. 군량은 영고탑에 당도할 때까지 10일치를 마련해 보내고, 영고탑에 당도한 뒤에는 청에서 지급하는 것으로 계산하였다. 이밖에 초관哨官(종9품) 이하 군병들의 가족에게 각종 잡역을 면제해주고, 경작 능력이 없는 사람들에게는 파병 기간 동안 이웃에서 도와주게 하였다. 또한 군사 1명당 탄환은 100발씩 지급하였다.

청군 3천 여 명과 합류한 조선군은 영고탑에서 2,400여리 떨어진 왈할 [日可] 지역에서 흑룡강에서부터 거슬러 내려온 러시아 군대와 맞닥뜨렸

---

105) 계승범, 「17세기 중반 나선정벌의 추이와 그 동아시아적 의미」, 『사학연구』 110, 2013, 225~226쪽. 『효종실록』에는 7월 2일에 영고탑으로 귀환했다고 나와 있다(『孝宗實錄』 권13, 孝宗 5년 7월 2일(己丑)).

106) 『備邊司謄錄』 17책, 孝宗 5년 2월 2일, 「羅禪赴征軍兵抄送節目」.

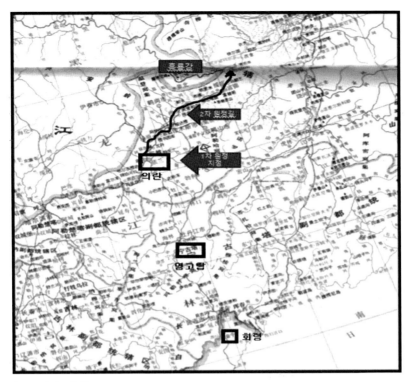

〈나선정벌 지점〉

다. 조청 연합군은 조선군들의 조총 사격에 도움을 받아 공격을 퍼부으면
서 해상과 육상에서 싸운 결과 러시아군이 후퇴하고 말았다. 당시 전투가
벌어진 지역은 현재 흑룡강성의 의란현依蘭縣으로 비정되고 있다. 조선군은
사상자 없이 승리를 거두고 영고탑으로 돌아온 뒤 고국으로 귀환하였다.

(2) 1658년 2차 나선정벌
2차 파병은 1658년(효종 9) 5월 3일부터 8월 27일까지 이뤄졌다.[107]
1658년(효종 9) 2월 19일에 청에서 칙서를 보내 군사 파병을 다시 요청

---

[107] 신류가 쓴『북정일기』에는 압록강을 넘어간 날짜가 5월 2일로 되어 있다.(신류
저, 박태근 역주,『국역 북정일기(北征日記)』, 1980, 한국정신문화연구원, 61쪽
(1658년 5월 2일), 이하에서는 신류,『국역 북정일기』로 표기함).

하였다. 조총수 2백 명과 함께 군량 및 필요 물자까지 갖춰서 5월 초 사이에 영고탑에 도착할 것을 요구하였다.[108]

1차 파병 때보다 군사가 1백 명 더 늘어났다. 또 영고탑 이후의 군량 및 물자들을 이번에는 조선이 모두 마련해야 하였다. 칙서의 내용은 다음 과 같다.

> 황제는 조선국왕에게 칙유한다. 지금 나선(러시아)이 우리 경계를 침범해 백성을 어지러이 해치고 있다. 마땅히 정벌을 수행하기 위해 만주 군사를 파견해 먼저 가게 할 것이다. 그러니 국왕은 필요한 정예 조총수 2백 명을 즉시 보내야 한다. 아울러 장차 일체의 비용을 모두 준비하고 적당한 관원 을 시켜 통솔해서 5월 초순까지 영고탑으로 보낼 것을 특별히 유시하노 라.[109]

효종은 함경북도 병마 우후兵馬虞候(종3품) 신류申瀏(1619~1680)를 대 장으로 삼아 조총수 200명과 예비 조총수 20명 등 총 281명을 원정군으 로 보냈다. 이번에도 1차 파병 때와 마찬가지로 함경북도의 포수 중 건장 하고 조총을 잘 쏘는 자를 뽑았다. 다만 1차 파병 때에 참가한 사람들은 자원자를 제외하고 선발 대상에서 제외하라고 지시하였다. 1차 파병 때 에 타지에서 생사를 넘나든 사람들을 보호하여 다시 전장으로 내모는 일이 없게 조치한 것이었다.

「함경북도 포수를 영고탑으로 들여보내는 절목」[110]에 따르면 군량은 3개월치를 준비했으며, 1차 때와 마찬가지로 지휘대장과 장관, 군사들에 게 해당 직급에 따라 무명과 짐 실을 말을 지급하였다. 또 조총은 개인이 마련하거나 관용으로 지급했으며, 탄환은 1명당 100발에다 예비로 20발 씩을 더해주어 총 120발씩 지급하였다.

---

108) 『承政院日記』 148책, 孝宗 9년 2월 19일(丙戌).
109) 『承政院日記』 148책, 孝宗 9년 2월 19일(丙戌).
110) 『謄錄類抄』 交隣 3, 孝宗 9년 3월 초4일, '咸鏡北道砲手寧固塔入抄送節目'; 반 윤홍, 「비변사의 나선정벌 籌劃에 대하여-효종조 영고탑 파병절목을 중심으로-」, 『한국사학보』 11, 2001, 137~141쪽.

지휘관			수행원	군사
대장	영병장 (領兵將)	함경북도 병마우후 신류	22명 (군관 2명 및 역관 2명 포함)	포수 200명 예비 포수 20명 취사병 20명
장관	초관 (哨官)	2명	16명 (초관 1명당 8명씩)	
계		3명	38명	240명

근거 : 『등록유초(謄錄類抄)』교린2, 효종 9년 3월 4일

2차 파병은 1차 파병 때와 마찬가지로 조선군은 5월 3일 함경도의 회령을 출발해 두만강을 건너 영고탑으로 들어갔다. 그곳에서 청군과 합류해 흑룡강으로 나아갔다. 1차 파병 때보다는 훨씬 위쪽으로 북상한 상태였다. 조청 연합군은 대략 2,500여 명 정도였으며,[111] 6월 10일경 송화강과 흑룡강이 합류하는 지점에서 러시아 군사들과 부딪혔다.

러시아 군대가 큰 배 10여척을 앞세워 해상에서 공격하고 육상에서도 공격해왔다. 조청 연합군은 서로 합세해 집중 포화를 퍼부었고 결국 러시아 군이 흩어져 도망갔다. 이 과정에서 대장 신류가 이끄는 조선군은 러시아의 적선을 쇠갈고리로 끌어당긴 뒤에 적선에 올라타 불태우려고 했으나, 청군의 대장이 노획품을 얻기 위해서 불태우지 말라는 명령을 내렸다. 그 결과 적선에 올라탄 포수와 사수들이 되돌아오는 과정에서 적에 가까이 노출되는 바람에 적지 않은 사상자가 발생하고 말았다.[112]

이 전투에서 러시아군은 지휘관 스테파노프를 비롯해 220명이 전사하였다. 그 결과 흑룡강 방면에서 활동하던 러시아의 주력 부대는 큰 타격을 입었다. 청군은 전사자 110여 명에 부상자 200여 명이었다.[113] 조선 측에서도 7명이 전사하고 26명이 부상을 입었으며, 전사자는 흑룡강가 언덕에 묻어주었다.[114] 이후 8월 15일에 고국으로 개선하는 길에 1명이 병사

---

111) 계승범, 앞의 논문, 231쪽.
112) 신류, 『국역 북정일기』, 1658년 6월 초10일.
113) 계승범, 앞의 논문, 235쪽.

하였다.[115] 이로써 조선군의 사망자는 총 8명이 되었다.

전투가 끝나고 영고탑으로 귀환한 신류와 조선군들은 바로 돌아오지 못하였다. 청군 사령부에서 적병이 남아있으므로 더 주둔해야 한다고 주장했기 때문이다. 신류는 청군 사령부를 설득하여 8월 27일에 함경도의 회령으로 개선하였다.

이 때 신류는 러시아군의 총포가 조선의 조총과 구조가 다르고 특이하다는 점을 알고 대장에게 요청하여 어렵게 러시아 총포 한 자루를 구해서 돌아왔다.[116] 그리고 그 이듬해인 1659년 5월 효종은 세상을 떠났다.

3) 효종의 대응과 리더십

효종이 두 차례에 걸쳐 파견한 조총수들은 국제사회에 조선의 군사력을 잘 보여준 계기였다. 하지만 의외로 각종 연대기자료에는 나선정벌에 대한 내용이 많지 않다. 2차 원정의 경우에는 기록이 더 적은 편이다. 또 두 차례 원정을 놓고 효종과 신료 사이의 논의나 공방도 거의 없으며 파병 요청을 받자마자 파병을 결정하였다.

이 점은 광해군 대에 파병을 놓고 광해군과 신하들이 치열하게 대립한 양상과는 사뭇 다른 모습이다. 그 이유는 두 가지로 판단된다. 첫째, 원정의 목적이 영고탑 인근에 있는 '별종別種'을 소탕하는 것으로 조선의 대외 정책에 큰 영향을 주지 않는다는 점, 둘째, 파병의 규모가 100여 명, 200여 명으로 큰 규모가 아니었다는 점이다. 이 때문에 두 차례 모두 함경북도 군사로 국한해서 보낼 수 있었고, 효종 및 신하들의 갈등도 크지 않았다고 여겨진다.

1차 원정 때에는 조정에서 반대의 목소리도 있었다. 하지만 파병을 반대하기보다는 파병 이후에 해당 군대의 빈자리를 덕德있는 다스림으로 보강해야 한다는 기본적인 의견이었다. 아래는 정언 이상진이 "지금 나선

---

114) 신류, 『국역 북정일기』, 1658년 6월 초10일, 11일.
115) 신류, 『국역 북정일기』, 1658년 8월 15일.
116) 신류, 『국역 북정일기』, 1658년 7월 24일, 26일.

에 파병하는 일은 참으로 걱정스러운 형세가 있습니다."라고 하면서 했던
발언이다.

> 만일 강변江邊이 함락되면 어느 군졸로 방어하시렵니까. 신의 어리석은 생
> 각으로는 마땅히 문신 중에서 청렴하고 재능이 있는 사람을 선택하여 북로
> 北路의 병마절도사를 맡겨, 그쪽 백성들로 하여금 조정에서 염려하고 구휼
> 하는 덕을 알도록 해야 합니다. 그렇다면 민심을 거의 수습할 수 있고 군정
> 도 수선하고 정비할 수 있을 것입니다.[117]

그러자 효종은 "말이 대단히 절실하고 곧으니 내가 가상하게 여긴다."
라고 대답하였다. 하지만 이미 효종은 청 사신을 만난 당일에 신속하게
비변사와 함께 군사 파견에 차질이 없도록 준비하였다. 당일에 관련 절목
을 만들어 함경도의 군사 중 조총수를 선발하게 하였다.

이 과정에서 효종이 파병군을 함경도 군사로 한정한 이유는 자세하지
않다. 다만 청에서 요구한 100여 명이 큰 규모가 아니므로 전국을 파병
문제로 소란스럽게 하지 않고 영고탑에 가까운 함경북도에 국한해 해결
하고자 했던 것 같다. 실제로 1차 및 2차 파병에서 신하들의 큰 반대가
없던 것도 이런 연유 때문이었다고 여겨진다.

효종은 조선군의 안전과 무사 귀환을 위해 조총과 탄환의 준비에 만전
을 기하였다. 그래서 조총은 개인 또는 관아 비치용을 따지지 않고 견고한
것을 추려서 기한 안에 지급하게 하였다.[118] 또 효종은 영의정 정태화와
논의 끝에 두만강을 건넌 뒤 청측에서 군량을 지급하지 않을 수도 있다는
점을 고려하였다. 그래서 영고탑에 도착할 때까지의 거리를 계산하여
군량을 마련해서 들여보냈다.

효종이 두 차례나 나선정벌에 조총수를 파견한 배경은 병자호란에서
패전한 뒤로 청의 요청을 거부할 수 없기 때문이었다. 병자호란 패전

---

117) 『孝宗實錄』 권12, 孝宗 5년 2월 10일(辛未).
118) 『備邊司謄錄』 17책, 孝宗 5년 2월 2일.

이후 심양 생활을 통해 청의 군사력을 익히 체험한 효종은 조총수를 보내
는 과정에서 청에서 고지한 출병 날짜를 맞추기 위해서 서둘렀다. 또
1차 파병 때에 조선의 군사들이 무사히 귀환하자 이 사실을 청에 신속하
게 알리게 하였다.[119] 곧 효종이 청과의 관계에서 불필요한 외교 문제가
발생하지 않게 신중했다는 의미다.

그러면서도 효종은 내부적으로 파병의 기회를 청의 동향을 파악하는
기회로 활용하였다. 앞서 소개했듯이 효종은 1차 파병을 결정하기 두
해전부터 북벌을 위한 군비 확장에 박차를 가하였다. 가장 성공적으로
이뤄진 일이 어영청의 군사수를 2만 1천명까지 확대한 조치였다. 기존의
7천 명에 비해 세 배나 늘어난 것이었다. 이런 상황에서 효종은 청의
파병 요청을 받아들이는 과정에서 이 기회를 놓치지 않고 북경에 대한
정보를 수집하였다.

효종은 청의 사신 한거원이 돌아갈 때에 다시 접견하는 자리에서 청
임금에 대해 질문하였다. 효종은 임금의 나이를 질문한 뒤에 "북경의
군대가 아직도 정예하오?"하고 물었다. 한거원은 예전과 다름은 없지만
최근에는 학문을 숭상하는 쪽으로 기울고 있다고 대답하였다. 효종은
마지막으로 "임금이 하는 일은 무엇이오?"하고 질문을 던졌다. 한거원은
황제가 늘 태액지太液池에서 노닌다고 대답하였다.[120] 이처럼 효종은 청
임금의 동향과 청 군대의 정예 여부를 질문하면서 청 동향을 직접 챙겼다.

1655년(효종 6) 4월 효종은 주강이 끝난 뒤, 윤대輪對 무신으로 참여한
변급으로부터 1차 출정의 상황을 상세히 들었다. 변급은 제1차 출정 대장
이었다. 효종의 관심은 영고탑에 성곽이 있는지, 조청 연합군이 함께 타
고 간 자피선者皮船의 크기였다.[121] 또 효종은 변급이 귀환했을 때에도 전
리품으로 챙겨온 화약을 들이라고 명령하였다.[122]

---

119) 『孝宗實錄』 권13, 孝宗 5년 7월 7일(甲午).
120) 『孝宗實錄』 권13, 孝宗 5년 2월 5일(丙寅).
121) 『孝宗實錄』 권14, 孝宗 6년 4월 23일(丁丑).
122) 『承政院日記』 132책, 孝宗 5년 7월 7일(甲午).

이상의 내용을 정리하면, 효종은 나선정벌을 위한 조총수의 파견을 대내외적으로 무리 없이 수행하였다. 일각에서는 두 차례 나선정벌의 의미에 대해 효종이 북벌을 단행하기 전에 군대를 시험해본 시도로 이해하기도 한다. 하지만 이 주장은 파병 규모가 100~200여 명에 불과했고, 파병 부대가 그동안 정비한 중앙군이 아니라 함경북도 군사로 국한했다는 점에서 설득력이 떨어진다.

효종은 파병을 진행하면서 외교 문제가 생기지 않게 신속하게 일을 처리하였다. 내부적으로는 이때를 놓치지 않고 청의 군사력과 군사 동향에 대한 정보를 파악하였다. 또한 군사 문제에 대한 신료들의 반대를 야기하기 않기 위해 함경북도 군사로 제한해서 파병을 진행한 점도 나선정벌의 파병을 처리한 효종의 통솔력으로 기억해야 할 사항이다.

Ⅲ

국정의 안정

1. 명종과 도적

1) '모이면 도적이고 흩어지면 백성이다'

역사적으로 도적의 발생은 조선시대에 국한된 사안이 아니라 인류 사회에 사유 재산이 발생하면서 나타난 사회 현상 가운데 하나다.

현재 『한서漢書』 지리지에는 고조선의 '범금 8조犯禁八條' 가운데 3개 조항이 전하고 있다. 그 중 한 조목에 도둑질한 사람에 대한 처벌 조항이 남아있다. 곧 "도둑질한 자는 그 집의 노비로 삼는다. 만약 죄를 씻고자 할 때에는 50만 전을 내야한다. 그러나 죄를 씻고 평민이 되어도 이를 천하게 여겨 혼인할 때 짝을 구할 수 없다."라고 하였다. 이렇듯 남의 물건을 강제로 빼앗거나 훔치는 범죄는 비단 어제 오늘의 문제가 아니었다.

그런데 외형적으로 도적이라는 동일한 범죄 현상이 관찰된다 하더라도 시대에 따라 발생 배경이나 성격은 동일하지 않다. 조선시대에 도적은 전국 각지에서 성행하였다. 도적은 우마적牛馬賊, 화적火賊, 산적山賊, 수적水賊, 일반 도적 등 형태가 다양하였다. 이 가운데 조선 후기에 성행한 명화적明火賊은 다른 시대에는 좀처럼 찾아볼 수 없을 만큼 체계적인 조직과 근거지는 물론 무장력까지 갖추고, 공격할 때 불을 사용한다는 점에서

일반 도적과 구별되는 양상을 보였다.[123]

조선의 건국 초기부터 도적을 발생하게 한 가장 큰 원인은 기근과 자연재해였다. 더구나 1670년(현종 11)~1671년의 대기근, 1695년(숙종 21)~ 1699년의 대기근처럼 서리, 우박, 눈, 한파를 비롯해 각종 냉해, 한발 혹은 홍수와 같은 각종 재해가 집중되는 시기에는 도적의 창궐은 좀처럼 피할 수 없는 사회 문제였다.[124] 여기에다가 돌림병이 크게 번져 굶주림과 병으로 사망자가 속출하는 지경에 이르면 도적의 발생을 억제하는 것은 사실상 불가능하였다.

다음으로 도적 발생의 배경으로 주목할 사항은 부패한 정치 문제였다. 조선시대 농촌의 현실은 늘 피폐한 상태로 보고되고 있다. 양반 관료들의 토지 겸병이 광범위하게 전개되면서 농토를 잃게 된 농민들이 다수 생겨났다. 여기에 국가에서 재정을 확보하기 위한 세금 수취는 운영 과정에서 수탈이 가중되면서 농민들에게 평온한 생활을 빼앗아갔다.

농민들은 생존을 위해 황폐한 농토를 개간하고 농법을 개량하면서 자구책을 강구했으나 그것은 일부 농민층에 국한되었고 대부분 농민들은 그런 과정에서 더 몰락해갔다. 연암 박지원이 "해마다 땅을 팔아버리는 농민이 10에 7~8이 된다."라고 하듯이 부농과 빈농의 양극화는 심화되었다.

부세의 과중한 부담과 봉건 지배층의 억압을 견딜 수 없게 된 많은 농민은 가족을 데리고 고향을 떠나 먹고 살기위해 각지로 떠돌았다. 농민의 유망은 부세 부담을 이웃이나 친족들에게 전가시키는 결과를 낳았고 남아있는 사람들마저 고향을 등지는 사태가 발생하였다.

이런 과정에서 정착지에서 이탈한 많은 유랑민 가운데 일부가 도적으로 탈바꿈하여 지배층에게 격렬히 저항하였다. 이들 입장에서 보면 도적 활동은 새로운 삶의 전략이자 지배층을 향한 저항의 성격도 띠었다.

---

123) 변주승, 「조선후기 유민·명화적 연구의 동향과 과제」, 『조선후기사 연구의 현황과 과제』, 창작과 비평사, 2000, 451쪽.
124) 한희숙, 「17세기후반 군도활동과 국가의 대책」, 『조선시대사학보』 21, 2002, 72~73쪽.

도적이 성행하는 것은 수령의 가렴주구 탓이며, 수령의 가렴주구는 재상이 청렴하지 못한 탓이다. 지금 재상들의 탐오가 풍습을 이루어 한이 없기 때문에 수령은 백성의 고혈을 짜내어 권신을 섬기고 돼지와 닭을 마구 잡는 등 못하는 짓이 없다. 그런데도 곤궁한 백성들은 하소연할 곳이 없으니, 도적이 되지 않으면 살아갈 길이 없는 형편이다. 그러므로 너도나도 스스로 죽음의 구덩이에 몸을 던져 요행과 겁탈을 일삼으니, 이 어찌 백성의 본성이 겠는가?[125]

위의 발언은 명종 연간에 도적이 들끓어서 조정에서 도적을 잡기위한 방안을 논의하자 사관史官들이 평가한 말이다. 사관은 수령을 잘 가려 보낸다면 도적이 짐을 싸서 고향으로 돌아갈 것이며, 그렇지 않고 잡기에만 혈안이 되면 아마 잡더라도 다 잡는 것은 불가능하다고 비판하였다.

또 다른 사관은 조정에 '큰 도둑'이 도사리고 있는 바람에 하류들도 덩달아 사익을 추구한 결과 백성이 곤궁해져서 도둑이 되고, 도둑이 창궐하자 많은 사람이 호응해 서쪽 변방이 소란스럽게 되어 양민들만 해를 입었다고 평가하였다.[126] 곧 도적의 근원은 조정에 있는 탐혹한 권신들이라는 입장이다. 결국 좋은 정치와 민생 방안이 도적을 그치게 할 수 있다는 처방이다.

또한 "굶주림과 추위가 절박하여 하루도 살기가 어려워 잠시라도 연명하려고 도적이 되었다면, 도적이 된 원인은 정치를 잘못하였기 때문이요 그들의 죄가 아니다. 어찌 불쌍하지 않은가."[127]라는 지적도 마찬가지의 입장이다.

이상에서 소개한 도적의 출현과 해소 방법에 대한 사관들의 견해는 당대 정치 상황에 대한 자성에서 비롯되었다는 측면에서 설득력이 높다. 다만 여기서 한 가지 놓치지 말아야 할 점이 『명종실록』의 편찬에 참여한 사관들의 성향이다. 『명종실록』에 참여한 편찬관은 총 77명이며, 4명을

---

125) 『明宗實錄』 권25, 明宗 14년 3월 27일(己亥).
126) 『明宗實錄』 권27, 明宗 16년 1월 3일(甲子).
127) 『明宗實錄』 권27, 明宗 16년 10월 6일(壬戌).

제외한 모든 사람들이 문정왕후 사후에 정국 주도층으로 성장한 신진 사류들이었다.[128] 곧 편찬자 대부분이 선조 집권 초에 정국을 주도한 인물들로서 명종 연간에 권신들에게 피해를 당한 사람들이었다.

따라서 『명종실록』의 사관들은 도적의 출현과 성장을 권신이 발호했기 때문에 생겨난 사회 현상으로 인식했으며, 바른 정치만이 이들을 다시 온순한 농민으로 되돌릴 수 있다고 보았다. 이런 측면에서 『명종실록』에 나타난 사관들의 논평은 명종 대의 정치 환경에 대한 신랄한 비판이자, 본인들의 정치적 신념의 소산물이라 할 수 있다.

2) 문정왕후의 그늘

조선 정치사에서 16세기는 '권신權臣의 시대'라고 부른다. 권신이란 왕의 신임을 받아 권한을 휘두르는 관료를 뜻하며, 대표적으로 왕이나 왕후의 친척 또는 인척들이 정치 일선에 전면으로 나선 시대였다. 그만큼 누가 왕 또는 왕비가 되느냐에 따라 정치권력의 향방도 확 달라졌다는 의미다.

명종은 중종의 둘째 아들이며 인종의 아우다. 중종에게는 세 명의 왕후가 있었다. 그 중 두 번째 왕후인 장경왕후 윤씨의 아들이 중종의 뒤를 이어 즉위하였다. 곧 인종이었다. 하지만 불행하게도 인종은 재위 8개월 만에 세상을 뜨고 말았다.

그러자 1545년에 명종이 12세의 어린 나이로 왕위에 올랐다. 명종은 중종의 세 번째 왕후인 문정왕후 윤씨의 아들이었다. 이 때문에 당시 조정은 대윤大尹과 소윤小尹으로 불리던 두 외척 사이에 반목과 갈등의 골이 깊었다. 대윤은 인종을 지지한 일파를 말하며, 소윤은 명종을 지지한 일파를 말한다.

문정왕후의 입장에서 볼 때 명종의 즉위는 본인과 동생 윤원형이 온

---

128) 김경수, 「조선 중기 사관의 국방의식-『明宗實錄』 사론을 중심으로」, 『군사』 48, 국방부군사편찬연구소, 2003, 320쪽.

몸을 던져 치열하게 싸운 결과였다. 문정왕후는 명종에게 "그대가 왕이된 것은 모두 우리 오라버니와 나의 공이다."[129]라고 시종일관 언급하면서 본인의 정치적 지분을 당당하게 요구하였다. 그리하여 문정왕후는 어린 명종을 대신해 대리정치를 맡았다. 그리고 명종이 즉위하자마자 대윤을 포함한 반대파를 대대적으로 숙청해 정국을 확고하게 장악하였다.(을사사화) 이제 정국은 소윤의 세상이 되었고 윤원형은 최고의 권신으로서 무소불위의 권력을 누리게 되었다.

문종왕후의 수렴청정은 명종이 20세가 되던 해에 끝이 났다. 명종은 즉위한 지 8년만인 1553년(명종 8) 7월에야 비로소 직접 정치 일선에 나섰다. 명종은 "내가 하루아침에 홀로 모든 기무를 결단하는 것은 계속 생각해 보아도 매우 편치 않다. 내가 다시 자전께 아뢸 것이니, 대신들도 아뢴다면 자전의 생각을 돌릴 수 있을 것이다."라고 사양하였다. 하지만 결국에는 "자전의 뜻이 간절하시고 대신의 뜻 또한 이와 같아 형편상 어쩔 도리가 없으니, 억지로나마 따르겠다."라고 하였다.[130]

명종은 풍류, 여색, 사냥 같은 오락을 즐겨하지 않은 임금이었다. 일찍 일어나고 밤늦게 잠들며, 정무를 보는 틈틈이 경전이나 역사책을 읽고, 점잖게 종일토록 앉아 있곤 하였다. 몸이 피로할 때라도 기대거나 비스듬히 앉는 일이 없었다. 한번은 이황李滉이 병문안을 갔는데 옷과 띠를 꼭 법대로 갖추고 있으므로 측근들이 그대로 편복을 입을 것을 권유했으나 듣지 않았다.[131]

명종은 34세에 요절하였다. 국왕으로 재위한 기간은 23년이었다. 명종이 승하했을 때에 왕을 위해 달려와 곡을 한 성균관 학생들이 수천 명이었으며 여항의 백성까지도 통곡이 그치지 않았다고 한다. 이런 기록은 국왕의 서거 앞에 늘 펼쳐지는 풍경같지만 『명종실록』의 편찬자들을 고려해보면 어느 정도 진실인 것 같다. 그만큼 백성의 마음을 얻었다는

---

129) 『燃藜室記述』 권10, 명종조고사본말, 대비수렴.
130) 『明宗實錄』 권15, 明宗 8년 7월 12일(丙辰).
131) 『燃藜室記述』 권10, 명종조고사본말, 명종.

의미다.

하지만 본인의 의지와 달리 정치적 성과는 그다지 성공적이지 못하였다.[132] 그것은 1565년(명종 20) 문정왕후가 세상을 떠날 때까지 윤원형의 전횡을 막지 못했기 때문이다. 명종은 문정왕후의 사후에 보우를 제주도로 유배시키고 윤원형을 숙청하면서 새로운 정치를 시도했으나, 그역시 2년 뒤에 세상을 뜨면서 결실을 맺지 못하고 말았다.

명종이 승하했을 때에 사관들은 하나같이 이렇게 말하였다. 국왕이 총명하고 예지의 덕이 있으며 탐혹한 욕심이 없었는데도 백성에게 해를 끼쳤으니, 문정왕후의 존재와 간사한 권신 무리들이 그 원인이라고 진단하였다.

3) '도적' 임꺽정의 활동

임꺽정林巨正은 1559년(명종 14) 3월부터 1562년 1월까지 황해도 일대에서 활동한 '도적'이다. 거의 3년 동안 활동했으므로 그를 둘러싼 이야기도 다양한 편이다.

임꺽정은 경기 양주의 백정 출신으로 힘이 센 장사로 알려져 있다. 그에 대해 "성품이 교활하면서도 사납고 용맹스러웠다."[133]라고 표현하고 있어 지략과 리더십이 출중한 인물로 판단된다. 명종도 "평범한 도적이 아니다[134]라고 보았다. 백정이란 주로 도살이나 유기 제조 등으로 생계를 유지한 천민이었다.

사실 도적의 피해는 명종이 즉위한 해부터 성행하였다. 이 해에 흉년이 심각하자 경기, 충청도, 전라도, 경상도 등 여러 도에서 도적이 일어났다. 그러다가 1552년(명종 7)부터 집단화하기 시작하였다. 결정적으로 1557년(명종 12) 황해도의 서흥·우봉·토산·신계·이천 등지에서 도적의 활동

---

132) 『明宗實錄』 권34, 明宗 22년 6월 28일(辛亥).
133) 『大東野乘』, 「寄齋雜記」 3, 歷朝舊聞 3, 中宗;『國朝寶鑑』 권23, 명종조 2, 명종 17년 1월.
134) 『明宗實錄』 권34, 明宗 15년 12월 28일(己未).

이 대단히 치성했으며, 경상도와 경기에서도 도적 때문에 도로가 불통될 지경이었다.[135] 1559년에 임꺽정은 이런 사회 분위기에서 등장했으며 이전의 도적들과 달리 장기간 활동하면서 조정을 위협하는 조직으로 성장해나갔다.

임꺽정 집단에는 농민을 주축으로 하여 아전, 역리, 상인, 장인匠人, 군사 등 다양한 사람들이 포진해 있었다. 규모는 자세하지 않으나 60여 명이 관군과 싸웠다는 후대의 기록이 있으므로 한때 큰 조직으로까지 성장한 것 같다. 이들은 황해도를 중심으로 경기·강원도·평안도·함경도까지 진출해 활동하였다.

임꺽정 집단은 주로 농한기를 이용해 약탈을 하였다. 교통로를 장악하고 길가는 나그네를 노렸으며, 대낮에 민가를 불사르고 말과 소를 빼앗았다. 만약 저항하거나 반항하는 사람이 있으면 잔혹하게 죽이는 보복도 서슴치 않았다. 임꺽정은 관아를 사칭하며 수령들을 혼내주거나 관아를 습격해 동료들을 구출하는 대담함을 보였다. 또 수령을 죽이거나 죽이려는 계획도 세워 실제로 수령 5명이 피해를 입었다. 또 부호나 부상들도 주요 표적이었다.[136]

초창기 조정에서는 임꺽정을 그저 대수롭지 않은 도적의 무리로 보았다. 그래서 임꺽정이 처음 보고되었을 때에 전에 도적을 잡는 데에 공이 큰 이억근에게 군사 20명만 딸려 보냈다가 이억근이 죽임을 당하는 일이 일어났다. 그러다가 1560년 11월 포도대장 김순고가 임꺽정 집단에서 활동한 서림을 서울의 숭례문 밖에서 체포하였다. 서림을 통해 임꺽정이 신임 봉산 군수 이흠례를 죽이려 한다는 첩보를 얻었다. 이흠례가 임꺽정의 무리들을 체포한 공으로 봉산 군수에 임명되었기 때문이다.

명종은 선전관 정수익을 파견해 이흠례와 금교 찰방 강려에게 관군 500명을 이끌고 임꺽정을 체포하게 하였다. 당시 관군 규모를 20명에서

---

135) 한우근, 「『明宗實錄』 해제」, 『민족문화』 17, 한국고전번역원, 1994, 184쪽.
136) 임꺽정의 활동에 대해서는 한희숙, 「16세기 임꺽정 난의 성격」, 『한국사연구』 89, 한국사연구회, 1995, 60~70쪽 참조.

500명까지 늘린 것으로 보아 임꺽정 집단에 대한 경계심이 높아졌음을 짐작할 수 있다. 하지만 임꺽정 집단은 구월산에서 관군에게 대항했고 그 결과 관군의 부장 연천령이 전사하고 정수익마저 후퇴한 채 빈손으로 돌아오고 말았다. 이 일을 계기로 임꺽정 집단은 더욱 자신감을 얻어 종횡무진으로 활동하였다.

명종은 본인이 파견한 선전관이 임무를 실패하고 돌아오자 충격에 휩싸였다. 그래서 그 해 12월에 고위 무신을 순경사로 임명해 황해도 순경사에 이사증, 강원도 순경사에 김세한을 파견하였다. 순경사에게는 정예군 50명을 각각 선발해서 데리고 가서 도적의 첩보를 들으면 바로 잡도록 하였다. 순경사를 파견한 지 얼마 지나지 않아 12월 말경 임꺽정을 잡았다는 황해도 순경사의 보고가 들어왔다. 그리고 1월 초에 순경사들은 한양으로 돌아와 복명하였다. 하지만 형조에서 조사한 결과 잡아온 사람은 임꺽정이 아니라 그의 형 가도치였다.

1561년 9월에도 임꺽정을 잡았다는 평안도 관찰사의 보고가 있었으나 또 임꺽정이 아니었다. 도적을 잡아들이라는 중앙의 압력이 심해지자 고문과 협박으로 조작한 일이었다. 결국 10월에 명종은 특단의 조치를 취하였다. 고위급 무장 남치근을 토포사로 임명하여 황해도 재령군에 진영을 설치하고, 백유검을 순검사로 임명해 황해도 평산부에 진영을 설치하였다.

남치근은 무과 출신의 무장으로 여러 지역의 병마절도사를 지냈으며 을묘왜변에서 공을 세운 인물이다. 남치근은 엄격하게 군령을 운용하면서 구월산 아래에 진을 치고 적당이 산을 내려오지 못하게 하여 궁지로 몰아넣었다. 그 결과 임꺽정 집단의 세력은 급격히 약화되었고, 마침내 이듬해인 1562년 1월에 임꺽정을 서흥에서 체포하였다.[137)]

---

137) 『大東野乘』, 「寄齋雜記」 3, 歷朝舊聞 3, 中宗; 『國朝寶鑑』 권23, 명종조 2, 명종 17년 1월; 『明宗實錄』 권27, 明宗 16년 10월 8일(甲子); 『明宗實錄』 권28, 明宗 17년 1월 3일(戊子).

4) 명종의 조치와 리더십

명종이 집권한 시기 등장한 임꺽정은 부패한 정치와 그로 인한 수령들의 탐학에서 비롯된 것은 사실이다. 하지만 19세기 민란과 달리 임꺽정집단의 공격 대상이 양민과 민가들이 다수 포함되었다는 점에서 농민저항과 도적 활동이 정확하게 구분되지 않는다. 그래서 임꺽정 집단을도적의 형태를 띤 농민 저항으로 보기도 한다.[138]

앞서 언급했듯이 『명종실록』의 편찬자들은 임꺽정을 명종 정권의 무능과 권신들의 부패를 드러내는 증거로 활용하였다. 편찬자들은 "모이면도적이고 흩어지면 백성이다."라는 입장에서 경기·함경도·평안도·강원도 네 도의 병력으로 도적을 잡으려는 조치에 대해 비판하였다. 또 "이는네 도의 백성을 모두 도적으로 만드는 것이다. 임꺽정을 비록 잡더라도종기가 안에서 곪아 혼란이 생길 것인데, 더구나 임꺽정을 꼭 잡는다고단정할 수도 없지 않은가."[139]라고 평가하였다.

다른 기록에서는 임꺽정의 존재에 대해 "도적들이 발동하게 된 3년동안 다섯 고을이 피폐해지고 관군이 패배해 무너졌다. 여러 도의 병력을동원해 겨우 도적 한 명을 잡았지만 죽은 양민의 수가 한이 없었다. 그당시 군정의 해이가 참으로 개탄스럽다."[140]라고 하였다. 곧 도적을 잡지못하는 관군의 무능을 비판하면서 군정 문제까지 제기한 것이다.

후대 사관들의 평가와 조언처럼 명종은 정치를 바로잡아 도적의 싹을근원부터 없애지는 못하였다. 하지만 국왕의 입장에서 임꺽정의 존재는국정의 안정을 저해하는 요소였으며, 민간의 피해도 적지 않았다. 그러므로 임꺽정의 존재를 그대로 방관만 할 수 없었다. 국왕으로서 내치를평온하게 유지할 의무가 있었다. 국왕으로서 "그 도의 백성들은 도적이있는 줄만 알고 나라가 있는 줄은 모르는"[141] 상황을 보고만 있을 수는

---

138) 한희숙, 앞의 논문, 81~82쪽.
139) 『明宗實錄』 권27, 明宗 16년 10월 6일(壬戌).
140) 『大東野乘』, 「寄齋雜記」 3, 歷朝舊聞 3, 中宗.
141) 『明宗實錄』 권27, 明宗 16년 10월 6일(壬戌).

없었다.

1560년 12월 1일에 명종은 대신들을 옛 병조에 모이게 한 뒤 먼저 북쪽지역에 무장을 파견할 것을 제안하면서 도적을 막을 방도를 의논하였다. 대신들이 이를 찬성하면서 순경사의 파견이 결정되었다. 그러자 사헌부에서는 흉황과 민폐를 이유로 순경사 파견을 적극 반대하였다.

하지만 명종은 정승들의 의견을 바탕으로 순경사의 파견을 밀어 붙여서 12월 4일에 황해도와 강원도에 파견하였다. 또 승정원에서 이 일을 해당 관찰사에게 즉각 통고하지 않자 담당 승지를 의금부에 가두어 죄를 문초하는 조치도 취하였다. 순경사를 파견하는 동안 사간원에서도 민폐를 이유로 순경사의 소환을 요구하였다. 결국 명종은 순경사가 체포한 사람이 임꺽정이 아닌 것으로 드러나자 황해도 순경사 이사증에게 죄를 묻고 말았다.

명종은 순경사가 오래 머물렀다면 도적을 거의 섬멸할 수 있었으나 잠깐 갔다 오는 바람에 도적의 비웃음만 당했다고 판단하였다. 순경사의 실패를 뼈아프게 생각한 명종은 임꺽정 집단이 대낮에 평산에서 민가 30여 곳을 불태우고 인명을 살상했다는 보고를 받자 다시 대신들을 불러 체포에 대한 강한 의지를 보였다.

> "지금 도적의 세력이 성하여 적국과 같으니, 지금 만약 힘을 다해 엄히 다스리지 않으면 이는 몇 도의 백성을 모두 도적의 손에 주는 것이다. 후환이 이루 말할 수 없을 것이니 특별히 조치해 기필코 모두 잡으라."[142]

명종은 군역 부담자의 명단이 실린 군적을 조사할 예정이었으나 임꺽정 집단을 잡는 일이 더 급하다고 판단해 보류시켰다. 그리고 팔도의 관찰사와 병마절도사 및 개성 유수에게 도적을 모두 잡으라는 명을 내렸다. 이어서 바로 토포사 남치근을 파견하는 과단성을 보여주었다. 이 과정에서 순검사 백유검이 아버지 상사를 마치지도 않고 나가자 사헌부와

---

142) 『明宗實錄』 권27, 明宗 16년 10월 6일(壬戌).

사간원에서 명을 거둘 것을 주장하였다. 상례를 중하게 여겨야 한다는 이유였다. 하지만 명종은 담제 전이어서 최복을 입고 있을 때와는 다르며 전례도 있다는 점을 들어 그대로 파견하였다.[143]

토포사와 순검사를 파견한 뒤 명종은 "요즈음 일로 말하건대 임꺽정이 조그만 도적으로 많은 죄를 짓고도 오래도록 법을 피하고 있는데 국가에서는 치욕만 당하고 쉽게 잡지 못하니, 이는 오로지 서울과 지방에서 무비를 닦지 않았기 때문이다."[144]라고 진단하였다. 그래서 무비를 닦고 무예를 익히게 하라는 전교를 전국에 내렸다.

- 서울과 지방에서 문음으로 처음 입사한 사람은 음직만 등용할 것이 아니라, 무재가 있는 자를 시험해 합격한 자는 찰방 후보자로 올릴 것.
- 서울과 지방의 양반 자제, 각사의 서리·하인, 향리, 관속의 모든 담당 군사와 보인·양인·공천·사천으로 나이가 젊고 활을 쏠 줄 아는 자를 모두 뽑아 매월 날짜를 정해놓고 장편전長片箭을 별도로 시험하고, 기사騎射를 할 수 있는 자는 기사를 하게 하라. 그 중에 능숙하지 못한 자는 창을 익히게 하여 영구히 규칙을 세워 태만하지 못하게 하고, 별도로 시관을 정해 재능을 시험하고 연말에 합산해 우열을 가릴 것.
- 지방에서 항상 점검해 많은 성과가 있는 자와 점검하지 않아 성과가 없는 자가 있으니, 관찰사·병마절도사·수군절도사는 순찰하여 성적을 매겨서 보고하고, 혹 특별히 어사와 경차관을 보내 잘하고 못하는 것을 시험해 상을 주거나 승진을 시키거나 파직시킬 것.
- 서울과 지방의 잔약한 민가를 제외하고 군기를 마련할만한 집에는 화살과 장편전 등을 비치하게 하고 때때로 점검할 것.[145]

명종은 1555년(명종 10)에 을묘왜변을 진압한 국왕이다. 위의 절목은 무비를 닦지 않으면 "뒷날 또 을묘년 같은 변고가 있으면 어떻게 하려는지 모르겠으니 한심스러운 일이다. 전에 만든 절목을 세밀히 살펴 밝히고

143) 『明宗實錄』 권27, 明宗 16년 10월 7일(癸亥), 8일(甲子), 10일(丙寅), 11일(丁卯).
144) 『明宗實錄』 권27, 明宗 16년 12월 18일(癸酉).
145) 상동.

이 조목을 가지고 삼공, 영부사, 호조, 병조, 비변사가 함께 의논해 다시 자세히 살핀 뒤 마련해 서계하라."[146]고 명령한 결과였다.

결과적으로 명종이 1561년 10월 이후로 강력하게 대처하면서 임꺽정은 더 이상 버티지 못하고 말았다. 삼사의 반대를 무릅쓰고 무장을 계속 파견해 국왕의 권위를 보여주고 전국적으로 무비를 다진 결과였다.

지금까지 학계나 일반에서는 임꺽정의 존재에 대해 '임꺽정의 난'으로 명명할 만큼 민중 저항의 하나로 보고 있다. 탐관오리를 응징하는 통쾌함을 보여줬기 때문이다. 일제강점기에 벽초 홍명희의 소설 『임꺽정』에서도 의로운 도적으로 그려졌다. 또 임꺽정의 존재를 명종 대의 사회 혼란상을 보여주는 대표 사례로 꼽아왔다.

하지만 임꺽정의 존재를 잘못된 정치의 결과라 하여 그냥 보고만 있는 것은 국왕의 무능이자 국정 안정에 대한 책임 회피라 할 수 있다. 왕조 시대에 국왕의 리더십이라는 관점에서 보면 이들의 활동을 방관만 할 수 없었다. 이런 측면에서 명종이 민생을 위한 대책을 내놓지 못한 점이 못내 아쉽지만, 신하들의 반대를 무릅쓰고 임꺽정을 붙잡는 과정에서 보여준 과단성 있는 결단은 명종 집권기를 새롭게 평가할 수 있는 잣대가 될 수 있다.

2. 인조와 이괄의 난

1) 인조의 정통성 문제

인조는 선조와 후궁 인빈 김씨仁嬪金氏 사이에 태어난 정원군定遠君 (1580~1619)의 아들이다. 반정 준비 과정에 적극적으로 참여한 인조는 본인의 정통성을 선조宣祖의 대통을 이었다는 논리로 세워 나갔다. 곧 손자가 할아버지의 종통을 계승했다는 점을 강조하였다.

인조가 즉위한 이후에 인조의 대통 승계와 관련해 인조가 선조의 아들

---

146) 상동.

로서 이은 것이냐, 손자로서 이은 것이냐는 논쟁이 벌어졌다.[147] 그럼에
도 "지금 우리 성상께서 위로 선조의 뒤를 이으셨다."[148]라는 언급처럼
분명한 사실은 인조가 선조의 대통을 받아 왕위에 올랐다는 것에 대해
아무도 이의를 달지 않았다는 점이다.

> 왕이 절하고 나아가 선조宣祖의 옛 별당에서 즉위하시니 대비의 명을 따른
> 것이다. 대비께서 또 교서를 내려 중외에 밝혀 고하기를, "왕은 총명하고
> 어질고 효성스럽고 또 비범한 모습이 있으므로 선조께서 옥궤玉几에 기대어
> 손을 잡고 탄식까지 하셨으니, 오늘날의 난리를 평정한 것은 실로 선조의
> 뜻을 이룬 것이다."라고 하였다.[149]

선조의 옛 별당이란 경운궁의 별당을 말한다. 경운궁은 임진왜란으로
피난을 떠난 선조가 1593년 10월에 서울로 돌아오면서 머문 정릉동 행
궁이다. 선조는 이곳에서 이때부터 승하할 때까지 정무를 보았다. 반정
성공 당시에 경운궁에는 선조의 빈전이 설치되어 있었다. 인조는 반정을
성공한 뒤에 경운궁에 유폐된 인목대비를 복원시키고, 인목대비의 명으
로 경운궁에서 즉위하였다.[150]

인조가 선조의 옛 별당에서 즉위했다는 것은 선조의 뒤를 이어 왕위에
올랐다는 것을 알리고자 한 각별한 조치로 해석할 수 있다. 또 인조의
즉위를 인조의 재능을 안타까워하던 선조의 뜻을 마침내 이룬 일로 강조
하면서 반정의 정당성을 확보하였다.

인조반정은 1623년 3월에 서인 세력이 광해군을 폐위하고 당시 집권세
력인 대북 정권을 타도한 쿠데타였다. 반정 뒤 공신 세력의 우선 과제는
시국 안정이었다. 인조의 정통성 확립 노력에도 불구하고 당시 민간의 여
론은 반정에 대해 군주를 바꾼 행위에 지나지 않는다고 여겼기 때문이다.

---

147) 이영춘, 앞의 책, 145~175쪽 참조.
148) 『仁祖實錄』 권2, 仁祖 1년 5월 3일(壬辰).
149) 『仁祖實錄』 부록 仁祖大王誌文.
150) 김인숙, 「인조 경운궁 즉위의 정치적 의미」, 『한국인물사연구』 15, 2011, 197쪽.

반정이 일어난 지 2년이 지난 1625년 6월 어느 날 훈신 신경진 등이 숙직하는 군영에 누군가 격서 한 통을 던지고 사라졌다. 그 격서에는 인조의 이름을 피휘避諱하지 않고 그대로 쓰는 대담함까지 보였다. 국왕 이름을 그대로 노출했다는 것은 인조를 임금으로 인정하지 않는다는 의미였다. 또 민간에서는 반정에 참여한 신료들을 빗댄 '시대를 아파하는 노래[傷時歌]'가 유행하였다.[151]

아, 너희 훈신들아 / 스스로 뽐내지 말라
그의 집에 살면서 / 그의 전답을 차지하고
그의 말을 타며 / 그 일을 한다면
너희가 그 사람들과 / 다를 게 뭐가 있나

반정으로 즉위한 인조는 명明으로부터 인준을 받는 책봉 과정도 험난하였다. 정상적인 방법이 아니라 군사를 동원해 왕위를 찬탈한 여파였다. 반정은 그 거사가 성공한 뒤 추후 승인의 형식을 띠므로 종주국의 권위를 손상시키는 행위였다.

1623년 4월 책봉 주청사를 파견한 인조는 같은 해 12월에 책봉이 결정되었다. 그 결과 이듬해인 1624년(인조 2) 2월에 정식으로 조선 국왕으로 책봉하는 명 임금의 칙서가 내려졌다. 그리고 1625년 4월에야 우여곡절 끝에 고명과 면복을 받을 수 있었다.[152] 주청사를 파견한 지 2년만이었다.

인조는 군신 관계에서 군주의 솔선수범을 강조한 국왕이었다. 군주 스스로 덕을 닦아야 하며, 군주가 먼저 바르게 되어야 신하도 바르게 된다면서 군주가 신하의 벼리가 되어야 한다고 생각하였다. 후세에 어지러운 시절이 많은 것도 군주가 도리를 다하지 못하여 신하의 벼리가 되지

---

151) 『仁祖實錄』 권9, 仁祖 3년 6월 19일(乙未).
152) 인조의 책봉 결정 과정에 대해서는 이영춘, 「인조반정(仁祖反正) 후에 파견된 책봉주청사(冊封奏請使)의 기록(記錄)과 외교 활동」, 『조선시대사학보』 59, 2011 참조.

못한 결과라고 여겼다.[153] 하지만 집권 초기에 이괄의 역심逆心으로 인조는 국왕으로서의 위신과 정통성에 큰 흠집을 입고 말았다.

2) 1624년 '이괄의 난'의 경과

'이괄의 난'은 1624년(인조 2) 1월 22일에 발생해서 2월 12일에 주동자 이괄이 부하에게 죽임을 당하면서 끝이 났다. 난을 피해 한양을 떠난 인조는 2월 13일에 공주로 갔다가 2월 22일에 환도하였다.

이괄李适(1587~1624)은 본관이 고성이며,[154] 자는 백규白圭다. 강원도 관찰사 및 병조 참판 등을 지낸 이륙李陸의 후손이다. 선조 연간에 연소한 나이로 무과에 급제하였다. 임진왜란 직후 명천 현감, 형조 좌랑, 태안 군수, 영흥 군수, 제주 목사 등을 거치면서 전도유망한 무관으로 성장해 나갔다. 군사 통솔에 능력을 보였으며, 무관이지만 글을 잘하고 글씨를 잘 써서 명성이 있었다.[155]

1623년 이괄은 함경도 북병사北兵使로 부임하려는 즈음에 김류·이귀 등의 제안으로 인조반정에 참여하였다. 그리고 반정의 성공으로 정사공신 2등의 공훈을 받았으며 한성 부윤에 임명되었다. 반정 직후인 1623년 여름 인조는 후금에 대한 우려가 높아지자 장만을 팔도도원수로 임명하였다. 이때 이괄을 평안도 병마절도사 겸 부원수로 임명하였다.

이괄은 선조 연간에 명천 현감을 지낸 이력으로 이덕형이 북우후로 추천할 만큼 북방통이었다. 인조반정 직전인 1622년 12월에도 북병사로 임명되었다. 아마도 이런 이력들이 이괄을 부원수로 임명한 요소가 되었다고 추측된다. 당시 이괄은 북쪽으로 떠나면서 인조에게 인사하는 자리에서 "감히 한번 죽기로 싸워 나라의 은혜를 갚겠습니다."[156]라고 다짐하

---

153) 이인복, 「仁祖의 군주관과 국정운영」, 『조선시대사학보』 79, 2016, 463쪽.
154) 고성 이씨는 본래 철성(鐵城) 이씨였는데, 이괄의 난으로 철성에서 고성으로 바뀌었다.(이학주, 「홍천 이괄 관련 지명과 설화 조사 연구」, 『아시아강원민속』 22, 2008, 아시아강원민속학회, 325쪽)
155) 이학주, 위의 논문, 325~326쪽.
156) 『仁祖實錄』 권2, 仁祖 1년 8월 17일(乙亥).

였다. 하지만 5개월 여 뒤에 이괄은 반란군의 우두머리가 되어 서울로 왔다.

지금까지 '이괄의 난'에 대해서는 반정 공신 이괄이 논공행상에 불만을 품고 일으킨 반란으로 보고 있다. 하지만 반정 초기 불안정한 시국에 편승해 일어난 고변 사건들의 희생자라는 시각도 있다.[157] 실제로 인조반정 이후 정권을 장악한 공신들은 반대 세력에 의한 반역을 가장 크게 우려하였다. 그래서 역모에 대해 예민한 상태였다.

1624년 1월 문회·이우 등 6명은 이괄과 그 아들 전栴, 한명련·정충신·기자헌 등이 역모를 꾀한다고 고변하였다. 결국 조사 결과 무고임이 밝혀졌다. 당시 인조는 이괄이 반란을 일으켰다는 고변을 믿지 않았다. 인조는 이귀에게 "이괄은 충성스럽고 의로운 사람인데 어찌 반심을 지녔겠는가? 이것은 흉악한 무리가 그의 위세를 빌리고자 한 말이다. 경은 무엇으로 그가 반드시 반역하리라는 것을 아는가?"[158]하고 물을 정도였다.

하지만 사헌부와 사간원에서는 이괄을 잡아와 국문해야 한다고 주장하였다. 인조는 이괄이 반역하지 않았다는 확신을 갖고 군중軍中에 머무르던 이괄의 아들을 조사하기 위해 선전관과 의금부 도사 등을 이괄의 군영으로 보냈다. 이괄은 이들이 도착하자 목을 베고 반역을 일으키고 말았다. 다음은 이괄이 인조가 보낸 사신들의 목을 베면서 한 말이다.

> 나에게는 오직 아들 한 명밖에 없다. 그 아이가 잡혀가서 장차 죽임을 당할 것이니 어찌 아비가 온전할 수 있겠는가? 일이 이미 급해졌으니 남아가 죽지 않는다면 몰라도 잡혀 죽으나 반역하다 죽으나 죽기는 매한가지니, 어찌 머리를 숙이고 죽음을 받겠는가?[159]

1월 22일 이괄은 군사 1만 2천 여 명과 항왜降倭 130명을 이끌고 영변

---

157) 하현강, 「길마재에 꿈을 묻고-이괄(李适)」, 『한국의 인간상』, 신구문화사, 1965.
158) 『仁祖實錄』 권4, 仁祖 2년 1월 21일(丙子).
159) 이긍익, 『연려실기술』 권24, 인조조고사본말, 이괄지변.

을 출발해 서울로 진격하였다. 이때 반역 음모에 연루되어 서울로 끌려가던 구성 부사 한명련을 구출해 합류시켰다. 이괄은 도원수 장만이 주둔한 평양을 피해 샛길로 진군하였다.

1월 24일에 인조는 도원수 장만의 장계를 통해 이괄의 반란 소식을 접하였다. 인조는 즉시 영의정 이원익을 도체찰사, 형조 판서 이시발과 대사간 정엽을 부체찰사로 삼고, 이수일을 평안도 병마절도사 겸 부원수로 임명해 반군을 토벌하게 하였다. 또 경기 관찰사 이서를 개성부에 주둔시켜서 이괄이 내려오는 길을 막게 하였다. 또 변흡을 황해도 병마절도사로, 이경직을 전라도 병마절도사로 삼았다. 도원수 장만에게는 "내가 친히 삼군三軍을 거느리고 기일을 정해 섬멸할 것이니, 경은 그리 알라."[160] 고 말하기까지 하였다.

도원수 장만은 반란 초기에 열세를 면치 못하였다. 휘하 병력이 부족했으며 이괄이 예상치 못한 길로 진격하면서 우왕좌왕하였다. 결국 어영사 이귀는 반란군이 개성을 지나 파주를 거쳐 임진강을 향해 진격해 오자 서울로 도망쳐 와 인조에게 피신을 건의하였다. 2월 8일에 반란군이 서울 근교 벽제관에 이르자 그날 밤 인조는 파천을 결정하였다. 인조는 인목대비와 함께 한강을 건너 과천, 수원, 천안을 거쳐 2월 13일 충청도 공주에 도착하였다.

그 사이에 반란군은 영변-개천-강동-황주-평산-개성을 거쳐 2월 9일 서울에 무혈 입성하였다. 이괄은 선조의 후궁 소생인 흥안군興安君 이제李㹠를 새 임금으로 추대하였다. 하지만 그 치세는 오래가지 못하였다. 인조가 파천한 뒤 장만이 정충신과 남이흥의 의견을 좇아 높은 곳을 선점해 한성을 내리누르는 작전을 구상하였다. 장만과 정충신·남이흥 부대는 한밤중에 서대문 밖 안현(길마재 또는 무학재라고도 함)에 진을 치고, 그 뒤편 신촌 일대에 이수일 부대가 주둔해 이괄의 군대를 유인하였다.[161]

---

160) 『仁祖實錄』 권4, 仁祖 2년 1월 25일(庚辰).
161) 이상훈, 「인조대 이괄의 난과 안현 전투」, 『한국군사학논집』 69집 1권, 2013, 76~79쪽.

2월 11일 아침 이괄은 자신 있게 안현을 공격했으나 험한 곳을 올려다 보고 공격해야 하는 지형 탓에 고전을 면치 못하였다. 여기에 이수일 부대가 이괄의 부대를 후방에서 타격하였다. 당시 관군을 이끈 여러 장수들은 반란군을 도성에 들어오게 한 죄를 씻기 위해 죽기를 각오하고 싸웠다. 그 결과 관군이 반군 400여명을 죽이고 300여 명을 사로잡는 큰 승리를 거두었다.

'안현 전투'로 불리는 이 전투로 이괄의 세력은 급격히 붕괴하였다. 이괄은 남은 군사들을 데리고 수구문을 통해 도망쳤다. 다음날 2월 12일에 이괄은 삼전도 및 광주를 거쳐 이천 묵방리에 이르렀다가 그날 밤 부하 이수백과 기익헌의 손에 죽임을 당하면서 최후를 마쳤다. 이수백과 기익헌은 이괄과 한명련의 머리를 관군에 바치고 투항했고 '이괄의 난'도 진압되었다.

3) 인조의 대응과 수습책

인조가 피신한 상태에서 이괄이 파죽지세로 도성으로 들어와 새로운 국왕을 세우자 민심 이반이 심각한 상황이 되었다. 도성 주민들은 전세가 이괄에게 기울었다고 판단해 이괄 군대를 환영하였다. 경기의 민심 역시 인조의 왕명이 통하지 않을 만큼 돌아선 상태였다. 관료와 사대부 중에는 추이를 관망하면서 인조를 호종하지 않고 반군에게 귀부하려는 조짐도 나타났다.[162]

아마도 당시 도성 및 경기 사람들은 이괄의 난을 인조반정과 유사한 상황으로 인식했을 가능성이 높다. 누가 국왕이 되어도 큰 문제가 없는 상황이었다. 이런 상황에서 관군이 안현 전투에서 승리하면서 전세가 역전되어 인조의 존재가 다시 부각되기 시작하였다. 그렇다면 인조가 자칫 왕위를 잃어버릴 위기에서 이괄의 난을 진압한 원동력은 무엇일까?

---

162) 파천 당시 인조가 겪은 고초와 민심 이반에 대해서는 임선빈, 「인조의 공산성 駐蹕과 후대의 기억」, 『조선시대사학보』 68, 2014 참조.

첫째, 인조가 공주로 파천한 일이다. 인조는 이 파천과 함께 호란 때 두 번 더 파천을 하면서 조선의 국왕 중 가장 많이 도성을 버린 임금이라는 불명예를 안게 되었지만, 국왕 입장에서는 파천을 했기에 왕위를 보존할 수 있었다. 환도 뒤에 인조는 본인의 파천에 대해 "계책은 임시변통에 달려 있으므로 피난의 고통을 피하지 않았다."[163]라고 설명하였다.

사실 이괄이 반란을 일으킨 지 2주 동안 조정에서는 우유부단한 대응을 보였다. 2월 4일에 세 의정 대신 및 사헌부·사간원의 장관들은 절대 도성을 버려서는 안 된다고 주장하였다. 그러자 인조는 "어찌 다른 뜻이 있겠는가. 오직 굳게 지키고 떠나지 않아야 할 것이다."[164]라고 하였다. 하지만 2월 8일 밤에 인조는 결국 파천을 선택했고, 파천한 결과 왕위를 지켜낼 수 있었다.

2월 12일, 인조는 반란을 피해 남하하던 중 안현 전투의 승전보를 받았다. 하지만 인조는 반란 진압이 확실하지 않은 상태이므로 그대로 남쪽으로 내려가 13일 공주에 도착해 공산성으로 들어갔다.

2월 14일 인조는 공주에서 반란군 이수백·기익현 등이 바친 이괄·한명련의 머리를 받았다. 이괄의 죽음을 확인한 인조가 헌괵제獻馘祭를 지낸 뒤 처음 내린 조치가 전국에 대사면령을 반포한 일이다. 다음날에는 선비와 무사들을 위로하기 위해 친시親試를 실시해 공주사람 강윤형까지 포함해 총 6인에게 급제를 내렸다. 인조는 반란 진압 뒤 바로 환도하지 않고 공주에서 국왕 권위를 보여주기 위한 조치를 차분히 해나갔던 것이다.

인조가 공주를 떠나기 전날인 2월 17일에 본인이 머물던 충청도의 관찰사와 병마절도사, 전라도 관찰사, 공주 목사의 품계를 올려주었다. 또 3년간 공주는 대동미 2말을 감해주고, 도성에서 공주까지 오면서 지나온 각 고을은 대동미 1말씩을 감면해주었다. 본인과 생사고락을 함께한 노고를 잊지 않은 것이다. 그리고 2월 18일 공주를 떠나 22일에 환도하였다. 난이 일어난 지 한 달 만이었다.

---

163) 『仁祖實錄』 권4, 仁祖 2년 2월 25일(己酉).
164) 『仁祖實錄』 권4, 仁祖 2년 2월 4일(戊子).

둘째, 인조가 파천하는 과정에서 인목대비와 끝까지 함께 하면서 국왕의 정통성을 지켜낸 일이다. 당시 국왕의 보위를 결정하는 중요한 권한을 쥐고 있는 인목대비를 지키지 못했다면 인조는 정통성에 치명상을 입었을 것이다.[165] 실제로 당시 이괄이 자전을 모시고 왕자를 추대한다는 소문이 난무하였다.[166] 인목대비를 지키는 일은 인조 본인을 지키는 일과 마찬가지였다.

2월 3일에 인조는 대비를 위해 미리 인부와 말을 준비하였다. 파천하는 첫 날 인목대비는 수종 관원의 실수로 강화江華로 향할 뻔 하였다. 우여곡절 끝에 이튿날 아침에서야 인조는 대비를 만날 수 있었다. 2월 10일 인목대비는 파천하는 와중에 의병 봉기를 독려하는 글을 내렸다.

셋째, 관군이 초기 열세를 딛고 시간이 지나면서 군사 수습을 통해 병력을 강화했으며, 전라·충청도의 근왕병도 큰 도움이 되었다. 2월 5일 도원수 장만의 치계에 따르면 관군의 규모가 4천 명이 넘은 상태였다. 또 이괄 부대에서 귀순한 장교 및 군졸의 수도 1천여 명이나 되었다. 이들은 "종군해 적을 쳐서 적중에 오래 있은 치욕을 씻겠다고 자원"한 사람들이었다.[167] 인조는 군사 모집을 격려하기 위해 금군첩과 허통첩을 발급하였다.

근왕병도 인조에게 힘이 되었다. 2월 6일에는 태인 현감이 군사 4백과 전마 2백 필을 끌고 왔다. 2월 7일에는 전라도 병마절도사 이경직이 군사를 거느리고 근왕하였다. 또 파천하는 과정에서 경기를 벗어나자 충청도와 전라도에서 인조를 호응하였다. 장수 현감이 군사 수백 명을 거느리고 인조를 맞이했으며, 직산에서는 충청도 관찰사가 수령 10여 인과 함께 맞이하였다. 운봉 현감도 군사 7백을 거느리고 왔다.

여기에 힘입은 인조는 2월 9일 팔도의 관찰사와 병마절도사에게 밀지

---

165) 한명기, 「이괄의 난이 인조대 초반 대내외 정책에 미친 여파」, 『전북사학』 48, 2016, 102쪽.
166) 『仁祖實錄』 권5, 仁祖 2년 3월 27일(辛巳).
167) 『仁祖實錄』 권4, 仁祖 2년 2월 5일(己丑).

로 하유해서 반란군들의 속임수를 방지하였다. 곧 반란군들이 군사 징발을 요청하는 일이 있을 수 있으니 "이후로 표신은 면面이 모난 것만 쓰고 그 나머지는 쓰지 않을 것"[168]이라고 알렸다. 2월 11일 천안에서 전국에 의병 창의를 격려하고 이괄이 가짜 관원을 정해 보내면 먼저 베고 난 뒤 보고하라는 명을 내렸다.[169] 2월 13일에는 전라도 관찰사가 군사 2천을 이끌고 왔다. 수도권을 벗어나자 국왕으로서의 권위가 살아났고 여기에 안현 전투의 승리가 더해지면서 인조는 왕권의 회복에 박차를 가할 수 있었다.

한편, 이괄의 난은 국제 정세에 큰 영향을 끼쳤다. 한명련의 아들 한윤이 후금으로 도망가 조선 침략을 종용했고, 결국 1627년(인조 5) 정묘호란의 배경으로 작용하였다. 더구나 이괄이 북쪽의 정예 군사들을 이끌고 반란을 일으키면서 군사력에도 큰 공백을 가져왔다. 인조는 이괄의 난 직후 보장처로서 남한산성을 축조해 1626년(인조 4)에 완료하였다. 이와 함께 도성 외곽을 방비할 군대로 수어청과 총융청도 창설하였다.

3. 영조와 이인좌의 난

1) 태생적 한계를 딛고 일어서다

영조는 숙종의 후궁 숙빈 최씨의 아들이다. 숙빈 최씨의 본관은 수양首陽이며 아버지가 최효원崔孝元이고 어머니가 남양 홍씨南陽洪氏다. 1676년(숙종 2) 최씨는 허드렛일을 하는 무수리로 대궐에 첫 발을 디뎠다. 불과 7세의 어린 나이였다.

어린 나이에 궁에 들어와 온갖 고된 노동을 감내한 최씨에게 뜻하지 않은 인생의 전기가 찾아왔다. 바로 1689년(숙종 15) 기사환국 이후에 숙종의 승은을 입은 일이었다. 그 뒤 1693년에 종4품 숙원에 봉해지면서

---

168) 『仁祖實錄』 권4, 仁祖 2년 2월 9일(癸巳).
169) 『仁祖實錄』 권4, 仁祖 2년 2월 11일(乙未).

정식 후궁이 되었다. 1694년에 숙의(종2품)가 되었다가 1695년에 귀인 (종1품)으로 올랐으며, 1699년에 숙빈(정1품)에 봉해졌다. '빈'은 후궁이 올라갈 수 있는 최고 지위였다. 모두 아들 셋을 출산한 덕분이었는데, 첫째와 셋째는 요절하고 둘째가 후일의 영조다.

숙빈 최씨는 영조가 왕위에 오르는 것을 보지 못한 채 1718년에 생을 마쳤다. 그래서 영조는 즉위하자마자 어머니의 추숭 사업을 열정적으로 추진하였다. 그 첫 행보는 즉위한 이듬해인 1725년(영조 1) 12월 경복궁의 서북쪽인 순화방에 숙빈의 사당을 조성한 일이었다. 1744년(영조 20)에는 숙빈의 사당 이름을 '육상毓祥'으로, 묘호를 '소령昭寧'으로 정하였다.

이뿐만이 아니었다. 1734년(영조 10) 2월에 숙빈 최씨의 아버지 최효원과 어머니 남양 홍씨를 각각 영의정과 정경부인으로 추증하였다. 1744년 1월에는 조부 최태일과 조모 광평 장씨를 각각 좌찬성과 정경부인으로, 증조부 최말정과 증조모 평강 장씨를 각각 이조 판서와 정부인으로 추증하였다.

영조가 추진한 생모의 추숭 사업은 1753년(영조 29)에 절정에 달하였다. 1753년은 바로 숙빈 최씨가 숙종의 후궁이 되어 처음 '숙원'이라는 봉작을 받은 지 회갑이 되는 해였다. 영조는 이를 기념하기 위해 6월에 사당 '육상묘'를 '육상궁毓祥宮'으로, 묘소 '소령묘'를 '소령원昭寧園'으로 승격하고 '화경和敬'이라는 시호를 올렸다. 영조는 "내가 이제는 여한이 없다."[170]라고 말할 정도였다. 그 뒤에도 추숭 사업은 멈추지 않았다. 1755년에는 '휘덕徽德', 1772년에는 '안순安純', 1776년에는 '수복綏福'이라는 시호를 더 올렸다.

어머니 추숭에 대한 영조의 의지를 읽을 수 있는 사건이 육상궁을 능으로 봉하자는 어느 유생의 상소를 사고史庫에 보관하라고 명한 조치였다. 영조는 "이 상소는 일이 비록 놀라우나 쥐를 잡으려다가 그릇을 깰까 염려하는 뜻을 소중하게 여겨 그 사람만 내쫓고, 그 상소는 휴지가 될까

---

170) 『英祖實錄』 권80, 英祖 29년 8월 6일(戊子).

염려되니 누상고樓上庫에 보관하라."171)고 하였다.

이처럼 영조는 즉위한 직후부터 세상을 뜨기 직전까지 사친의 추숭에 열정을 바쳤다. 이것은 여러 연구에서 밝혀졌듯이 유교 윤리의 기초인 효제孝悌의 논리를 적극 가져와 국왕의 정통성 확립과 왕실의 안정 및 지위 확대를 노렸다고 할 수 있다.172) 하지만 여기에는 영조가 무수리의 아들이라는 태생적 한계를 지우고 정통성을 보여주기 위한 집념이 더 크게 작용했다고 여겨진다.

영조는 왕세제 시절인 1721년(경종 1)과 1722년에 발생한 신임옥사辛壬獄事 때문에 왕위 계승자로서의 종통宗統에 치명적인 타격을 입었다. 만약 경종이 더 오래 살았다면 김일경 등의 소론 급진파들이 왕세제의 교체를 시도했을 가능성도 배제할 수 없다.173) 다음에서 살펴볼 무신란도 정통성을 둘러싼 정파 사이의 대립이 신임옥사를 거치면서 증폭되어 폭발한 사건이라 할 수 있다.

영조는 즉위 뒤에 김일경을 처형해야 한다는 상소가 잇따르자 직접 김일경을 문초하였다. 문초 과정에 김일경은 영조를 쳐다보면서 큰 소리로 선대왕인 경종의 관이 안치된 빈전이 여기에 있으니, 이곳에서 기꺼이 죽어도 여한이 없다고 외쳤다. 경종의 신하로서 영조를 임금으로 인정하지 않겠다는 의사를 분명히 밝힌 것이다. 이때 영조는 격앙하여 눈물을 흘리고 말았다.174) 이처럼 왕위에 대한 크고 작은 도전들이 끊이지 않던 상황에서 무신란이 일어났을 때에 영조는 어떤 방식으로 극복했을까?

2) 1728년 '무신란'의 경과

'무신란戊申亂'은 '이인좌李麟佐의 난'이라고도 한다. 1728년(영조 4) 3월

---

171) 『英祖實錄』 권119, 英祖 48년 8월 25일(丁亥).
172) 임민혁, 「조선후기 영조의 孝悌 논리와 私親追崇」, 『조선시대사학보』 39, 2006, 147쪽.
173) 이영춘, 앞의 책, 313쪽.
174) 고성훈, 『영조의 정통성을 묻다 : 무신란과 모반사건』, 한국학중앙연구원출판부, 2013, 36~37쪽.

15일 이인좌 무리들이 청주성을 점령하면서 시작된 이 반란은 주모자 정희량이 4월 2일에 참형에 처해지면서 사실상 종지부를 찍었다.

무신란은 국왕 영조의 즉위 과정에 불만을 품은 소론 강경파와 남인 일부가 국왕 경종에 대한 복수와 밀풍군 이탄李坦(소현세자 증손)을 왕으로 추대한다는 명분을 내걸고 일으킨 사건이다. 당시 민간에서는 왕세제(후일의 영조)가 독을 넣어 보낸 게장을 먹고 경종이 죽었다는 소문이 파다하였다. 이른바 '경종독살설'은 그동안 조정에서 소외된 남인과 영조가 즉위하면서 세력을 잃은 소론에게 좋은 구실이 되었다.[175]

반란 준비는 김일경이 처형된 직후인 1725년부터 시작되었다. 소론 과격파로서 의금부 도사 박필현이 주도했으며 여기에 이유익이 적극 협조하였다.[176] 무신란에 가담한 인적 규모는 『영조실록』에 기록된 사람만 642명이며, 무신란에 연루된 사람들의 신문 기록인 『무신역옥추안戊申逆獄推案』에 오른 인물도 240명이나 된다.[177] 지역도 경상도를 중심으로 충청도, 전라도, 경기 등 다양하게 분포되었다.

이인좌·이능좌 형제는 1726년 박필현의 포섭으로 가담하며, 이인좌 역시 혼맥이 있는 정희량을 포섭하였다. 이인좌는 전주 이씨로 세종의 넷째아들 임영대군의 후손이다. 본명은 이현좌이며 충청도 청주 출신이며, 윤휴의 손녀 사위로서 전형적인 남인 집안이었다. 중앙에서는 총융사 김중기, 포도대장 겸 금군별장 남태징 등이 내응했고 평안도 병마절도사 이사성도 가담을 약속하였다.

애초 반란의 주도는 박필현이었으나, 이인좌가 주모자가 된 이유는 1727년(영조 3)의 '정미환국'의 여파였다. 정미환국으로 소론 온건파가 집권하면서 노론 타도라는 반란의 명분이 약화되고, 박필현마저 탄핵되어 태인 현감으로 좌천되고 말았다. 이에 비해 지방의 경우에는 반란

---

175) 고성훈, 위의 책, 34~35쪽.
176) 장필기, 『영조 대의 무신란 : 탕평의 길을 열다』, 한국학중앙연구원출판부, 2014, 37쪽.
177) 고수연, 「조선 영조대 무신란의 실패 원인」, 『한국사연구』 170, 2015, 227쪽.

준비를 지속할 수 있었다.[178)

반란의 조짐은 1727년 겨울부터 전국 각지에 괘서가 나붙는 데서부터 시작되었다. 그 괘서들을 통해 경종이 독살되었으며 영조가 숙종의 자식이 아니라는 등의 유언비어가 유포되었다.[179) 반란은 1728년 3월 15일 이인좌가 청주성을 점령하는 것으로 시작되었다. 이인좌는 상여에 무기를 숨겨 들어가 청주성을 공격하고 충청도 병마절도사 이봉상과 토포사 남연년을 죽였다.

청주성을 점령한 이인좌와 정세윤은 각각 대원수大元帥와 부원수에 추대되었다. 이인좌는 권서봉과 신대영을 각각 목사 및 충청도 병마절도사로 임명하고 각지에 격서를 보내 군사와 말을 모았다. 3월 23일 이인좌는 서울로 북상하기 위해 부대를 셋으로 나눠 안성, 죽산, 목천으로 진격하였다.

이인좌가 청주성을 함락하자 각 지역에서도 거병하였다. 3월 19일과 20일에 영남에서는 정희량이, 호남에서는 박필현이 앞장섰다. 이들은 진중에 경종 위패를 모셔놓고 아침저녁으로 곡하고 각지에 격문을 뿌렸다. 경상도의 일부 지역은 모두 적에게 내응했다고 표현될 정도로 반란군에게 지지를 보냈다.

조정에서는 3월 14일 전임 우의정 최규서의 고변을 통해 이 반란을 미리 알았다. 3월 16일에 영조는 반군 진압을 위해 총융사 김중기를 순토사巡討使로 임명해 출전을 명하였다. 하지만 김중기는 이미 반란군과 내응한 상태이므로 출발을 미루었다. 5도의 군대를 징발해야 한다고 건의하는가 하면, 혼자 출전할 수 없으므로 황해도 장단에서 군대가 올라오면 가겠다고 하였다. 영조가 과천으로 먼저 나가라고 하자 타고 갈 말이 없다는 핑계도 댔다.

결국 진압을 자처하고 나선 인물이 소론 온건파인 오명항이었다. 영조는 병조 판서 오명항을 사로도순무사四路都巡撫使로 임명하고 박찬신을 중

---

178) 고성훈, 앞의 책, 46쪽.
179) 장필기, 앞의 책, 43쪽.

군으로, 박문수를 종사관으로 삼았다.[180] 그리고 병조 판서 자리를 비워 둘 수 없어서 영의정 이광좌에게 영병조사領兵曹事를 겸임하게 하였다.

3월 18일 오명항은 관군을 이끌고 진위에 도착하였다. 오명항은 반군이 죽산과 안성으로 향한다는 정보를 입수하자 관군이 직산으로 간다는 거짓 정보를 흘리고, 중간에 진로를 바꿔 관군의 주력 부대를 안성으로 옮겨 놓았다. 3월 23일에 직산을 점령한 이인좌 부대는 그대로 안성으로 진군했다가 관군에게 큰 패배를 당하고 말았다.

3월 24일에 이인좌는 나머지 무리들을 규합해 죽산으로 향했다가 관군의 추격으로 체포되어 서울로 압송되었다. 영조는 3월 26일 인정문에서 이인좌를 직접 신문하고, 이튿날 3월 27일에 군기시의 앞길에서 목을 베는 참형에 처하였다. 이보다 하루 앞서 3월 26일에 박필현은 아들과 함께 상주에서 잡혀 모두 참수되었다. 그 뒤 4월 2일에 정희량이 거창에서 잡혀 참수되었다. 이로써 사실상 반란은 진압되었다.

3) 영조의 리더십과 반란 진압

무신란이 발발했을 때 영조는 즉위한 지 거의 4년이 되던 해였다. 집권 초창기 발생한 이 난은 영조 입장에서는 본인의 정통성 문제를 정면으로 시비하는 사건이었다. 하지만 영조는 위축되지 않고 국왕으로서의 존재감을 보여주면서 반란에 대처하였다. 반란이 일어났을 때에 영조의 리더십을 알 수 있는 대목이 영조가 도성 사수를 선언하고 본인의 선언을 끝까지 지켜낸 점이다.

영조는 반란 소식을 처음 접한 날에 "도성은 위로 종묘와 사직을 받들고 있고 아래로는 신민이 있으며, 공경公卿 및 선비와 일반인 모두 부모처자가 있으니 조정에서 굳게 지키려는 뜻을 알게 되면 화살과 돌을 피하지 않고 반드시 힘을 내어 사수할 것이다."[181]라고 말하면서 국왕으로서 먼

---

180) 『英祖實錄』 권16, 英祖 4년 3월 17일(丁卯).
181) 『英祖實錄』 권16, 英祖 4년 3월 14일(甲子).

저 도성을 지키겠다는 의지를 보여주었다. 이광좌가 "도성은 주위가 40리나 되어 한 장수가 호령해 관장할 수 없습니다."라고 하면서 불가능하다는 의견을 냈다. 하지만 영조는 "공격하고 지키는 방책은 오늘 논의할 일은 아니나 내 뜻이 본래 그렇도다."하면서 의견을 꺾지 않았다.[182]

3월 14일 영조는 도성을 지키기 위해 관료들을 파견해 남한산성과 북한산성을 지키게 하고, 도성문을 모두 닫고 흥인문, 숭례문, 서소문만 열게 하였다. 병조 판서 오명항이 도성민들의 동요를 막기 위해 문을 더 열기를 건의하자, 도성민들을 안심시키기 위해 돈의문과 광희문을 더 열었다. 그 대신에 훈련도감과 어영군에게 명해 도성을 파수하게 하였다. 3월 16일에는 도성민들에게 놀라지 말라고 효유하고, 삼군문에서는 반군이 성안으로 유입하는 것을 막기 위해 집집마다 규찰하게 하였다. 이 경험은 후일 영조가 1751년(영조 27)에 도성 수비책을 담은 『수성책자守城冊子』를 완성하는 계기가 되었다.

둘째, 영조가 신료들의 의견에 귀 기울이면서 반란 초기 본인의 오판을 재빨리 수정한 점이다. 3월 14일 반란 정보를 미리 인지한 영조는 영의정 이광좌를 비롯한 신료들이 계엄을 선포해야한다고 건의했으나 반대하였다. 영조는 "아직 단서를 알지 못하니 경솔하게 먼저 군사를 움직여서는 안 된다."라고 하였다.

하지만 3월 15일에 이광좌·조태억·오광운 등이 고변자들에 대한 국청을 설치하고 궁궐을 수비해야 한다는 의견을 내놓자 바로 받아들였다. 또 16일에는 이광좌에게 "경이 진달한 유비무환의 이야기를 내가 이제야 따르니 그대는 참으로 주도면밀하도다."[183]라고 하면서 본인의 판단 오류를 솔직하게 인정하고 난에 적극 대처하기 시작하였다.

셋째, 영조는 반군 동조자들을 재빨리 색출해 반군 세력의 확산을 막는 결단력을 보여주었다.[184] 먼저 18일에 평안도 병마절도사 이사성과 그의

---

182) 『英祖實錄』 권16, 英祖 4년 3월 14일(甲子).
183) 『英祖實錄』 권16, 英祖 4년 3월 16일(丙寅).
184) 박현모, 「영조의 위기극복 리더십 연구-'이인좌의 난' 사례를 중심으로」, 『한국

종형제인 선전관 이사필을 효시하였다. 19일에는 포도대장 겸 금군별장 남태징과 과천의 천하장사 신광원의 목을 베었다.

영조는 평안도 병마절도사 이사성이 반란군의 진술에서 언급되자 그를 붙잡기 위해 즉시 도총관 이사주 및 선전관, 의금부 낭청을 비밀리에 보냈다. 영조는 선전관 구간에게 "만약 어려운 일이 있으면 네가 차고 있는 칼로 편의에 따라 일을 행하라."고 당부하였다.[185] 그 말은 만약의 사태가 생기면 보고하지 말고 즉시 이사성을 베라는 의미였다.

넷째, 영조는 난을 처리하는 과정에서 소론 측근들을 신뢰해주었다. 대표적인 증거가 영의정 이광좌와 훈련대장 이삼李森에 대한 처리였다. 이광좌는 1727년 소론이 조정으로 다시 들어올 때에 복귀하여 영의정이 된 인물이다. 이삼은 윤증의 문하에서 공부했으며, 당색 역시 소론이었다. 이 때문에 이미 4월 15일 용인 유생 정관빈이 급변을 고하는 내용 중에 이름이 거론되었다. 이삼이 정변을 알고도 모른 체 했다는 내용이었다. 이에 영의정 이광좌가 만약 털끝만큼이라도 의심이 들면 처분을 내리고, 그렇지 않으면 확실하게 신뢰를 보여서 군무를 맡겨야 한다고 건의하였다. 영조는 훈련대장 이삼을 믿고 출사시켰다.[186]

이후 이삼은 이인좌의 초사에서 또 이름이 거론되었다. 영조는 다시 이광좌에게 이삼 문제를 상의했고 이광좌는 앞서와 마찬가지로 의심이 들면 처분하고 그렇지 않으면 신뢰를 보여주어야 한다고 건의하였다. 그러자 영조가 "나 역시 생각한 바가 있다."라고 하면서 이삼을 불렀다. 영조는 이삼을 전상殿上으로 오르게 한 뒤 손을 잡고서 "흉적의 계책을 내가 이미 통촉하고 있다. 만약 경을 의심하는 마음이 있다면 이런 때 이런 직임을 어찌 경에게 맡기겠는가?" 하면서 신뢰를 보여주었다. 그러자 이삼은 죽기를 각오해 박필몽과 박필현의 머리를 베어 바치겠다는 굳은 결의를 보여주었다.[187]

정치연구』 19집 1호, 2010, 163~164쪽.
[185] 『英祖實錄』 권16, 英祖 4년 3월 17일(丁卯).
[186] 『英祖實錄』 권16, 英祖 4년 3월 15일(乙丑).

영조가 "소론의 난은 소론의 손으로 다스려라."고 했듯이 정치적으로 조정의 소론과 반란 무리들의 소론을 구분해야 할 필요성도 있었다.[188] 당시 영조가 이삼을 신임한 결정에 대해 사관은 "이광좌가 힘껏 이삼을 옹호하므로 임금이 바야흐로 이광좌에게 의심하지 않음을 보여"준 것이라고 판단하였다. 그러면서 영조가 하늘과 바다처럼 포용해서 다행히 큰 난리를 평정했으나, 대단히 위험한 결정이었다고 평가하였다.[189] 영조가 이런 위험을 무릅쓰고 내린 결단은 결과적으로 반란을 빨리 진압하는 결정적인 요인이 되었으며 국왕의 리더십을 잘 보여준 사례로 역사에 남게 되었다.

---

187) 『英祖實錄』 권16, 英祖 4년 3월 26일(丙子).
188) 허태용, 「1728년 무신란의 진압과 『戡亂錄』의 편찬」, 『한국사연구』 166, 113쪽.
189) 상동.

복식으로 본 문화 창출의 리더십

리더십이란 '무리를 다스리거나 이끌어가는 지도자로서의 능력'이다. 그러나 조선왕조에서 국왕이 되기 전에 그 능력을 시험해볼 수 있는 경우는 전무했다고 해도 과언은 아니다. 물론 대리청정을 통해 국왕으로서의 역량을 발휘하는 기회를 갖기도 했지만 그 역시 국왕의 전권이 주어지지 않은 상황에서 최대능력을 발휘하는 데에는 무리가 따랐을 것이다.

그럼에도 불구하고 500여년을 이끌어 온 조선왕조에는 분명 국왕의 개인적인 리더십을 뛰어 넘는 국가운영 방식이 존재했을 것이며, 그것을 어떻게 리더십으로 구체화시킬 것인가 하는 문제야말로 국왕 개인의 통치 능력에 달려 있다고 판단된다.

한 나라가 정상적으로 유지 발전되기 위해서는 일정부분 시스템에 의지하지 않을 수 없는 것이 주지의 사실이다. 결국 조선왕조 500여 년을 이끌어 올 수 있었던 것도 그 시스템을 적절히 활용했기 때문에 가능했다.

한편 사회는 늘 변화하고 새로운 것을 추구한다. 또한 구성원 각자의 이익이나 목표에 따라 추구하는 바람도 다르다. 아무리 국왕이라 할지라도 그러한 욕구를 다 수용할 수 없을 뿐 아니라 그 많은 욕구를 들어준다 해도 그것이 반드시 바람직한 사회를 만든다고 할 수도 없다. 따라서 국왕이 진정한 지도자로서 능력을 발휘하려면 많은 사람들이 믿고 따라 갈 수 있는 합리적 제도를 만들고, 시대적 상황에 부응하는 새로운 시스템을 접목시킴으로써 손쉽게 변화를 수용하고 대처할 수 있도록 해야 한다. 바로 그 때 사람들은 지도자에 대한 신뢰가 쌓이고 따르고자 하는 마음이 들기 때문이다.

여기에서는 복식을 통해 문화 창출의 리더십을 발휘한 국왕을 중심으로 각 국왕의 리더십이 복식에서는 어떻게 표출되었는지 확인해 보려고 한다. 특히 본 주제에서는 새로운 문화를 창출한 국왕의 리더십을 중심으로 이야기를 전개하고자 한다. 그러면 문화 창출이란 구체적으로 무엇일까? 문화에 대한 일반적 정의는 '사회의 개인이나 인간 집단이 자연을 변화시켜온 물질적·정신적 과정의 산물'이다. 여기서는 국왕의 리더십을 찾는 것이므로 국왕이 변화시켰거나 새롭게 창조한 법과 제도는 물론이고, 도덕, 종교, 문학, 예술, 풍속에 이르기까지 변화를 시도하여 만들어진 구체적 사례를 복식을 통해 살펴보고자 한다.

Ⅰ장에서는 새로운 시대가 열리고 사회가 안정기에 들어갈 때 태종, 세종, 성종의 리더십이 복식에서는 어떻게 표출되었는지를 살펴본다. 새로운 시대가 열리고 사회가 안정기에 들어가면 가장 먼저 정비하는 것 중 하나가 관복제도이다. 복식은 한 나라의 위계와 질서를 정비하는데 있어 가장 효과적으로 작동하기 때문이다. 이에 태종의 면복, 세종의 의례복, 성종의 관복을 통해 국왕이 어떤 새로운 문화를 만들려고 하였으며, 이를 통해 피통치자들과의 교감은 어떻게 이루어졌는지 살펴본다.

Ⅱ장에서는 500여 년이라는 긴 시간은 제도도, 사람도 바꾸어 놓을 수 있다. 이 때 국왕의 리더십은 시대의 변화를 감지하고 그 변화 속에서 가장 바람직한 방향으로 인도함으로써 안정된 사회를 만드는 것이다. 조선시대의 가장 큰 병폐 중 하나는 사치였다. 그중에서도 복식은 사치의 중심에 있었지만 새로운 문화를 창출해 내는 일등공신이기도 했다. 이에 중종, 인조, 영조가 사치를 막고 풍속을 교화하기 위해 어떤 리더십을 표출했는지 살펴본다.

Ⅲ장에서는 국가가 위기에 처했을 때 통치권자의 리더십은 더욱 절실해진다. 국왕 리더십의 궁극적 목표는 국정이 제 기능을 하고 사회가

원만하게 돌아가도록 하는 것이다. 따라서 국왕의 리더십은 나라가 풍요로울 때뿐 아니라 나라가 위기에 처했거나 사회가 혼란스러울 때 더욱 빛을 발하며 백성들도 국왕의 리더십을 체감할 수 있게 된다. 이에 성종, 정조, 고종이 나라의 안위를 지키려고 했던 노력이 복식에서는 어떻게 표출되었는지 살펴본다.

I

새 시대를 여는 관복

1. 태종과 면복

태종은 조선 국왕 중 가장 정치적인 인물이다. 그는 군신공치君臣共治의 이상을 앞세운 정도전을 제거하고, 왕권 중심의 나라로 기틀을 마련함으로써 나라의 기반과 골격을 튼튼히 한 카리스마 넘치는 국왕이었다. 이미 독보적인 지위를 갖추었음에도 불구하고 태종은 중국에 면복 사여를 주청하여 1402년(태종 2) 2월 26일 처음으로 명황제의 칙서와 면복을 받았다.[1]

조선의 국왕은 중국으로부터 고명과 인신을 받은 후에야 비로소 국왕으로서 승인을 받은 것으로 이해했지만 결코 중국에서 조선의 왕을 부정한 경우가 있었던 것도 아니다. 그럼에도 불구하고 즉위를 하고 중국의 고명을 받지 않은 상태에서는 스스로 국왕의 복식을 입지도 않았다. 보기에 따라서는 과하다 싶을 정도로 눈치를 보았다. 그러나 그 속에는 나름의 실리적인 외교가 존재했다.

명으로부터 면복을 사여 받은 것은 1402년이다. 그렇다면 그 전에는 면복을 못 입었다는 것일까? 『조선왕조실록』을 보면 1395년(태조 4)

---

[1] 『太宗實錄』 권3, 太宗 2년 2월 26일(己卯).

면복을 입고 작헌례를 치른 후 국정 쇄신의 내용을 담은 교서를 내렸으며,[2] 1398년(태조 7) 1월 1일에는 면복을 입고 군신을 거느리고 중국 황제에게 정조(正朝) 하례를 드리고 근정전에 나앉아 백관의 조하를 받았다.[3] 같은 해 9월 5일에는 면복차림으로 백관을 거느리고 부왕에게 존호를 올려 '상왕'이라 하고 백관들을 거느리고 절을 하면서 치하致賀하였다.[4]

정종 역시 1399년(정종 1) 1월 1일에 종친을 거느리고 태상전에 조회하고 표리 1벌을 드리고 대궐에 돌아와 면복 차림으로 명나라 황제의 등극을 하례하였으며,[5] 같은 해 중국황제의 등극을 축하하고 하등극사賀登極使가 명나라에서 돌아오자 면복 차림으로 그들을 친히 맞았다.[6] 또 1400년(정종 2) 향을 전달할 때 면복을 입을 것을 대간大諫이 청하자 이를 윤허하였다. 임금이 사모에 단령을 입고 향을 전달할 때 대간은 모두 조복을 갖추었으므로 대간이 말하기를, "임금이 종묘를 위하여 일을 거행하면서 면복을 입지 않는 것은 예가 아닙니다."라고 하자 임금이 "오늘 병이 있어서 실례하였다. 금후로는 말한 대로 하겠다."라고 한 것에서도 면복을 입었음이 확인된다.[7]

태종 또한 1401년(태종 1) 1월 1일 면복을 입고 황제에게 하례를 하였으며, 같은 해 6월 12일에는 면복을 입고 사은례를 행하였으며, 8월 12일에는 면복을 입고 태평관에서 표문에 절하고 선의문까지 사신을 전송하였다. 또 9월 1일에는 명나라 사신이 왔으므로 임금이 면복을 입고 서교西郊에서 맞이하였으며, 13일에는 백관을 거느리고 사은사를 전송하였다. 이 때에도 임금은 모두 면복을 입고 의식을 거행하였다.[8]

---

2) 『太祖實錄』, 권8, 太祖 4년 10월 5일(乙未).
3) 『太祖實錄』, 권13, 太祖 7년 1월 1일(己酉).
4) 『太祖實錄』 권15, 太祖 7년 9월 5일(丁丑).
5) 『定宗實錄』 권1, 正宗 1년 1월 1일(壬申).
6) 『定宗實錄』 권1, 定宗 1년 6월 27일(丙寅).
7) 『定宗實錄』 권6, 定宗 2년 12월 19일(己酉).
8) 『太宗實錄』 권1, 太宗 1년 6월 12일(己巳), 권2, 太宗 1년 8월 12일(戊辰), 권2, 太宗 1년 9월 1일(丁亥), 권2, 太宗 1년 9월 13일(己亥).

더욱이 태종은 선왕先王들에 비해 면복을 입는 횟수도 많았다. 11월 9일에도 면복을 입고 전정에서 하례를 행하였는데, 바로 동지였기 때문이다. 이와 같이 조선의 국왕들은 모두 종묘와 관련된 의례를 행할 때, 존호를 올릴 때, 중국으로부터 온 표문을 받을 때, 정조正朝 등 명절에 면복을 입고 중국 황제에게 하례하였다.[9] 그러나 이것은 명나라로부터 받은 면복이 아니었기 때문에 태종은 1401년(태종 1) 12월 9일 사신으로 갔던 영의정부사 이서李舒, 총제 안원安瑗 등에게 면복 사여를 청한 것이다. 그들이 돌아와 말하기를, "명나라의 예제를 예부에 청하였더니 '중국의 예제는 번국에서 행할 수 없다.'고 하였고, 면복을 청하였더니, '주문을 하면 만들어 보내겠다.'고 하였고, 관제를 고치기를 청하였더니, '주문하면 허락하겠다.'고 한 것으로 보아 조선에서 먼저 면복의 사여를 청하였으며, 이에 대해 중국은 상당히 호의적이었음을 알 수 있다.[10]

이처럼 태종은 의례를 치를 때 국왕의 복식인 면복을 입고 있었지만, 명으로부터 사여 받은 면복을 입음으로써 국왕의 입지를 공고히 하고자 했다. 이후 1402년(태종 2) 홍려행인鴻臚行人 반문규潘文珪가 칙서와 함께 면복을 가지고 돌아오자 매년 정월 초하루에 면복을 입고 황제에게 하례를 드렸다. 칙서를 통해 중국황제가 면복을 내린 배경을 들어보자.

> 조선 국왕 이李[휘諱]에게 칙서를 내리노라. 근자에 배신陪臣이 와서 조회하고 자주 면복을 내려 주기를 청하므로 이 일을 유사有司에게 내려보내 옛제도를 상고해 보게 하였더니 말하기를, '사이四夷의 나라가 비록 크다 하더라도 자작子爵이라 하였습니다. 또 조선은 본래부터 군왕郡王이라 벼슬이오니 오장五章이나 칠장복七章服을 내려주셔야 옳습니다.'하였다. 짐朕이 춘추의 의리를 생각하매 먼 곳 사람으로 중국에 스스로 조회하면 중국으로 대접한다 하였다. 이제 조선은 진실로 먼 나라이면서도 스스로 예의에 나왔으니 자작子爵이나 남작男爵으로 대접할 수 없다. 또 땅이 멀리 해외에 있어 중국의 사랑을 의지하지 않으면 그 신하와 백성을 호령할 수 없을 것이다. 이제

---

9) 『太宗實錄』 권2, 太宗 1년 11월 9일(癸巳).
10) 『太宗實錄』 권2, 太宗 1년 12월 9일(癸亥).

특명으로 친왕의 구장복을 내려 주며 사자使者를 보내 짐의 뜻을 알리는 바이다. 아! 짐이 왕에 대하여 특별히 사랑하고 흡족하게 함이 내 골육骨肉과 다름이 없게 함은 친애함을 보이는 까닭이다. 왕께서는 공경하고 삼가며, 충성하고 효도하여 이 같은 총명을 보전하고 대대로 동번東藩으로서 중국을 도와 짐의 뜻에 맞게 하라.[11]

태종이 매년 성절사를 보낸 것이 바로 중국의 황제를 감동시킴으로써 결국 군왕의 벼슬이 맞지만 중국에 스스로 조회했기 때문에 중국으로 대접한다는 내용이다. 중국으로 대접한다는 의미는 양 방향에서 이해할 수 있다. 중국에서는 조선이 중국의 사랑을 의지하지 않으면 그 신하와 백성을 호령할 수 없다고 생각하고 중국이 조선을 인정했다는 의미로 면복을 사여하되, 자작이나 남작이 아닌 친왕의 복식인 구장복을 내려줌으로써 조선을 골육과 다름없이 친애하고 있음을 적극적으로 표현한 것이다.

당시 조선의 입장도 중국에서 고명을 받아야 더욱 공신력 있는 국왕으로서 자신의 입지를 공고히 할 수 있다고 생각했던 것 같다. 그리하여 중국으로부터 인정을 받았다는 징표로 면복의 사여를 요청했던 것이다. 이 후에도 1403년(태종 3) 또 한 차례 면복의 사여가 있었다. 이 때 가져 온 면복의 구성을 보자.

국왕면복國王冕服 일부一副에는 조추사皀皺紗 9류평천관九旒平天冠 일정一頂 내에 현색소저사玄色素紵絲로 겉을 싸고, 대홍소저사大紅素紵絲로 안을 쌌으며, 평천관平天冠의 판판 1조각[一片], 옥형玉桁 일근一根, 오색산호옥五色珊瑚玉으로 만든 류주旒珠와 담주膽珠가 모두 166과이다. 홍색이 36과, 백색이 36과, 푸른색이 36과, 노란색이 36과, 검은색이 18과이다. 그리고 청백담주가 4과이다. 금사건金事件 일부는 모두 80개건이고 거기에는 금잠金簪 일지一枝, 금규화金葵花 대소 6개, 금지金池 대소 2개, 금정金釘과 마황탑정螞蝗搭釘을 합해서 58개, 금조金條 13조, 대홍숙사선조大紅熟絲線 1부, 대홍소선라류주대大紅素線羅旒珠袋 2개, 구장견지사곤복九章絹地紗袞服 1투 내, 심청장화곤복深靑粧花

---

11) 『太宗實錄』 권3, 太宗 2년 2월 26일(己卯).

衰服 1건, 백소중단白素中單 1건, 심청장화불령연변전深靑粧花黻領沿邊全, 훈색
장화전후상薰色粧花前後裳 1건, 훈색장화폐슬薰色粧花蔽膝 1건-[上帶玉鉤五色
線條全], 훈색장화금수薰色粧花錦綬 1건, 훈색장화패대薰色粧花佩帶 1부-[上帶
金鉤玉玎璫全], 홍백대대紅白大帶 1조-[靑熟絲線組條全], 옥규玉圭 1지枝-[大紅
素紵絲夾圭袋全], 대홍저사석大紅紵絲舃 1쌍-[上帶素絲線條靑熟絲線結底],
대홍소능면오大紅素綾緜襖 1쌍, 대홍평라겹포보大紅平羅夾包袱 2건, 대홍유견
포보大紅油絹包袱 1조, 균홍포과전茜紅包裹氈 3조, 금단錦段, 저사紵絲, 사라紗羅
모두 16필 내에 금금錦 2단段, 금저사金紵絲 2필, 소저사素紵絲 4필, 직금리織錦羅
2필, 소라素羅 2필, 직금사織金紗 2필, 소사素紗 2필을 보내왔다.12)

　면복의 구성은 친왕의 예에 따라 9류면관을 주었으며, 곤복과 함께
중단, 상, 폐슬, 패, 대대, 규, 석 등의 일습을 하사하였다. 이 외에도
직물과 보자기를 같이 보냈다. 이에 대하여 태종은 면복을 가지고 온
사신을 융숭하게 대접하도록 하였으며,13) 참판승추부사參判承樞府使 노숭을
명나라로 보내 면복을 내려 준데 대해 사례하게 하였다. 그리고 면복
차림으로 여러 신하들을 거느리고 표문에 배례하였다.14) 태종 당시 사여
된 면복의 구성은 『세종실록』 오례에 수록된 전하면복을 통해 그 실제를
확인할 수 있다. 이를 정리하면 〈표 1〉과 같다.

〈표 1〉 『세종실록』, 128권, 오례, 전하면복.

규	면류관	의-앞

---

12) 『太宗實錄』 권6, 太宗 3년 10월 27일(辛未).
13) 『太宗實錄』 권3, 太宗 2년 2월 26일(己卯).
14) 『太宗實錄』 권3, 太宗 2년 3월 7일(庚寅).

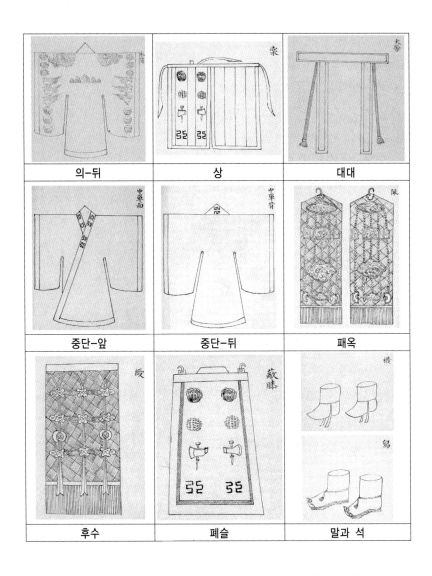

의-뒤	상	대대
중단-앞	중단-뒤	패옥
후수	폐슬	말과 석

이처럼 태조와 정종, 태종에 이르기까지 면복의 사여를 원했던 이유가 무엇일까? 면복은 대례복이다. 조선에서는 유교사상을 국가 이념으로 하여 국왕 최고의 법복인 면복을 입고 각종 의례에 참석하고자 했다. 이는 면복이 단순한 의관이 아닌 의장儀章으로서의 역할을 담당하였던 것이다. 그리하여 봉사奉祀나 조근朝覲 등의 제례諸禮에는 반드시 면복을

입어야 한다는 것을 금과옥조로 삼고 번국의 국왕으로서 이를 사여 받고 자 수륙만리水陸萬里 산해山海를 왕래하면서 꾸준히 조공하여 대국의 친왕 으로서 인정받고자 했으며, 또 법복으로 위용을 갖추어 제사를 받들고 조종을 섬기고 은조恩詔를 받고 귀천을 분별하여 감관을 이루고자 했던 것이다. 결국 만백성의 국왕으로서 인정받고 위용을 지키기 위한 목적으 로 법복인 면복을 요청하였던 것이다.

법복인 면복의 사여는 어찌 보면 비굴해 보일 수도 있는 사대라고 생각 할 수도 있다. 그러나 실리를 위해서는 국왕의 자존심마저도 버릴 수 있는 실천력 강한 지도자로서의 역량이 빚어낸 결과라고 할 수 있다.

2. 세종과 의례복

조선왕조의 근간이 되는 것은 유교사상이다. 유교의 통치양식은 '덕치 주의' 또는 '예치주의'가 근간이 된다. 공자는 "민民을 인도하는데 법률이 라든가 명령으로써 하고 민을 가지런히 하는데 형刑으로써 한다면 민은 그와 같은 형벌을 면하기만 하면 된다고 생각하여 나쁜 짓을 하여도 부끄 럽게 생각하지 않는다. 그러나 민을 인도하는데 덕德으로써 하고 민을 가지런히 하는데 예禮로써 한다면 민은 나쁜 짓을 하게 되면 부끄러움을 알고, 또 그 위에 선善에 이른다."[15]라고 하였다.

이는 통치자는 정치사회의 질서를 확립함에 있어서 법률이나 형벌이 아닌 덕이나 예로써 정치사회를 통제해 가야한다는 것을 강조하였다. 그렇다면 조선왕조에서 예의 질서를 확립한 국왕은 누구일까?『조선왕조 실록』을 통해 의례절차를 가장 많이 정비한 임금은 바로 세종이다. 세종 은 예를 바로 세우기 위해 의식절차를 마련하고자 하였으며, 이 과정에서 많은 논의가 이루어졌음을 세종실록「오례」의 서문을 통해서 확인할 수 있다.

---

15)『論語』,「爲政篇」. "子曰, 道之以政, 齊之以刑, 民勉而無恥, 道之以德, 齊之以禮, 有恥且格".

국초에는 초창初創이라 일이 많아서 예문禮文을 갖출 수 없었다. 태종太宗이 허조許稠에게 명하여 길례의 서례와 의식을 찬하게 했으나 다른 의례는 미처 찬술하지 못했기 때문에 매양 큰일을 만나면 예관들이 그 때에 재량한 것을 취하였다. 임금이 이에 정척鄭陟과 변효문卞孝文에게 명하여 가례嘉禮·빈례賓禮·군례軍禮·흉례凶禮를 찬정하게 하니 본조에서 이미 시행하던 전고典故와 아울러 당·송의 의례와 명나라의 제도를 취하였다. 그것의 버리고 취함과 줄이고 보탠 것은 모두 임금의 판단을 받았으나 끝내지 못했고 관례도 강구講究하였으나 완성치 못하였다. 이미 완성된 사례四禮와 허조가 찬술한 길례吉禮를 아울러 실록의 끝에 덧붙인다.[16)]

한편 『세종실록』「오례」는 향후의 실천을 고려하여 작성된 의례서였지만, 『국조오례의』단계에 가서야 애초의 작성 의도에 부합하는 완성도 높은 정리가 이루어졌고, 실제로 행례 과정에도 적용될 수 있었다. 그럼에도 불구하고 『세종실록』「오례」가 세종 때의 다양한 의식 개정 작업을 시도하였으나 어떤 부분에서는 충분히 반영되지 못했으며, 또한 일관성과 체계성에서 문제가 발견되고 있는 것이 사실이라 하더라도 조선 초기국가의례의 정비과정에서 중요한 분수령이 되었던 점에서는 그 가치가 높다고 하겠다.[17)]

본 장에서는 세종이 의례절차를 진행하는 과정 중에서 의례복이 정비되는 과정을 살펴보고자 한다. 이는 어떠한 실록보다도 많은 분량의 의주儀註를 수록하고 있는 『세종실록』「오례」를 통해 세종이 구현하고자 했던 의례복이 무엇이며 그것이 갖는 의미가 리더십과 어떤 상관관계 속에 있는지를 파악하기 위함이다.

의례를 중시한 조선왕조에서 '전례前例'는 의식절차를 유지시킬 수 있는 중요한 행동양식이다. 그것은 의례를 거행함에 있어 가장 선행되는 것이 전례에 대한 검토이기 때문이다.

---

16) 『世宗實錄』「오례」, 서문.
17) 강제훈, 「조선 『세종실록』「오례」의 편찬 경위와 성격」, 『사학연구』 107호, 2012, 211쪽.

따라서 세종도 예법을 만드는 것에 대해 신중을 기하는 한편 번잡한 것은 고치고자 하였다.

1428년(세종 10) 세종은 임금 앞에서 신하가 절하는 제도를 간소화하고자 했다. 그러나 이조참판 정초鄭招는 옛날에 인신人臣이 임금께 진현할 때에는 출입할 때 반드시 절을 했는데 지금은 조계朝啓·윤대輪對·배사拜辭 때에만 땅에 엎드릴 뿐이고 배례를 하지 않으니 청컨대 참작하여 정할 것을 아뢰었다. 이에 세종은 임금 앞에서 신하가 절하는 것은 비록 옛 예법이지만 너무 번잡하다고 하며 무릇 예법이란 간이한 것을 귀하게 여기니 의리에 해롭지 않은 것이라면 세속을 좇는 것이 옳다고 하였다. 또 우리나라의 예법은 다 옛 제도에 맞지도 않는데 어찌 이 예법만을 고제대로 행하겠는가 하였다. 한편 판부사 허조 역시 신하가 임금을 뵙는 데는 예도가 없을 수 없으니 조계, 입참하는 자에게는 사배四拜한 뒤에 들어가게 하자고 했다. 이에 대해서도 "태종께서는 조회를 받는 날에 이내 정사를 보시다가 시험해 보고서 조계하는 예도를 없앴다."고 하며 다시 의논하라고 했다.[18]

세종실록에 의주가 많이 보이는 것은 그만큼 간편하면서도 올바른 의식을 만들고자 한 국왕의 의지에 기인한 것이다. 그중에서 국왕의 상복喪服이 어떠한 과정을 거쳐 규정되는지 소통의 리더십을 살펴보고자 한다.

1) 고제를 탐구하다

예조에서는 태종 공정대왕과 원경왕태후의 상장 의궤가 창졸간에 만들어졌기 때문에 꽤 미진한 절목이 많다고 여기고 고제를 상고하여 의궤의 끝에 기록함으로써 후고後考에 빙거로 삼고자 했다. 고제를 탐구하며 상복이 만들어지는 과정을 살펴보자.

---

18) 『世宗實錄』 권41, 世宗 10년 9월 17일(丙寅).

(1) 소렴과 대렴의 시기를 정하다

고제에 천자는 3일 만에 소렴하고 7일 만에 대렴하여 빈殯하며, 제후는 3일 만에 소렴하고 5일 만에 대렴하고 빈하며, 대부와 사는 2일 만에 소렴하고 3일 만에 대렴하고 빈 한다고 하였으므로 염하고 빈 하는 수는 그 지위에 따라 높은 자는 더디 하고 낮은 자는 빨리 하여 본래 정한 제도가 있었다.

그러나 1422년(세종 4) 5월 10일 태상왕인 태종이 훙서하고 12일 소렴을 하면서 의복 19칭을 썼다.[19] 3일째 되는 날에 소렴을 했으니 5일째 대렴을 하면 친자로서의 의절을 갖춘 것이다. 그러나 이때 날씨가 너무 더워 이틀을 기다리지 않고 곧바로 대렴을 하고 의복 90칭을 재궁에 넣었다.

이것은 일기가 더웠기 때문에 권도勸導를 따른 것일뿐 떳떳한 상례의 법은 아니었다. 그러나 의궤에는 한결같이 고례를 좇아서 제 5일에 대렴하고 성빈을 하는 것으로 법은 정해 놓고 실제에 있어서는 상황에 따라 조절하였음을 알 수 있다.

(2) 조석전(朝夕奠)의 찬품을 정비하다

『문헌통고』를 보면, 주제周制를 따라 대상에는 관인이 우생牛牲을 깨끗이 차려놓고 조석전에는 포脯와 해醢를 쓰며, 초하룻날과 보름, 조전祖奠과 대견大遣 등의 전에는 모뢰牲牢를 쓴다고 했다. 그러나 문공(주자)의 『가례』에 의하면 조석전에는 소과蔬果와 포, 해를 쓰며, 삭망에는 여러 가지 찬품을 갖춘다고 하였다. 이후 조선 태조의 초상에는 조석전이 없어 주전晝奠만을 올렸으며, 찬품에 있어서는 유밀과와 실과를 번갈아 배설하여 아홉 가지 과일과 세 가지 탕국을 썼다. 공정대왕에 이르러 처음 조석전을 올렸는데 찬품은 태조의 주전의 예에 의하여 설행하였다. 원경왕태후의 초상에는 태조 때의 예에 의하였다가 뒤에 이를 고쳐서 유밀과 4줄의 탁자를 더

---

19) 『世宗實錄』 권16, 世宗, 4년 5월 12일(戊辰).

진설하였고, 태종의 초상에도 또한 그와 같은 4줄의 탁자를 쓰니 찬품의 융성함이 거의 삭망전과 같아서 하루 동안에 두 번이나 은전을 진설하게 되므로 고제와는 차등이 있다고 하였다. 이에 의궤 안의 조석전 찬품은 태조의 예에 의하여 유밀과와 실과를 번갈아 배설하여 아홉 가지 과일과 세 가지 탕국을 쓰는 것으로 기록하였다.[20] 이를 정리하면 〈표 2〉와 같다.

〈표 2〉 **조석전의 정비과정**

	대상	조석전	삭망전	조전과 대견
『문헌통고』	우생을 깨끗이 차림	포와 해	모뢰	모뢰
『문공가례』		소과와 포, 해	여러가지 찬품	
태조		조석전 없음 주전만 설행	유밀과 실과 번갈아 배설: 9가지 과일과 3가지 탕국	
공정대왕		조석전		
원경태후			유밀과 4줄의 탁자	

(3) 우제(虞祭)에는 친제로 잔을 올린다.

『문헌통고』에는 천자와 제후의 초상에는 참최자가 전을 드린다고 하였고 주註에 이르기를, "모든 신하가 다 참최이기 때문에 참최자가 전을 드린다. 이는 무릇 초상 때에 주인은 슬프고 애통하여 친히 행사할 겨를이 없기 때문에 친히 전을 드리지 않는데, 이는 초하루와 보름의 은전과 같다."고 하였다. 『문공가례』에는 초상으로부터 제주전에 이르기까지 모두 축이 술잔을 드리고 우제에 이르러서 주인이 비로소 친히 전을 드리는 것은 대개 주나라의 제도를 좇은 것이라 하였으며, 당나라의 원릉의주와 송나라 효자 연성황제의 초상에도 대렴 전에 사황제가 모두 친히 전을 드렸으니 이것은 주나라 제도와 같지 않기 때문에 우리 태조의 상사 때에는 초상으로부터 우제 전날까지의 조석전은 다 주나라의 제도와 『문공가

---

20) 『世宗實錄』 권43, 世宗 11년 2월 10일(丙戌).

례』에 의하여 집사자로서 전을 대행하게 하였고 삭망은 당송의 제도를 따라 전하께서 친히 전을 드리셨으니 이것은 주나라 제도의 '주인이 슬프고 애통하여 친히 행할 겨를이 없다.'는 뜻과는 다르다고 하였다.[21] 이에 이번 의궤 안에는 우제 전의 삭망과 각 전을 아울러 주나라의 제도와 『문공가례』를 따라 집사자가 전을 대행하도록 했다. 따라서 현실에 맞는 의례를 하기 위해 고례를 참작하여 절충안을 삼은 것임을 알 수 있다.

(4) 상중이라도 조회는 정지하지 않는다

상중에 조회를 진행할 것인지 중단할 것인지에 대한 국왕과 신하간의 소통구조를 보면 고제를 기본으로 '대상에는 음악을 금하고 제사를 정지하며 시장을 닫는다.'는 절문이 있다. 그런데 태조의 상사 때에는 13일 동안이나 조회를 정지하였고 그 뒤에 국상에는 10일을 한도로 정지하였으며, 대신의 초상에는 3일을 한도로 정지하였다. 이에 대하여 예조의 의견은 대신의 초상에 3일 동안 조회를 정지하는 것은 대신을 위하여 3일 동안 상례를 행하는 것을 보이기 위한 것이라고 하였다. 그러나 만약 임금님 초상에 있어서는 온 나라가 다 삼년상을 행하는 것인데 10일 동안 조회를 정지한다면 10일을 경과하면 평일과 다름이 없는 것 같이 되므로 이번 의궤 내에는 조회를 정지하는 조목을 고제에 의거하여 기록하지 않았다고 함으로써 조회를 정지하는 의미가 상기와 관계된다고 생각했던 것으로 보인다.[22] 이에 임금의 상은 삼년상에 해당하므로 삼년동안 조회를 하지 않을 수 없기 때문에 조회를 정지한다는 조목을 빼고자했던 것이다. 이는 고제를 기준으로 의례를 정비할 경우라도 조선의 상황에 맞춰 고례를 정비했음을 알 수 있다.

(5) 국상의례를 단일화하다

유교적 상장의례는 3년상제를 기반으로 한다. 그러나 삼년상제의 기간

---

21) 『世宗實錄』 권43, 世宗 11년 2월 10일(丙戌).
22) 『世宗實錄』 권22, 世宗 5년 10월 8일(乙卯).

이 지나치게 길고 절차가 번잡하다는 문제로 인해 실제로 태조 국상에서는 달을 날로 바꾸는 역월제易月制가 시행되었다. 태상왕인 태조가 1408년(태종 8) 5월 24일에 승하하였다. 13일에 소상, 25일에 대상, 27일에 담사를 지내고 백의, 흑각대로 3년을 마치는 것으로 결정하였다. 그러나 국왕인 태종은 삼년상제를 치르면서 상기를 마쳤으므로 결과적으로는 이중구조 속에서 국상을 치르게 되었다.

1422년(세종 4) 5월 태종이 승하하자 역월제의 사용을 세종에게 건의하였다. 그러나 세종은 역월제가 선왕의 법이 아니며, 1420년(세종 2) 태종비 원경왕후의 국상 때 산릉에서 장사 지낸 이후 참최복을 벗었기 때문에 태종의 국상에서 이보다 짧은 27일 동안만 참최복을 입는 것은 사리에 맞지 않는 것이라고 하여 수용하지 않았다. 이에 따라 역월제는 삼년상으로 바꿔 상복을 입을 것을 천명함과 동시에 참최복으로는 정사를 볼 수 없으므로 졸곡제 이후에는 임시로 상복을 벗고 백의, 오사모, 흑각대로 정사를 보겠다고 하였다. 또한 의정부, 육조에서 백관들도 역월제를 사용하지 않고 졸곡제를 마친 다음 최복衰服을 벗도록 건의하여 세종의 허락을 받았다.[23]

이로써 국왕과 백관 모두 역월제 대신 졸곡제까지 참최복을 입고 졸곡제 이후에는 상사에 관계된 일 외에는 백의 오사모, 흑각대로 3년을 마치는 것으로 복제服制를 정비하였다.

2) 세종 기년복을 다시 논하다

1420년(세종 2) 세종의 모후인 원경왕후 민씨가 훙서하였다. 왕실에서 장사는 대체로 다섯달이 지난 후 지내는 것이 상례였다. 그러나 태종이 살아 있는 상태에서 원경왕후가 먼저 훙서하였으므로 상왕의 명에 따라 3개월 만에 장사를 지내게 되었다. 그런데 세종이 달을 날로 바꿔 상기喪期

---

23) 석창진, 「조선 초기 유교적 국상의례의 거행양상과 그 특징」, 『한국사학보』 58호, 2015, 164쪽.

를 채운다는 역월지제易月之制를 행하여 13일 만에 복을 벗는 것에 대한 이의를 제기하였다.

> 내가 들으니 나로 하여금 역월지제易月之制를 행하여 13일 만에 복을 벗으라 하니 참말인가. 이것이 비록 송나라 제도이나 나는 일찍이 이는 야박한 행실이라 하였는데 이제 나로 하여금 이를 행하라 하느냐[24]

이에 대하여 허조는 어머니를 위하여 기년복을 입는 것은 『예경禮經』에 적혀 있사옵고, 역월지제는 행한지 이미 오래이며, 또 선지를 받자와 이미 상제喪制를 정하였다고 아뢰었다. 그러나 세종은 이에 대해 산릉 후에 최질을 벗을 것이라고 했다. 산릉 후란 결국 능에 관을 묻은 후에 비로소 복을 벗겠다는 이야기가 된다. 그러면서 백관들은 13일 만에 최복을 벗고 백의에 오사모로써 바꾸라고 하였으니 백관은 연제를 지낸 후 복을 벗는 것이 되며 국왕인 세종은 기년 상을 마친 후 복을 벗겠다는 이야기이다. 그러나 이를 혼자 정할 수 없으므로 세종은 아버지인 태종에게 원숙元肅을 보내 이러한 사실을 아뢰었다.

> 다섯 달만에 장사 지내는 것은 실로 예전 예법에 있사오나, 이제 석 달만에 장사 지낸 것은 상왕의 명을 감히 어기지 못하였음이오며, 또 당초에 산릉의 일이 끝난 후에 상복을 벗겠다고 청한 일은, 상복을 영영 벗겠다는 것이 아니었습니다. 태조의 상사 때에는 부왕께서 참최斬衰로 3년의 상을 지냈는데, 모후母后의 상은 처음이므로 만세까지 전하여야 될 예법을 저의 몸에 와서 갑자기 박하게 하는 것은 불가하오며, 만약 나아가 뵈는 날에는 비록 검은 갓에 채색 옷이라도 명하시는 대로 좇겠사오니, 원하옵건대, 졸곡이 지난 뒤에 권도權道로 상복을 벗고 소복으로 정사를 보겠나이다. 혼전의 삭망제에는 다시 최복으로 행사行事하옵고, 백관에 이르러서는 태조의 상제와 중조中朝의 상제에 의하여 소복으로 기한을 마치게 하고, 궁내의 환관들도 즉일로 상복을 벗게 하고, 혼전에 제사 지낼 때에는 다만 대언들과 친근

---

24) 『世宗實錄』 권8, 世宗 2년 7월 11일(丁丑).

한 내시들만 상복을 입고 수종隨從할 것이며, 부마는 다른 여러 신하에 비할 것이 아니오니, 날마다 돌려가며 들어와서 번을 들게 하려고 합니다.[25]

세종이 산릉의 일이 끝난 후 상복을 벗겠다고 청한 것은 상복을 영영 벗겠다는 것이 아니라 정사를 볼 때에는 소복으로 하고 혼전의 삭망제에는 다시 최복을 입고 행사하며, 혼전에 제사 지낼 때에는 대언들과 친근한 내시들은 상복을 입고 수종隨從할 것이며 부마는 다른 신하들과 비교할 것이 안 되므로 날마다 돌려가며 들어와서 번을 들게 하는 것으로 어머니 상에 대한 애통함을 전하겠다는 의도였다. 특히 모후의 상은 처음인데 만세까지 전하여야 될 예법을 본인의 몸에 와서 갑자기 박하게 하는 것은 불가하다는 내용이었다.

그러나 이에 대해 상왕의 생각은 달랐다. 태종은 산릉 후에 상복을 벗고 반우返虞하라고 하였는데 오히려 상복도 벗지 않고 백관까지 상복으로 시위하게 한 것은 어디에 근거한 것인지 물었다. 그리고 어머니를 위해서는 기년복을 입되 역월易月의 제도를 쓴다는 것으로 법을 정해 반포하였는데 또 초우初虞 후에 상복을 벗으니 졸곡 후에 상복을 벗으니 하고 말하는 것은 옳지 않다는 의견이었다. 다만 주상이 모후에 향하는 정성이 지극한 것은 그대로 좋으나 부명父命을 따르지 않는 것은 무엇이며, 어찌 야인野人의 풍속으로 법을 삼아서 망령되이 말하는가를 따져 물었다.

내가 이르기를, '산릉 후에 상복을 벗고 반우返虞하라.' 하였는데, 오히려 상복도 벗지 아니하고, 또 백관까지 상복으로 시위侍衛하게 한 것은 웬 일인가. 예관禮官이 이미 옛날의 '어머니를 위해서는 기년복을 입되 역월易月의 제도를 쓴다.'는 것에 따라서 법을 정하고 반포하였는데, 또 초우初虞 후에 상복을 벗으니, 졸곡 후에 상복을 벗으니 하고 말하는 것은 무엇인가. 나는 연상練祥에 상복을 바꾼다는 것은 들었으나, 초우나 졸곡에 상복을 바꾼다는 것은 듣지 못하였으니, 예관의 말이 좀 경박한 것 같으며, 주상이 모후에

---

25) 『世宗實錄』 권9, 世宗 2년 9월 18일(癸未).

향하는 정성은 지극하나, 그 부명父命에 따르지 않는 것은 무엇이냐. 만약 행하고자 하면 하필 기복에만 그칠 것이랴. 곧 3년상을 행하는 것도 가할 것이다. 내가 어찌 야인野人의 풍속으로 법을 삼아서 망녕되이 말하겠는 가.26)

이에 세종은 부왕인 태종이 참최로 3년 거상을 하신 것에 의하여 삭망 제에는 최질을 하고 흰옷에 오모烏帽로 기년을 마치는 것이 의리에 해될 것이 없을 것 같아 진정하였는데 상의 말씀을 들었으니 그 명을 좇지 않을 수 없다고 하였다. 그리고는 곧 최질을 벗어 예조판서 허조에게 보내자 상왕의 명령으로 최질을 불사르고 또 군신에게는 흑립을 쓰도록 하게 하였다.27)

그럼에도 불구하고 세종의 마음을 다 감싼 것은 아니었던 것으로 보인 다. 이는 1420년(세종 2) 다시 예조에서 아버지 생존시의 어머니 초상을 옛 법제대로 할 것을 논의하는 과정에서 확인된다. 즉 역월제가 아닌 기년제에 대한 논의이다. 예조에서 올린 기년제이다.

삼가 『의례儀禮』의 기년上期年喪을 상고하여 보니, '11월만에 연제練祭를 하고, 13월만에 상제祥祭를 하고, 15월이 되면 담제禫祭를 한다.' 하였고, 주註에 이르기를, '이것은 아버지가 생존하였는데, 어머니의 상사 때를 말한 것이라.' 하였고, 주문공朱文公은 말하기를, '상제喪制는 반드시 『의례儀禮』를 좇는 것이 옳다.' 하였으니, 아버지가 생존시에 어머니를 위하여 기년복만 입게 되는 것은, 이것이 어머니에게 박하게 하려는 것이 아니라, 다만 존엄한 것이 아버지에게 있기 때문에, 다시 그 어머니에게도 존엄함을 같이 할 수 없다는 것이나 또한 모름지기 심상心喪으로 3년을 지내는 것이니, 이제부 터는 아버지 생존시의 어머니 초상에는, 일체로 옛날 법제에 의거하여, 11월 이 되면 연제練祭하고, 13월이면 상제祥祭하고, 15월이면 담제禫祭를 하게하 고, 심상心喪으로 3년을 지내도록 하소서.28)

---

26) 『世宗實錄』 권9, 世宗 2년 9월 18일(癸未).
27) 『世宗實錄』 권9, 世宗 2년 9월 18일(癸未).
28) 『世宗實錄』 권10, 世宗 2년 11월 27일(辛卯).

이러한 논의는 태후의 초상에 상왕인 태종이 『의례』를 상고하여 임금에게 기년복만 입게 하였으나 임금은 부왕의 명령이 있었기에 어쩔 수 없이 그대로 따를 수밖에 없었다. 그러나 그것이 흡족하지 않았기 때문에 예관들에게 이러한 논의를 하게 한 것이었다. 이제 세종은 역월제가 아닌 기년복으로 어머니 상을 치르는 것과 심상 3년을 지내는 것에 대한 법제를 다시 만들었다. 결국 세종은 어머니의 기년상을 다시 논의했다.

> 삼가 옛 제도를 상고하니 『의례통해속』에 '아버지가 있으면 어머니를 위하여 기년복을 입는다.'하였고 「전傳」에 이르기를, '어찌하여 기년인가 하면 굽힌 것이다. 지극히 높은 이가 있으므로 감히 그 사사로이 높은 이를 높이지 못하기 때문이다. 아버지가 반드시 3년이 된 뒤에 장가드는 것은 자식의 뜻을 통하게 하자는 것이다.'하였고 소에 말하기를, '자식이 어머니에게는 굽혀서 기년복을 입지만 심상은 오히려 3년 동안 하는 까닭으로 아버지는 비록 아내를 위하여 기년복을 입고서 제복하나 반드시 3년이 되어야 이에 장가드는 것이니 자식이 심상하는 뜻을 통하게 하려는 까닭이다.'하였고 『중용혹문집석』에서 남전여씨가 말하기를 '3년의 상은 천자에까지 통하는 것이 세 가지이니 상복을 입고서 지팡이를 더하는 것이 하나이고, 열달만에 연제 지내고 열석달 만에 대상지내고 열 다섯달만에 담제 지내는 것이 둘째이고, 지아비가 반드시 3년이 된 다음에 장가드는 것이 셋째이다.'[29]

이처럼 어머니 상을 기년으로 정한 것은 아버지가 살아계시므로 굽힌 것이라는 뜻이다. 부모의 상기는 천자부터 서인에 이르기까지 귀천의 구분이 없이 똑같아야 하며, 영원히 변하지 않는 도리로써 사사로운 뜻으로 그것을 단축시키거나 연장시킬 수 없다고 했다. 이에 우리 조정의 상례는 달을 바꾸는 제도를 쓰지 않으며 아래로 서인에 이르기까지 모두 능히 이를 시행하게 되니 중국에서 우리나라를 예의의 나라라고 하는 것도 이 때문이라고 했다. 더욱이 지금 모든 제작하는 바가 옛날 것을 따르게 되니 옛날의 습관을 일신하여 자손 만세의 법으로 삼아 이제 결단

---

[29] 『世宗實錄』 권88, 世宗 22년 1월 14일(丁巳).

을 내려 동궁으로부터 아래로는 백관들에 이르기까지 모두 최복으로써 기년을 마치고, 심상 삼년까지 하게 하여 상기를 바로잡고 풍화를 돈후하게 하고자 했으며, 천담복으로 심상 삼년을 마칠 것까지 정하게 되었다. 결국 세종 때 어머니의 상은 기년복으로 정해졌으며, 상복은 기년을 입고 복제하되 심상 삼년을 하게 하는 것으로 인정에 대한 도리를 다 하고자 하였음을 알 수 있다.

『세종실록』 오례 상복 중 기년복인 자최복의 구성을 확인해 보면 〈표 3〉과 같다.

상복을 만드는데 있어 가장 중요한 의미는 슬픔이다. 그 슬픔을 어떻게 표현할 것인가를 상복에 담아 예로써 표출하는 것이다. 이에 상복을 재단할 때에는 다음과 같은 점에 유의해야 한다.

〈표 3〉『세종실록』 권 134, 오례, 흉례서례, 상복.

참최관	자최관	참최수질	자최수질
참최요질	자최요질	참최교대	자최교대

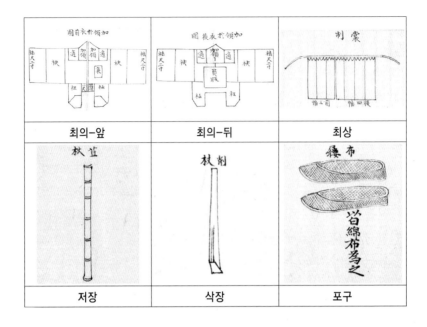

최의-앞	최의-뒤	최상
저장	삭장	포구

첫째는 참최와 자최에 차등을 두는 것이다. 이는 참최는 상례 중 가장 큰 슬픔에 해당한다. 따라서 가장 굵은 생마포를 사용하고 옆과 아래 부분을 모두 접어 꿰매지 않는다. 자최는 참최 다음 등급에 해당하는 것으로 굵은 생마포를 사용하고 아래를 접어 꿰매는 것을 말한다.

의衣의 길이는 허리를 지나서 상을 가릴 만하고 윗부분은 밖으로 꿰매되 등쪽으로는 부판을 붙인다. 이는 그 짊어진 비애가 등에 있기 때문이다. 앞에는 최衰가 있다. 이것이 가슴에 있는 것은 효자가 비애를 억누르는 뜻을 담고 있기 때문이다. 좌우에는 벽령晦領이 있는데 이는 적適이라 하는 것으로 애척哀戚하는 정情이 마땅히 지적되어야 하므로 부모에게 인연 되어 다른 일을 겸해 생각할 수 없기 때문이다.

상은 앞은 3폭, 뒤는 4폭으로 만들며 안으로 향하여 꿰매되 앞과 뒤는 서로 연하지 않는다. 위에 입는 의와 아래에 입는 상은 상의하상上衣下裳으로 상의와 하상은 상하를 분별하여 서로 한계를 넘어 침범하지 못하게 하는 의미가 담겨있다. 즉 상은 하를 범하지 못하고 하는 상을 넘어서지

못함으로써 견제와 자제가 필요하며 이것이 바로 예를 시작하는 근본이
라 생각하고 상복을 제작한 것이다.

3. 성종과 관복

새로운 왕조의 근간을 다잡기 위해서는 시대 변화에 걸 맞는 제도적
개혁과 새로운 질서의 확립이 필요한 것은 당연한 일이다. 이를 위해
국가 경영의 가장 중요한 기반이 되는 법전의 필요성이 제기됨에 따라
1485년(성종 16) 『경국대전』이 완성되었다.

최항 등이 지은 『경국대전』의 전문에서는 『경국대전』이 민심에 따라
시속時俗과 실용實用에 맞게 편찬되었음을 밝히고 있다.

> 가만히 생각하면 성인이 천하를 경륜함에는 반드시 덕을 쌓는데, 백 년의
> 기한을 기다렸으며, 왕자가 그 때에 알맞도록 법조문을 가감함은 대개 법
> 규범을 만대에 물려주려는 계책입니다. 이제 대전을 제정하는 좋은 때를
> 당하여 가만히 생각컨대 나라를 다스림은 천도를 같이 하지만 정사政事는
> 시속에 따라 변혁해야 하는 것입니다. (…) 몸소 만기萬機에 임하시는 처음
> 에 무엇보다도 육전六典의 찬수纂修를 급선무로 하여 그 요점을 추려내고
> 그 강령을 이끌어 내어 선왕의 뜻을 이어 받으시고, 시속에 맞고 실용하기에
> 적합하게 하여 백성들의 심정에 합치시켰으니 실로 이는 국가를 경영하는
> 훌륭한 장전章典이오 어찌 오로지 백성들을 법도에만 얽어 매어두는 것이
> 될 뿐이겠습니까? (…) 후인을 계도하고 모두 결점을 없게 하여 후세를 편안
> 하게 하는 훈계를 우러러 볼 것이요, 이루어진 헌장을 감수하여 영원히
> 허물이 없게 하여 큰 공업을 드리움에 도움이 될 것입니다.[30]

즉 『경국대전』의 법사상은 시속에 맞고 실용하기에 적합하게 하여 백
성들의 마음에 합치시켰으니 이는 국가를 경영하고 세상을 다스리는데
훌륭한 제도와 문물이 되고 있음을 표방하였음을 알 수 있다.[31]

---

30) 한우근외 5인, 『번역 경국대전』, 한국정신문화연구원, 1985, 5-6쪽.

『경국대전』은 모두 6권으로 이전吏典, 호전戶典, 예전禮典, 병전兵典, 형전刑典, 공전工典이 각각 1권을 이루고 있다. 그 중 '예전'에는 예치사회를 구현하기 위한 신유학자들의 생각이 녹아있다. 즉 교육과 과거제도, 국가 행사와 관련된 의식과 예복사항, 가정의례규정, 외교관계 등이 그것이다. 첫째 문과, 무과, 잡과에 대한 규정과 성균관과 사학 유생의 교육이 포함된다. 둘째 국가행사와 관련해서는 대체로 '오례의'를 적용한다고 하고 있어 보조적인 법규로 『국조오례의』를 준용하고 있다. 셋째 관혼상제에 관한 규정과 사대자소事大字小에 관한 외교규정도 예전의 중요한 내용이다. 넷째 예전의 끝부분에는 음악, 불교, 각종 인장 및 공문서 작성 양식이 규정되어 있다.

그 중에서도 여러 가지 모임과 행사에 따라 다른 복장과 의식절차 등을 규정해 놓은 것은 국가기강을 확립하려는 시도로 보인다. 그러나 오히려 누적된 국왕의 수교와 빈번한 체제의 변화 그리고 여러 법전의 공존으로 일반 백성은 물론이고 일선의 관리들도 의례와 제도를 제대로 이해하고 적용하는데 어려움도 있었다.

이에 일목요연하게 관복의 제도를 정함으로써 질서를 바로잡고자 했다. 『경국대전』에 수록된 관복의 질서를 통해 국왕이 복식을 통해 추구하고자 한 내용을 파악해 보고자 하였으며, 이를 정리하면 〈표 4〉와 같다.

〈표 4〉 『경국대전』 관복의 질서

품계/복식		관	복	대	홀	패옥	말	화혜
1품	조복	오량목잠	적초의, 적초상, 적초폐슬, 백초중단, 운학금환수	서대	아홀	번청옥	백포	흑피혜
	제복	同	청초의, 적초상, 적초폐슬, 백초중단, 운학금환수, 백초방심곡령	서대	아홀	번청옥	백포	흑피혜
	공복	복두	홍포	서대	아홀			흑피화
	상복	사모	사라능단	서대				협금화

31) 정성식, 「경국대전의 성립배경과 체제」, 『동양문화연구』 제13집, 2013, 57쪽.

품계/복식		관	복	대	홀	패옥	말	화혜
		관자, 입영:금옥 입식:은 (대군:금) 이엄:단초피	흉배 대군:기린, 왕자:백택 문관:공작 무관:호표	*사복:홍조아				
2품	조복	사량목잠 대사헌:해치 집의이하 동	적초의, 적초상, 적초폐슬, 백초중단, 운학금환수	정: 삽금 종: 소금	아홀	번청옥	백포	흑피혜
	제복	동	청초의, 적초상, 적초폐슬, 백초중단, 운학금환수, 백초방심곡령	정: 삽금 종:소금	아홀	번청옥	백포	흑피혜
	공복	복두	홍포	여지금	아홀			흑피화
	상복	사모 관자, 입영:금옥 입식:은 이엄:단초피	사라능단 흉배 문관:운안 대사헌:해치 무관:호표	정: 삽금 종: 소금 *사복:홍조아				협금화
3품	조복	삼량목잠	적초의, 적초상, 적초폐슬, 백초중단, 반조은환수	정: 삽은 종: 소은	아홀	번청옥	백포	흑피혜
	제복	동	청초의, 적초상, 적초폐슬, 백초중단, 반조盤鵰은환수, 백초방심곡령	정: 삽은 종: 소은	아홀	번청옥	백포	흑피혜
	공복	복두	정:홍포 종:청포	정:여지금 종: 흑각	아홀			흑피화
	상복	사모 당상관관자, 입영:금옥 입식:은 이엄:단초피	당상관: 사라능단 흉배 문관:백한 무관:웅비熊羆	정: 삽은 종: 소은 *사복:홍조아				당상관: 협금화
4품	조복	이량목잠	적초의, 적초상, 적초폐슬, 백초중단, 연작練鵲은환수	소은	아홀	번백옥	백포	흑피혜
	제복	동	청초의, 적초상, 적초폐슬, 백초중단, 연작은환수, 백초방심곡령	소은	아홀	번백옥	백포	흑피혜
	공복	복두	청포	흑각	아홀			흑피화
	상복	사모		소은				

품계/복식		관	복	대	홀	패옥	말	화혜
5~6 품	조복	이량목잠	적초의, 적초상, 적초폐슬, 백초중단, 연작동환수	흑각	목홀	번백옥	백포	흑피혜
	제복	동	청초의, 적초상, 적초폐슬, 백초중단, 연작동환수, 백초방심곡령	흑각	목홀	번백옥	백포	흑피혜
	공복	복두	청포	흑각	목홀			흑피화
	상복	사모		흑각				
7~9 품	조복	일량목잠	적초의, 적초상, 적초폐슬, 백초중단, 계칙(鸂鶒)동환수	흑각	목홀	번백옥	백포	흑피화
	제복	동	청초의, 적초상, 적초폐슬, 백초중단, 계칙동환수, 백초방심곡령	흑각	목홀	번백옥	백포	흑피화
	공복	복두	녹포	흑각	목홀			흑피화
	상복	사모		흑각				
녹사		유각평정건	단령	조아				
제학생도		치포건(재학하고 있을 때)	단령(유학은 청금을 입음)	조아				
서리		무각평정건	단령	조아				
향리	공복	복두	녹포	흑각대	목홀			흑피혜
	상복	흑죽방립	직령	조아				피혜
별감	공복	자건(세자궁:청건)	청단령	조아				
	상복	주황초립	직령					
궐내각차비		청모	직령	조아				
인로		자건	청단령	자란				
나장		조건	청반비의(형조, 사헌부, 전악서:조단령, 사간원:토황단령)	조아				
조례		조건	청단령(공주, 옹주 배종:초록단령)	조아(왕자:자란, 두석패 의정부, 승정원, 경연:납패)				

위의 표에서 확인할 수 있는 바와 같이 문무백관의 복식은 의례의 종류에 따라 제복, 조복, 공복, 상복으로 구분되며, 각각의 복식은 품급에 따라 복색을 비롯하여 관모의 량梁의 수, 대와 홀笏의 소재, 흉배의 문식, 수綬의 문식 등에 차등을 둠으로써 철저한 질서를 지키도록 했다.

또 녹사, 제학생도, 서리, 향리, 별감, 궐내각차비, 인로, 나장, 조례 등의 하위관직도 각각의 역할에 따라 관모와 포의 형태를 달리하며 역할을 드러낸다. 대표적인 것이 단령과 직령의 차이이다. 단령은 공복公服으로서의 역할을 하며, 직령은 상복常服으로서의 역할이다.

그러나 이렇게 질서정연하게 만들어 놓은 제도라 할지라도 세월이 흐르고 사람들의 인식이 바뀌면 그 질서가 흐트러지는 것도 당연한 결과이다. 따라서 제도에는 늘 예외규정이 있으며, 그 예외규정을 통해 새로운 문화가 창출된다고 할 수 있다. 여기에서는 『경국대전』에 실린 제도 외의 예외규정을 통해 국왕의 리더십이 어떻게 구현되는지 살펴보고자 한다.

- 의장은 조참朝參, 상참常參, 조계朝啓에는 모두 흑의黑衣를 입는다. 조참이외에는 더운 달에는 흑마포의黑麻布衣를 입는다.
- 2품 이상은 초헌軺軒을 탄다.
- 당상관은 호상胡床과 안롱鞍籠을 가진 자가 앞에서 인도한다. 〈관찰사는 또 절월節鉞을 든다.〉
- 정3품 당하관은 단지 안롱만을 가진다.
- 사헌부, 사간원의 관원과 관찰사, 절도사는 입식笠飾으로 옥정자玉頂子를 사용하고 감찰監察은 수정정자水晶頂子를 사용한다.
- 관직이 없이 쉬고 있는 당상관은 공적인 모임에 사모紗帽를 착용한다.
- 사헌부의 서리는 감찰할 때와 조하할 때에는 공복을 착용한다.

위의 규정에서 복식과 관련된 것은 첫째, '조참, 상참, 조계에는 모두 흑의를 입는다. 조참 이외에는 더운 달에는 흑마포의를 입는다.'라고 규정하고 있어 조참에는 더운 달에도 흑의를 입었음을 알 수 있다. 이 때 흑의는 계절과 관계없이 착용하는 것으로 예복에 해당하는 옷임을 알 수 있다. 성종 연간에는 대소 조관이 진현할 때,[32] 백관들이 대비의 탄신을 축하 할 때,[33] 정조사로 중국에 갈 때[34] 등에 흑의를 입었다.

그러나 배릉 때 수가하는 백관은 시복時服을 입고 다녀오도록 하였으며, 이 때 '시복은 흑의'[35]라는 세주가 달려 있다. 따라서 흑의의 사용례에 변화가 생긴 것으로 보인다.

『경국대전』에 실린 상복은 크게 3품이상, 4품에서 6품, 7품에서 9품 등의 세 단계로 구분된다. 상복의 가장 중요한 구분이 되는 것은 복색과 흉배의 유무이다. 먼저 1품에서 3품까지는 홍포이며 품계에 따라 문관 1품은 공작, 2품은 운안, 3품은 백한의 흉배가 달리며, 무관 1품과 2품은 호표, 3품은 웅비의 흉배가 달린다. 4품에서 6품은 청포이며 7품에서 9품은 녹포이고 이들에게는 흉배가 없다. 그렇다면 흑의는 과연 어떤 옷일까? 성종은 왜 흑의를 착용하도록 하였을까 하는 점에 의문이 든다.

일단 상복에는 흑색은 없다. 그렇다면 이것은 상복과는 별도의 옷으로 추정할 수 있다. 다음은 흉배의 유무이다. 이 흑의에 흉배가 달렸다는 기록은 없다. 따라서 흑의는 단령의 형태이지만 흉배가 없는 옷임을 알 수 있다. 그리고 이 흑의는 앞서 용례에서 살펴보았듯이 상참을 드릴 때 입는 것이다. 상참은 중앙에 있는 문무백관들이 정전에 모여 왕에게 문안드리는 조회를 말한다. 조회에는 여름에도 흑마포의를 입지 않는다고 규정한 것으로 보아 의례복임이 분명하다.

그렇다면 조참에 입는 신하들의 복식으로 분명 조복朝服이 있었음에도 불구하고 흑의를 입은 것은 무엇 때문일까? 그것은 1482년(성종 13) 실록 기록에서 확인할 수 있다.

사헌부에서 조참이나 조하를 하는 날에는 실의失儀를 규찰해야 합니다. 요즘에 조관朝官들이 입는 조복이 찢어지고 또 더럽습니다. 옛말에 '조의조관

---

32) 『成宗實錄』 권11, 成宗 2년 7월 5일(丙子).
33) 『成宗實錄』 권170, 成宗 15년 9월 9일(癸巳).
34) 『成宗實錄』 권200, 成宗 18년 2월 28일(戊戌).
35) 『中宗實錄』 권39, 中宗 15년 4월 15일(壬申).

으로서 도탄에 앉는 것과 같다.'고 하였습니다. 이것으로써 관찰한다면 조복은 반드시 정결淨潔하게 해야 하며 상복에 비할 것이 아닙니다. 그런데 요새 조복은 도리어 상복만도 못하여 너무나 조정의 광채가 없습니다. 그러니 더럽거나 찢어진 옷을 입은 자는 규찰하여 과죄科罪하게 하는 것이 어떻겠습니까?[36]

　그렇다면 조참 때 국왕은 무슨 옷을 입을까? 1482년(성종 13) 국왕의 법복을 의논하는 과정에서 일은 큰 것과 작은 것이 있고 예절은 번다한 것과 간략한 것이 있다고 이야기 하면서 국왕이 면복을 입으시면 신하들은 조복을 입고, 국왕이 원유관을 쓰시면 여러 신하들은 공복公服을 입으며, 국왕이 익선관을 쓰시면 여러 신하들은 시복을 입게 되는데, 지금 국왕이 원유관 차림으로써 문묘를 참배하신다면 여러 신하들은 공복을 착용해야 하는데 이는 크게 잘못하는 것으로 의주儀註에 의거하는 것이 적당하겠다는 의논을 벌인다.

　이에 대해 국왕은 "우리나라의 일로써 살펴보면, 정조正朝와 동지冬至에는 면복차림으로써 여러 신하들을 대하고, 조하에는 원유관 차림으로써 여러 신하들을 대하고, 조참에는 익선관 차림으로써 여러 신하들을 대했으니 이것은 예절이 큰 것과 작은 것, 융숭한 것과 강쇄한 것이 있어서 그렇게 된 것이다."라고 하여 예조에서 아뢴바 대로 원유관 차림으로 시행하게 하라고 하였다.[37] 따라서 성종은 예에 따라서는 면복에서 곤룡포에 이르기까지 다양하게 바꿔 입도록 하였으며, 이는 국왕 뿐 아니라 문무백관에게도 통용시켰던 것으로 보인다.

　여기서 조참이 과연 의례 질서의 어디에 속한 것인가를 확인해야 할 필요가 있다. 다음은 1488년(성종 19) 왕세자의 관복을 의논할 때의 발언인데, 이를 보면 조참은 상복을 입는 수준의 의례임을 확인할 수 있다.

---

36) 『成宗實錄』 권142, 成宗 13년 6월 15일(壬子).
37) 『成宗實錄』 권147, 成宗 13년 10월 12일(丁丑).

왕세자의 영조迎詔와 하정지賀正至·하성절賀聖節은 대사大事이고, 하삭망은 그 다음이며, 조참朝參은 또 그 다음입니다. 장복을 흠사하였고, 이미 면복도 있고, 또 6량관복도 있으니 면복은 영조, 하정지 등의 일에 쓰고 6량관복은 하삭망에 쓰며, 상복으로 익선관·곤룡포를 조참에 쓰시면 좋겠습니다.[38]

그런데 『경국대전』에는 조참에 흑의를 입는 것으로 규정한 것으로 보아 이것이야말로 성종이 의례의 대소와 복식의 경중을 파악하여 상복을 입어야 하는 의례임에도 불구하고 보다 실용성을 갖춘 흑의를 착용할 것을 규정하였으며, 그렇다고 하여 예를 벗어나지 않도록 여름에도 마포의를 입지 못하도록 한 것은 의례와 실제를 잘 겸비하도록 만든 실질적인 의례복으로써 흑의를 착용하고자 했던 것으로 파악된다.

둘째, 사헌부, 사간원의 관원과 관찰사, 절도사는 입식으로 옥정자를 사용하는 대신 감찰은 수정정자를 사용한다고 하였으므로, 여기에서는 옷보다는 입식으로써 신분을 구분하고자 하였으며, 입식은 옥 다음이 수정이었음도 알 수 있다. 옥정자립은 융복에 착용하는 관모이다. 그런데 1491년(성종 22) 융복에 착용하는 정자립에 대한 논의가 있었으므로 예조에서 다음과 같이 아뢰었다.

이제 전교를 받으니 '어가를 따르는 대간臺諫의 융복에 관한 옛 예를 상고하여 아뢰라.'고 하셨는데, 신들이 고찰하건대 신묘년간에 윤대한 자가 이르기를, '거둥할 때 대간의 복색은 융사와 혼동되어서는 안 된다.'고 하여 그 뒤에 대내大內에서 옥정자립을 내다가 대사헌 한치형과 대사간 성준에게 하사하였습니다. 대간이 융복을 하지 않은 것이 실상 이에서 비롯된 것인데 서거정이 대사헌이 됨에 이르러 재추宰樞의 예에 따라 융복을 착용하니 당하관은 전례에 의하여 예복을 입었습니다.[39]

이에 대하여 국왕은 융복의 일정한 예가 없어 거둥할 때 여러 사람이

---

38) 『成宗實錄』 권213, 成宗 19년 2월 21일(乙卯).
39) 『成宗實錄』 권260, 成宗 22년 12월 9일(辛亥).

다 융복을 착용하지 않는 것은 온당치 않다고 한 것으로 보아 모두가 융복을 착용하는 것이 의례에 맞다는 것이다. 그러나 세종조에는 예복을 입었으며, 세조조에는 융복을 입었으므로[40] 전례가 정해진 것은 아니었다. 이에 성종은 배릉시 융복을 착용하는 것이 옳다고 생각하였던 것이다.

여기서 융복에 대한 성종의 생각을 들어보자. 거둥할 때 대소신료들이 다 융복을 입는데 대간臺諫만 유독 예복을 입는 것은 유달리 그 호위의 뜻을 잃게 되는지라 융복을 입는 것이 좋겠다는 의견이다. 그러나 신하들의 생각은 달랐다. 대간의 예복·융복은 대체에 관계가 없지만 예복으로 어가를 호종하는 것은 조종 때부터 이미 오랫동안 행하여져 왔으며, 이는 예모禮貌를 숭상하기 때문이라고 하여 크게 구애받을 필요가 없다고 함으로써 두 의견이 충돌하였다. 이에 성종은 임금과 신하가 다 군복을 입는데 유독 대간만 예복을 입는 것은 옳지 않다고 하였을 뿐 아니라 임금도 융복을 입는데 예모를 운운하는 것은 말이 안 된다고 하며 대간도 융복을 입도록 했다.[41] 이에 대하여 사간원 최자점은 "대간이 강무를 호종할 때에는 반드시 관대를 착용하여 보통 관원과 구별하고자 하였는데 근래에 와서는 융복을 착용함으로써 대간의 체모를 잃었다."며 구례를 회복해 줄 것을 요청했다. 그러나 성종의 생각은 단호했다. 대간이 융복 입는 것이 어렵다면 임금이 어찌 융복을 입겠느냐는 것으로,[42] 대간도 융복을 입도록 전교하였다.

이처럼 성종은 국왕이 융복을 입는데 대간이 국왕을 호위한다는 이유로 예복을 입는다는 것은 옳지 않다고 판단하였으며, 국왕의 복식에 따라 신하들의 복식을 정함으로써 질서를 바로잡고자 했던 것이었음을 알 수 있다.

셋째, 관직이 없이 쉬고 있는 당상관은 공적인 모임에 사모를 착용한다는 규정이다. 사모는 상복常服을 착용할 때 쓰는 관모이다. 1478년(성종

---

40) 『成宗實錄』 권59, 成宗 6년 9월 8일(甲寅).
41) 『成宗實錄』 권260, 成宗 22년 12월 11일(癸丑).
42) 『成宗實錄』 권270, 成宗 23년 10월 11일(戊申).

9) 예조에서 올린 관료의 의장을 보면 『경제육전』의 혼인 금령 가운데, '혼인 때에는 전함과 벼슬이 없는 사람도 사모와 각대를 쓰기를 허락한다.'고 하였고 주註에는 입자와 조아를 갖추지 못하고 본래 은대를 띠지 아니하는 자는 은대를 쓰는 것을 허락하지 않는다고 했다. 또 혼인은 인도人道가 비롯되는 것이므로 마땅히 신중히 해야 하기 때문에 옛 제도에 의하여 벼슬이 있는 자는 시신時散을 막론하고 모두 사모와 품대를 허락하였으나 벼슬이 없는 자는 사모와 오각대를 쓰게 하였다. 다만 입자를 쓰는 자는 『경국대전』에 의하여 30죽을 쓰게 하고, 금은주옥으로 장식하지 못하도록 했다. 『경국대전』에서도 혼인은 일륜지대사이기 때문에 복식의 착용을 후하게 정의했다. 그러나 국왕은 벼슬이 없는 사람은 사모와 각대를 없애고 입자와 조아를 착용[43]하도록 함으로써 대신들의 말을 그대로 따르지 않고 자신의 주장을 피력하였다.

이는 사모를 착용한다는 것은 벼슬을 했다는 것을 의미하기 때문에[44] 공적인 자리나 혼인과 같은 대외적인 활동을 하는 자리에서 사모를 쓰고 싶어 했던 것이다. 그러나 성종은 단호하게 사모를 쓸 때와 입자를 쓸 때를 구분함으로써 사치에 흐르거나 예제가 흐트러지는 것을 차단하고자 했다.

넷째, 사헌부의 서리는 감찰할 때나 조하할 때 공복을 입도록 했다. 사헌부의 관리는 풍기와 풍속을 바로잡고 백성의 억울함을 풀어주며, 관리의 비행을 조사하여 책임을 규탄하는 일을 맡는 관청이다. 이들은 주로 다른 사람을 규찰해야 하므로 직접 유생들의 잘못된 복장을 바로잡을 것을 건의하기도 하고[45] 국왕의 명을 받아 백관의 공복이 염색이 고르지 못한 것을 규찰하여 예도禮度의 감독을 철저히 하도록 전교를 받기도 했다.[46] 사헌부의 관리는 다른 백관들이 조하를 드리기 위해 조복을

---

43) 『成宗實錄』 권92, 成宗 9년 5월 16일(丁丑).
44) 『成宗實錄』 권130, 成宗 12년 6월 30일(癸酉).
45) 『成宗實錄』 권113, 成宗 11년 1월 16일(丁酉).
46) 『成宗實錄』 권237, 成宗 21년 2월 15일(丁酉).

입을 때에도 감찰의 역할을 해야 하므로 공복을 입도록 규정해 놓았다. 이처럼 성종은 복식을 통해 드러내야 할 의례가 무엇인지를 정확히 판단하고 규찰하도록 함으로써 복식을 통한 의례와 질서를 실행한 국왕으로 자리매김하였다.

풍속을 바꾼 복식

본 장에서는 법이 아닌 실제 삶 속에서 복식을 통해 바뀐 문화, 그 중에서도 풍속을 중심으로 살펴보고자 한다. 500여 년이라는 시간은 제도는 물론 사람도 바꾸어 놓기 충분한 시간이다. 이 때 국왕은 시대의 변화를 감지하고 그 변화 속에서 가장 바람직한 방향으로 백성을 인도함으로써 안정된 사회를 유지 발전시켜야 한다.

봉건사회에서 국가가 망할 수 있는 가장 큰 병폐 중 하나는 사치이다. 특히 복식은 사치의 중심에 있다고 해도 과언이 아닐 정도로 조선사회에서 다양한 형태로 존재했다. 그렇다고 사치가 전적으로 나쁜 영향만을 주는 것은 아니다. 즉 새로운 문화를 만들어 내는데 주도적인 역할을 한 것 또한 사치이기 때문이다. 다만 사치를 막는 목적이 모든 백성들에게 용납되어야 한다. 이에 중종, 인조, 영조가 어떻게 사치를 막고 풍속을 교화하고자 하였는지 그 속에서 국왕의 리더십은 어떻게 표출되었는지 살펴보고자 한다.

1. 중종과 비단

사라능단紗羅綾緞은 고급직물을 대변하는 상징적인 단어이다. 그러다보니 조선 초부터 이불, 요, 복식에 최고급의 직물인 사라능단을 금하였다.

그러나 혼례를 비롯한 정조, 동지, 단오, 탄일, 강무 등의 의례를 치를 때에는 사라능단에 대한 수요가 늘어났다. 이는 의례가 갖는 특수성 때문이다.

조선시대 혼례는 일생에서 단 한 번뿐이라는 생각이 지배적이었다. 이에 최대한 성대하게 치르고자 하였으며, 그것이 용인되었다. 모든 인간의 보편적인 욕망이 작동했기 때문이다. 이에 사라능단의 사치를 금하는 법령을 내려도 잘 지켜지지 않은 것이 사실이었다. 그렇기에 왕실에서부터 솔선수범하여 혼례를 비롯하여 정조, 동지, 단오, 탄일과 강무 때의 진상에 사라능단, 금선金線, 금은金銀 등을 쓰지 못하도록 했다.[47] 그러나 반드시 사용해야만 하는 때가 있었기에 전체적으로 금지시키는 데에는 한계가 있었다. 대표적인 것이 바로 당상관堂上官이상이 사용하는 의물이었다.

더욱이 문제가 되는 것은 사라능단은 우리나라에서 생산하는 물건이 아니라는 점이다. 따라서 수입에 의존하고 있는 사라능단의 수요가 늘어날 경우 나라의 재정이 고갈될 것이며, 이는 궁극적으로 나라의 안위까지도 위협할 수 있기 때문에 경계해야만 했다. 그러나 금지만이 능사는 아니었기에 사라능단에 대응할 수 있는 새로운 시스템을 구축하여 백성들의 욕구를 충족시켜 줄 수 있는 것 또한 국왕이 갖추어야 할 리더십이었다.

1) 사라능단 관리 시스템 구축

사라능단은 사치를 넘어 국가의 위용을 드러내는데 꼭 필요한 물건이다. 그렇기에 금지만을 강조해서 해결될 일이 아니었다. 조선 초 사라능단에 대한 관심은 국가적 차원에서의 관리였다. 이에 직물을 담당하는 제용감의 관리官吏를 어떻게 운영할 것인가가 중요했다. 호조의 첩정에 의거하여 올린 의정부의 건의를 들어보자.

---

47) 『世宗實錄』 권93, 世宗 23년 6월 23일(戊子).

제용감은 한 나라의 재화가 있는 곳입니다. 정사년에는 본감本監의 종이 재화를 훔쳤는데 장물이 사형에 해당할 만큼 많아서 복주伏奏하였습니다. 지금 귀생貴生 등이 오히려 이를 징계하지 아니하고 몰래 창고의 문을 열고서 제 마음대로 절도하였습니다. 이것은 담당 관리의 문단속을 게을리 한 소치이오니 청하옵건대 지금부터는 본감의 사면四面에 담을 높이 쌓고 사라능단 등 희귀한 물화는 궤櫃를 만들어 견고하게 장치藏置하고 차고의 문비門扉에는 엄중하게 자물쇠를 채우고서 야직과 주직의 관리는 반드시 서로 면대面對하여 교대하여서 틈을 타서 도둑질하는 일이 일어나지 않게 해야 할 것입니다. 또 도둑의 현장을 붙잡아 고발하는 자에게는 10관貫이하에는 면포 10필을 상으로 주고, 20관 이하에는 20필, 30관 이하에는 30필, 40관 이하에는 40필, 50관 이하에는 50필을 주며 각기 범인의 재물로써 상품에 충용充用하게 하소서[48]

호조에서는 사라능단의 손실을 막기 위해 제일 먼저 재화를 가장 근거리에서 접하는 관리들부터 단속하고자 했다. 또한 그보다 먼저 사라능단을 안전하게 잘 보관해야 한다는 점을 강조하였다. 이를 위해서는 이중 삼중의 관리가 중요했다. 출납에 대한 내용을 상세히 기록하고 제조提調의 감독을 강화하였으며 호조에서의 관리 또한 강화하고자 했다.

무릇 제시諸司의 외공外貢은 모두 대간臺諫에 청하여 수납하는데 상의원만은 본사가 수납하니 아전이 간계를 부릴까 두렵습니다. 금, 은, 주옥, 사라능단 같은 것은 제조가 감봉監封하니 굳이 대간에 청할 필요가 없으나 그 나머지 잡물은 이제부터 대간에 청하여 출납하고 모두 중기重記에 기록하여 제조가 이것을 빙고憑考하여 회계會計를 시행하게 하고 본조도 또한 빙고하여 검거檢擧하게 하소서[49]

이 뿐만이 아니다. 사라능단의 사용을 과감히 줄이는데에도 관심이 높았다. 그 대표적인 것이 염습斂襲할 때 사라능단으로 만든 옷을 사용하

---

48) 『世宗實錄』 권97, 世宗 24년 7월 16일(甲戌).
49) 『成宗實錄』 권15, 成宗 3년 2월 15일(壬午).

지 말고, 대신 면주綿紬와 면포綿布로 만든 옷을 사용하도록 했다.[50] 이러한 금지는 단순히 사용을 금하는 것이 목적이 아니었다. 최종 목표는 풍속을 바꿔 백성의 폐해를 제거하고자 하는데 있었다.

> 우리나라는 토지가 척박하고 백성은 가난한데도 습속習俗이 사치하고 참람하여 금제의 조건이 이미 『대전』에 갖추어져 있고 또 여러 번 검소해야 한다는 교지를 내렸는데도 오히려 소박하고 순후한 데로 돌아가지 않고서 다른 지방의 물건을 다투어 숭상하여 북경에 간 사람이 채단綵段과 기물器物을 함부로 사서 짐바리에 실어 운반해오니 역로驛路가 피폐해졌다.[51]

따라서 국왕의 생각은 사라능단과 같은 고가의 물건을 시중에서 매매買賣하는 것을 일체 금지시키고 그동안 예외조항으로 두었던 것도 강렬하게 금지시켰다. 대표적인 것으로 당상관의 의관에 사용했던 사라능단을 중국과 이웃나라의 대소 사신을 접견할 때나 본조의 연향 이외에는 모두 금지하였으며, 비교적 관대했던 여복에도 당상관의 아내를 제외하고는 모두 금하였다. 특히 창기에 있어서도 어전에서 정재呈才할 때 이외에는 모두 금지시킴으로써[52] 풍속을 교화하기 위한 단호한 조치를 내렸다.

여기에 더하여 왕실에서부터 화려한 혼례를 금함으로써 모범을 보이고자 했다. 1494년(성종 25) 왕자의 혼례를 치르는데 있어 화려하고 사치한 것을 힘쓰거나 숭상하는 것은 불가不可하며 사라능단을 사용하는 것은 적당하지 않다고 하면서 더욱 신칙하고자 했다.[53]

그러나 왕실의 의도대로 사치의 폐단은 없어지지 않았다. 이에 사헌부에서는 사치스런 혼수를 금하는 절목을 건의했다.

> 근래에 부가富家와 대족大族들이 허영과 화려함을 서로 자랑하여 혼수와 치

---

50) 『世祖實錄』 권26, 世祖 7년 12월 6일(壬申).
51) 『成宗實錄』 권57, 成宗 6년 7월 17일(甲子).
52) 『成宗實錄』 권57, 成宗 6년 7월 17일(甲子).
53) 『成宗實錄』 권290, 成宗 25년 5월 14일(辛丑).

장을 극히 사치롭게 하므로 가난한 사람도 서로 따르려고 하다가 감당하지 못하여 마침내 시기를 놓치게 되니 폐단을 장차 금하기 어렵습니다. 지금부터 채단과 침구에 사라능단을 쓰는 사람과 갓의 장식에 금, 은, 주옥을 쓰는 사람과 갓끈에 산호, 유리琉璃, 명박明珀을 사용하는 사람과 동뢰연同牢宴 외에도 유밀과를 사용하는 사람과 참람하게 안장을 꾸민 말을 먼저 보내는 사람과 신부가 시부모를 뵐 때 사라능단 의복과 금, 은, 주옥패물을 갖추어 주는 사람 등 당상관의 자녀까지도 일체 모두 금단시키되, 어긴 사람은 가장으로 하여금 제서制書를 어긴 형률로써 논단하도록 하소서[54]

연산군마저도 사라능단의 금지에 동의하는 형국이었다. 그러나 연산군의 생각은 얼마 지나지 않아 바뀌기 시작했다. 1504년(연산군 10) 연산군은 당상관들을 조회할 때 모두 사라능단을 입도록 했다. 이는 조정의 체모만을 위한 것이 아니라 조정의 광채가 비단으로 인해 더욱 빛이 난다고 생각했기 때문이다.[55] 그리하여 다시 조회복으로 사라능단을 입는 것에 대해 논의하게 했다. 이에 대신들의 생각은 성대한 복장으로 인군에게 조회하는 것은 예의에 당연한 일이며, 당상관 이상은 조참에 사라능단으로 웃옷을 입는 것이 좋겠다는 의견을 전달했다. 이에 따라 국왕은 사라능단을 입는 것을 시행하라고 전지했다.[56] 이는 조정의 광채를 위해 사라능단의 직물을 사용하자는 것이었기 때문에 단순한 사치와는 거리가 있었기 때문이었다.

2) 직조 관리 시스템 구축

당상관의 의관이 조정의 체모를 드러내는 것임에도 불구하고 이를 금지하는 것에 동의한 대부분의 왕들은 사치로 흐르는 것을 막기 위한 자구책이었다. 그러나 연산군은 절용에 대한 이익보다 체모를 손상시키는 것이 더 심각하다면 사라능단을 입는 것이 타당하다는 생각을 갖고 있었

---

54) 『燕山君日記』 권44, 燕山君 8년 6월 8일(戊申).
55) 『燕山君日記』 권53, 燕山君 10년 윤 4월 25일(乙酉).
56) 『燕山君日記』 권53, 燕山君 10년 5월 10일(己亥).

다. 이에 대신들의 의견을 물어 직조에 대한 새로운 장을 열었다.

연산군이 가장 중요하게 생각했던 것은 사라능단의 질質이었다. 그래서 가장 먼저 추진한 일은 국을 설치하여 사라능단을 감독하는 것이었다. 그는 중국에서 구입해 온 사라능단의 허리를 묶은 종이에 감직관監織官과 장인匠人의 성명을 기록하여 내려주면서 "따로 국局을 설치하고 감독하여 관장하되 짤 때마다 이 견본에 의하여 짜며 또 국가에서 짜서 주는 은사恩賜의 뜻을 기입하게 하라."고 하였다. 특히 사라능단에만 적용된 것이 아니라 직조의 질을 향상시키기 위한 관리에 관심을 가졌던 것으로 보인다.

연산군은 저사苧絲를 짜는 데에도 관청이름과 날짜를 쓰게 했다. 그러자 승지 손주는 사라능단은 재상도 갖고 있는 경우가 많지 않으므로 개인적으로 짜는 저사의 허리를 묶는 종이에 별도의 관청이름을 쓰기 보다는 '통직通織'이라고 쓸 것을 건의했다.

> 사라능단은 당시 우리나라의 소산이 아니었으므로 재상들 중에도 입는 자가 드문데 특별히 관청을 설치하고 직조하게 하여 나라에서 공통으로 사용하게 했다고 쓰라고 하였다. 또 관청의 감직관監織官, 직조관織造官, 인문장引紋匠, 집경장執經匠, 집위장執緯匠, 염장染匠의 성명과 연월일年月日을 쓰라고 하였으나 관청의 이름은 '통직通織'이라고 하는 것이 어떠냐고 승지가 묻자 그리하라고 했다.[57]

결국 별도의 관청명을 기록하지는 않았으나 직조의 질을 높이기 위한 방법을 모색했다. 그가 추구한 것은 중국의 것과 같은 질을 생산하는 것이었다. 특히 중국의 것은 무늬를 만들어 내는 기술이 뛰어나 아무나 할 수 없다는 이야기를 들었기 때문이었다. 이에 관에 있는 직조기와 공역인들을 모두 능라장綾羅匠에게 주어 능라장의 주도하에 저사를 짜게 하는 방법이었다. 능라장은 상의원에 소속된 장인으로 비단을 짜는 기술

---

57) 『燕山君日記』 권53, 燕山君 10년 5월 20일(己酉).

자였으므로 그에게 직기와 일꾼을 몰아주는 방법이었다. 결국 능라장만 관리하면 직조의 질도 담보할 수 있고 직물의 양도 확보할 수 있다고 생각했다.[58] 둘째는 장인의 수를 확대하는 것은 물론이려니와 오부五部로 하여금 인가人家를 깨우쳐 널리 전하여 익히도록 했다. 또 직조를 혼자 할 수 없다면 이웃집과 공동으로 힘을 합하여 짜도록 했는데 이는 직조의 어려움을 간파한 결과라고 생각한다. 특히 길쌈은 그 공정이 까다롭고 힘들기 때문에 혼자 힘으로는 할 수 없다. 이에 마을 공동체를 형성하여 직조를 할 때 능률이 오른다고 판단했다. 또한 연산군은 직조가 단시간에 완성되는 것이 아님도 간파하였다. 그는 가깝게는 개성에서부터 멀리는 팔도에 미치기까지 직조방법을 가르치고 10년을 기한으로 한다면 비록 궁벽한 시골이라도 환하게 알지 못하는 자가 없어 공사公私가 모두 풍족해질 것이라고 했다.[59]

3) 사치 방지 시스템 구축

연산군대 확장된 사라능단의 착용은 직물의 질을 높이는 데에는 공이 있다고 하겠다. 다만 사서인까지 의복에 사라능단을 입으면서부터 서민들까지 모두 분수에 지나치게 사치해진 것은 문제가 되었다. 이에 대신들은 사라능단의 사용을 법으로 금할 것을 요청하였다.

그러나 중종의 생각은 달랐다. 의장儀章에도 품질이 있으므로 재상은 사라능단을 착용해야 하기 때문에 중국에서 사와야만 한다면 법만 가지고 모두 금할 수는 없다는 것이었다.[60] 그리하여 대신들에게 방법을 논의하게 한즉 먼저 왕실에서부터 솔선수범하여 사라능단을 입지 않는다면 아랫사람들도 자연히 입지 않을 것이라고 했다. 이에 대해서는 국왕도 같은 생각이었다. 그러나 문제가 되는 것은 부녀자들이었다. 부녀자들은 중국산 비단이 아니라할지라도 국산의 비단을 입을 것이기 때문에 사치

---

58) 『燕山君日記』 권53, 燕山君 10년 5월 15일(甲辰).
59) 『燕山君日記』 권60, 燕山君 11년 12월 21일(辛未).
60) 『中宗實錄』 권25, 中宗 11년 5월 29일(己酉).

하는 버릇이 없어지지 않는다는 것이 대신들의 생각이었다.

이에 중종은 가장家長들이 각기 스스로 단속하여 신칙한다면 금해질 것[61]이라 판단하고 공용 이외의 사라능단의 무역을 금하였다.

> 요사이 사치가 풍습이 되어 의복과 가옥을 한없이 호사하게 하니 큰 폐풍인
> 데 위에서 몸소 검소를 실행하고 대신들도 또한 화려한 것을 숭상하지 않는
> 다면 자연히 이런 폐단이 없어질 것이다. 사라능단은 공용으로 무역하는
> 것 외에는 모두 금단하도록 하라. 표리表裏도 마땅히 토산품을 쓰고 당물唐物
> 을 쓸 것이 없다.[62]

중종의 보다 큰 그림은 무역 금지에 있었다. 이는 단순히 『대전』에 실려 있는 바와 같이 부녀자와 재상들이 착용하는 사라능단을 금지하는 것만으로는 이러한 폐풍을 없앨 수 없다는 것이 그의 판단이었다. 이에 중종은 의정부에 사치풍조를 개혁하라는 전교를 내렸다.

또한 직물에 있어서도 우리나라 토산의 활용을 적극 권장했다. 그러나 『대전』의 규정에 겉옷은 사라능단을 입도록 허용하고 있으니 이를 고치기 어렵다는 대신들의 논의에 대해, 중종은 안의 옷은 절대 사라능단을 입을 수 없으며 겉의 옷도 우리나라의 토산을 정결하게 입으면 능단을 입을 필요가 없게 된다[63]는 남곤의 말을 적극 수용하였다.

이는 사라능단을 착용하는 것이 문제가 아니라 사치로 이어지는 폐풍이 문제였기 때문이다. 이 두 마리의 토끼를 잡기 위해 중종이 선택한 방책이 바로 토산을 이용하는 것이었다.

> 나라에서 쓰는 의장에서 양산涼繖·연식輦飾 같은 것은 향주鄕紬로 물들여서
> 쓸 수 없고 어복御服과 잡용의 초단綃段도 향직을 쓰는 것이 좋기는 하나
> 우리나라 실로는 짤 수 없으니 부득이 중조中朝로 부터 그 실을 무역해야

---

61) 『中宗實錄』 권26, 中宗 11년 10월 20일(戊辰).
62) 『中宗實錄』 권26, 中宗 11년 10월 22일(庚午).
63) 『中宗實錄』 권26, 中宗 11년 10월 29일(丁丑).

5부 복식으로 본 문화 창출의 리더십 | 331

합니다. 또 주렴珠簾을 꾸미는 실과 장책粧冊하는 실은 향사鄕絲로 대용할 수 있습니다. 자리의 가장자리를 꾸미는 필단인 석선필단席縇匹段 역시 면주綿紬로 대용할 수 있으나 향사는 백성에게 분정한 뒤에 쓸 수 있으니 이것도 폐단이 있습니다. 어찌 통사의 작폐로 인해 어복을 폐지하겠습니까. 대용할 수 있는 실은 그만두더라도 직조사織組絲는 중조로부터 무역할 것이 없습니다. 다만 우리나라 표리의 상사賞賜만은 지금 모두 토산물을 쓸 수 있으니 부질없이 중조로부터 무역할 것은 없습니다. 요는 나라에 저축된 단필을 참작하고 해조로 하여금 가감하여 무역하게 함이 좋을 것입니다.[64]

물론 토산을 사용하고도 부족한 것이 있다면 정확하게 필요한 수량만큼을 무역하도록 하는 것도 실리적인 정책을 수행하는 방안이었다.

과연 이 정책은 어떻게 진행되었을까? 1747년(영조 23) 영조는 여러 신하들을 불러 최고의 법복인 면복의 제도를 의논하게 했다. 더욱이 명나라에서 내려준 제도가 오래 되어 잃어버린 것이 많고 중국에서 사온 조수組綬와 패대佩帶가 모두 격식에 맞지 않는 것이 많았기 때문이었다. 이에 직방織房에서는 우리나라의 실정에 맞게 고쳐 만들도록 했으며, 이미 국조國朝에서 만든 중궁전의 법복도 향직으로 만들어 착용하였다.

물론 사라능단이 아닌 향직으로 만든 법복의 빛깔이 변하여 민망스럽다는 의견을 내고 다시 사라능단으로 회복하자는 의견이 있었던 것도 사실이다. 그러나 이에 대해서도 영조의 생각은 단호했다. 그는 법복에 그림을 그리는 일은 바탕이 닦여진 뒤에 하는 것이니 비록 빛깔이 변했다 하더라도 손상될 것이 없다[65]는 것이었다. 이후 왕실의 법복이 향직으로 바뀌었음은 『상방정례尙方定例』를 통해서 확인할 수 있다. 이처럼 단순히 사라능단의 사용을 금지시키는 것이 아니라 대체재를 사용할 수 있도록 시스템을 만드는 것이야말로 국왕의 성공적인 리더십의 결과이다.

---

64) 『中宗實錄』 권32, 中宗 13년 4월 25일(癸巳).
65) 『英祖實錄』 권65, 英祖 23년 2월 6일(丙寅).

2. 인조와 체발

조선시대 미인의 기준은 예쁜 얼굴이 아니라 얼마나 검고 풍성하며 긴 머리카락을 가졌는가였다. 얼굴은 단지 희고 윤기가 흐르는 백옥같은 피부만 있으면 충분했다. 이 역시 검은 머리를 더욱 돋보이게 하기 위한 전제조건에 불과했다.

우리나라 여인들은 삼국시대부터 특별한 머리장식보다는 머리카락으로 꾸미는 발양髮樣에 더 관심이 많았다. 기본적으로는 머리를 늘어뜨리는 수발垂髮에서 출발하여 머리를 묶고 땋고 또 틀어 올리는 등의 방법을 활용하였다. 그런 상황에서 모든 여성의 관심이 인조이후 새롭게 탄생한 수식에 집중된다. 그 수식은 다름 아닌 가체이다. 가체를 통해 크고 높은 머리를 만들어 서로 뽐내고 자랑하다보니 지나친 치장으로 흘러 사회적 문제를 야기시켰다. 그러나 새롭게 등장한 수식은 우리나라 여인의 머리카락의 질質에 기반하였으며, 그 명성이 중국에까지 알려지면서 새로운 문화를 만드는 계기가 되었다.

1) 새롭게 탄생한 머리스타일

조선왕실에서 체발에 관심을 갖기 시작한 것은 1645년(인조 23) 빈궁의 책례에 써야 할 적관翟冠을 어떻게 마련할 것인가 하는데서 출발한다. 빈궁의 책례에 입을 적의翟衣가 있으면 반드시 적관이 있어야 하는데 장인에게 물어보니 적관의 제도를 아는 사람이 없을 뿐 아니라 적관에 들어가는 물품은 중국에서 사온다 할지라도 제조하기가 어렵다는 책례도감의 건의가 있었기 때문이다.

> 빈궁嬪宮 책례 때에 이미 적의가 있고 보면 의당 적관도 있어야 할 터인데 우리나라 장인들은 적관의 제도를 알지 못합니다. 『등록』을 상고해 보건대 선조조宣祖朝 임인년 가례 때에 도감이 아뢰길, '칠적관의 제도를 장인들이 아는 자가 없을 뿐 아니라 각종의 물품을 반드시 중국에서 사와야 하고

끝내 본국에서는 제조하기가 어려우니 어떻게 해야겠습니까?[66]

이에 대해 인조는 관을 제조하기 어려우므로 이후로는 비록 가례를 치르더라도 모두 적관을 사용하지 않고 체발로 수식을 만들어 예식을 치르라고 했다.[67] 이에 수식을 꾸미는데 가장 중요한 역할을 하게 된 것이 체발이었다.

왕실 가례에 사용한 체발의 규모를 살펴보자. 1638년 거행된 인조와 장렬왕후의 가례 때 사용된 체발은 68단 5개였다. 여기에 소첩1, 목소3, 죽소3, 저모성1, 흑각잠1, 흑각장잠2, 대잠10, 중잠10, 차중잠次中簪10, 무두소잠無頭小簪4, 소잠5, 차소잠5개가 사용되었으므로 빗접이1, 빗이6개, 빗솔이1, 잠이 대중소 합하여 모두 47개이다.

체발 68단 5개는 어느 정도의 규모일까? 1단은 또 어느 정도일까? 이에 대한 구체적인 내용을 담고 있는 기록은 없다. 다만 이 체발이 쓰이는 곳은 〈그림 1〉과 같이 별도의 다리를 만들 때 사용하거나 〈그림 2〉와 같이 자신의 머리에 체발을 끼워 넣고 머리를 땋을 때 사용한다. 〈그림 3〉은 체발을 넣어 땋은 머리로 최대한 크고 높게 정수리위에 틀어 올린다.

체발 68단은 〈그림 4〉에서 보는 바와 같이 머리카락을 묶어 놓은 것을 한 단으로 볼 때 이러한 묶음이 68단이 있는 것이고 이것을 한 개로 봤을 때 5개라고 한다면 체발이 모두 380단이 될 것이다. 이 체발로 대수를 만들 때 사용했다고 한다면 그 규모는 상당했을 것으로 보인다.

〈그림 5〉는 실제 영친왕비가 사용했던 현전하는 대수이다. 그러나 체발이 어느 정도 들어갔는지는 정확히 알 수 없다. 다만 고종과 명성왕후의 가례시 사용한 체발이 10단이었으므로 영친왕비의 대수도 그와 비슷한 규모의 체발로 꾸민 새로운 헤어스타일을 만들어 냈다. 이는 조선만의 새로운 머리양식으로 자리매김했다.

---

66) 『仁祖實錄』 권46, 仁祖 23년 7월 6일(乙卯).
67) 『仁祖實錄』 권46, 仁祖 23년 7월 6일(乙卯).

〈그림 1〉 다리, 전체길이:147cm, 모발길이:90cm, 국립고궁박물관 소장

〈그림 2〉 머리를 땋고 있는 모습, 신윤복, 〈조선회화 신윤복필 풍속도첩 계변가화〉 부분, 국립중앙박물관 소장.

〈그림 3〉 머리를 양쪽으로 땋은 후 가운데에서 묶은 모습, 신윤복, 〈조선회화 신윤복필 풍속도첩 단오풍정〉 부분, 국립중앙박물관 소장.

〈그림 4〉 체발을 쌓아둔 모습, 신윤복, 〈조선회화 신윤복필 풍속도첩 계변가화〉 부분, 국립중앙박물관 소장

〈그림 5〉 영친왕비 대수, 국립고궁박물관 소장.

2) 체발의 규모, 수식을 완성하다

체발은 조선 후기로 갈수록 점차 줄어들었다. 인조와 장렬왕후의 가례 시 사용했던 체발이 68단 5개였다면 1681년 숙종인현후가례시에 사용된 체발은 68단에서 20단을 줄인 48단 5개였다. 체발의 규모에 따라 잠의 수도 줄였다. 인조장렬왕후 때와 비교해서 숙종인현왕후 가례 때에는 장잠과 대잠을 5개씩 줄였으며, 중잠과 차중잠도 각각 5개씩 줄였다. 또 소잠과 차소잠을 5개에서 각각 2개씩 줄여 3개를 사용했다. 따라서 인조와 장렬왕후의 가례보다 체발은 100개가 줄었으며, 비녀는 14개가 줄었다. 이후 영조정순후가례시에는 체발의 수를 더욱 줄여 10단으로 하였으며, 목소3, 죽소3, 저모성1, 소차개1, 흑각장잠2, 흑각대잠5, 흑각중잠5, 흑각소잠3, 흑각독소잠4, 흑각차소잠3, 흑각소소잠5로 수식이 간소화되어 고종과 명성왕후의 가례까지 죽 이어졌다.

여기서 확인되는 바와 같이 잠의 용도는 원래 큰머리를 고정시키기 위한 목적과 큰 머리를 장식하기 위한 목적이었다. 그러나 왕실에서 체발과 함께 사용한 잠은 전적으로 머리를 고정시키기 위한 용도였던 것으로 보인다. 이는 잠의 소재가 나무로만 되어 있을 뿐 아니라 잠의 크기에 따라 대, 중, 차중, 소, 차소, 소소로 나누고 있으며, 잠두의 모양 역시 무늬가 없는 것으로 구성되어 있기 때문이다.

따라서 인조와 장렬왕후의 가례 때 사용한 체발의 수가 가장 많으며, 잠의 구성 역시 가장 다양하고 많다. 결국 체발의 규모가 작아진 영조 이후에는 잠의 숫자도 확연히 줄어 들었음을 알 수 있다. 이로써 체발을 이용한 수식은 화려한 수식이라기보다는 풍성한 머리카락을 자랑하는 것으로 수식을 만들고자 했던 것으로 보인다. 체발의 규모에 따라 줄어든 비녀의 수를 통해 변화된 수식의 규모를 살펴보면 〈표 1〉과 같다.

〈표 1〉왕비 수식

	체발	소첩	목소	죽소	저모성	소차개	흑각잠	장잠	대잠	중잠	차중잠	무두소잠	독소잠	소잠	차소잠	소소잠	비고
인조장렬후	68단5개	1부	3	3	1		1	2	10	10	10	4		5	5		54
숙종인현후	48단5개	1부	3	3	1		1	1	5	5	5	4		3	3		34
숙종인원후	48단5개	1부	3	3	1	2	1	1	5	5	5	4		3	3		36
영조정순후	10단							2	5	5			4	3	3	5	27
순조순원후	10단	1부	3	3	1	1		2	5	5			4	3	3	5	35
헌종효현후	10단	1부	3	3	1	1		2	5	5			4	3	3	5	35
헌종효정후	10단	1부	3	3	1	1		2	5	5			4	3	3	5	35
철종철인후	10단	1부	3	3	1	1		2	5	5			4	3	3	5	35
고종명성후	10단	1부	3	3	1	1		2	5	5			4	3	3	5	35

그렇다면 국왕인 인조의 리더십은 어떻게 발현되었다는 것일까? 첫 번째는 관모를 고집하지 않고 새로운 방안을 모색했다는 것이고, 두 번째는 우리나라 여인의 머리카락이 얼마나 아름다운지를 간파하고, 그것을 이용하고자 했다는 것이다. 세 번째는 아름다운 머리카락을 어떻게 드러낼 것인가를 고민하고 단순하지만 가장 위엄있는 수식을 완성시킨 점에서 그의 창의성을 높이 평가하고자 한다.

3) 가체(加髢), 위엄과 창의성을 동시에 잡다

조선시대를 통틀어 가체에 대한 폐해도 많았다. 특히 영조와 정조 때에는 가체가 사치로 흐르는 것을 막기 위해 족두리簇頭里로 대신하는가 하면,[68] 가체 자체를 얹지 못하도록 금령을 내리는 일이 빈번했다.[69] 이는

---

[68] 『英祖實錄』권87, 英祖 32년 1월 16일(甲申).
[69] 『正祖實錄』권29, 正祖 14년 2월 19일(庚午).

가체에 대한 관심이 사치금지에 매몰되어 있었기에 폐단만이 강조된 것이었다. 그러나 사치로 흐르지 않았다면 새로운 스타일의 탄생이고 왕실의 위엄을 드러낼 수 있는 좋은 기회였음이 틀림없다. 여기에 가발을 이용한 서양의 헤어스타일과 궤를 같이 하고 있었음이 확인된다.

로코코의 여왕이라 불리던 마리 앙뜨와네뜨는 자신의 헤어스타일을 새롭게 디자인했다. 그의 예술적이고 환상적인 머리는 높이와 기교로 완성되었다. 이후 전문 헤어디자이너가 등장하여 기상천외한 발상의 헤어스타일을 만들어 내면서 점점 더 높은 것을 선호하였다. 또 새로운 헤어스타일에는 최근의 사회적 관심사를 담아내며 더욱 큰 관심의 대상이 되었다.

우리나라 여인들도 예외는 아니었다. 새로운 스타일에 대한 관심은 얼마나 크고 풍성한 머리를 만들 것인가로 이어졌다. 〈한양가〉에 등장하는 머리를 보자.〈그림 6〉

얼음같은 누른전모 자지갑사 끈을 달고
구름같은 허튼머리 반달같은 쌍얼레로
살살빗겨 고이빗겨 편월좋게 땋아 얹고
모단 삼승 가리마를 앞을 덮어 숙여 쓰고
산호잠 밀화비녀 은비녀 금봉차를
이리 꽂고 저리 꽂고

〈그림 6〉 전모, 신윤복, 〈전모를 쓴 여인〉, 18세기, 비단에 채색,
    29.7×28.2cm, 국립중앙박물관 소장.

여기서 중요한 것은 구름 같은 허튼 머리이다. 이 머리는 구름을 연상시키는 풍성한 헤어스타일로 머리를 높고 크게 만들기 위한 것이다. 이때 머리를 높이 올리기 위해서는 여러 가지 비녀가 필요하다. 그만큼 머리장식 또한 화려해지고 다양해질 수밖에 없었다. 또한 비녀를 꽂을 때에도 이리 꽂아 보고 저리 꽂아 보며, 어떻게 꽂는 것이 더 아름답게 보일지, 머리를 더 높게 올릴 수 있는지를 생각하게 한다. 이렇듯 여러가지 방법으로 시도해 보고 다양한 방법을 모색하고자 했다.

> 부귀한 집에서는 머리치장에 드는 돈이 무려 7~8만에 이른다. 다리를 넓찍하게 서리고 비스듬히 빙빙 돌려서 마치 말이 떨어지는 형상을 만들고 거기다가 웅황판雄黃版 · 법랑잠法朗簪 · 진주수眞珠繻로 꾸며서 그 무게를 거의 지탱할 수 없게 한다.[70]

여성들은 앞을 다투어 서로 높고 크게 꾸미기 시작했다. 비용도 만만치 않았다. 영·정조대에 이르면 이러한 폐단은 더욱 심각해졌다. 가체가 너무 무거워 목이 부러진 경우가 생기기도 하고 가체가 없어 시집을 가고도 시부모님께 인사를 드릴 수 없는 경우도 생겼다.[71] 그럼에도 불구하고 가체를 버릴 수 없는 여인들에게는 어떤 이유가 있었을까?

어떠한 상황에서도 포기할 수 없는 가체의 아름다움은 무엇이었을까? 그 아름다움의 중심에는 '젊음'이 있었다. 머리숱이 많고 검다는 것은 그 어떤 것도 따라 올 수 없는 젊음의 상징이다. 그렇기에 젊음을 표현할 수 있는 가체에 비싼 값을 치를 수밖에 없었던 힘이 내재되어 있었다.

3. 영조와 족두리

조선에서 미인의 제일 조건이 얼굴이 아니라 크고 풍성한 머리카락에

---

70) 이덕무, 『靑莊館全書』, 사소절 6, 복식.
71) 이민주, 『조선 사대부가의 살림살이』, 한국학중앙연구원, 2016, 88쪽.

있었다는 것은 이미 언급했다. 그리고 그 아름다움을 위해 가체를 끼워 넣는 것이 새로운 문화 창출의 원동력이 되었다는 사실도 확인했다. 그러나 여전히 과감해지는 가체는 결국 사회적 병폐로 이어져 또 다른 문화 창출을 이끌어 내야만 살아남을 수 있다. 이는 늘 새롭게 변화하고 변화를 당연하게 여겨야 하는 복식이 갖는 특수성이자 보편성에 기인한다. '화무십일홍花無十日紅'이라고 했던가! 아무리 최고의 아름다움을 표현했고 많은 사람들이 그것을 추종하고 따라했다 할지라도 복식은 영원할 수 없다. 따라서 높음을 자랑했던 가체는 사치라는 병폐로 흐르게 되어 새로운 수식을 원했고, 그 욕구를 충족시켜줘야 할 새로움을 만들어 내야했다. 그렇다고 이 새로움이 영원한 것도 아니다. 또 다시 새로운 것을 만들어낼 때까지만 이 새로움은 유효하다. 그러나 새로운 것도 창설하는 초기에 시의時宜에 적절해야 하고 상황이 바뀌면 반드시 바로잡거나 영구히 준행할 수 있는 방도를 헤아리고 조처해야만 비로소 묵은 폐단을 고치고 실질적인 효과를 낼 수 있다. 이때 국왕의 리더십이 요구되며, 올바른 리더십이 발휘될 때 폭발적인 힘을 갖게 된다.

1) 새로움의 탄생

가체가 골칫거리가 되어 조정에서조차 논란의 대상이 되었다. 그것은 뭐니뭐니해도 사치로 인해 풍속이 흐트러지는 것을 막기 위한 논의였다. 당시 가체는 서로 자랑하여 높고 큰 것을 숭상하기에 힘썼으므로 그 값이 몇 백금에 해당했다. 그럼에도 불구하고 조선 여성들의 체발 사랑은 끝날 것 같지 않았다.[72] 그렇기에 무언가 대책을 세워야했고 가체를 대신할 새로운 논의가 필요했다.

1756년(영조 32) 사족의 부녀자들에게 가체를 금하고 속칭 족두리로 대신하라는 전교가 내려졌다.[73] 그러나 가체를 대용한 족두리 역시 절용

---

72) 이민주, 『치마저고리의 욕망』, 문학동네, 2013, 98-99쪽.
73) 『英祖實錄』 권87, 英祖 32년 1월 16일(甲申).

에 있어서는 큰 실효를 거두지 못했다. 그것은 교리 윤득영이 말한 바와 같이 족두리를 사치스럽게 꾸미는 것을 금하지 않는다면 그 폐단은 오히려 다리보다 더 크다[74]고 한 것으로 보아 확인할 수 있다.

> 천하의 모든 일은 먼저 그 근본을 다스린 연후에야 말류의 폐단이 바루어지는 것이다. 근일 사치스러운 풍속이 점점 번성하여지고 있으니 체계 한가지 일만이 문제되는 것이 아니다. 만약 조정에 있는 신하들이 모두 능동적으로 사치하는 습관을 경계하여 오로지 검소와 절약을 숭상한다면 체계 등에 대한 일은 금하기를 기약하지 않아도 저절로 금해질 것이다. 그리고 체계를 금한 뒤에는 의당 화관의 제도를 써야 하는데 주취珠翠로 꾸미자면 그 비용이 체계를 하는 것보다 더 허비된다. 아직도 주저하고 있는 것은 이 때문이다.[75]

족두리는 분명 새로운 제도이며 조선왕조 여성 모자의 원조라 해도 과언은 아닐 것이다. 족두리를 쓰라고 했을 때에는 단순히 머리 위에 족두리만을 얹으라는 하교였다. 그러나 여성들이 단순히 족두리에 만족하지 못한 것이 원인이었고 그런 일이 발생하리라는 예측을 하지 못한 것이 또한 족두리로 가체를 대신하지 못한 이유였다. 가체만으로 꾸미는 머리스타일에서 족두리로의 변화는 기본적인 머리형태가 바뀌어야만 가능한 제도였다. 그런데 족두리만을 쓰도록 하고 보니 족두리 위를 꾸미는 것은 어쩌면 당연한 결과였을 것이다. 다시 꾸민족두리의 사용을 금지시키기 위해서는 특단의 조치가 필요했다.

2) 가체신금절목 속 특단의 조치

정조는 풍속을 바꿀 수 있는 특단의 조치를 내렸다. 그는 가체가 되었든 족두리가 되었든 사치하는 풍속이 어디에서 나왔는가를 먼저 살펴보

---

74) 『英祖實錄』 권90, 英祖 33년 11월 1일(己丑).
75) 『正祖實錄』 권7, 正祖 3년 4월 6일(庚申).

았다. 첫째는 자신의 머리카락이 아닌 딴머리를 덧붙이는 것에서 출발한 가체의 문제를 지적했으며, 가체 대신 쓴 족두리에서도 족두리 위에 얹은 칠보 및 장식이 문제가 되었음을 확인했다. 그리고 혼례 때라 하여 비싼 칠보족두리를 빌려 쓰는 것도 사치를 불러일으키는 행위라고 생각한 것이다. 이에 절목節目을 통해 해결책을 내렸다.[76)]

- 다리 대신 사용하는 형식은 낭자쌍계娘子雙髻·사양계絲陽髻는 출가 전 처녀의 제도여서 사용할 수 없으니 머리를 땋아 뒤쪽에 쪽을 찌는 것으로 대신하고 머리 위에 얹는 것은 전에 사용했던 족두리로 하되 무명으로 만든 것이나 얇게 깎은 대나무로 만든 것이나 모두 검은 색으로 밖을 싼다.
- 이번의 이 금령은 오로지 사치를 없애겠다는 성상의 뜻에서 나온 것인데 대용代用한다는 핑계로 족두리에 칠보七寶 따위로 여전히 장식한다면 제도를 고쳤다는 이름만 있고 검소를 밝히는 내용은 없는 것이니 머리장식에 관계된 금옥주패 및 진주당개眞珠唐紒·진주투심眞珠套心 따위를 일체 금지한다.
- 족두리의 장식을 금하는 것이 이미 금령에 있으니 혼인할 때 착용하는 칠보족두리를 세놓거나 세내는 것부터 먼저 금지한다.

정조는 제일 먼저 발양을 고치고자 했다. 정수리에서 쌍상투를 하고 다시 머리 뒤에서 두 개로 묶은 낭자쌍계나 귀밑에서 양쪽으로 묶어 아래로 늘어뜨린 사양계는 시집가기 전 처녀들이 하는 머리이다. 그렇기 때문에 부녀자들을 위한 새로운 머리스타일로 쪽을 찌도록 했으며, 머리위에 올리는 족두리는 비단이 아닌 무명으로 싸거나 얇게 깎은 대나무로 만든 후 검은색으로 싼다고 하였으니 사치를 줄이는데 주안점을 둔 것이다.

특히 머리스타일을 바꿔야 하는 근본적인 이유가 사치를 막기 위한 것이기 때문에 혼례에 사용하기 위해 빌려 썼던 칠보족두리의 사용도 금지했다.

이제 본 머리카락만을 이용해서 〈그림 7〉과 같이 머리를 땋는다. 이제

---

76) 『正祖實錄』 권26, 正祖 12년 10월 3일(辛卯).

위로 크고 높게 얹었던 가체 대신 본 머리를 땋아 이마 쪽으로 돌려 새로운 머리스타일을 만든다.〈그림 8〉 크기 면에서 상당히 줄어들었음을 알 수 있다.

〈그림 7〉 본머리를 땋는 모습, 김홍도, 〈빨래터〉 부분, 지본채색, 28.0×23.9cm, 국립중앙박물관 소장.

〈그림 8〉 본머리를 땋아서 앞에서 마무리 한 모습, 김홍도, 〈빨래터〉 부분, 지본채색, 28.0×23.9cm, 국립중앙박물관 소장.

이러한 금지조항으로 인해 얼굴을 내놓고 다니는 부류와 공사천公私賤은 본발本髮인 자신의 머리카락만으로 머리를 땋아 얹는 것만을 허락하였을 뿐 아니라 높이는 4척으로 제한하였다. 이로 인하여 천금을 낭비하는 폐단을 조금이나마 줄였다[77]고 평가한 것으로 보아 거대한 가체나 칠보족두리, 화관 등에 사용했던 화려한 수식은 없어졌다.

3) 족두리에서 모자의 나라가 되기까지

크고 높은 가체나 칠보족두리, 화관이 없어졌다할지라도 하루아침에 없어졌을 리 없다. 여러 번의 논의와 논의를 거친 끝에 비로소 새로운

---

77) 『弘齋全書』 권164, 일득록.

제도가 정착된다. 족두리도 예외는 아니다. 족두리가 정착되는 과정을 채제공蔡濟恭(1720~1799)이 정조에게 올린 상소를 통해 확인해 보자.

> 이번에 체발을 금지하는 것은 비록 부녀의 수식에 대한 것이라 할지라도 한 왕의 제도입니다. 사대부와 여항을 막론하고 족두리를 새로운 제도로 삼았습니다. 그런데 혹 말하기를, "연석에서 이미 화관을 금하지 말라는 하교가 있어 화관 역시 착용하였던 것입니다. 족두리를 버리고자 화관을 만들어 쓴다는 의논이 성행하는 이유라고 합니다." 화관이 정확하게 중화의 제도인지는 모르겠습니다만 이미 가체와는 다름이 있습니다. 그렇다면 반드시 막고 금해야 할 물건은 아닙니다. 그런데 만약 족두리와 더불어 두 개가 성행한다면 제도를 정한 본의가 아니기 때문에 감히 아룁니다.[78]

체발을 금지하고 족두리를 쓰게 하였으나 화관을 금지한다는 조항이 없기 때문에 화관을 같이 사용하게 되었다는 내용이다. 더욱이 화관은 체발과는 다르기 때문에 화관을 써도 막을 수는 없지만 새롭게 제도를 정한 의의가 없으니 화관의 사용을 막자는 것이었다. 이에 대해 정조도 제도를 정했으니 족두리로 단일화 하고, 화관을 쓰는 사람보다는 화관을 만드는 사람을 각별히 엄하게 신칙하도록 했다.

> 상께서 말씀하기를, 화관은 금제조항에 실려 있지 않으므로 일일이 금단할 필요는 없다. 원래의 사목에는 이미 족두리를 제도로 정하였으니 이는 진실로 지금 행해야 할 법식으로 새로운 령을 내린 것이니 어찌 족두리를 버리고 화관을 따를 수 있겠는가? 하물며 족두리는 중국의 제도임에랴. 경이 아뢴 바 다시 더욱 엄하게 신칙하고 령을 준수하고 화관에 이르러서는 색을 칠하거나 금을 붙이는 것은 매우 사치스러운 일단이 되는 것이니 유사당상은 이미 연석에서 하교를 받았으므로 공조의 조작장수 등에게 각별히 엄하게 신칙하는 것이 좋겠다.[79]

---

78) 『樊巖集』 권 30, 禁髢論婦女冠啓.
79) 『樊巖集』 권 30, 禁髢論婦女冠啓.

여기에서도 일시에 화관이 없어졌다고는 볼 수 없다. 다만 화관이 오래되어도 색을 더 칠하거나 금을 붙이는 등의 관리를 하지 못하도록 신칙하였다. 결과적으로 화관은 서서히 사라질 것이고, 족두리만 남게될 것이다. 자연스럽게 제도의 변화를 이끌어가고 있음을 알 수 있다.

정조는 족두리를 중국의 제도라고 했다. 그러나 족두리의 연원을 살펴보면 그 기원이 다양하다는 사실에 놀라게 된다. 어느 곳에서는 족두리가 어디에서 유래했는지 그 정확한 경로는 알 수 없지만 중국의 제도가 아닌 것은 분명하다[80]고 하였으며, 또 다른 곳에서는 지금 쓰는 족두리는 원나라의 것을 본뜬 것이라고도 했다. 안정복安鼎福(1712~1791)은 중국의 제도인 고고관을 본 딴 것이라고 했다.

> 지금 쓰는 족두리는 옛날 어느 때 제도를 본뜬 것입니까? 고려시대 원나라 공주가 온 후로 호복胡服으로 바뀌었으므로 궁인들 복색 역시 틀림없이 원나라 풍속을 따랐을 것인데 지금도 궁인들이 족두리를 쓰고 있는 것을 보면 그 후 의관을 다시 옛 제도대로 복원했다고 했을지라도 궁중에서는 바꾸지 않고 그대로 썼으며, 성조聖朝에 와서도 마찬가지인 것으로 보아 그 족두리 역시 원제元制가 아니겠습니까. 충선왕忠宣王때 원 태후가 숙비淑妃에게 고고姑姑를 하사했는데 고고는 부인들 관의 이름이라고 하니 그것은 어떻게 생긴 물건입니까?[81]

안정복은 궁인들의 수식은 원나라 때 들어왔던 족두리가 여전히 사용되고 있다고 하였으며,[82] 이익李瀷(1681~1763)은 궁중의 모양새는 앞이마에 상투를 묶고 그 위에 족두리를 얹는 것이라고 하였다. 특히 이익은 '족두리'라는 이름이 우아하지 않고 그 뜻을 고증할 만한 데도 없지만 오직 장식은 성대하다고 했다. 또한 족두리의 기원을 원나라의 제도를 따라 한 궁양에서 나온 것으로, 남의 머리카락으로 규방의 장식을 만드는

---

80) 『鹿門集』 제10권, 서, 사제 치공에게 답하는 글.
81) 『順菴集』 제2권, 서, 성호 선생께 올림.
82) 『順菴集』 제2권, 서, 별지.

것은 분명 잘못된 일이라 한 것으로 보아 가체 대신 머리를 정수리에서 묶고 그 위에 족두리를 쓰는 것이라고 하였다.[83] 그렇다면 족두리는 과연 어떻게 생긴 것일까? 이에 대해서는 조선후기 문신인 조극선趙克善 (1595~1658)의 말을 들어보자.

> 우리나라 부인들이 검은 비단이나 혹은 자색 비단의 온 폭 2척 2촌을 가운데 를 접어서 두 겹으로 하고 두터운 종이를 그 안에 붙여서 머리에 쓰되 이마 에서 머리를 덮어 뒤로 드리우고 어깨와 등에까지 덮는데 '차액遮額'이라고 한다. 광해군 중년 이후로는 거의 모두가 검은 비단으로 겉을 하며 솜을 안에 두고 그 가운데를 비워서 머리 위에 붙여 쓰기를 머리에 쓰는 것같이 하는데 이를 '족두리'라고 하였다. 한 때 좋아하고 숭상한 것이 마침내 나라 풍속을 변하게 하였으니 차액의 제도는 아주 없어져버렸다.[84]

위의 내용으로 보면 이마에서 어깨를 지나 등에까지 덮는 '차액'이 있었고 새롭게 족두리가 등장하면서 차액은 아주 없어져 버렸다고 했다. 차액이 종이를 가운데 넣어 빳빳하게 만들어 머리위에 썼다면, 족두리는 솜을 넣어 만들되 크기나 모양에 있어 차이가 있었던 것으로 보인다. 그러나 머리 위에 쓰는 쓰개라는 점에서는 보다 다양한 종류가 등장한 것이라고 이해할 수 있다. 한편 족두리가 성행하다 보니 차액이 사라졌다고 할 수는 있으나 차액의 뜻을 좇아서 불렀던 '가리마'가 조선후기에도 여전히 등장하고 있어 차액이 없어졌다고 보기 보다는 다양한 형태로 변형되고 그에 맞는 명칭으로 바뀌어 공존했다고 이해하는 것이 타당할 것 같다. 〈그림 9〉의 기생은 제머리를 머리 위에 얹고 그 위에 가리마를 덮어 쓰고 있다.

---

83) 『星湖全集』 26권, 서, 안백순에게 답하는 편지.
84) 『燃藜室記述』 별집 제13권, 정교전고, 관복.

〈그림 9〉 제머리 위에 가리마를 쓴 모습, 신윤복, 〈조선회화 신윤복필 풍속도첩 청금상련〉 부분, 유리건판사진, 21.4×16.4cm, 국립중앙박물관 소장.

한편 족두리는 너무 크게 만들거나 사치스럽게 꾸미는 습속을 엄히 금하였고[85] 족두리를 쓸 때에는 무명으로 만든 것이나 얇게 깎은 대쪽으로 만들되 모두 흑색으로 겉을 싸도록 했다.[86]

정조는 '가체신금사목'을 언문으로 까지 내림으로써 이후 가체는 금지되고 족두리를 쓰게 함으로써 사치가 줄었다고 평가했다.

> 우리 선조 때부터 이미 다리를 없애는 법이 있었으나 잠시 시행하다가 중지되고 말았는데 무신년에 이르러 딴은 머리를 머리에 얹거나 본발을 머리에 얹는 제도를 거듭 금하고 족두리로 대신하였으며, 얼굴을 내놓고 다니는 부류와 공사천은 본발을 머리에 얹는 것을 허락하되 높이는 4척으로 제한하였다. 이로 인하여 천금을 낭비하는 폐단을 조금이나마 줄일 수 있게 되었다.[87]

사치는 줄었다. 그렇다고 해서 여인들의 머리치장에 대한 욕구도 사라졌을까? 더욱이 결혼한 여자들의 머리모양이 쪽을 찌는 방식으로 바뀌자

---

85) 『林下筆記』 제17권, 문헌지장편, 개두(蓋頭).
86) 『林下筆記』 제17권, 문헌지장편, 다리 얹는 일을 금하다.
87) 『弘齋全書』 권164, 일득록, 문학 4.

쓰개 역시 쪽진 머리에 맞는 형태로 바뀔 수밖에 없었다. 이 새로운 스타일의 머리를 위해 새롭게 탄생한 것이 조바위다.

조바위도 차액이나 족두리와 같이 검정색이나 자색 비단으로 겉을 하고 안은 남색, 검은색, 자주색의 비단이나 명주, 면 등으로 만든다. 쪽찐 머리에 가장 적합한 형태로 조바위를 탄생시켰다.

여기서 흥미로운 점이 있다면 더위나 추위를 피하기 위한 난모 또는 량모凉帽임에도 불구하고 머리 정수리부분을 열어 놓고 있다는 점이다. 그 위에 산호 줄을 길게 매달고 이마 앞에는 작은 봉술을 달아 움직일 때마다 봉술이 흔들린다. 역동성과 발랄함을 느끼게 한다. 또 귀를 완전히 덮도록 뺨에 닿는 부분을 동그랗게 오므려 입체감을 살릴 뿐 아니라 바람이 들어오는 것을 막아준다. 여기에 당시 쪽찐 머리에 가장 합당하도록 조바위의 뒷부분을 동그랗게 파놓았다. 조바위 아래로 쪽이 빠져 나올 수 있도록 고안한 디자인이다.

이 새로운 모자 조바위는 개항기 조선을 방문했던 많은 사람들 중 영국의 영사관으로 왔던 W.R.Carles(1848~1929)는 여성의 모자 중 조바위를 가장 매력적이면서 한국적인 것으로 꼽았다.〈그림 10〉

이 뿐만이 아니다. 프랑스의 민속학자 샤를르 바라Charies Varat (1842~1893)는 한국을 '모자의 왕국'이라 칭했고, 외교관이었던 모리스 꾸랑Maurice Vourant(1865~1935)은 '모자 발명국'이라고 했다. 심지어 프랑스 화가 조세프 드 라 네지에르Joseph de La Neziere(1873~1944)

〈그림 10〉 조바위,
경기도박물관 소장.

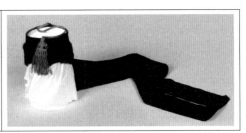

〈그림 11〉 아얌, 국립중앙박물관 소장.

는 '모자에 관한 한 아리스토텔레스에게 자문을 해주어도 될 수준'이라고
했다. 모두가 한국 모자의 다양성에 놀라고 작품성, 예술성에 감탄했다.

〈그림 11〉의 아얌은 크게 머리에 쓰는 모자부분과 뒤에 늘어뜨리는
댕기의 드림부분으로 구성된다. 이때 모자는 하단부와 상단부로 나뉘는
데 하단부에는 검을 털을 덧대고 상단부에는 비단을 누벼 줄무늬를 만든
다. 뒤통수 쪽에는 두 가닥의 댕기를 늘어뜨린다. 그리고 앞이마와 뒤통
수를 연결하는 상부 중앙에는 자주 또는 검정색 끈목이나 산호주를 연결
하는데 앞뒤에는 술 장식을 드리운다. 이 외에도 남바위, 풍차 등의 난모
가 있다.

남바위는 귀와 머리, 이마를 덮는 쓰개로 가장자리에는 털로 선을 둘러
뒷덜미를 덮는다. 이때 가장자리에 두른 털은 돈피獤皮, 사피斜皮라고 하는
담비털이다. 담비는 당대 최고의 털이다. 족제빗과에 속하는 포유동물로
몸통은 가늘고 길며, 꼬리는 몸통 길이의 2/3정도로 매우 길다. 털은
색채가 매우 아름답고 윤택이 나며 치밀하고 부드럽다.[88] 또 가볍고 보온

〈그림 12〉 아얌을 쓴 여인,
〈Le Petit Journal〉, 종이에 인쇄,
44.2×30.6cm, 국립고궁박물관
소장.

---

88) 이민주, 런웨이조선, 서울신문 2017년 03월 25일.

력이 뛰어나 조선시대 여성들에게 가장 사랑받던 귀한 모피이다. '모자의 왕국', '모자 발명국'이라는 말이 그냥 나온 말이 아니라는 사실을 알 수 있다.

더욱이 1900년에는 파리 만국박람회에 초청되어 한국의 공예를 전세계에 알렸다. 〈르 쁘티 주르날 Le Petit Journal〉의 표지를 장식한 것도 단연 아얌을 쓴 조선여인이다.〈그림 12〉 이처럼 체발에서 시작한 머리장식은 사치로 인해 금지되었으나 대신 다양한 머리장식과 모자로 발전할 수 있었던 바탕에는 풍속을 바꾸되 아름다움은 유지하고자 했던 국왕의 정치철학이 있었기에 가능했다고 본다.

백성의 풍요와 나라의 안위를 생각하다

국왕 리더십의 궁극적인 목표는 국정이 제 기능을 하고 사회가 원만하게 돌아가도록 하는 것이다. 그렇기 때문에 국왕의 리더십은 나라가 풍요로울 때보다 나라가 위기에 처했거나 사회가 혼돈될 때 그 능력이 더욱 빛날 수 있으며, 백성들 또한 국왕의 리더십을 체감할 수 있게 된다. 따라서 본 장에서는 성종, 정조, 고종이 풍요와 안위를 위해 어떤 노력을 하였으며, 궁극적으로 어떻게 표출되었는지 복식을 통해 살펴보고자 한다.

1. 성종과 양잠

친경과 친잠은 조선에서 민생과 관련된 최고의 제사이다.[89] 여기에 국왕이 몸소 실천하는 모습을 보여준다면 백성들의 감동은 더욱 클 것이다. 농경과 잠업은 조선시대 최대의 산업이다. 왕이 친히 농사를 지어 시범을 보이며 종묘에 사용할 제수를 마련하고, 왕비가 친히 뽕잎을 따 누에에게 먹여 제사에 입을 제복을 마련한다는 것은 유교적 위민정치를 실천하는 최고의 방안이다.

그럼에도 불구하고 성종 이전의 국왕들은 사직·선농·선잠에 큰 관심을

---

89) 한형주, 『조선초기 국가제례』, 일조각, 2002, 11쪽.

보이지 않았다. 건국 후 80여 년간 선농친제와 선잠제가 없었던 이유이기도 하다. 그러나 성종은 농경과 양잠이 민생을 위한 왕도정치의 출발점이라 생각하고, 선농제나 선잠제를 지낸 후에 친경, 친잠의식을 거행함으로써 '친만민親萬民'의 이념을 가시적으로 구현하고자 했다.[90] 물론 왕이 지내는 다양한 의례가 있었다. 종묘나 왕릉 등에서 지내는 제사가 추상적인 의례를 통해 왕실의 안녕만을 빌었던 국가제례라면, 친경과 친잠은 만민과 공유할 수 있는 새로운 장을 마련하는 계기가 되었을 뿐만 아니라 일반 백성들의 연풍年豐 및 풍족한 의복 창출의 염원을 의례에 담아 백성들로 하여금 왕이 직접 모범을 보이는 가시적 행위와 연결시켰다. 따라서 의례에 대한 접근성을 높이고 상하간의 소통을 확대시키는 계기를 마련함으로써 백성들에게 의례를 통해 교감하려한 국왕의 리더십이 제대로 표출된 의례라고 하겠다.

1) 최초로 친잠의를 거행하다

백성에게 가장 큰 근본은 의식衣食이다. 그 의식의 근원이 농상農桑에 있음은 두말 할 필요도 없다. 그러나 논밭을 갈고 김매는 것의 수고로움과 가시를 뚫고 들어가서 뽕을 따고 누에치는 수고로움으로 인해 오히려 백성들은 헐벗고 굶주리며 나라의 손실 또한 컸다.[91] 이에 백성들의 안위를 보살피고 군과 신민臣民이 함께 즐길 수 있는 길을 찾기 위해 성종은 직접 농사를 짓고 왕비로 하여금 친잠을 하게 했다.

물론 이 과정에서 자신의 존재를 온 백성에게 드러내고, 친잠례를 통해 왕비의 존재를 드러냄으로써 민생을 위한 국왕의 적극적인 실천의지를 보여주는 것도 본 의례가 가진 궁극적인 목적이었다.

친잠례를 진행하기 위해서는 뽕잎을 딸 수 있는 채상단이 있어야 하고 뽕잎을 먹일 잠실도 있어야 했다. 그러나 『국조오례의』에는 친잠을 위한

---

90) 한형주, 「성종·중종대 농상관련 국가제례의 변화양상과 친제」, 『역사와 실학』 43, 2010, 91-93쪽.
91) 『成宗實錄』 권78, 成宗 8년 3월 14일(辛巳).

규정조차 없었다. 그만큼 선잠의례는 재관으로 하여금 제사만 지내게 하는 형식적인 절차일 뿐 실천하고자 하는 의지를 담지 않았다고 할 수 있다. 이에 먼저 친잠의 절목을 정하는 것으로 친잠을 위한 준비가 시작되었다. 예조에서 친잠할 때 마땅히 행해야 할 절목을 1476년(성종7)과 1477년(성종 8) 두해에 걸쳐 마련하였다.

- 선잠제는 3월 안에 뽕잎이 나기 시작할 때를 기다렸다가 길사吉巳를 택하여 행한다.
- 후원에 채상단採桑壇을 쌓게 하여 원중苑中의 잠실에서 친잠한다.
- 채상단은 송나라 제도에 의거하여 사방 3장丈으로 하고 높이는 5척 4촌으로 하여 쌓는다.
- 친잠하는 곳에는 따로 궁전을 짓지 말고 악전幄殿을 둔다.
- 선잠단은 북교에 있고 채상단은 후원에 있으므로 친히 제사 지내기가 어려우니 제사는 관원을 보낸다.
- 미리 광주리와 갈고리를 만들되 갈고리는 주석으로 만든다.[92]
- 친잠은 성례盛禮이니 출궁하고 환궁할 때와 단에 오르내릴 때에 모두 음악을 연주한다.
- 왕비의 친잠 때에는 국의를 입고 수식首飾을 가한다.
- 광주리는 네모지게 만들고 빛깔은 황색을 쓴다.
- 왕비의 갈고리를 두석으로 하고 내·외명부의 것은 정철로 만들고 납염을 한다. 나무자루의 길이는 1척 2촌으로 한다.
- 단유 안의 지형이 좁아서 악차를 설치할 곳이 없으므로 동문 밖에 지형에 맞게 설치하고 악차 밖에 또 장유를 설치한다.
- 잠실의 모든 일은 별잠실에서 담당하고 잠모도 별잠실의 잠모 중 길한 자를 선택하여 충당한다.
- 연을 메는 내관은 흑의黑衣·사모紗帽·품대品帶를 갖춘다.
- 의장봉지와 각차비는 여기로써 충당하고 부족하면 의녀로써 충당하되 임시로 모두 여기의 의복을 입는다.
- 각위의 위패는 통례원과 선공감에서 만들어 사용한다.[93]

---

92) 『成宗實錄』 권71, 成宗 7년 9월 25일(乙丑).

절목의 내용이 보다 구체화 되었다. 1477년(성종 8) 3월 14일 뽕잎이 피는 길사일인 14일(신사)에 드디어 친잠의를 거행하였다. 중궁의 친잠례에 백관들이 전箋을 올리고 하례하자 친잠의를 거행한 의지를 담아 하교를 내렸다.

아! 옛날 주나라가 성할 때에 주공周公이 빈풍豳風의 시를 올렸다. 거기에는 무릇 천도의 변화에 따라 인사는 조만이 있는데, 심고 수확하는 어려움과 누에를 치고 현玄·황黃을 만드는 곡절이 섬세하게 모두 갖추어졌는데 이는 인군人君된 자로 하여금 백성이 의지할 바를 알게 하려는 것이다. 지금 내가 즐겨 듣고 또 몸소 행하였으니 백성이 보고 느낀 바가 있어서 공역功役에 나아가기를 즐겨하여 농상에 그 힘을 다한다면 나라에는 그 재물이 넉넉할 것이니 그렇게 되면 어느 집에나 의식이 풍족하여 태평의 교화를 이룰 것이다. 그 일을 감사監司로 하여금 수령守令에게 반포하고 수령은 촌항村巷에 전하게 하여 필부匹夫와 필부匹婦로 하여금 모두 스스로 길이 갈고, 자주 김매는 일에 힘을 다하여 봄에 경작하는 절후를 어기지 않게 하라. 누에를 번성하게 길러서 점차 옷과 솜이 넉넉하게 되고 항산恒産이 풍족하게 되면 예악禮樂을 일으킬 수 있어 백성이 인仁하고 수壽하는 지경에 오를 것이고 국가는 지치至治의 높은 수준에 이를 것이다. 그러니 조정이나 민간에 효유하여 모두 들어서 알게 하라.94)

성종이 백성을 생각하는 마음이 교지에 잘 담겨있다. 성종은 국왕이 풍족한 의식을 마련해주고, 이를 위해 솔선수범할 때 백성이 믿고 의지한다는 것을 익히 알고 있었다. 성종이 위대하다고 생각하는 것은 생각에만 머물러 있지 않고 이를 실행하고자 하는 실천력에 있으며, 중궁까지도 양잠에 참여하도록 한 추진력에 있었다.

---

93) 『成宗實錄』 권77, 成宗 8년 윤2월 25일(癸亥).
94) 『成宗實錄』 권78, 成宗 8년 3월 14일(辛巳).

2) 양잠만을 생각하고 국의(鞠衣)의 복색을 정하다

성종 이전에는 친잠례가 없었기 때문에 준비하고 장만해야 하는 여러 가지 일들이 있었다. 그 중에서 중궁전의 복식을 무엇으로 할 것인가는 중요한 문제였다. 복색을 무엇으로 정하며, 어떻게 정비할 것인가는 의례에 참석하는 사람들의 위상은 물론 백성들이 본 의례를 바라보는 시선에도 영향을 미치기 때문이었다.

먼저 왕비를 비롯한 왕실여성들의 복색에 대한 논의가 벌어졌다. 이에 대해 예조에서는 고제古制를 살펴 국의鞠衣의 타당성을 아뢰었다.

> 『통전』에 '왕후의 친잠에는 모두 국의를 입는다.'고 하였으며 『예기』의 월령에는 '국의를 선제先帝에게 드린다.'고 하였는데 주註에 '옷의 빛깔은 국화의 황색과 같다. 황상지복黃桑之服이라는 것은 빛깔이 국진鞠塵과 같은데 뽕잎이 처음 돋을 때의 빛깔을 본 뜬 것이고 이 옷을 신좌神座에 드리고 잠사蠶事를 빌었다.'고 하였습니다. 생각건대 국의는 황색을 취하여 황후의 의복을 만든 것이 아니고 전적으로 뽕의 빛깔을 본떠서 만든 것입니다. 또 『통전』의 '황후의 6복 가운데 국의는 네 번째이고 명부의 의복에서는 국의가 첫 번째에 있으니 황후의 의복만이 아닌 것이 분명합니다. 그러니 지금의 친잠 때에는 청컨대 국의를 입고 수식을 더하게 하소서.[95]

예조에서 친잠례의 복식으로 국의를 정한 데에는 두 가지 이유가 있었다. 첫째는 황색이 황후를 상징하기도 하지만 뽕잎이 처음 나올 때의 색깔을 본뜬 것이기에 '친잠의례'임을 만방에 알릴 수 있는 장점이 있다는 것이었다. 둘째는 국의가 육복 중 하나이지만 황후만 입는 것이 아니라 명부들도 입었으므로 우리나라의 왕비가 국의를 입는다 해도 전혀 문제가 되지 않는다는 것이었다. 결론적으로는 황색의 국의는 황후의 복색이 아닌 친잠례의 복색이라는 점에 방점이 찍히고 있음을 알 수 있다.

여기에 중궁전이 딴 뽕잎을 담는 광주리의 색깔은 물론 왕비가 사용하

---

95) 『成宗實錄』 권125, 成宗 12년 1월 18일(癸巳).

는 갈고리 역시 놋쇠에다 도금[96]을 함으로써 전체적으로 친잠의 의미를 부각하고자 하였다.

그러나 백성들의 의식을 풍족하게 하고자 시행되었던 친잠례는 해마다 시행되지 않았을 뿐 아니라 선잠제와 친잠을 같은 날 거행하지도 않았다. 그렇다고 해서 성종이 백성을 생각하는 마음이 줄어든 것은 결코 아니었다. 오히려 승정원에 누에치는 일의 중요성을 말하고 후원에 뽕나무를 심고 내관에게 다스리게 했다.[97]

이후 다시 친잠이 거행된 것은 정현왕후 윤씨(1455~1482)를 왕비로 책봉한 다음이었다. 성종은 후궁을 거느리고 원중苑中에서 친히 누에를 치게 했다.[98] 이 과정에서 친잠에 참여하는 사람들의 복색에 대한 논의가 또 한 번 있었다. 1477년(성종 8)에 거행된 친잠례는 숙의에서 올라온 폐비 윤씨의 친잠례였기에 중궁전이 입을 복색에 대한 논의만 있었다. 그러나 1493년(성종 24)의 친잠례는 정식 왕비인 정현왕후 윤씨(1462~1530)가 시행했으므로 이하 내외명부들이 어떤 복식을 입을지가 논의 대상이었다. 이에 따라 예조에서는『문헌통고』에 수록된 기록을 전거로 하여 내외명부의 복식을 청의로 하고 조잠助蠶하게 하는 것이 어떤지 물었다. 여기서 중요하게 거론된 것은 복색과 함께 뽕잎을 따는 가짓수였다. 국의를 입은 사람은 5가지 이하의 뽕잎을 땄으며, 전의 또는 연의를 입은 사람은 9가지를 따고 청색의 옷을 입게 함으로써 여전히 복색으로 신분을 구분하였음을 알 수 있다. 결국 성종은 내외명부들의 복색을 아청색으로 정했다.[99] 이는 명확하게 왕비와 내외명부를 구분짓기 위한 복색 논의였다.

3) 백성을 생각하는 의례로 거듭나다

조선시대 친잠례는 성종 대 2회, 연산군 대 1회, 중종 대 2회, 선조

---

96) 『成宗實錄』 권125, 成宗 12년 1월 18일(癸巳).
97) 『成宗實錄』 권100, 成宗 10년 1월 8일(乙丑).
98) 『成宗實錄』 권125, 成宗 12년 1월 18일(癸巳).
99) 『成宗實錄』 권274, 成宗 24년 2월 21일(丙辰).

대 1회, 광해군 대 1회, 영조 대 1회 등 총 8회가 시행되었다.[100] 그 중에서 친잠례의 가장 큰 변화는 1767년(영조 43)에 있었다. 지금까지 친잠례를 거행할 때 제사를 지내는 것은 재관의 몫이었다. 이에 따라 원래 궁밖에 있던 선잠단에 대신들을 보내 섭행하게 하였다. 그러나 경복 궁의 옛터인 강녕전에 설치한 선잠단에서 작헌례를 행하고 친잠단에서 뽕잎을 따는 의식을 친히 시행하게 했다. 이는 '친잠례가 단순히 보이기 위한 의식이 아니라'는 사실을 온 천하에 드러내기 위함이었다.

따라서 뽕잎을 따는 의식으로 친잠례를 마무리하는 것이 아니라 친잠 후에도 누에에게 계속 뽕잎을 먹여 양잠을 계속할 수 있게 하였으며, 누에를 잘 길러낸 후에는 고치를 받는 의식인 왕비수견의王妃受繭儀를 시행 했다. 그리고 국왕은 이 과정을 왕비와 함께 했다. 영조는 적전에서 수확 한 종자를 받아 보관하는 장종藏種의식과 왕비의 수견의식을 함께 거행함 으로써 보여주기 위한 의례가 아닌 백성들에게 농상의 중요함을 몸소 실천하고 있음을 보여주고자 했던 것이다. 영조의 이야기를 들어보자.

『예기』의 누에고치를 바치는 의례로써 보건대 임금과 왕후가 서로 표리가 되어 함께 하는 것이다. 친경·친잠 후에 임금이 보리를 받고 왕후가 누에고 치를 받는 것은 그 뜻이 한가지이다. 『주례』는 주공이 지은 것인데 아 주공 이 아니면 어찌 이런 예가 있었겠는가? 이는 바로 물을 담아도 새지 않는 것이라 하겠다. 그 임금은 종자를 보관하고 그 왕후는 누에고치를 보는 것이니 어찌 한갓 의문을 위해서이겠으며 또 어찌 구경거리를 위해서이겠 는가? 이는 바로 자성粢盛을 중시하고 제사를 중히 하는 뜻이며 또 백성들에 게 농상의 중요함을 보이려는 뜻이다. 아! 80세를 바라보는 늘그막에 이에 300년 만에 성대한 일을 좇아서 삼가 이 예를 행하니 의문이 마땅히 갖추어 져야 한다. 헌종獻種과 누에고치를 씻는 일은 비록 명년에 해야 할 일이나 종자를 보관하고 누에고치를 보는 것은 바로 오늘의 일이다. 이번에 내가

---

100) 성종 8년 3월 12일, 24년 3월 21일, 연산군 10년 3월 27일, 중종 8년 3월 26 일, 24년 3월 27일, 선조 5년 3월 1일, 광해군 12년 4월 20일, 영조 43년 3월 10일이다.

마땅히 보리를 받을 것이며 내전도 마땅히 누에고치를 받아야 한다.[101]

그만큼 농상의 중요성을 백성들에게 알리고자 했던 영조는 친잠행사를 마친 후 진하의, 조현의 등에 참여하여 친잠의례에 힘을 실어 주었다. 여기에서는 지금까지의 친잠례와 가장 큰 차이를 보이고 있는 작헌례를 비롯해 의례에 참여하는 각 인물들의 복식을 통해 친잠례의 위상을 살펴보고자 한다.

- 출궁할 때: 전하-익선관·곤룡포, 종친문무백관-흑단령, 왕세손-익선관·곤룡포
- 출환궁할 때: 시위승지, 사관, 각사, 당상아문, 당상낭청, 종친-흑단령
- 작헌례 때: 중궁전-예복·수식
- 친잠할 때: 중궁전-상복, 혜빈궁·세손빈궁-其服
- 반교진하할 때: 전하-원유관·강사포, 백관 4품이상-조복, 5품이하-흑단령
- 중궁전 행례할 때: 왕세손-원유관·강사포, 백관-조복
- 조현례 때: 전하-원유관·강사포, 중궁전-예복·수식, 혜빈궁, 세손빈궁, 내외명부-예복
- 조현례를 마쳤을 때: 전하-익선관·곤룡포
- 환궁할 때: 백관-흑단령, 왕세손-익선관·곤룡포

여러 의례를 거행하다보니 의례에 맞춰 여러 벌의 옷을 갈아입어야 했다. 특히 왕비를 비롯한 왕실여성들의 복식이 여러 차례 바뀌는 것을 확인할 수 있다. 새롭게 등장한 작헌례를 행할 때는 예복을 입고 수식을 더한다고 했으며 다시 진하례와 조현례 때에는 적의를 입고 수식을 더한다고 했다. 작헌례에는 예복을, 진하례와 조현례에는 적의를 입는다고 하였으니, 이 두 의식에서의 복식은 과연 다른 것인지 아니면 같은 옷인지 그에 따라 작헌례와 진하례의 위상도 달라질 것으로 보인다. 그렇다면 예복과 적의는 어떤 차이가 있는 것일까?

---

101)『英祖實錄』권108, 英祖 43년 5월 23일(丙戌).

양란 이후 왕비의 적의를 정비하기 시작한 것은 1602년(선조 35)이다. 가례도감에서 적의의 제도를 상고할 곳이 없으므로 효경전에 봉안해 놓았던 적의를 보고 제조하고자 했다. 그러나 미비한 물건이 많을 뿐 아니라 『오례의』에는 '적의에 수식을 가한다.'는 문구가 있으므로 수식은 우리나라 풍속에 따라 마련하였으며, 적의에는 대대를 하여 예복이 될 수 있도록 하라는 전교가 내려졌다.[102] 여기에서 알 수 있는 바와 같이 예복이라고 하는 것은 제대로 갖춘 옷의 의미이며, 특히 대가 없는 옷은 예복이라고 할 수 없으므로 작헌례 때 왕비가 예복을 갖추었다고 하는 옷은 적의 일습을 갖추었다는 의미가 될 것이다. 따라서 예복과 적의는 명칭에서 차이가 있을 뿐 실질적으로는 같은 옷으로 판단된다.

『국조속오례의보서례』에는 왕비의 예복이 수록되어 있는데, 그 구성을 보면 적의의 구성과 같다.

> 규는 백옥으로 만들며 왕의 것과 같다. 수식의 제도는 대략 주례의 편編과 같으며, 적의는 대홍단으로 하고 앞이 좌우에서 서로 마주보는 대금의 형태로 배자와 같다. 또한 앞 길이는 상裳의 길이와 나란하고 뒤 길이는 상의 끝을 넘어가는 길이로 1척 정도가 더 길다. 앞뒤에 금수오조원룡보를 달고 앞의 보 아래에는 수원적을 붙이는데 왼쪽에 7, 오른쪽에 7, 왼쪽 의단과 오른쪽 의단에서 하나씩을 의단의 중간에 붙임으로써 서로 연결된 것처럼 만든다. 뒤길이의 보 아래에도 수원적을 좌우 9씩 붙이고 하나를 의단의 중간에 붙인다. 좌우 소매의 길이는 앞길이의 길이와 같이하며 소매 바깥쪽에 수원적 9개씩을 붙인다.[103]

이상의 기록을 토대로 예복인 적의를 그려보면 〈그림 1〉과 같다.[104]

---

102) 『宣祖實錄』 권152, 宣祖 35년 7월 1일(庚申).
103) 『國朝續五禮儀補序例』, 예복제도.
104) 이민주, 「조선시대 문헌에 나타난 선잠제향 복식 검토」, 『포은학연구』 19집, 2017, 245쪽.

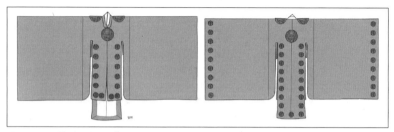

〈그림 1〉 왕비 예복, 『국조속오례의보서례』. 예복제도.

　예복에는 갖추어야 할 여러 가지 부속물들이 있다. 규를 비롯해서 수식, 하피, 상, 대대, 옥대, 패, 수, 폐슬, 말, 석이 그것이다. 수식은 적관을 사용해야 하나 적관은 중국 조정에서 배워서 만들어야 하므로 지금 꼭 만들 필요가 없다[105]고 한 인조의 전교에 따라 계해년(1623년) 이후의 관례에 따라 수식을 만들어 사용하였다.[106] 그런데 이때 어떤 모양의 수식을 만들었는지 구체적인 기록이 없어 수식의 형태를 확인할 수는 없다. 다만 수식의 제도는 예로부터 주옥으로 만들었는데 대개 예복은 사치스러워도 안 되지만 또한 만들지 않을 수 없다는 동지사 서성의 말을 듣고 "경의 말이 그럴듯하나 현재의 경비를 생각하지 않을 수 없다."[107]고 한 것으로 보아 분명 금옥의 비용이 적지 않았던 것으로 보인다. 이후 1645년(인조 23) 책례도감은 가례를 비롯하여 모든 의례에 적관을 사용하지 않고 체발로 수식을 만들어 예식을 치렀다[108]고 하였으니 체발로 꾸민 수식이었음에는 분명하다. 체발은 다리를 드리는 것으로 영조정순후의 가례 때 사용한 다리의 수는 10단에 흑각으로 만든 잠의 수가 모두 27개였다. 비녀인 잠은 머리카락을 고정시키는데 사용한 것으로 보인다.
　수식의 형태는 어떻게 생긴 것일까? 수식의 모습은 〈그림 2〉의 순정효황후와 〈그림 3〉의 영친왕비가 적의 일습을 갖추고 있는 사진 속에서

---

105) 『仁祖實錄』 권9, 仁祖 3년 8월 11일(丁亥).
106) 『仁祖實錄』 권46, 仁祖 23년 7월 6일(乙卯).
107) 『仁祖實錄』 권9, 仁祖 3년 8월 11일(丁亥).
108) 『仁祖實錄』 권46, 仁祖 23년 7월 6일(乙卯).

확인할 수 있다. 이 외에도 〈그림 4〉의 흥영군부인 역시 수식을 하고 있다. 다만 흥영군부인은 적의가 아닌 원삼을 입고 있어 신분에 따라 각각 착용하는 예복이 달랐음을 알 수 있다.

〈그림 2〉 예복을 입은 순 정효황후, 국립고궁박물관 소장.

〈그림 3〉 예복을 입은 영 친왕비, 국립고궁박물관 소장.

〈그림 4〉 예복을 입은 흥 영군부인.

2. 정조와 군복

조선은 문文과 무武를 두 축으로 운용되는 국가였다. 역성혁명으로 새로운 왕조를 창건한 태조 이성계를 비롯하여 왕조 초기에는 국방력 증진과 왕권 강화에 힘썼으나 중기 이후 평화의 시기가 지속되자 군복은 본래의 목적인 전투용보다는 외침을 막기 위한 국경수비 및 왕과 왕실을 보호하기 위한 친위병, 궁궐수비병이 착용하는 복식에 무게를 두게 되었다.[109] 이러한 현상은 광해군대 금군禁軍이외에는 갑주를 입지 않고 군복으로 통일하도록 했다는 데에서도 확인된다.

그러나 이후 숙종대에는 훈련도감을 비롯한 각 영의 대장들이 모두 갑주를 갖추도록 하였으며, 훈련도감의 군사는 대열에서 보졸步卒까지도

---

109) 박가영, 「조선시대의 갑주」, 서울대학교 대학원 박사학위논문, 2003.

갑옷을 입는 것을 원칙으로 삼았다. 또한 정조는 행행行幸 중에 노량에서 행한 대열차閱때에는 갑주를 입도록 함으로써 군사적 의미를 강화시켰고 복식 또한 갑주로 바꿔 입도록 했다. 숙종이후 국방에 대한 강화가 갑주를 입게 하는데 큰 몫을 차지했을 것으로 본다.

한편 실질적인 군사훈련을 하거나 열무의식을 행할 때에는 갑주를 입도록 하고, 그 외에는 군복과 융복을 입도록 했다. 그런데 시간이 지나면서 시위를 하는 군사들의 융복 착용에 대한 논의가 붉어졌다. 이는 철릭인 융복에 활을 메고 칼을 차는 것은 몸을 움직이기에 불편할 뿐만 아니라 복장 자체로 논하더라도 의의가 없다는 것이었다. 따라서 융복이 군복으로 대체될 수 있다고 판단한 대신들은 철릭의 혁파를 주장하며 군복으로의 단일화를 주장했다.[110] 이에 대한 정조의 생각은 달랐다. 옷을 혁파하는 것 자체가 어려운 문제는 아니었다. 다만 하나의 제도가 만들어지기까지 수 십 년 내지 수 백 년이 걸려 정착되기 때문에 국왕으로서 신중한 판단을 하고자 했으며, 대신들로부터 충분한 의견을 듣기 위해 여러 논의를 거치도록 했다.

1) 융복의 도입과 확산

철릭은 원나라에서 전래된 의복이다. 원 세조世祖는 고려의 의관을 개혁하지 말고 종래의 고려복식을 그대로 습용하라고 하였으나 세자 심諶은 원에서 돌아올 때 변발호복으로 돌아왔다.[111] 이에 탄식하는 사람들도 많았으나 새로운 복식제도인 철릭은 조선에 들어와 문 밖 거둥시 시위 군사들의 복식으로 정착되었다.[112] 또 조선의 국왕이나 왕세자에게는 받침옷으로 철릭을 입었으며,[113] 의정부에서는 각전各殿·각궁各宮의 별감과 전악서의 악공이 평상시 옷으로 직령겹주름철릭을 입었다. 또 서울 안

110) 『正祖實錄』 권38, 正祖 17년 9월 25일(乙卯).
111) 『高麗史』, 제27권, 元宗 13년 2월(己亥).
112) 『世宗實錄』 권28, 世宗 7년 4월 1일(庚子).
113) 『世宗實錄』 권103, 世宗 26년 3월 26일丙子).

상림원 별감과 대장·대부·무사·서인과 지방의 일수양반, 공상천례 등도 모두 직령겹주름철릭을 입었다. 철릭 착용이 확대되면서[114] 습襲을 할 때에도 받침옷으로 철릭을 입는가 하면,[115] 성종을 비롯해 연산군 등은 하사품으로 철릭을 내리기도 했다. 선조대에는 임진왜란과 병자호란을 겪은 이후 전투용 복식으로 철릭의 착용이 일반화되었으며, 양란이후에도 비변사에서는 계속해서 융복을 착용할 것을 건의했다.

> 지난번 백관의 관대冠帶에 대한 일을 해조에서 대신의 뜻으로 아뢰어 2월 그믐날을 기하여 시행하도록 하였습니다. 지금 중국군이 성안에 가득한데 본국의 관원이 철릭을 입고 다니는 것을 보고는 조례皀隷의 옷이라 비웃으며 혹 평시에도 이럴 것이라고 여겨 관대의 나라로 대우하지 않기도 하니 의자議者가 속히 조정의 장복章服을 마련하여 중국군에게 보여주자는 주장은 옳은 것입니다. 다만 백관의 요식이 떨어진 상황이어서 철릭을 갖추어 입기도 어려운 판국인데 만약 관대를 억지로 갖추게 한다면 그 형편이 매우 어려울 것으로 개중에는 관대를 갖출 수가 없어 관직을 그만두려는 자가 있을 것이니 이것은 가장 행하기 어려운 것입니다. 더구나 왜적들이 물러가기는 했으나 영영 물러갔다고는 할 수 없습니다. 가령 왜적이 모두 물러갔다 하더라도 대소 각관은 호복에 칼을 차 적을 무찌르려는 뜻을 잊지 않고 있다는 의지를 보이는 것이 옳습니다. 오늘날에 있어서 관대가 어찌 급무이겠습니까? 아직은 전과 같이 융복을 입게 하고 가을이 지난 뒤에 다시 논의하여 시행하는 것이 어떠하겠습니까?[116]

이로써 관대를 착용해야 할 때에도 철릭으로 대신하는 일이 많아졌다. 철릭은 조선 전 시기를 통해 광범위하게 입혀졌다. 1425년(세종 7)에는 외부 행행시 시위군사에게 철릭을 착용하도록 하였으며, 심지어 백관들의 성복成服에도 단령을 준비하기 어렵다면 철릭을 입게 하자는 예조의 의견[117]을 받아들임에 따라 일상복으로까지 착용범위가 확대되었다.[118]

---

114) 『世宗實錄』 권123, 世宗 31년 1월 25일(丙午).
115) 『世宗實錄』 권134, 오례, 흉례의식, 습.
116) 『宣祖實錄』 권108, 宣祖 32년 1월 28일(己酉).

한편 광해군 대에는 철릭을 무사의 옷으로 인식하기 시작하면서[119] 무신 중에는 문신처럼 보이기 위해 출입할 때 철릭을 입지 않는 경우도 발생하면서[120] 무신들의 철릭에 대한 인식은 그리 좋지 않았다. 그러나 영조대에는 국왕이 능과 묘에 나갈 때 철릭을 입을 정도로[121] 다시 철릭의 착용이 확대되었으며 의례적인 성격이 강해졌다. 급기야 조선 후기에는 행행시 착용할 융복을 『속대전』에 규정해 놓았다. 『속대전』에는 당상 3품 이상의 융복으로 자립紫笠에 끈을 갖추고 남색철릭을 착용하도록 했다.[122]

> 융복의 갖춤은 호수와 공작우, 전우, 방우로 꾸미고 밀화영을 단 자종립, 남사철릭을 입는다. 홍조대, 활집과 화살통, 검, 등편, 수혜자, 비구臂鞲, 깍 지[角指] 등이다.[123]

그러나 순조대에는 융복에 대한 복식개정이 시행되면서 자종립에 대한 개혁이 이루어졌다. 1834년(순조 34) 좌의정 심상규는 "자종립은 붉은 말갈기 털을 맺어 만들기 때문에 비용이 많이 들고 꾸미는 것도 번거롭고, 바람을 받기가 괴로우니 말갈기를 쓰지 말자."는 내용이었다. 이에 같은 해 "지금부터는 주립朱笠에 말갈기 털을 맺어 만드는 것을 일절 금하게 하고 혹 싸거나 대나무를 붙이거나 단지 주색만을 취하도록 한다."고 함으로써 이후에는 실용성을 높이고 사치성향을 낮춘 주립을 착용하도록 규정했다. 또한 헌종대 이후에는 당상관 이상 무관은 군복을 착용하도록 하고 문관은 융복을 착용하는 이원화가 정착되면서 받침옷으로서의 철릭

---

117) 『宣祖實錄』 권126, 宣祖 33년 6월 28일(己亥).
118) 송미경, 「조선시대 전기 철릭을 통해 본 진주 류씨 묘 출토복식 연대 추정」, 『한 복문화』 12(2), 2009, 140쪽.
119) 『光海君日記』 권176, 光海君 14년 4월 23일(戊子).
120) 『英祖實錄』 권71, 英祖 26년 3월 23일(丙寅).
121) 『英祖實錄』 권75, 英祖 28년 2월 8일(庚子).
122) 『續大典』, 권3, 예전, 의장.
123) 『茶山詩文集』, 제9권, 의, 공복에 대한 의.

은 창의로 대체되고 융복으로서의 철릭은 직령이 대신하면서 사실상 융복으로서의 역할은 약화되었다.[124]

2) 군복(軍服)의 실상

군복은 종군할 때의 차림이다. 그러니 군복 입기를 좋아하는 사람은 없었다. 그렇다고 군복을 안 입을 수도 없었다. 정약용은 의복의 쓰임을 첫째는 몸을 따뜻하게 하는 것이고, 둘째는 몸을 가리는 것이라고 했다. 몸을 따뜻하게 하는 것은 갖옷과 비단옷을 만들어 바람과 추위를 막는 것이며, 몸을 가리는 것은 문체를 만들어 귀천의 신분을 표시하는 것이라고 하면서, 여기에서 파생된 옷이 수 십 가지가 된다고 했다. 그런데 유익함이 전혀 없으므로 수십가지의 의복 중에서 두 가지만 남겨두고 나머지는 없애야 한다고 했다. 그 두 가지는 길복과 군복으로 이들 또한 모두 문식을 버리고 실용에 힘쓰며 사치한 것을 없애고 검소하게 함으로써 경비를 줄여야 나라가 부유해지고, 선비가 탐하지 않아야 백성이 쪼들리지 않을 것이라고 했다.[125]

군복은 전입자氈笠子, 은정자銀頂子, 공작미孔雀尾, 청작미靑雀尾, 밀화영蜜花纓, 협수전복夾袖戰服, 괘자褂子, 요대腰帶, 전대纏帶, 세납의細納衣, 은갑銀甲, 여의구如意鉤, 장갑掌匣 등으로 구성된다.[126] 품계에 따라 군복에 차등을 두었는데 그중 대표적인 것이 관모의 꾸밈이다. 훈련대장 등 상급 장관에 해당하는 당상관 정 3품 이상은 안올림 벙거지에 은정자와 공작미로 꾸미고, 계절에 따라 문사紋紗나 문단紋緞으로 된 쾌자나 전복에 협수포를 입고, 허리에는 요대와 전대를 두르고 수화자를 신는다. 파총과 초관 등 중하급 장관과 장교인 당하관 종 3품 이하는 상모장식이 달린 전립을 쓰고 붉은색 소매가 달린 협수포를 입고, 그 위에 전복을 입고 허리에 요대와 전대

---

124) 정혜경, 「조선시대 철릭과 남자 포류와의 상호관계」, 『한국의류학회지』 24(2), 한국의류학회, 2000, 97쪽.
125) 『與猶堂全書』 권9, 議, 公服議.
126) 『茶山詩文集』 제9권, 의, 공복에 대한 의.

를 두르고 수화자를 신으며, 수기手旗, 등편藤鞭, 통개筒箇, 궁시弓矢, 환도環刀를 갖춘다.

군복의 특징은 협수에 있다. 효종이 장릉에 행행할 때 수원부사가 군병을 거느리고 호위에 임했을 때까지만 해도 군복의 소매가 모두 넓었다. 이에 효종이 "저것이야말로 유한자들이나 입을 옷이지 무기를 베개 삼고 계엄戒嚴에 임한 뜻이 어디 있는가?"라고 하며 복제를 고치도록 하고, 대가가 지나갈 때 몸을 굽혀 경건히 맞이하는 것은 군복으로 무장한 자들의 예가 아니라고 하면서 지금부터 두 손을 마주잡고 윗몸을 편 채 무릎만 꿇고 있으라고 명했다.[127]

또한 소매 끝에 홍수紅袖를 단 것은 달리는 말이 붉은색에 익숙해져서 전쟁에서 베어 온 전리품인 적군의 머리[首級]를 매달아 놓았을 때 놀라지 않게 하려는 의도에서 붉은 색을 소매 끝에 대어 놓은 데서 유래한 것으로[128] 몸판의 복색과 소매의 색이 다르다 하여 '동다리'라고 불렀다. 〈그림 5〉에서 보는 바와 같이 승지를 비롯해 장용대장, 초관등이 모두 군복인 협수포를 입고 있으며 소매 끝에는 홍수를 달고 있다.

〈그림 5〉 군복을 입은 모습, 〈화성원행의궤도〉 부분, 종이채색, 62.2×47.3cm, 국립중앙박물관 소장.

---

127) 『國朝寶鑑』 제37권, 효종조 2.
128) 『林下筆記』, 春明逸史. 上御軍服.

정조가 소매가 좁은 군복으로 복제服制를 바꿔야 한다고 생각한 것에는 공적인 이유와 개인적인 이유가 있었다. 공적인 이유는 크고 긴 옷을 만들면 옷감이 많이 들어가기 때문에 포백이 부족하여 값이 뛸 것이며, 필요가 없어지면 포백 값이 싸질 것이고, 포백 값이 싸지면 추위에 떠는 자와 헐벗은 자가 없을 뿐 아니라 좁은 소매와 짧은 옷을 입고 즐거워할 수 있다고 생각했기 때문이다.[129] 개인적인 이유는 아버지 사도세자가 평소 군복을 좋아하였기 때문에 군복에 대한 남다른 애정을 갖고 있었다. 정조는 수원에 행행할 때 본인은 물론 위내衛內가 모두 군복을 입도록 했으며, 어진을 그릴 때에도 군복 입은 모습을 그려서 화령전華寧殿에 봉안했다. 현륭원의 화령전에 친제할 때에 수복에게 명하여 군복을 입고서 서행하도록 한 것도[130] 아버지인 사도세자를 기쁘게 해주기 위한 것이었다.

3) 융복과 군복, 어느 것을 택할 것인가

점차 철릭의 역할이 약화되자 행부사직 이문원李文源은 어가 호위시 주립과 철릭의 혁파를 주장했다. 그 이유는 시위의 직책은 어가를 호위하는 것으로 이를 위해서는 몸을 가볍게 해야 하는데 철릭을 갖춰 입으면 몸을 움직이기가 불편할 뿐만 아니라 복장 자체로 논하더라도 의의가 없다는 것이었다. 그러나 정조는 이 문제를 신중하게 검토했다. 왜냐하면 철릭을 혁파하는 것은 제도를 개혁하는 것이기 때문이었다. 이에 보다 신중히 검토하여 폐단이 없음을 명확히 한 다음에 결정하고자 했다. 그럼에도 불구하고 신하들의 철릭 혁파에 대한 주청은 계속되었다.

시위의 직책은 어가御駕를 호위하는 일입니다. 그런데 주립朱笠에 범의 수염과 새깃을 꽂고 철릭에 활을 메고 칼을 차는 것은 몸을 움직이기에 불편할 뿐만 아니라 복장 자체로 논하더라도 의의가 없습니다. 예전 경오년 온천

---

129) 『茶山詩文集』 제9권, 의, 서인의 복장에 대한 의.
130) 『林下筆記』 제27권, 춘명일사, 현륭원에 친제할 때 수복들이 군복차림으로 거행한 일.

행차 때 신의 아버지가 병조 판서로서 어가를 수행하면서 군복에 전립을 쓰고 호위하여 왕래했었습니다. 온천에 거둥할 때의 전례를 능원 거둥에 그대로 써도 해로울 것이 없고 능원 거둥 때의 전례를 서울 안에서의 거둥과 전좌殿座 때에 그대로 써도 해로울 것이 없습니다. 얼마 전 능에 거둥할 때를 두고 말하자면 병조 판서는 군복을 입고서 시위에 임하였고, 별운검別 雲劍과 도총부·병조 등은 그들 역시 시위이면서 복색이 통일되지 않고 각양 각색이었으니 이를 어떻다고 하겠습니까? 이 뒤로는 교외에 거둥할 때는 시위와 배종하는 백관들 모두가 군복을 입고서 어가를 호위하고 도성 안에 서의 거둥과 전좌 때에는 별운검 이하 시위하는 신들만 모두 군복을 착용 하도록 하고 주립과 철릭을 입는 제도는 영영 혁파하소서. 그러면 우선 군장軍裝이 편리할 뿐만 아니라 비용을 줄이는 한 가지 방법도 될 것입니 다.[131]

병조참판 역시 철릭을 개혁하자는 상소를 올렸다. 그는 우리나라의 복장 종류가 너무 많다는 것에 주안점을 두고 있으며, 군대 복장 역시 융복과 군복 두 가지가 있는 것이 불합리하다는 의견이었다. 더욱이 융은 군과 그 의미가 동일한 데도 굳이 구별을 두어 그 제도를 다르게 하고 이름을 융복이라고 하는 것은 전혀 의의가 없다는 내용이었다. 한편 철릭 의 구조가 전혀 간편하지 않다는 점이 가장 큰 개혁의 이유였다.

어가를 따르는 대소 관원들의 복장이 운신을 마음대로 할 수 없게 되어 매우 편리하지 못합니다. 평탄한 길을 호위하는 대열에서도 왼쪽에 걸리고 오른쪽에 끌리어 불편함을 면하지 못하는데 만일 위급한 일이라도 있으면 더욱이 어떻게 몸을 놀리겠습니까?[132]

여기에 우리나라 조신의 복색은 성종 때에 처음으로 당상관은 사紗, 당하관은 주紬로 구분하여 옷을 지음으로써 신분을 구분하고자 했다. 군 복에 있어서도 당상관 이상만 문단紋緞·사라紗羅등의 비단옷을 허용하고

131) 『正祖實錄』 권38, 正祖 17년 9월 25일(乙卯).
132) 『正祖實錄』 권38, 正祖 17년 10월 8일(戊辰).

당하관은 근시近侍이외에는 모두 모시나 명주 및 3승포로 만든 옷을 입게 함으로써 신분을 구별하고 비용을 절감하고자 했다. 또 전립 위의 정자에 다 직급을 대략 표시하되 도금한 것, 금으로 새긴 것, 순은으로 만든 것, 은으로 새긴 것, 말총을 맺어 만든 것, 나무로 조각한 것 등으로 구별하며 또 새의 깃과 상모象毛로 문관과 무관을 구별한다면 역시 문란하고 혼란한 지경에는 이르지 않을 것이므로 융복을 혁파해도 문제가 되지 않는다고 했다.[133]

그렇다면 정조는 과연 이에 대해 어떻게 대처했을까? 정조는 임제원의 상소도 또 그 이전에 이문원이 연석에서 아뢴 것도 모두 공감을 표현했다. 그러나 바로 승낙을 못하고 따를까 말까 주저했다. 그것은 풍속을 따라 다스려야 하는 국왕으로서의 책임감에 기인한다. 그리하여 여론을 들어 보고 대신과 여러 재신들에게 널리 물어 의견통일을 본 다음 품처하기 위한 여론수렴의 과정을 거치기 위함이었다. 그리하여 정조는 여러 가지 의견을 모은 뒤 군복 통용문제는 그냥 두는 것으로 비답을 내렸다.[134] 결국 대가를 수행하는 신하들의 복장을 위내의 인사는 군복을 착용하고, 동반東班과 서반西班은 융복을 착용하며 능에 행차하실 경우에는 위내와 위외 인사 모두 융복을 착용함으로써 동서반과 위내의 사람들을 구분하도록 했다.[135] 이에 대하여 예조판서 이만수는 원침 행차 때 융복이나 군복을 입는 것은 선왕이 하시던 일을 그대로 따르시면서 추모의 정을 더하려는 효성스러운 마음에서 비롯된 것이라고 했다.

원침 행사 때 친히 보통 융복이나 군복을 착용하시는데 그것은 경진년 온천 행차 때 착용했던 복색을 그대로 따른 것으로서 봉안각에 모셔진 어진도 역시 그 복색을 착용하였습니다. 이는 우리 성상께서 선왕이 하시던 일을 그대로 따르시면서 추모의 정을 부치려는 효성스러운 마음에서 비롯된 것이었습니다.[136]

---

133) 『正祖實錄』 권38, 正祖 17년 10월 8일(戊辰).
134) 『正祖實錄』 권38, 正祖 17년 10월 11일(辛未).
135) 『正祖實錄』 권49, 正祖 22년 8월 21일(壬子)

결국 정조는 융복의 혁파를 따르지 않고 〈그림 6, 7〉의 융복과 〈그림 8〉의 군복을 그대로 착용하도록 함으로써 제도의 개혁보다는 선왕의 의지를 따르고 효를 실천하고자 했던 것으로 판단된다.

〈그림 6〉 주립, 국립민속 박물관 소장.　〈그림 7〉 의빈이 입은 융복, 〈화성원행정리의궤도〉, 국립 중앙박물관 소장.　〈그림 8〉 파총이 입은 군 복, 〈화성원행정리의궤도〉, 국립중앙박물관 소장.

3. 고종과 두루마기

　　조선후기에 접어들면서 사회전반에 실리주의가 등장하고 자주 의지가 표명됨에 따라 개화파와 보수파의 대립이 두드러졌다. 개화파의 한 축이었던 고종은 관복은 물론 사복까지 의제개혁을 하고자 했다. 공복으로 입혀졌던 홍단령을 흑단령으로 바꾸고 도포, 직령, 창의, 중의 등의 편복을 소매가 좁은 착수형의 주의周衣(두루마기)로 모두 바꾸라는 교지를 내렸다.

　　그러나 유신들의 의견은 이와는 달랐다. 특히 예조판서 이인명은 "복식은 규례가 중요하기 때문에 함부로 정할 수 없는 것이기에 묘당廟堂에서 품처稟處하거나 유현儒賢의 의견을 수렴해야 한다."는 상소를 올렸다. 보수

---

136) 『正祖實錄』 권53, 正祖 24년 3월 17일(己巳).

파들의 상소도 끊이지 않았다.

그럼에도 고종의 의지는 단호했다. 겉으로 보기에는 단순한 의복변혁에 대한 반대로 보이지만 실상은 사대주의에 젖어 있는 보수파를 물리치고 조선의 완전 자주독립과 자주근대화를 추구하고자 한 의지의 표명이었기 때문이다.

더욱이 의복개혁을 강력하게 반대했던 유현들의 마음을 돌리고 고종의 의지를 관철시키는 것은 나라의 힘을 하나로 모을 수 있는 실천적 기회이기도 했다. 특히 새로운 변화를 추구하는 개혁파와 옛것을 고수하려는 보수파 사이의 갈등을 해결하지 못한다면 나라의 안위를 담보하기 어렵기 때문이었다. 고종은 상호간의 갈등을 해소하고 백성들의 뜻을 하나로 통합할 때 진정한 국왕의 리더십이 구현될 수 있다고 보았다. 그의 논리속으로 들어가보자.

1) 사복(私服), 개혁의지를 담다

1884년(고종 21) 사복제도를 고치겠다는 국왕의 교지가 내려졌다. 그 이유인즉 '옛것을 원용하고 오늘의 것을 참작하며, 번잡한 것을 제거하고 간편한 것을 취하여 변통하겠다는 것이었다.'[137] 좋은 취지임에 분명하다. 과연 무엇을 어떻게 고치고자 했는지 예조에서 올린 절목을 통해 구체적인 내용을 살펴보자.

- 사복의 경우 소매가 좁은 옷은 귀천을 막론하고 늘 입을 수 있으며 도포, 직령, 창의, 중의 같은 것은 이제부터 마땅히 모두 없앤다.
- 벼슬이 있는 사람은 전복을 더 입으며, 관청에 있는 서리들도 같다. 서리의 단령은 없앤다.
- 유생의 경우 진현할 때와 재복齋服으로 유건, 신발은 전과 같으며, 그 외에 는 역시 깃이 둥글고 소매가 좁은 옷을 입고 띠는 사대絲帶를 맨다. 생원, 진사, 유생의 경우 사복은 역시 소매가 좁은 옷을 입는다.

---

137) 『高宗實錄』 권21, 高宗 21년 7월 22일(甲子).

- 서민은 소매가 좁은 옷만 입으며 하인인 시역廝役도 같다.
- 소매가 좁은 옷에는 다른 색깔로 연을 달거나 혹은 달지 않아도 되는데 모두 편리한 대로 한다. 연의 너비는 포백척으로 1촌이다. 도예徒隷는 연을 달지 않는다.
- 벼슬이 없는 사람은 기라綺羅나 능단綾緞의 종류는 입지 못하며 관청에 있는 서역胥役에 속한 자도 같다.
- 띠는 넓은 띠를 매는데 단추를 달아 속의束衣처럼 한다. 띠의 제도는 남은 부분이 주척으로 1척을 넘지 못하며 혹 사대를 늘어뜨릴 경우에도 주척으로 1척을 넘지 못한다.
- 문무당상은 홍자색 띠를 매며, 당하는 청록색, 유생은 혁대로 하되 편리한 대로 한다.
- 갓끈은 좁게 짠 직조물을 쓰되 시紗나 백帛이나 구슬로 단단히 매어 늘어진 부분이 없게 한다.
- 옷고름은 단단하게 매기만 하면 되니 넓고 길게 하지 말며, 직물이나 금속 단추 모두 가능하다.
- 상복喪服을 입는 사람의 상복常服 및 조복弔服은 소매가 좁은 흰옷을 입고 띠는 백색을 쓰며 벼슬이 있는 사람은 담색淡色의 전복을 더 입는다. 상복喪服을 입는 사람은 혹 마포대를 매되 길게 늘어뜨려서는 안 된다.
- 미진한 조건은 추후에 마련한다.

이상의 절목에서 주된 골자는 규정된 제도를 없애고 편리함을 좇자는 것이었다. 그 편리함 속에는 두 가지 의미가 담겨있다. 하나는 옷의 소매를 줄이고, 끈을 늘어뜨리지 말며, 짧게 단단히 묶도록 함으로써 옷의 용도에 충실하고자 했다. 둘째는 간편함을 좇기 위해 옷을 새로 만드는 것이 아니라 있는 것을 그대로 활용하자는 것으로 띠의 색에 구애받을 필요가 없고, 연을 두르거나 두르지 않거나 형편에 맞춰 옷을 입게 하고자 했다. 그리하여 사복의 포로는 착수의窄袖衣, 전복戰服, 사대絲帶를 입어 간편함을 좇으라는 것이 교지의 요지였다.

〈그림 9〉 착수형 주의와 전복을 입은 개화당 사람들, 한국학중앙연구원 소장.

　〈그림 9〉에서 보는 바와 같이 1884년(고종 21) 개화당의 박영효, 유길
준 등은 착수형의 주의를 입고 청국의 속방화정책에 저항하며 조선의
완전 자주독립과 자주 근대화를 추구하였다. 이들은 갓 또는 편모를 쓰고
두루마기를 입고 있으며 두루마기 위에 정복을 입은 사람도 있다. 소매가
넓은 두루마기보다 훨씬 활동적이며 간편해 보이는 것이 사실이다. 그러
나 유현들은 이 절목을 받아들일 수 없다며 계속해서 상소를 올렸다.
그 이유는 무엇일까? 유현들의 상소 내용을 대략 정리하면 다음과 같다.

　- 깃과 소매는 위의를 나타낼 수 있는 부분인데 번잡하다는 이유로 고친다면
　　백성들이 의아해 할 것이며, 공복과 사복은 명나라의 유제이며 국가의
　　성헌成憲으로 변경할 수 없는 법이 되었으니 전지를 거두는 것이 마땅합니
　　다.[138](정언 이수홍과 홍우정의 상소)

---

138) 『高宗實錄』 권21, 高宗 21년 윤5월 29일(壬申).

- 고려 이래 좁은 소매의 옷은 없으며, 포와 중의는 유자의 상복上服으로 이들 옷이 없다면 위의와 귀천을 표시할 수 없으므로 번거로움을 없애 간편하게 하려는 문제로 문관은 유복을 입고 무관은 융의를 입는 다면 해로울 것이 없으니 신분에 맞게 예전대로 입는 것이 대성인의 원대하고 큰 덕에도 맞습니다.[139](봉조하 이유원)
- 홍단령과 직령은 영묘께서 성명成命하신 것이고, 소매 넓은 주의조차도 익종께서 금하셨을 뿐 아니라 현단, 심의, 견포, 야복의 제도도 상고해 볼 때 소매를 좁게 할 수 없으며, 도포나 창의도 행해온지 오래되었으므로 변경할 수 없습니다.[140](유생 심노정)
- 의복이 몸에 적합하고 의장이 안목에 익숙해졌다면 옛것이 그르고 새것이 옳아도 오히려 고치지 않아야 하는데 새로 고치는 것이 반드시 옳다고 할 수 없으며, 이미 유현들이 유생의 옷을 입고 의병을 일으키고 몸을 바쳐 나라를 구하고자 했는데 유사들에게 전복을 입혀 예를 행하지 못하게 하시니 이해할 수 없을 뿐 아니라 문무의 역할을 분명히 하여 무관은 날마다 연습하고 달마다 시험해서 그 기예를 극진하게 하여 외적을 방비해야 하며 유사는 예의의 풍속으로 인도하여 선비들이 선왕의 가르침을 익힌 나머지 충과 신으로써 무장하고 뭇사람의 마음으로써 성城을 삼되 견고해서 흔들리지 않게 해야 내정을 닦고 외적을 막는 일이 서로 보완될 것입니다.[141](승문원 부정자 안효제)
- 우리나라는 옛날부터 장삼長衫과 광수廣袖의 풍속이 있는데 지금 사람들의 옷은 옛사람에 비하면 이미 간편한데 또 어떻게 변경할 수 없는 것을 변경시키면서 간편하게 한다고 하겠으며, 우리나라의 문물은 모두 황조의 제도를 따라 한나라 관리의 위엄있는 차림새를 보존하고 있기 때문에 보잘 것 없는 변방의 작은 나라가 천하에서 중시되고 있습니다.[142](판중추부사 송근수)

이들의 한결같은 주장은 우리나라의 옷이 중국의 제도를 본받은 것이

---

139) 『高宗實錄』 권21, 高宗 21년 6월 3일(乙亥).
140) 『高宗實錄』 권21, 高宗 21년 6월 4일(丙子).
141) 『高宗實錄』 권21, 高宗 21년 6월 6일(戊寅).
142) 『高宗實錄』 권21, 高宗 21년 6월 15일(丁亥).

니 함부로 고칠 수 없으며, 복식을 통해 위의와 신분을 구분하고 있으니 간편하다는 이유로 누구나 같은 옷을 입게 해서는 곤란하다는 상소였다. 이를 주장한 사람들은 사대주의에 물들어 있던 상당수의 유현들이었다. 물론 고종의 의지에 힘을 실어주는 상소가 없었던 것은 아니다. 청풍 유학 김상봉은 가볍고 편하기가 이보다 나은 것이 없고 절용의 측면에서도 이보다 좋은 것이 없다고 했다.[143] 또 직강 김영선도 국왕의 처분은 번거로운 것을 없애고 간편하게 하려는 데서 나온 것으로서 선대 임금들이 실천하지 못한 뜻을 계승하여 실천하려는 뜻이었으므로 칭송함을 금할 수 없었다고 함으로써 고종의 의제변혁에 힘을 실어주는 상소를 올렸다.[144] 고종이 사복을 개혁하면서 그 속에 담고자 했던 것은 단순히 의제 개혁이 아니라 분명 사대에서 벗어나 자주성을 회복하고 변화하는 시대 상을 복식에 담고자 했던 의지의 표현이었다.

2) 흑단령, 전통성과 변혁의 대안으로 떠오르다

고종대 관복으로 입혀졌던 흑단령은 조선초부터 복색을 달리하며 시복과 상복으로 입던 옷이다. 조선초에는 옥색, 회색, 흑색, 홍색 등의 잡색 단령을 의례복인 동시에 집무복으로 입었다. 한편 『경국대전』 기록에는 상참, 조참, 조계 등에는 흑의黑衣를 조의朝衣로 착용한다고 하였으므로 흑색을 의례용으로 착용하였다. 이후 잡색의 단령은 홍색 한가지로 정착되면서 홍색은 집무복으로 정착되었다. 그러나 이 과정에서 흑색인 의례복을 시대에 따라 상복이라 부르기도 하고 시복이라 부르기도 했다. 흑단령을 상복이라고 부르게 된 것은 1610년(광해군 2) 『오례의』에 흑색을 상복常服이라고 한다는 기록에 의거한 것이다.[145]

고종은 임오군란이후 근대문물도입 정책을 적극적으로 추진하고자 했

---

143) 『高宗實錄』 권21, 高宗 21년 6월 17일(己丑).
144) 『高宗實錄』 권25, 高宗 25년 10월 28일(丙午).
145) 이은주, 「조선시대 백관의 시복과 상복 제도 변천」, 『복식』 55권 6호, 2005, 48쪽.

다. 특히 치안 및 군사 기반 강화의 필요성을 절실히 느끼고 군제 개혁을 감행하는 동시에 1884년(고종 21) 윤 5월 고종의 의제개혁이 시작되었다. 제일 먼저 당상관의 홍단령 착용을 금지시키는 전교를 내렸다. 조적朝籍에 이름이 올라 있는 사람은 늘 흑단령을 착용하고 매양 대소조의의 진현과 대궐 내외의 공적인 행사에 참여할 때에는 흉배를 위에 더함으로써 문관과 무관의 품계를 구별하도록 하고 단령제도인 반령착수도 국초의 제양制樣을 따르도록 했다.[146] 다만 반령은 고쳐 만들기가 구차하다며 목둘레는 그대로 두도록 했다.[147]

그러나 영중추부사 홍순목, 영의정 김병국, 우의정 김병덕 등이 연명으로 흑단령 하나로 관복을 고치는 것에 대한 부당함을 올렸다. 특히 복색을 검정색으로 바꾸는 것에 대한 불만이 높았다. 여러 가지 복색을 가지는 것은 품계를 밝히는 것이며 우리나라의 복색이 잘 지켜지고 있어 천하의 사람들이 우리나라에 와서 본받아서 법으로 삼고자 하는 때에 왜 변혁을 하자는 것인지 알 수 없다는 것이었다.

> 대개 공복은 말할 것도 없거니와 주朱·녹綠·현玄·황黃색은 조하朝賀와 제향 때 쓰고 금색·비색·청색·자색은 품계를 밝히는 것입니다. 또한 색을 숭상하는 것이 조대에 따라 각기 다르니 목덕木德으로 황제가 된 나라는 청색을 숭상하고 화덕火德으로 황제가 된 나라는 적색을 숭상한 것 같은 것이 그 예인데 붉은색·녹색·검은색·황색·금색·비색·청색·자색은 언제나 그 사이에 이리저리 섞여 있었으며 상하가 순흑색인 것은 강한 북방에서 나온 것입니다. 온 세계를 돌아다 볼 때 포의박대褒衣博帶를 착용하여 위엄이 있고 정숙한 모습은 오직 우리 대동 예의의 나라에서만 볼 수 있습니다. 따라서 천하의 사람들이 옛것에서 본 받은 것을 보고자 한다면 모두 우리나라에 와서 본받아서 법을 삼을 것인데 지금 구태여 변역할 필요가 있겠습니까. 사람들이 존경하고 추앙하는 인물을 일컬어 영수領袖라고 하는데 영수란 것은 전체의 옷이 매이어 딸린 것을 취한 것이니 그것은 위의를

146) 『承政院日記』, 高宗 21년 윤5월 24일(丁卯).
147) 『承政院日記』, 高宗 21년 윤5월 25일(戊辰).

나타낼 수 있습니다. 그러므로 연거할 때의 옷조차도 언제나 그 옷깃을 모지게도 하고 둥글게도 하며 그 소매를 넓고 크게 합니다.[148]

그러나 고종의 생각은 분명했다. 선조조宣祖朝에 조참과 상참 등의 때에 반드시 흑의를 착용하도록 한 것은 '대개 흑색을 중요하게 여겨서이니 지금 중요하지 않은 것을 버리고 중요한 것을 좇으려는 것이다.'라고 했다. 또 이보다 더 중요한 것은 나라의 형세가 문약하고 병제兵制가 해이하여 모두 일시적인 안락을 탐할 생각을 품고 변통하지 않은 결과 위의 명령이 아래에서 행해지지 않고 아랫사람의 사정이 위로 전달되지 않고 있으므로 낡은 인습을 없애야겠다는 취지였다.[149]

고종은 왜 500년 가까이 입어왔던 흑단령을 낡은 인습으로 이해했을까? 어디를 어떻게 고쳐야겠다고 생각한 것일까? 고종이 개혁하고자 한 것은 두 가지였다. 하나가 복색이며 다른 하나는 소매의 크기이다. '흑단령'은 명칭만 흑단령이었지 진정한 흑색은 아니었다. 검정색에 가까운 녹색인 현록색이 주를 이루었다. 그렇기 때문에 가장 상색에 해당하는 흑색으로 만들기를 원했으며, 소매 또한 통이 좁은 착수로 바꾸고자 했다. 소매를 착수로 바꾸는 것은 누가 봐도 편리성을 좇은 것이다. 그런데 흑색으로 바꾸고자 한 이유는 무엇일까?

당시 조선은 1882년 조미수호통상조약 이후 계속해서 1883년 영국, 1884년 독일, 이태리 등과도 수호통상조약을 맺었다. 이로 인해 고종과 관료들은 서양인들과 직접적으로 접할 수 있는 기회가 많아졌고 조선의 외교가 활발해질수록 복식의 변화를 원하는 사람들이 늘어났다. 이 때 흑단령은 우리의 전통을 지키면서도 편리하고 실용적이라는 점에서는 근대적인 성질도 갖고 있었다.[150] 크게 바꾸지 않으면서 서양복식과도 가장 흡사한 복색의 흑단령이야말로 세계와 교류하고자 한 고종의 계획

---

148) 『承政院日記』, 高宗 21년 윤5월 28일(辛未).
149) 『承政院日記』, 高宗 21년 윤5월 27일(庚午).
150) 이경미, 「갑신의제개혁(1884) 이전 일본 파견 수신사와 조사시찰단의 복식 및 복식관」, 『한국의류학회지』 33(1), 2009, 45-54쪽.

과 가장 잘 부합하는 옷이었기 때문이다.

3) 대동단결의 의지를 드러내다

그런데 문제는 고종이 내린 의제변혁절목을 추진하는 과정에서 드러났다. 일관성이 없다는 것이 이유였다. 고종은 절목을 내린 후 얼마 지나지 않아 다시 벼슬아치와 사서인들이 연회를 할 때 입었던 옷은 '예전의 옷을 그대로 두라'고 했다. 이에 대해 직강 김영선은 풍속을 바로 잡고자 했다면 아무리 상소가 많이 올라와도 동요하지 말고 시행했어야 한다고 했다. 오히려 물리치기 어렵다면 도로 절목을 철회하고 중지해도 되는 일인데 '가불가'를 정하지 않은 상태로 두는 것은 강건하고 결단력 있는 도리를 훼손시켰음을 꼬집었다.[151]

옳은 말이었다. 모든 법령이 내려진다 해도 사회는 끊임없이 변화하고 그 속에서 자리 잡아야 하는 복식은 언제나 유동적일 수밖에 없다. 그렇기 때문에 유동성은 인정할 수 있지만 신분에 따라 다르게 적용시키는 것은 왕의 결단력에 문제가 된다는 것이었다. 직강 김영선이 고종의 의제변혁 정책에 대해 실망한 것도 그런 이유였다.

직강 김영선은 공평한 의제개혁을 위한 새로운 대안을 제시했다. 그는 윗사람이건 아랫사람이건, 좋은 일이건 나쁜 일이건, 공적인 일이건 사적인 일이건 삼고의 법복이면서 실낱같이 끊어지지 않고 전승되고 있는 것으로 심의를 꼽았다. 즉 심의는 존비와 남녀, 문무와 길흉에 관계없이 통용된 정식 복장일 뿐 아니라 가장자리에 두르는 선의 색을 달리하는 것으로 신분을 구분한다면 옛날의 성인들이 문장으로 귀천을 표시한 뜻에 부합된다는 것이었다.[152]

고종은 그가 내린 의제변혁에 대한 수많은 상소를 물리치지 않고 듣고 비답을 내렸다. 또 새롭게 제시한 대안에도 귀를 기울였다. 모든 가능성

---

151) 『高宗實錄』 권25, 高宗 25년 10월 28일(丙午).
152) 『高宗實錄』 권25, 高宗 25년 10월 28일(丙午).

을 열어 놓고 최종적으로 결정을 내리고자 했기 때문이다. 고종의 선택은 검은색의 주의를 입는 것이었다. 수많은 상소를 받고 흔들린 점도 있었으나 그가 끝까지 주장한 것은 착수형의 주의周衣(두루마기)로 통일시키는 것이었다. 이런 결정을 하게 된 배경에는 어떤 의도가 담겨 있을까? 고시를 통해 그 의미를 살펴보자.

개국 504년 칙령 제 67호로 이제부터 공사 예복 중에서 답호를 없애고 대궐로 들어 올 때에는 모帽, 회靴, 사대絲帶를 하며 주의는 관리와 백성들이 똑같이 검은색으로 하라고 하였다. 이것은 우리 대군주 폐하가 관리와 백성을 똑같이 보는 넓고 공정하고 사사로움이 없는 신성한 덕으로 의복제도에서조차 관리와 백성들의 차별을 두지 않는 것이며 또한 검은색으로 한 것은 백성들의 편의를 위한 신성한 뜻이다. 우리 대군주 폐하의 신하와 백성 되는 모든 사람들은 훌륭한 뜻을 받들어 관리와 백성이 똑같은 의복제도를 쓸 뿐만 아니라 가슴 속에 충군 애국하는 마음이 충만하고 관리와 백성 사이의 차별이 없기를 바란다.[153]

조선 사람이 즐겨 입었던 편복포를 주의 하나로 통일시킨 것은 백성들 입장에서는 아쉬움이 많았을 것이다. 그러나 대동단결하는 모습을 보여주고 싶은 국왕의 마음이 검은색의 주의 속에 담겨있었고, 그것을 파악한 백성들이 의제개혁을 받아들임으로써 국왕과 백성이 하나 된 모습을 보여주는 결과를 가져왔다. 특히 의복으로 관민을 구별하지 않고 편의를 추구한 고종의 의지는 '평등사상'을 백성들에게 심어주는 계기를 마련하였다.

---

153) 『高宗實錄』 권33, 高宗 32년 4월 5일(丙午).

참고문헌

1. 자료

『論語』
『高麗史』
『朝鮮王朝實錄』
『承政院日記』
『備邊司謄錄』
『日省錄』
『內閣日曆』
『弘齋全書』
『經國大典』
『續大典』
『御製自省篇』
『御考恩賜節目』
『國朝續五禮儀補序例』
『火器都監儀軌』
『國朝寶鑑』
『萬機要覽』
『讀書堂先生案』
『農桑輯要』
『農事直說』
『牧隱文藁』
『潛谷先生遺稿』
『燕巖集』
『鹿門集』
『順菴集』
『牧隱文藁』

『研經齋全集』
『惕齋屛居錄』
『靑莊館全書』
『燃藜室記述』
『茶山詩文集』
『與猶堂全書』
『武科總要』
『(五衛)陣法』
『亂中雜錄』
『大東野乘』
『孤臺日錄』
『華西集』
『화기도감의궤(火器都監儀軌)』(서울대 규장각한국학연구소)

2. 저서

계승범, 『조선시대 해외파병과 한중관계』, 푸른역사, 2009.
고려대학교 민족문화연구원 만주학센터 만주실록 역주회 역, 『만주실록』, 소명출판, 2014.
고성훈, 『영조의 정통성을 묻다 : 무신란과 모반사건』, 한국학중앙연구원출판부, 2013.
金成潤, 『朝鮮後期 蕩平政治 研究』, 지식산업사, 1997.
金容燮, 『朝鮮後期農業史研究』 1, 一潮閣, 1970.
김웅호, 『조선초기 중앙군 운용 연구』, 서울대학교 박사학위논문, 2017.
김종수, 『조선후기 중앙군제연구-훈련도감의 설립과 사회변동』, 혜안.
김지영, 『친잠의궤』, 해제, 서울대학교규장각, 2004.
김태영, 『朝鮮前期 土地制度史 研究』, 지식산업사, 1983.
노기식, 『중국의 변강 인식과 갈등』, 한신대학교출판부, 2007.
민현구, 『조선초기의 군사제도와 정치』, 한국연구원, 1983.

박가영, 『조선시대의 갑주』, 서울대학교 대학원 박사학위논문, 2003.

서영희, 『대한제국 정치사연구』, 서울대학교출판부, 2003.

안방준 지음, 안동교 번역, 『국역 은봉전서』, 보성문화원, 2002.

왕현종, 『한국 근대국가의 형성과 갑오개혁』, 역사비평사, 2003.

원창애, 『조선시대 문과급제자 연구』, 한국학중앙연구원 박사학위
　　　논문, 1987.

이민환 지음, 중세사료강독회 옮김, 『책중일록-1619년 심하 전쟁과
　　　포로수용소 일기』, 서해문집, 2014.

이상협, 『조선전기 北方徙民 研究』, 경인문화사, 2001.

이성무, 『조선왕조사』(1), 동방미디어, 1998.

이영춘, 『조선후기 왕위계승 연구』, 집문당, 1998.

이정철, 『대동법, 조선 최고의 개혁』, 역사비평사, 2010.

이태진, 『고종시대의 재조명』, 태학사, 2000.

알렉세이 니콜라이에비츠 쿠로파트킨, 심국웅 역, 『러일전쟁』, 한국
　　　외국어대학교, 2007.

위잉스, 『주희의 역사세계』 상, 글항아리, 2015.

장필기, 『영조 대의 무신란 : 탕평의 길을 열다』, 한국학중앙연구원
　　　출판부, 2014.

정옥자, 『조선후기 조선중화사상연구』, 일지사, 1998.

최문정, 『임진록연구』, 박이정, 2001.

최승희, 『조선초기 정치문화의 이해』, 지식산업사, 2005.

한명기, 『광해군』, 역사비평사, 2000.

한형주, 『조선초기 국가제례』, 일조각, 2002.

황태연, 『백성의 나라 대한제국』, 청계, 2017.

3. 논문

강제훈, 「세종 12년 定額 貢法의 제안과 찬반론」, 『京畿史學』 6,
　　　2002.

＿＿＿, 「조선 『세종실록』 「오례」의 편찬 경위와 성격」, 『사학연구』

107호, 2012.

계승범, 「17세기 중반 나선정벌의 추이와 그 동아시아적 의미」, 『사학연구』 110, 한국사학회, 2013.

고수연, 「조선 영조대 무신란의 실패 원인」, 『한국사연구』 170, 한국사연구회, 2015.

고윤수, 「광해군대 조선의 요동정책과 조선군 포로」, 『동방학지』 123, 연세대 국학연구원, 2004.

김경수, 「조선 중기 사관의 국방의식-『明宗實錄』 사론을 중심으로」, 『군사』 48, 국방부군사편찬연구소, 2003.

김두섭, 「조선후기 도시에 대한 인구학적 접근」, 『한국사회학』 24, 한국사회학회, 1992.

김문식, 「영조의 제왕학과 『御製自省編』」, 『장서각』 27, 2012.

김백철, 「朝鮮後期 英祖初盤 法制整備의 성격과 그 지향-新補受教輯錄 體裁를 중심으로-」, 『정신문화연구』 115, 2009.

_____, 「영조의 순문(詢問)과 위민정치(爲民政治)-'애민愛民'에서 '군민상의君民相依'로-」, 『국학연구』 21, 2012.

金榮鎭, 「『農事直說』 譯文」, 『農村經濟』 6-4, 1983.

김영진·홍은미, 「15세기 한국농학의 환경인식과 농서편찬 – 중국 농서 이용-」, 『농업사연구』 4-1, 2005.

김우영, 「조선 초기 진사시 성립 과정 연구」, 『교육 사학 연구』 25, 2015.

김인숙, 「인조 경운궁 즉위의 정치적 의미」, 『한국인물사연구』 15, 2011.

김중권, 「성종조의 사가독서에 관한 연구-賜暇讀書者를 중심으로」, 『서지학연구』 14, 1997.

_____, 「중종조의 사가독서에 관한 연구-賜暇讀書者를 중심으로-」, 『서지학연구』 18, 1999.

_____, 「조선조 경연에서 성종의 독서력 고찰」, 『서지학연구』 32, 2005.

金泰永, 「朝鮮前期 貢法의 成立과 그 展開」, 『東洋學』 12, 1982.

남지대, 「조선 태종의 왕권 확립」, 『역사문화연구』 53, 2015.

노기식, 「入關前 만주의 몽골 지배」, 『중국의 변강 인식과 갈등』, 한신대학교출판부, 2007.

노영구, 「宣祖代 紀效新書의 보급과 陣法 논의」, 『군사』 34, 국방부 군사편찬연구소, 1997.

목수현, 「대한제국기의 국가 상징 제정과 경운궁」, 『서울학연구』 40, 2010.

문중양, 「세종대 과학기술의 '자주성', 다시 보기」, 『歷史學報』 189, 2006.

박원호, 「永樂年間 명과 조선간의 여진문제」, 『아세아연구』 85, 1991.

박종배, 「조선시대 성균관 대사례의 시행과 그 의의」, 『교육사학연구』 13, 2003.

박천식, 「문과 초장 강제시비고 -선초 과거제도의 성립과정에 관한 일고찰-」, 『동양학』 6, 1976.

박현모, 「영조의 위기극복 리더십 연구 : "이인좌의 난" 사례를 중심으로」, 『한국정치연구』 19권 1호, 서울대 한국정치연구소, 2010.

박현순, 「영조대 성균관 유생의 정치활동 규제와 사기의 저하」, 『규장각』 44, 2014.

_____, 「정조의 『임헌제총』 편찬과 어제 출제」, 『규장각』 48, 2016.

반윤홍, 「비변사의 나선정벌 籌劃에 대하여-효종조 영고탑 파병절목을 중심으로-」, 『한국사학보』 11, 고려사학회, 2001.

변주승, 「조선후기 유민·명화적 연구의 동향과 과제」, 『조선후기사 연구의 현황과 과제』, 창작과 비평사, 2000.

석창진, 「조선 초기 유교적 국상의례의 거행양상과 그 특징」, 『한국사학보』 58호, 2015.

송미경, 「조선시대 전기 철릭을 통해 본 진주 류씨 묘 출토복식 연대 추정, 『한복문화』 12(2), 2009.

송병기, 「광무개혁 연구-그 성격을 중심으로」, 『사학지』 10, 1976.

송양섭, 「균역법 시행과 균역청의 재정운영 – 급대재원의 확보와 운영을 중심으로」, 『영조의 국가정책과 정치이념』, 한국학중앙연구원출판부, 2012.

심승구, 「조선초기 무과제도」, 『북악사론』 1, 1989.

廉定燮, 「18세기말 正祖의 '農書大全' 편찬 추진과 의의」, 『한국사연구』 112, 2001.

염정섭, 「18세기 후반 정조대 농정책의 시행과 의의」, 『농업사연구』 5-1, 한국농업사학회, 2006.

오갑균, 「영조대 무신란에 관한 고찰」, 『역사교육』 21, 역사교육연구회, 1977.

왕현종, 「대한제국기 고종의 황제권 강화와 개혁 논리」, 『역사학보』 208, 2010.

_____, 「조선시대 문과 중시 급제자 연구」, 『역사와 실학』 39, 2009.

_____, 「조선시대 문과직부제 운영 실태와 그 의미」, 『조선시대사학보』 63, 2012.

유지원, 「사르후(薩爾滸, Sarhū)戰鬪와 누르하치」, 『명청사연구』 13, 명청사연구회, 2000.

윤 정, 「英祖의 '中興' 인식과 '祛黨'의 모색」, 『역사와 실학』 48, 2012.

윤훈표, 「조선전기 진법훈련 체계의 변화」, 『역사와 실학』 46, 역사실학회, 2011.

이경미, 「갑신의제개혁(1884) 이전 일본 파견 수신사와 조사시찰단의 복식 및 복식관」, 『한국의류학회지』 33(1), 2009.

이경찬, 「조선 효종조의 북벌운동」, 『청계사학』 5, 한국정신문화연구원 청계사학회, 1988.

이근호, 「영조대 탕평파의 형성과 閥閱化」, 『조선시대사학보』 21, 2002.

이민주, 「조선시대 문헌에 나타난 선잠제향 복식 검토」, 『포은학연구』 19집, 2017.

이상훈, 「인조대 이괄의 난과 안현 전투」, 『한국군사학논집』 69집 1권, 육군사관학교 화랑대연구소, 2013.

이영춘, 「인조반정(仁祖反正) 후에 파견된 책봉주청사(冊封奏請使) 의 기록(記錄)과 외교 활동」, 『조선시대사학보』 59, 조선시대사학회, 2011.

이왕무, 「영조의 사친궁·원 조성과 행행」, 『장서각』 15, 한국학중앙연구원 장서각, 2006.

이은주, 「조선시대 백관의 시복과 상복 제도 변천」, 『복식』 55권 6호, 2005.

이인복, 「仁祖의 군주관과 국정운영」, 『조선시대사학보』 79, 조선시대사학회, 2016,

이태진, 「14·15세기 農業技術의 발달과 新興士族」, 『한국사회사연구』, 지식산업사, 1979.

_____, 「世宗代의 農業技術政策」, 『조선유교사회사론』, 지식산업사, 1984.

이학주, 「홍천 이괄 관련 지명과 설화 조사 연구」, 『아시아강원민속』 22, 아시아강원민속학회, 2008.

이호철, 「조선전기 농법의 전통과 변화」, 『농업사연구』 3-1, 한국농업사학회, 2004.

임선빈, 「인조의 공산성 駐蹕과 후대의 기억」, 『조선시대사학보』 68, 2014.

임용한, 「오이라트의 위협과 조선의 방어전략-진관체제 성립의 역사적 배경」, 『역사와 실학』 46, 2011.

鄭萬祚, 「양역의 편성과 폐단」, 『한국사』 32, 국사편찬위원회, 1997.

鄭演植, 「균역법의 시행과 그 의미」, 『한국사』 32, 국사편찬위원회, 1997.

鄭 毅, 「근대 일본의 서구 숭배와 국수주의-메이지유신부터 청일전쟁까지를 중심으로」, 『일본사상』 27, 2014.

장영숙, 「대한제국기 고종의 정치사상 연구」, 『한국근현대사연구』

51, 2009.

정다함, 「조선초기 野人과 대마도에 대한 藩籬·藩屏 인식의 형성과 경차관의 파견」, 『동방학지』 141, 2008.

정성식, 「경국대전의 성립배경과 체제」, 『동양문화연구』 제13집, 2013.

정우봉, 「18세기 馬兵의 한글일기 「난리가」 연구」, 『고전문학연구』 43, 한국고전문학회, 2013.

정해은, 「16세기 동아시아 속의 조선과 『국조정토록』의 편찬」, 『장서각』 29, 한국학중앙연구원 장서각, 2013.

정혜경, 「조선시대 철릭과 남자 포류와의 상호관계」, 『한국의류학회지』24(2), 한국의류학회, 2000.

조윤선, 「영조 6년(庚戌年) 謀叛 사건의 내용과 그 성격」, 『조선시대사학보』 42, 2007.

차용걸, 「행성·읍성·진성의 축조」, 『한국사』 22, 국사편찬위원회, 1995.

최광만, 「숙종대의 과시정책과 운영」, 『한국교육사학』 37, 2015.

최덕규, 「1880년대 한반도 남북변경위기의 연구-거문도사건과 조청감계를 중심으로」, 『근대 동아시아 변경형성과 러시아 연해주 한인이주』, 동북아역사재단 2013.

최이돈, 「16세기 사림파의 천거제 강화운동」, 『한국학보』 54, 1989.

하현강, 「길마재에 꿈을 묻고-이괄(李适)-」, 『한국의 인간상』 2, 신구문화사, 1965.

한명기, 「이괄의 난이 인조대 초반 대내외 정책에 미친 여파」, 『전북사학』 48, 전북사학회, 2016.

한성주, 「조선초기 朝·明 二重受職女眞人의 兩屬問題」, 『조선시대사학보』 40, 2007.

韓榮國, 「대동법의 시행」, 『한국사』 30, 국사편찬위원회, 1998.

한우근, 「『明宗實錄』 해제」, 『민족문화』 17, 한국고전번역원, 1994.

한춘순, 「문종대(文宗代)의 국정운영」, 『조선시대사학보』 33, 2005.

한형주, 「성종·중종대 농상관련 국가제례의 변화양상과 친제」, 『역사와 실학』 43, 2010.

한희숙, 「16세기 임꺽정 난의 성격」, 『한국사연구』 89, 한국사연구
　　회, 1995.

허대영, 「임진왜란 전후 조선의 전술 변화와 군사훈련의 전문화」,
　　『한국사론』 58, 서울대학교 국사학과, 2012.

허태용, 「英祖代 蕩平政局下 國家義理書 편찬과 戊申亂 해석」, 『사
　　학연구』 116, 한국사학회, 2014.

색인

(ㄱ)

가례 360
가리마 346
가체 337, 338, 339, 340, 341, 343, 346
가체신금사목 347
감저甘藷(고구마) 108
감직관監織官 329
갑주 361
갓 373
강녕전 357
강무講武 58
강서講書 158
강필리姜必履 108
강홍립姜弘立 238, 239, 240, 241, 245, 246, 248
개항기 348
개혁 367
개화파 370
거재유생 198
건양 86
계지술사繼志述事 65
결미結米 140
「결미절목結米節目」 140
『경국대전』 10, 13, 44, 313, 317, 318, 375
경연經筵 54

경영 313
경운궁 272
경제사經濟司 140
경종독살설 283
경차관敬差官 22
경학 168
고명 294
고부古賦 153
고종 293, 351, 370, 378
곤복 298
공동체 330
공민왕 153
공법貢法 15, 75, 117, 116, 119, 123
「공법절목貢法節目」 119
공복公服 14, 317, 319, 322, 370
공역인 329
과거제 38
과거제도 151
과시課試 178
과전법 106
과체시 206
관대 321, 363
관모 320, 337
관무재觀武才 250
관복 292, 370, 375
관복제도 13, 292
관사觀射 52

관학 165
관혼상제 314
광흥창 119
교생校生 175
구일제 195
구장복 297
국가운영 291
국가의례 13
국경수비 361
국의鞠衣 355
국자감 154
『국조오례의』 10, 44, 301, 314, 352
『국조정토록國朝征討錄』 235, 236, 238, 245
군복 14, 361, 362, 364, 365, 366, 367, 368, 369, 370
군사君師 12
군정軍政 133
군후소軍候所 154
궁궐수비병 361
「권농정구농서윤음勸農政求農書綸音」 111
규방 345
균역법均役法 15, 132
『균역사실均役事實』 140
균역청均役廳 140
금선金線 325
금은金銀 325
기교 338
기년 311

기년복 306, 308, 310
기년제 309
『기효신서紀效新書』 227, 228, 232
길복 365
김경서 241, 246
김문순 142
김육 126, 133
김응하 240
김일경 282
김종서 116, 216, 222
김종수 144

(ㄴ)

나선정벌羅禪征伐 251, 252, 256, 257, 259
난모 349
남바위 349
남부학당南部學堂 162
남색철릭 364
남한산성 280, 286
내수사內需司 141, 142, 148
내시노비內寺奴婢 11
노비종모법奴婢從母法 141
논論 206
『농사직설農事直說』 11, 102, 104, 105, 106, 107, 114
농상農桑 352
『농상집요』 100, 101, 102, 103, 104

농서대전農書大全　11, 99, 107,
　　113, 114, 115
『농서집요農書輯要』　　101
높이　　338
능라장綾羅匠　　329
능행　　65

(ㄷ)

다리　　341
단령　　317, 363
답험손실법踏驗損實法　116, 118
대대　　359
대독관對讀官　　158
대동大同　　151
대동법　11, 15, 124, 125, 127
대동전大同錢　　131
대렴　　303
대례복　　299
대리청정　　217, 291
대사례大射禮　　51, 176
대수　　334
대한제국　　72, 78
댕기　　349
덕치주의　　300
도기유생　　194
도기전강　　203
도포　　370
도학당都學堂　　162
독권관讀券官　　158
독서당　　189

돈피獤皮　　349
돈화문　　148
동다리　　366
동부학당　　164
동지　　296
두루마기　　373
딴머리　　342

(ㄹ)

류성룡　224, 228, 231, 232, 233
리더　　79
리더십　　291, 292, 293

(ㅁ)

만국공법　　90
만년제萬年堤　　109
만석거萬石渠　　109
매매買賣　　327
면복冕服　13, 292, 294, 299,
　　300, 319
면주綿紬　　327
면포綿布　　327
명절　　296
명족名族　　160
명주　　369
모리스 꾸랑Maurice Vourant　348
모색　　337
모시　　369
모자 발명국　　348, 350

무경칠서	153
무과	153
무명	347
무신란	60
무역	14, 331, 332
무학	154
무학재武學齋	154
『문공가례』	304
문과	153
문단紋緞	368
문묘	160
문신 친시	157
문신과시課試	179
문정왕후	263, 264, 265
『문헌통고』	356
문화창출	292, 340
민응형	124
민정중	127

(ㅂ)

박문수	138
박세채	128
박종악	145
박지원	261
박필현	283, 284, 285, 287
반령착수	376
반문규潘文珪	296
발양髮樣	333, 342
방안	337
방외유생	193

배율排律	179
백성	354
백징白徵	144
법복	299, 300, 319, 332
법전	313
벽령辟領	312
변계량	116
변급邊岌	252, 258
변발호복	362
별시	171
병자호란	249, 257
병학	154
보수파	370
복색	318, 355, 356, 377
봉미封彌	151
부녀자	330
부판	312
북벌	249, 250, 259
북한산성	286
비녀	339
비변사	143

(ㅅ)

사가독서	180
사대부	151
사대絲帶	372
사대주의	371
사라능단	14, 324, 325, 326, 327, 328, 329, 330, 331, 332

사리紗羅 368
사례射禮 51
사르후薩爾滸 238
사모 321
사복私服 14
사복제도 371
사서 330
『사시찬요』 103
사신 295
사어射御 153
사여 297
사장詞章 171
사치 292, 324, 331, 340, 341, 342, 347, 350, 365
사치금지 338
사치풍조 14
사피斜皮 349
사학四學 162
삼군부 34
삼일제 195
삽혈동맹 36
상기喪期 306
상례 306
『상방정례尙方定例』 332
상복喪服 302
상복常服 308, 311, 317, 319, 320, 321, 375
상의하상上衣下裳 312
상장의례 305
상정법詳定法 127, 128
상참 377

생도 166
생마포 312
생원시 168
샤를르 바다 348
서부학당 164
선농친제 352
선잠단 357
선잠제 352
선혜청宣惠廳 131
성균관 153
성균관시 172
성복成服 363
성삼문 214
성종 13, 14, 174, 292, 351, 352
세종 13, 162, 292
『세종실록』 298
소렴 303
소령원昭寧園 281
소매 377
소통 68
소통구조 305
『소학』 167
소헌왕후 213
소현세자 249
『속대전』 10, 364
『속오례의』 10
송시열 141, 250
수견의식 357
『수교집록』 10
수렴청정 55, 264
수령 42

수발垂髮 333

『수성책자守城册子』 286

수식 334, 337, 340, 358, 360

숙빈 최씨 280, 281

숙종 193

순검사 270

순경사 269

순문詢問 65

순제 202

슬픔 311

습襲 363

시관 158

시권 153

시복 319

시복時服 318

시스템 291, 325

시학詩學 169

식년 154

신류 255, 256

신류申瀏 254

신숙주 215

신임옥사辛壬獄事 282

신진법新陣法 219, 221, 222

심상 311

심의 378

심지원 133

쌍상투 342

(ㅇ)

아얌 350

아청색 356

안렴사按廉使 42

안정복安鼎福 345

알성문과 176

알성시 160

애척哀戚 312

「양노무농반소학오륜행실향음의식
향약조례윤음養老務農頒小
學五倫行實鄕飮儀式鄕約條
例綸音」 110

양역변통론良役變通論 132, 134

「양역변통절목良役變通節目」 139

양잠 354

『양잠경험촬요養蠶經驗撮要』 102

어가 367

어고御考 205

어고은사절목御考恩賜節目 207

어영청 13

『어정홍익정공주고御定洪翼靖公
奏藁』 146

『어제대훈御製大訓』 61

여론수렴 369

여진 20, 22

역서易書 151

역월易月 308

역월제易月制 306, 309, 310

연산군 329, 330

염습斂襲 326

영고탑寧古塔 251, 252, 254,
256, 257

영조 192, 324, 337

영친왕비	334
예복	317, 321, 358, 359, 360
예외규정	317
예종	154
예치주의	300
오가통법五家統法	136
「오가통사목五家統事目」	136
오군영五軍營	13
오명항	284, 285, 286
오위도총부五衛都摠府	12, 221
오위五衛	12
옥정자립	320
왕비	352
왕비수견의王妃受繭儀	357
『왕정농서王禎農書』	105
우제(虞祭)	304
원두표	125
원삼	361
원유관	319
원점	184
월강	202
월과月課	178
유계	133
유벌	192
유생	166
유생과시	194
유일遺逸	185
육상궁毓祥宮	281
육조직계제六曹直啓制	10
윤대輪對	214
윤원형	263, 265
윤휴	136
율시律詩	179, 206
융복	320, 321, 362, 363, 364, 368, 369, 370
은사恩賜	329
을묘왜변	270
응제應製	203
『의례』	310, 323
의식衣食	352, 354
의의疑義	168
의장儀章	299
의정부議政府	38
의제개혁	376
의제변혁절목	378
이괄李适	274, 275, 276, 277, 278, 279, 280
이광려李匡呂	108
이광좌	286, 287, 288
이덕형	225, 232
이문원	144
이민환	238
이병모李秉模	113
이사명	136
이산해	234
이삼李森	287, 288
이상정李象鼎	226
이서구	114
이서구李書九	113
이성계	19, 26, 27, 28, 30
이수일	276
이여송李如松	228

이원익 124, 224, 233
이원정 128
이이명 136
이이첨 242
이익李瀷 345
이인좌 283, 284, 285, 287
이인좌의 난 13
이인좌李麟佐 282
이종섭 146
이항로 248
이항복 224
이황李滉 264
익선관 319
인목대비 272, 279
인수부仁壽府 31
인일제 194
인조 194, 292, 324
인조반정 272, 274, 275, 277
인종 154
일습 298
일차전강 203
임꺽정林巨正 265, 266, 267,
          268, 269, 271
「임신원사목壬申原事目」 140
임진왜란 223, 225, 227,
          229, 236

자주독립 371
자최 312
자최복 13
작헌례 295, 357, 358
잠실 352
장만 274, 276
장인匠人 329
장종藏種 357
장주章奏 153
재회齋會 192
저사苧絲 329
적관翟冠 14, 333, 334
적의翟衣 333, 358, 359
적適 312
전강 175
전경문신 179, 189
『전록통고』 10
전복戰服 372
전시殿試 151
전제상정소田制詳定所 122
절용 340
절일제 196
젊음 339
정경운 224
정리자整理字 111
정묘호란 280
정미환국 283
정시庭試 184
정액수세법 123
정여립 225
정원군定遠君 271

(ㅈ)

자종립 364
자주근대화 371

정전제 117
정조正朝 201, 293, 296, 337, 341, 351
정종 155
정초鄭招 102
정총법定摠法 142
정태화 257
정포제丁布制 136
정희량 283, 284, 285
제복 317
제술 158
「제언절목堤堰節目」 109
조미수호통상조약 377
조바위 14, 348
조복朝服 317, 318
조석전(朝夕奠) 303
조세프 드 라 네지에르Joseph de La Neziere 348
조엄趙曮 108
조의朝衣 375
조잠助蠶 356
조정 328
조참 319, 377
조하 295
족두리簇頭里 14, 337, 340, 341, 342, 344, 345, 346, 347, 348
존호 296
종묘 156, 296
주립朱笠 364
주의周衣 14, 370, 373, 379

중부학당 164
중시重試 157
중의 370
중종 181, 292, 324
증광시增廣試 156
즉위 교서 30
지도자 291
지패법紙牌法 136
직령 317, 365, 370
직령겹주름철릭 363
직물 298
직부 184
직조 328, 329, 330
직조기 329
진사시 168
쪽 342
쪽진 머리 348

(ㅊ)

차등 317
차액 346, 348
착수 377
착수의窄袖衣 372
착수형 370, 373, 379
참최 312
참최복 13
창의 365, 370
채상단 352
채제공 144
책문 153

척계광戚繼光 227, 228, 231
천거 185
천록薦錄 192
철릭 362, 363, 364, 367, 368
철전鐵箭 172
청의 356
체발髢髮 14, 333, 334, 336, 344, 360
초계문신 206
초우初虞 308
총액제摠額制 133
총융청 13
최명길 133
최복 311
최석정崔錫鼎 129
최최崔衰 312
최현중 143
축만제祝萬堤 109
춘추 도회 175
출납 326
충렬왕 157
친경 351
친시 160
친위병 361
친잠 351, 352, 353, 356
친잠례親蠶禮 14, 352, 355, 356
칠보족두리 342, 343
칠일제 194

(ㅋ)

큰머리 336

(ㅌ)

탕평 61
태극기 94
태조 155
태종 155, 292
『태학성전太學成典』 195
택사擇士 175
택현설擇賢說 155
토목보의 변 12, 217, 218, 221
토산 331, 332
토포사 269, 270
통방외과通方外科 203
특명제술 196

(ㅍ)

「팔도내노비추쇄혁파절목八道內
奴婢推刷革罷節目」 141
편모 373
편복 370
편복포 379
표리 295
표문表文 153, 296
표表·전箋·부부賦 206
풍차 349

(ㅎ)

하멜	250
한성시	172
한양가	338
항왜降倭	275
행성行城	218
향교	162
향직	332
허적	141
헤어스타일	338, 339
혁파	362
현량과	188
협수	366
호서 대동법	124
『호서대동절목湖西大同節目』	126
호위	367
호조	326
「호패사목號牌事目」	136
호포제戶布制	136
혼례	327
혼수	327
홍계희	137, 140
홍단령紅團領	14, 370
홍수紅袖	366
홍화문	137, 138
화관	343, 344
화기도감火器都監	13, 236, 237, 238
화성華城	109
화이관華夷觀	85
화차	215
환구단	91
환도環刀	215
황감제	196
황정책荒政策	108
황제권	72
황희	118, 119
훈련관시訓鍊觀試	172
훈련도감	226, 228, 229, 230, 231, 232, 233, 234, 250, 286
훈장	93
흉례	13
흉배	318, 376
흑단령黑團領	14, 370, 375, 376, 377
흑의黑衣	317, 318, 320, 375

■ 자료 제공 및 소장처

경기도박물관
국립고궁박물관
국립민속박물관
국립중앙박물관
규장각 한국학연구원
김영호 교수 소장 다산학술자료(이미지 제공 : 한국학중앙연구원 장서각)
문화재청
서울대학교 중앙도서관
서울역사박물관
한국학중앙연구원

조선 국왕의 리더십과 소통 ❹
국왕 리더십의 유형과 실제

지 은 이 김문식·원창애·이민주·이왕무·정해은
초판 1쇄 발행   2019년 11월 20일

발 행 인 박종서
발 행 처 도서출판 역사산책
출 판 등 록 2018년 4월 2일 제25100-2018-000060호
주   소 (10477) 경기도 고양시 덕양구 은빛로 39, 401호(화정동, 세은빌딩)
전   화 031-969-2004
팩   스 031-969-2070
이 메 일 historywalk2018@daum.net
페 이 스 북 https://www.facebook.com/historywalkpub/

ISBN 979-11-90429-00-9 94900
        979-11-964076-3-6 (세트)

값 29,000원

이 저서는 2014년 대한민국 교육부와 한국학중앙연구원(한국학진흥사업단)을 통해
한국학 총서사업의 지원을 받아 수행된 연구임(AKS-2014-KSS-1230005)

이 도서의 국립중앙도서관 출판예정도서목록(CIP)은 서지정보유통지원시스템 홈페이지
(http://seoji.nl.go.kr)와 국가자료종합목록 구축시스템(http://kolis-net.nl.go.kr)에서
이용하실 수 있습니다. (CIP제어번호 : CIP2019043618)